최영희 행정학 지방자치론

서문

믿음을 주는 강사, 믿고 보는 교재

지방자치론은 참 어려운 과목입니다.
9급 행정학 개론과 7급 행정학 개론을 공부해 본 수험생들이 주로 선택하는 과목이니만큼 좀 수월하게 생각하며 짧은 시간 동안 기출문제 위주로만 공부하게 됩니다.
하지만 지방자치론에서만 20문항이 출제되는 한 과목이니만큼 만만치 않은 난이도에 놀라게 되지요.

깊이 있는 이론, 상세한 법령 내용을 묻는 경우가 많습니다.
조금만 공부하면 쉽게 점수가 나오리라 생각했는데 막상 시간은 없는데 점수는 나오지 않고 그제서야 발을 동동 구르는 수험생들을 많이 보게 되었습니다.
그런 수험생들이 좀 더 깊이 있게 이해를 중심으로 체계적으로 공부할 수 있는 강의와 교재를 만들자, 제가 지방자치론 수업을 시작하게 된 계기입니다.

지방자치론은 충분히 공부할만합니다.
물론 어렵고 암기할 것들이 많습니다. 하지만 7급 선택과목 중 출제범위가 가장 제한된 과목이어서요, 해야 할 것들을 바르고 정확하게 한다면 충분히 전략과목을 만들 수 있습니다.

2024년 새롭게 출간되는 최영희행정학 지방자치론은 다음과 같은 특징을 집니다.

1. 쉽게 풀어서 내용을 설명했습니다.

모든 사회과학이 그러하듯이 행정학의 한 영역인 지방자치론의 모든 내용 역사적 맥락을 통해 만들어집니다. 풍부한 내용 설명과 예시를 통해 누구나 쉽게 이론과 제도의 특징을 이해할 수 있도록 쉽게 차근차근 풀어서 내용을 설명했습니다. 교재의 날개 단에는 풍부한 용어 설명을 곁들여서 읽으면 알아볼 수 있도록 구성했습니다.

2. 법령을 빠짐없이 함께 수록하였습니다.

지방자치법이 2022년 개정되면서 이와 관련된 부속법령들이 대부분 새로 개정되었습니다. 개정 내용을 빠짐없이 반영하였으며 학습을 하며 각 단원별 내용과 연계해서 볼 수 있도록 법령자료를 가독성있게 재구성하였으며 법령집을 별도로 제작해 수험생들이 법령을 쉽게 찾아볼 수 있도록 하였습니다.

3. 기출선지를 날개단에 배치하였습니다.

무엇보다 지방자치를 공부하는 수험생들에게는 기출경향을 파악하는 것이 중요할 것입니다. 기출경향을 한 눈에 살펴볼 수 있도록 날개단에 바로 최신 기출선지들을 배치해 출제경향, 중요도 등을 알아볼 수 있게 만들었습니다.

지방자치론을 한 권의 책으로 정리하기 위해 많은 고민과 노력을 투입했습니다. 교재만으로도 충분히 스스로 학습하실 수 있지만 공단기에서 제공하는 강의를 통해 짧은 시간의 학습효율을 높일 수 있습니다.

교재를 기획하고 출간하는 과정에서 애써주신 최영희행정학 연구소의 류정열실장님, 한지훈 실장님 이하 연구원분들, 에이치북스의 이정기 부장님, 박소은 디자이너님, 김정현 선생님께 특별히 감사드립니다.
하나의 교재를 완성할 때마다 투입되는 여러분의 수고로움이 제가 좋은 강의를 제공할 수 있는 원동력이 됩니다.

또한 누구보다도 제 강의를 수강해주시는 수강생 여러분들에게 감사드립니다. 여러분의 수고로움이 빛을 발할 수 있도록, 여러분의 페이스메이커로서, 믿고 함께할 수 있는 강사가 될 수 있도록 노력하겠습니다. 최선을 다해 같이 달려주세요.

2024년 5월
노량진 최영희행정학 연구소에서
최영희 드림

구 성 과 특 징

꼭 필요한 내용 위주로 알차게 구성
지방직 7급 지방자치론 시험을 위해 불필요한 내용은 최소한으로 줄이고, 반드시 봐야할 내용들을 체계적으로 서술하였습니다.

공부 방향을 잡아주는 영희쌤 Talk
각 챕터마다 영희쌤 Talk를 통해 학습 방향에 대해 알려드립니다. 기본서로 혼자 공부하는 수험생들도 해당 주제를 어떠한 목적으로 공부해야 하는지, 중요한 부분은 어디이며, 무엇을 놓치면 안 되는지에 대해 영희쌤이 바로 옆에서 말해주듯이 설명해 드립니다.

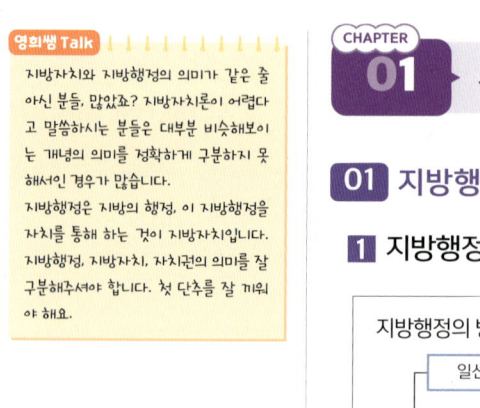

용어 설명과 핵심 기출 선지
어려운 용어들에 대한 설명을 날개 각주에 정리하여 이해를 도와줄 수 있도록 구성하였습니다. 다른 참고 자료를 찾아보지 않고 지방자치론 초심자들도 쉽게 교재를 읽어나갈 수 있도록 하였습니다. 또한 날개 각주에 본문 내용과 관련된 기출 선지를 배치하여 기본서의 본문 내용이 시험에서 어떤 방식으로 출제되는지 확인할 수 있도록 하였습니다.

더 알아보기와 참고자료

시험에 출제되는 주요 내용을 정확하게 이해하기 위해 '더 알아보기'와 '참고자료'를 본문 곳곳에 삽입하였습니다. 해당 학습 내용을 더 깊이 있게 공부하고 싶은 수험생들을 위해 바로 알아 볼 수 있도록 정리하였습니다. 다른 참고자료를 찾는 시간을 아끼는 효과도 있고, 더 수준 높은 공부를 하고 싶은 학생들은 해당 내용에 대해 효율적으로 심화학습을 할 수 있습니다.

한눈에 보기

헷갈리기 쉽고, 비교하면서 보면 좋은 내용이나 절차에 관련된 내용의 경우 그림이나 도표를 통해서 간단하게 정리해 두었습니다. 이를 통해 이미 이해한 내용을 빠른 시간에 확인하고 암기할 수 있습니다.

관련 법률 수록

지방자치론에서 정확하게 알아야 하는 법령 자료를 함께 수록함으로써 정확한 문구를 살펴볼 수 있도록 하였습니다.

목차

CHAPTER 1
지방자치의 본질

01 지방행정과 지방자치   10

02 지방자치의 원리와 발달   14

CHAPTER 2
지방자치단체의 체계와 구성

01 지방자치단체의 체계   26

02 지방자치단체의 구성   37

03 지방정부의 기능과 사무   63

CHAPTER 3
국가와 지방자치단체의 관계

01 중앙정부와 지방정부 간 관계   70

02 정부 간 협력   85

CHAPTER 4

지방자치단체의 재정

01 지방재정의 기초   97

02 자주재원   109

03 의존재원   112

04 지방채와 지방재정력 평가   119

05 지방정부의 공공서비스 공급   124

CHAPTER 5

지방자치와 주민참여

01 주민참여의 의의   131

02 우리나라의 주민참여   133

지방자치론 한눈에 보기

1 지방자치의 본질

01 지방행정과 지방자치
1. 지방행정
2. 지방자치

02 지방자치의 원리와 발달
1. 지방자치의 원리
2. 지방자치의 발달
3. 주요 국가의 지방자치 역사
4. 우리나라 지방자치의 발전

2 지방자치단체의 체계와 구성

01 지방자치단체의 체계
1. 지방자치단체의 의의와 특징
2. 지방자치단체의 계층
3. 지방자치구역의 설정 및 조정

02 지방자치단체의 구성
1. 지방자치단체의 기관 구성
2. 교육·경찰 기능
3. 의결기관과 집행기관의 관계

03 지방정부의 기능과 사무
1. 계층 간 기능 배분
2. 지방자치단체의 사무

5 지방자치와 주민참여

01 주민참여의 의의
1. 주민참여
2. 주민참여의 단계

02 우리나라의 주민참여
1. 지방선거
2. 조례개폐청구
3. 주민감사청구
4. 주민소송
5. 주민투표
6. 주민소환

3 국가와 지방자치단체의 관계

01 중앙정부와 지방정부 간 관계
1. 정부 간 관계 이론
2. 중앙통제
3. 특별지방행정기관과 지방공기업

02 정부 간 협력
1. 소극적 협력: 정부 간 분쟁조정
2. 적극적 협력: 광역행정

4 지방자치단체의 재정

01 지방재정의 기초
1. 지방재정의 의의
2. 지방자치예산
3. 지방재원의 분류
4. 우리나라의 지방재정

02 자주재원
1. 지방세
2. 세외수입

03 의존재원
1. 지방교부세
2. 국고보조금
3. 조정교부금

04 지방채와 지방재정력 평가
1. 지방채
2. 지방재정력 평가

CHAPTER 01 지방자치의 본질

01 지방행정과 지방자치

1 지방행정

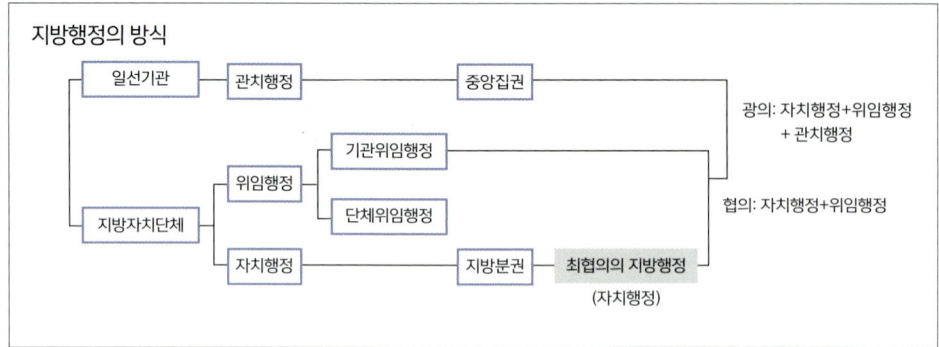

1. 의의와 특성

(1) 의의
① 지방행정은 국가의 중앙이 아닌 지방에서 이루어지는 행정을 말한다.
② 최협의의 지방행정은 자치행정◇을, 협의의 지방행정은 자치행정과 위임행정◇을, 광의의 지방행정은 자치행정, 위임행정, 관치행정을 포괄하는 의미이다.
③ 영·미 등 자치행정이 고도로 발달한 나라에서 지방행정이란 자치행정의 의미로 사용되나, 우리나라에서 지방행정은 자치행정뿐만 아니라 위임행정과 관치행정◇까지 포괄하는 의미로 사용되는 경우가 많다.

(2) 특성
① 국가의 지방행정(관치행정 내지 위임행정)

지역행정	지방행정은 국가 안의 작은 지역을 단위로 하여 각 지역이 가지고 있는 특수한 조건 속에서 개별적·다원적으로 시행되는 행정이다.
일선행정	지방행정은 주민과 직접 접촉하여 지방의 발전을 실제로 구현해나가는 일반행정으로, 지방행정은 현실적인 결과를 산출하는 실천행정에 해당한다.
생활행정	지방행정은 주민의 일상생활을 그 대상으로 하는 생활행정으로, 통근·통학과 소비 등 주민의 생활 그 자체가 지방행정의 대상이 된다.

② 지방자치단체의 행정(자치행정)

종합행정	지방자치단체의 행정은 그 지역 안에서 일어나는 모든 행정수요에 대응하며 포괄적으로 문제를 해결하는 종합행정이다.
자주행정 (자치행정)	지방자치단체의 행정은 주민 또는 그 대표자의 참여 아래 지방자치단체의 이름으로 처리되는 자주행정이다. 법률상 당사자능력과 자주적인 조직·입법·재정·행정권을 가진 지방자치단체가 주민 또는 그 대표자의 의사에 입각하여 처리하는 행정을 말한다.

영희쌤 Talk

지방자치와 지방행정의 의미가 같은 줄 아신 분들, 많았죠? 지방자치론이 어렵다고 말씀하시는 분들은 대부분 비슷해보이는 개념의 의미를 정확하게 구분하지 못해서인 경우가 많습니다.
지방행정은 지방의 행정, 이 지방행정을 자치를 통해 하는 것이 지방자치입니다.
지방행정, 지방자치, 자치권의 의미를 잘 구분해주셔야 합니다. 첫 단추를 잘 끼워야 해요.

◇ **자치행정**
지방자치단체가 그 고유사무를 국가의 간섭이나 통제를 받지 않고 독자적인 입장에서 수행

◇ **위임행정**
지방자치단체가 국가로부터 사무를 위임받아 국가의 간섭과 통제하에서 수행

◇ **관치행정**
지방에 국가의 직속기관을 설치하여 그 기관을 통해 지방행정을 수행

기출선지
지방행정의 수행방식은 관치행정과 자치행정 두 가지 방식으로 나눌 수 있다. (X)
| 13 서울7 지방자치론

해설 | 지방행정은 관치행정, 위임행정, 자치행정의 세 가지 방식으로 나눌 수 있다.

2. 이념

① **민주성과 능률성**: 민주성은 주민의 권익보호를 위하여 분권·참여·책임·공개 등을 구현하는 것이며, 능률성은 주민의 복리증진을 위하여 합리·절약·생산성을 도모하는 것이다.

② **합법성과 합목적성**: 합법성은 행정에 있어서 법령적합성을, 합목적성은 행정에 있어 목표달성도(효과성)를 높이는 것이다.

③ **종합성과 다원성**: 종합성은 지역 안의 모든 부문·요소들을 포괄적으로 고려하여 일관성 있고 체계성 있는 계획과 집행을 도모하는 것이고, 다원성은 동일 지역·기관·단체의 특수성에 따라 각각의 개별성을 추구하는 것이다.

2 지방자치 ★

1. 의의와 구성요소

(1) **의의**: 일정한 지역의 주민이 지방자치단체를 구성하여 국가와의 협력 아래 그 지역의 공동문제를 자기부담에 의하여 스스로(또는 그 대표자를 통하여) 처리함으로써, 국민복리와 국가발전에 기여하는 것이다.

(2) **구성요소**

① **지역**: 지방정부의 자치권이 일반적으로 미치는 지역적·공간적 범위이다.

② **주민**: 참정권을 행사하고 자치비용을 부담하는 인적 구성요소이다.

③ **자치기구**: 자치를 위한 기구로 의결기관인 지방의회와 집행기관인 지방자치단체의 장으로 구성된다.

④ **사무**: 지방자치단체가 처리하는 그 지역의 공공사무로 자치단체가 자치적으로 처리하는 고유사무와 중앙정부의 위임을 받아 처리하는 위임사무가 있다. 위임사무는 단체위임사무와 기관위임사무로 구분된다.

⑤ **자치권**: 지역사무를 자주적으로 처리하기 위한 자주적 통치권으로 자주입법권, 자주행정권, 자주조직권, 자주재정권 등으로 구성된다.

2. 자치권

(1) **의의**: 지방자치를 할 수 있는 권리로 우리나라는 「헌법」에서 지방자치단체의 자치권◇을 보장하고 있다.

(2) **사상**

① **고유권설(지방권설)**: 지방자치권을 지방의 고유한 권리라고 보는 견해로 지방자치단체가 고유한 지방권을 가지며 국가권력으로써 이 권리를 침범할 수 없다는 입장이다. 고유권설에 따르면 지방자치단체는 입법권·행정권뿐만 아니라 사법권까지 독자적으로 행사할 수 있다.

② **전래권설(국권설, 수탁설)**: 지방자치권은 국가의 권력으로부터 유래한 것이라고 보는 견해이다. 지방자치단체는 법률의 창조물이며, 자치권은 국가로부터 전래된 권리라고 주장하는 전래설과 지방자치단체의 자치사무도 국가의 법률에 의해서 위탁된 결과이기 때문에 사무의 집행은 국가의 감독을 받게 된다는 수탁설에 근거한다.

③ **제도적 보장설(오늘날 통설)**: 현실적이고도 규범적인 관점에서 자치권을 인식하려는 입장으로 법적으로 승인된 지방자치권은 반드시 보장되어야 한다고 본다.

◇ **자치권의 성격**
우리나라의 경우 기본적으로 대륙계의 전래설을 따르지만 그 중에서도 다수의견은 제도적 보장설에 가깝다. 즉 자치권이 국가로부터 나온 것이라 할지라도 지방자치는 헌법에 제도적으로 보장된 것이므로 국가가 그 본질적인 내용을 침해할 수 없다는 입장이다.

기출선지
자치권의 인식에서 주민자치는 전래권으로, 단체자치는 고유권으로 본다. (X)
| 19 서울 9

해설 | 자치권의 인식에서 주민자치는 고유권으로, 단체자치는 전래권으로 본다.

(3) 내용

자치입법권	· 자치단체가 사무처리에 필요한 법규를 자주적으로 제정하거나 개정, 폐지할 수 있는 권한 · 우리나라: 「헌법」과 「지방자치법」은 '법령의 범위' 안에서 조례제정권한을 부여하여 자치입법권은 제약이 있음.
자치조직권◇	· 사무처리에 필요한 조직을 자주적으로 구성할 수 있는 권한 · 우리나라: 기준인건비제도의 시행 이후 자치조직권의 자율성이 강화되는 추세
자치재정권◇	· 지방자치단체 사무처리에 필요한 재원을 자율적으로 조달하고 지출할 수 있는 권한으로 예산 결정권, 자주적 과세권, 재산관리권 등을 포함
자치행정권◇	· 국가의 감독 없이 자치단체의 권한을 자주적으로 행사할 수 있는 권한
자치사법권	· 법규를 위반한 행위에 대해 자치단체 스스로 형을 정하고 집행할 수 있는 권한 · 우리나라는 자치사법권을 인정하지 않음.

3. 지방자치의 효용

(1) 정치적(이데올로기) 효용

① **민주주의 이념의 실현**: 지방자치는 지방분권을 전제로 하므로 지역주민의 참여를 보장하기 위한 권력이양의 요구를 충족시켜 민주주의의 이념을 실현하게 하는 기본 바탕을 제공한다.

② **민주주의의 훈련장**: 지방자치는 지역의 주민과 대표자들에게 공동문제 처리에 참여하여 공공심과 협동심을 기를 수 있도록 지역 단위로 민주주의를 연습해보는 학교 역할을 수행한다.

③ **민주주의의 방파제**: 지방자치는 지역의 민주주의를 방어하는 동시에 지역의 민주화를 통해 국정의 민주화를 구현하는 수단이 되며 국정의 획일화·관료화에 대한 견제 역할을 수행한다.

④ **정국혼란의 방지**: 민주정치는 정권교체의 가능성을 필수조건으로 하는데, 지방자치는 정국변동에 따른 국정의 마비와 혼란을 방지할 수 있다.

(2) 행정적(기술적) 효용

① **지역실정에 맞는 행정의 구현**: 지방자치는 각 지역의 특수성에 입각한 행정을 가능하게 한다.

② **정책의 지역적 실험**: 한 지방자치단체에서 성공한 정책을 다른 자치단체 또는 국가가 활용함으로써 정책의 개선과 피해의 극소화를 달성할 수 있다.

③ **분업을 통한 효율행정**: 지방자치는 국가와 지방자치단체 간의 행정기능 분담을 통하여 분업에 의한 행정효율의 증진을 기할 수 있다.

④ **지역 안의 종합행정**: 지방의 문제를 지방정부가 맡아 처리하는 종합행정의 구현이 가능하다.

(3) 경제적 효용

① **소비자 선호의 구현**: 지방자치는 주민의 선호에 부응하는 공공재나 서비스를 제공할 수 있다.

② **지역의 고유산업과 문화 발전**: 각 지방자치단체는 취업기회를 넓혀 경제기반을 강화시키고 문화적 고유성을 함양할 수 있다.

(4) 사회적 효용

① **경쟁성과 창의성의 제고**: 지방분권은 기회의 평등을 보장하는 시스템이므로 지방자치제는 지방 간 경쟁을 하게 하는 시스템이며 지방 스스로가 창의력을 발휘토록 한다.

② **주체의식·책임의식 함양**: 창조성을 상실하거나 책임감을 가지고 있지 않은 지방은 지속할 수 없으므로 지역의 문제를 지역 스스로가 해결하려고 노력하게 된다.

◇ **자치조직권**
우리나라의 자치조직권은 자치단체의 부단체장·공무원·소속 행정기관 등에 대한 사항을 대통령령으로 정하므로 자치조직권의 폭이 좁으나, 2013년 기준인건비제도(기준인건비를 기준으로 기구와 정원을 자율적으로 운영하되, 자율성과 책임성이 조화되도록 운영하여야 함)의 시행으로 자치조직의 권한이 확대되었다. 제주특별자치도의 자치조직권 특례 조항 등과 함께 확대하는 추세이다.

◇ **우리나라의 자치재정권**
우리나라는 자생적으로 재정을 확충할 수 있도록 지방세 탄력세율, 재산과세의 과표 및 수수료 탄력 결정, 기금 설치 등은 인정하지만 조례를 통한 독립적인 지방 세목의 설치는 불가하며(∵조세법률주의), 지방채 발행 시 지방의회 의결 및 행안부장관 승인이 필요하다.

◇ **우리나라의 자치행정권**
우리나라는 상위기관에서 자치단체장의 명령·처분에 대한 취소·정지권, 위임사무 불이행에 대한 직무이행명령 및 대집행권, 자치사무에 대한 감사권 등을 보유(불충분한 자치행정권)한다.

기출선지
우리나라의 지방자치제에서는 사무처리에 필요한 법규를 자율적으로 제정할 수 있는 자치입법권에 대해 제약적인 규정을 두고 있다. (○) | 14 국가 9

③ 다양성의 증진: 지방자치는 각 지역의 역사적 배경과 지리적 조건 그리고 주민 간의 공동체의식과 유대감에 따라 그 지역만의 고유문화를 형성할 수 있다.

4. 지방자치의 한계(폐해)

(1) 정치적 한계
  ① 전체 이익 훼손: 지방자치는 해당 지역의 입장에서 문제에 접근하는 경향이 강해 국가 전체의 이익을 소홀히 하는 경향을 가져올 수 있다.
  ② 위기대응 능력의 저하: 국가적인 위기상황에서 인적·물적·정보적 차원의 신속한 동원력을 발휘하는 데 중앙집권체제가 효율적일 수 있다.

(2) 행정적 한계
  ① 낭비와 비능률: 지방자치는 민주적 과정을 거치게 되지만 때로는 불필요한 경쟁과 마찰, 낮은 수준의 기술과 전문성으로 인해 비능률을 초래할 수 있다.
  ② 외부효과와 사업기피: 외부효과로 인하여 지방자치단체가 투자를 기피하고 문제를 방치하며 책임을 전가하려는 경향이 나타날 수 있다.

(3) 경제적 한계
  ① 규모의 경제 부족: 중앙정부에 비해 지방자치단체에 의한 공공재 공급은 규모의 경제를 누리기 어렵다.
  ② 재분배정책 실패: 지방자치단체는 납세 능력이 큰 주민들이 선호하는 정책에 재정활동을 집중시키므로 경제안정 및 성장기능에 관심을 가지면서도 소득 재분배에는 소홀하게 된다.

(4) 사회적 한계
  ① 지역주의와 배타성: 지방자치는 지방색을 지나치게 부각시키고 배타적 지역감정을 고취하게 될 경우에는 지역 간 갈등을 유발할 수 있다.
  ② 지역이기주의로 인한 갈등의 표출: 지방자치의 공동체로서의 결속력이 지역의 특수이익을 극대화하는 것으로 잘못 분출되어 지역이기주의를 옹호하는 구심력으로 작용할 수 있다.

> **참고자료**
>
> ● **지역이기주의의 유형**
>
> · **님비 현상(NIMBY, Not In My Back Yard)**
> 님비현상이란 공공 목적의 혐오 시설이나 위해 시설의 설치를 반대하는 지역 주민들의 행동을 나타내는 말로 쓰레기 소각장이나 매립장, 원자력 발전소나 핵 처리 시설 같은 환경 시설 및 위해 가능 시설물이 '우리 동네에 들어서서는 안 된다.'는 지역이기주의를 가리키는 말이다.
>
> · **핌피 현상(PIMFY, Please In My Front Yard)**
> 핌피 현상은 산업 단지, 위락 시설, 대학교나 종합병원, 올림픽이나 월드컵 개최 장소 등 지역의 복지 증진 및 재정 수입 증가가 예상되는 개발이나 시설의 입지를 둘러싼 지역 간의 집단적인 경쟁 현상을 말한다. 고속 전철 노선 및 역사 유치 경쟁, 월드컵 축구 개최지 유치 경쟁 등을 자신이 살고 있는 지역에 유치하려는 지역 이기주의이다.
>
> · **바나나(BANANA, Build Absolutely Nothing Anywhere Near Anyone) 현상**
> 바나나 현상이란 '어디에든 아무 것도 짓지 마라'는 의미로 국민들이 환경에 대한 의식이 높아지면서 지역 주민들이 지역을 훼손하는 사업이나 또는 혐오 시설의 유치를 집단으로 거부하는 현상이다. 국가적 차원의 공단 설립이나 원자력 발전소, 댐 건설은 물론이고 핵폐기물 처리장, 쓰레기장 같은 혐오 시설의 설치 자체를 부정하는 것이다.

02 지방자치의 원리와 발달

1 지방자치의 원리

1. 주민자치
① 주민자치는 영국을 중심으로 발전한 영·미형 지방자치로, 주민에 의해서 지방사무를 처리하는 형태이다. 주민의 참여에 의해서 자치를 운용해 나가는 것으로, 정치적 의미의 자치에 해당한다.
② 지방자치단체와 주민과의 관계에 초점을 둔다.
③ 주민자치는 지방자치의 내용적·본질적 요소이다.

2. 단체자치
① 독일·프랑스를 중심으로 발전한 유럽대륙형 지방자치(단체자치)로, 국가로부터 독립한 지방자치단체에 의해서 자치를 운용하는 것이다. 국가와는 별개의 법인격을 갖는 지방자치단체의 존재를 인정하고, 지방적 사무는 국가의 관여 없이 처리하게 하는 방식으로 법률적 의미의 자치이다.
② 지방자치단체와 국가와의 관계에 초점을 두고 자치권을 강조한다.
③ 단체자치는 지방자치를 실현하기 위한 형식적·법제적 요소이다.

> **더 알아보기**
>
> ● **자치권의 원리**
>
> · **딜런의 법칙(Dillon's Rule)**
> 딜런의 원칙은 아이오와주(Iowa State)의 대법관이었던 딜런의 판결문에서 출발한 것으로 지방정부의 궁극적인 권한은 주(State)의회에 있으며 지방정부는 주의회가 명시적으로 부여한 권한만 수행할 수 있다고 본다. 단체자치와 연결된다.
>
> · **홈룰 제도(Home-Rule)**
> 주는 헌법이나 법률을 통해 지방정부의 자치권 범위를 넓게 정의하되, 지역주민들이 주의 헌법의 위반하지 않는 범위 내에서 스스로 헌장을 만들고, 이를 주민투표 등의 민주적 절차를 통해 확정하는 자치헌장의 방식의 필요성을 주장한다. 주민자치와 연결된다.
>
> · **월권금지의 원칙(ultra vires doctrine)**
> 영국에서 등장한 월권 금지의 원칙에 따르면 지방정부는 법률에 의해 부여된 권한만을 행사해야 한다. 이에 따라 법률에서 허용하지 않는 지방정부의 활동은 존중받기 어렵다.

3. 주민자치와 단체자치의 차이

(1) 근본성격상의 차이
① 자치권에 대한 인식: 주민자치에서 자치권은 자연적·천부적 권리이며 국가 이전의 권리라고 인식하지만, 단체자치에서 자치권은 국가에 의하여 수여 내지 위탁된 것으로 보는 전래권·수탁권 사상이 우세하다.
② 자치의 중점: 주민자치는 자치운용에 있어 주민의 참여에 중점을 두지만, 단체자치는 지방자치단체의 국가로부터 독립성에 중점을 둔다.
③ 사무의 구분: 주민자치에서는 지방정부의 사무를 자치사무와 위임사무로 구별할 필요가 없으나, 단체자치에 있어서는 자치사무와 위임사무의 구별이 엄격하다. 지방자치단체가 국가의 위임사무를 처리할 때에는 국가의 하부기관으로서 국가로부터 엄격한 감독을 받는다.

◇ **주민자치와 홈룰제도**
홈룰제도(Home-rule)는 명백하게 지방정부의 권한이 아닌 것을 제외하면 모두 지방정부의 권한으로 인식하는 것으로 주민자치와 연결되어 있다.

◇ **단체자치와 딜런의 법칙**
딜런의 법칙(Dillon's Rule)은 지방정부의 권한은 중앙이 부여하는 것으로 인식해야 한다는 것으로 단체자치와 연결되어 있다.

기출선지
지방자치단체가 국가로부터 위탁받은 정치적 지배권을 행사한다고 보는 순수탁설은 전래권의 하나이다. (O)
| 16 서울 7 지방자치론

(2) 방법·제도상의 차이

① **권한배분방식**◇: 영국은 국회가 각 지방정부의 사정을 고려하여 지방사무의 범위를 개별 법률로써 정하는 개별적 수권방식을 채택하였으나, 유럽 대륙에서는 국가적 이익에 관계되는 사무는 국가의 권한으로 하고 그 이외의 사무는 포괄적으로 지방자치단체의 권한사항으로 하는 개괄적 수권방식을 채택하였다.

② **중앙통제방식**: 주민자치를 채택한 영국에서 지방자치단체의 사무처리에 대한 국가의 통제는 입법적 그리고 사법적 통제를 중심으로 한다. 이에 비하여 유럽 대륙에서는 주로 행정적 통제의 방법에 의존한다.

③ **지방자치단체의 내부구조**: 주민자치에서는 주민의 대표기관인 지방의회에 지방자치 운용의 모든 실권을 집중시킨 반면, 단체자치를 선택한 유럽 대륙에서는 의결기관과 집행기관을 대립시키는 기관대립주의를 채택하되, 집행기관의 상대적 우위를 인정하였다.

◇ **개별적 수권방식과 포괄적 수권방식**

개별적 수권방식(개별적 지정주의)이란 사무를 지방자치단체별·사무종목별로 개별적으로 일일이 법률로 지정하여 배분하는 방식으로 사무의 구분은 명확하나 융통성이 없다는 것이 단점이다. 반면 포괄적 수권방식(개괄적 수권방식)은 보편성의 원리에 입각하여 사무를 지방자치단체의 특성에 따른 구별 없이 포괄적으로 일괄해서 규정하는 방식으로 사무의 구분이 불명확하다는 것이 단점이다.

한눈에 보기
🔶 단체자치와 주민자치 비교

구분	단체자치(국가-자치단체)	주민자치(자치단체-주민)
의미	지방분권 사상에 입각한 법률적 의미의 자치	민주주의 사상에 입각한 정치적 의미의 자치
단체 성격	이중적 성격: 자치단체+국가하급기관	순수 자치단체: 지방정부
정부 형태	기관대립형: 집행기관 우선	기관통합형: 의회 우선
중앙·지방 관계	중앙정부의 관리감독, 지방정부의 사무수행	상호의존+기능적 협력관계
조세	부가세(과세주체: 국가)	독립세(과세주체: 자치단체)
사무	고유사무와 위임사무의 구분 O	고유사무와 위임사무의 구분 X
권한	포괄적 수권: 포괄적 위임주의	개별적 수권: 개별적 지정주의
중점	· 중앙정부와의 관계 · 지방분권, 법인격, 자치권	· 지역주민과의 관계 · 민주주의, 주민참여, 지방선거
통제	중앙정부에 의한 통제	주민에 의한 통제
자치권	실정법상 부여: 국가로부터 부여받은 권리 (전래권)	천부적 권리: 국가 이전의 고유권한 (고유권)
예	대륙계 국가: 독일, 프랑스 등	영미계 국가: 영국, 미국 등

2 지방자치의 발달

1. 전통적 중앙집권과 지방분권

(1) **배경**: 2차 세계대전 이후 복지국가를 추구하면서 국가적·종합적 견지에서 통일적·능률적으로 처리되어야 하는 사무가 증가하였고 지방자치는 국가의 권한이 계속 확대됨에 따라 점점 약화되었다.

(2) **중앙집권**: 권한이나 능력이 중앙에 집중되어 있고 지방자치단체에 대한 통제가 강한 형태로 정책의 통일성, 행정의 능률성과 전문성, 광역적 행정수요에 부응하는 대규모 사업을 추진하기에 용이하다.

기출선지
주민자치는 의결기관과 집행기관을 분리하여 대립시키는 기관분리형을 채택하는 반면, 단체자치는 의결기관이 집행기관도 되는 기관통합형을 채택한다. (X) | 19 서울 9

해설 | 단체자치는 의결기관과 집행기관을 분리하여 대립시키는 기관분리형을 채택하는 반면, 주민자치는 의결기관이 집행기관도 되는 기관통합형을 채택한다.

주민자치 개념이 발달한 국가에서는 주로 개별적 수권방식을 채택하였다. (O) | 20 지방 7 지방자치론

단체자치는 자치사무와 국가위임사무의 구분을 통해 지방자치단체는 자치기관과 국가의 하급기관으로서의 이중적 성격을 갖는다. (O) | 17 지방 7 지방자치론

(3) **지방분권**: 권한이나 능력이 지방자치단체에 분산되어 지방자치단체의 자주성이 강한 형태로 지역실정에 적합한 행정, 행정의 민주화, 지방자치단체의 행정능력 향상, 정책의 지역적 실험에 용이하다.

(4) **중앙집권과 지방분권의 변화**

	18세기 이전	19세기(근대)	20세기(현대)	21세기(최근)
국가모형	절대국가	자유방임국가	복지·직능국가	복지·분권국가
방향	중앙집권	지방분권(지방자치)	신중앙집권	신지방분권(지방화)
사상	중상주의	자유주의	수정자본주의	신자유주의
이념	능률성	민주성	능률성과 민주성의 조화	

2. 신중앙집권화(New Centralism)

(1) **의의**

① 20세기에 들어서 행정국가화 현상의 등장과 함께 주민자치가 발달한 영미국가에서 나타난 현상으로, 중앙집권의 능률성과 지방분권의 민주성을 조화한 새로운 형태의 중앙집권◇이다.

② 과거 절대주의 국가의 중앙집권이 지배적·억압적·관료적·윤리적 집권이었던 것과 달리 지도적·협동적·사회적·윤리적·기술적 집권을 추구한다.

③ 중앙정부는 행정계획을 수립하거나 사후통제기능을 담당하고 지방정부는 구체적 실행을 담당함으로써 기능적 협력관계를 형성한다.

④ 행정에 대한 전반적 지식과 전문성이 높은 중앙정부와 의회에 지식과 기술을 집중하고, 권력은 지방으로 분산한다.

◇**신중앙집권**
신중앙집권은 이전의 전통적인 중앙집권과 달리 자치를 부정하지 않았다는 점에서 큰 차이를 보인다.

(2) **특징**

자치구역의 확대	지방자치단체의 구역이 확대되면서 권한의 집중화가 발생하여 소규모 자치단체를 통폐합하고 광역행정체제를 발전시킴.
공동소관사무의 증대	많은 행정사무가 국가와 지방자치단체 사이의 공동소관사무로 되면서 국가의 관여가 증대
국가 직속기관의 증설	국가의 일선기관인 특별지방행정기관 또는 특수법인의 설치가 증가하여 지방자치단체의 권한사항이 국가기관의 권한사항으로 이관되는 경향이 증가
위임사무의 증대	국가가 지방자치단체 또는 그 기관에 위임하는 위임사무가 증가하여, 고유사무보다는 위임사무의 비중이 증가하게 됨.
국가계획기능의 확대	지역경제 및 지역개발에 대한 국가의 계획기능이 확대되어 중앙집권적인 국정운용이 강화
중앙통제의 강화	현대에는 재정·기술의 원조 등 비권력적 지도의 폭이 넓어졌지만, 보조금과 교부금에 의한 행정이 늘어나 중앙의 사전적·사후적 조정과 통제가 늘어나게 됨.

(3) **촉진요인**

행정기능의 양적 증가와 질적 복잡화	산업사회의 발달로 행정기능의 양적 증가와 질적 복잡화가 초래되었으나 지방자치단체의 능력이 부족해 국가의 관여 및 통제가 늘어나게 됨.
교통·통신수단의 발달	과거에는 불가능한 국가의 즉각적인 지시와 통제가 가능하게 되어 국가의 지방자치단체에 대한 관여가 쉬워짐.
주민 생활권역의 확대	산업혁명과 자본주의의 발달로 주민의 생활권역이 확대되고, 개별지역에서 지방자치단체가 담당하는 업무만큼 국가가 처리해야 할 업무도 증가함.

기출선지
신중앙집권화의 관점은 지방자치의 가치와 역사적 공헌을 비판하는 입장을 대표한다. (X) | 17 지방 7 지방자치론

해설 | 신중앙집권화의 관점은 지방자치의 가치와 역사적 공헌을 인정하며, 존중한다.

국민적 최저수준◇의 유지	국민국가가 발전하여 국민적 최저수준이 유지되도록 할 필요성이 생겼고, 국가는 지역 간의 경제적·사회적 불균형을 전체의 입장에서 조정하는 행위 등을 통하여 국가의 관여를 확대함.
공공재정의 비중 증대	현대국가에서 공공재정의 계획적 운영이 필요해지고, 공공재정은 국가재정과 지방재정의 공동보조 속에서 운용되어야 하므로 국가의 관여가 증가함.
국제적 긴장	오늘날의 국제적 대치상황에서 유사시에 언제든지 전 국민이 일시에 총동원될 수 있는 집권체제를 필요로 하게 됨.

◇ **국민적 최저수준**
한 나라 전체국민의 생활복지상 없어서는 안 될 최저수준을 나타내는 지표로, 최소한도의 국민생활 수준을 의미한다.

3. 신지방분권화(New Decentralization)◇

(1) 의의
① 신중앙집권화에서 중앙정부가 주도하여 생기는 폐해를 보완하기 위해 상대적인 의미의 지방분권화를 실현하려는 것이다.
② 1980년대 이후 리우선언 및 신자유주의를 배경으로 세계화와 지방화가 강조되면서 강화되는 추세로, 미국 레이건 행정부(1981~89)의 신연방주의, 프랑스 미테랑 정부(1981~95)의 지방분권정책 등이 신지방분권화에 해당한다.
③ 과거의 지방분권은 절대적·항거적·도피적·소극적 분권이었으나, 신지방분권은 상대적·협조적·참여적·적극적 분권이다.

◇ **신중앙집권과 신지방분권의 관계**
신중앙집권과 신지방분권은 배타적 개념이 아니라, 능률성과 민주성을 조화시키려 한다는 점에서 상호보완적인 개념이다.

(2) 특징

정치·행정적인 분권화	하향적 계획에 상향적 계획을 가미하고, 획일성에서 다양성으로의 변화를 소중히 여기며, 주민의 자발적인 참여와 연대를 강조하면서 지방자치제를 실시
경제·사회적인 분산화	수도권에 집중되어 있는 경제·사회적 기능을 지방도시에 분산시키려는 균형발전정책을 추진
시민생활의 개성화	공업사회 그리고 대기업 중심의 경제체제에서 개인의 개성과 지역의 특수성 등이 상실되고 시민생활이 획일화되자 다양성과 개성을 존중하고 문화적 특성을 소중하게 여기는 풍조가 싹트기 시작
자치단체 상호 간 협력증대	자치단체 간 협력이 증대되고, 국가정책에 대한 자치단체의 참여도 높아짐.

(3) 촉진요인

중앙집권의 한계	중앙집권적 국정운용은 지역 간의 불균형 발전과 소득격차의 확대라는 폐해를 낳았고, 이러한 폐해를 해결하기 위해 지방분권화가 중요시 됨.
대중문명에 대한 염증	대규모의 획일성을 강조하는 것에 대한 비판과 반발로, 자신의 고유한 가치와 개성을 추구하고 싶어 하는 사람이 늘어나자 지역사회의 고유성과 자주성을 중시하는 지방화를 추구하게 됨.
국제화·세계화의 대두	국제경제의 영향이 직접 지방으로 미치게 되자 지방이 주체가 되어 세계화의 혼란에 대처해야 할 필요성이 증가
인간 정주◇ 패턴의 변화	도시화가 계속 진전됨에 따라 대도시의 도심에서 교외지역으로 이전
정보기술의 발전	정보화의 진전은 재택근무를 가능하게 하고, 정보와 권력의 분산을 촉진하면서 지방분권 또한 촉진

◇ **정주(定住)**
일정한 곳에 자리를 잡고 삶.

기출선지
자본과 노동의 세계화는 지역경제의 중요성을 부각시키며 신지방분권화의 동인이 되고 있다. (O) 17 지방 7 지방자치론

> **더 알아보기**
>
> ● **레이건 행정부의 신연방제(New Federalism)**
>
> 1981년 출범한 레이건 행정부는 닉슨이 주창한 신연방제(New Federalism)를 통해 연방의 권한과 책임을 축소하고 지방정부의 권한과 자율성을 높이기 위해 노력했다. 레이건 정부는 지방정부의 자율성을 해치는 사업별 보조금을 통폐합하고 주정부와 지방정부에 대한 규제를 완화하고자 하였다. 이후 수립된 클린턴 행정부에서도 국가성과점검단(NPR: National Performance Review)을 통해 분권화를 위한 노력을 계속하였다.
> 신연방제의 주요 내용에는 연방정부와 주·자치단체 간의 책임분담 확립, 연방정부의 지출 인하, 총괄보조금 설치, 조건부 보조금 통폐합, 연방정부의 무분별한 개입 및 규제 완화, 교육 또는 지역개발프로그램에 대한 집행권의 대폭적 이양 등이 있다.

3 주요 국가의 지방자치 역사

1. 영국

(1) **의의**: 영국은 의회가 절대적인 입법권한을 보유하며 지방정부가 개별적으로 수권 받은 사무에 대해서는 완전한 자치권을 보유하지만 그 범위를 벗어나는 행위는 엄격히 금지하는 월권 금지의 원칙◇이 적용된다.

(2) **역사적 발달**

① **지방자치의 성립**: 영국의 지방자치단체는 패리쉬◇와 카운티◇라는 단위로 이루어진다. 1835년 「도시자치단체법」에서 시의회를 통해 지방자치를 처음 시작하였으며, 이후 1888년 「지방자치법」을 근거로 카운티 의회를 구성하였고, 1894년 패리쉬 의회를 구성하였다.

② **대처의 보수당 정부와 신중앙집권**: 1979년 대처 정부가 들어서면서 지방정부의 계층을 통폐합하며 광역자치단체에 해당하는 잉글랜드 지역의 런던광역시와 6개 대도시 카운티를 폐지하였다. 이후 뒤를 이은 메이저 행정부(1990년) 역시 신공공관리적 기법을 적극적으로 도입해 지방정부에 대한 통제력을 행사했다.

③ **노동당과 신지방분권**: 1997년 블레어 노동당 정부가 들어선 이후 분권화 정책을 지속적으로 추진하며 스코틀랜드와 웨일즈에 독자적 입법권의 지역의회를 구성하고 종전 런던광역시를 대런던시로 부활시켰다. 이후 지방정부의 다양성을 확보할 수 있는 방향으로 지방분권을 발전시켰다.

(3) **특징**

① 영국은 지방정부 수준에서 단층제와 중층제가 혼합되어 있으며, 패리쉬 단위로 구성된 경우 2~3계층이 혼합된 중층제 구조를 띤다.

② 전통적인 기관통합형에서 벗어나 기관대립형 등의 다양한 형태로 기관을 구성하고 있다.

③ 특별지방자치단체로서 20세기 이후 공동위원회가 나타나고 있다.

2. 미국

(1) **역사적 발달**

① **독립 이후**

ⓐ 미국의 독립 이후 남북전쟁시기까지는 지방정부와 지방자치를 통해 민주성을 강화하려는 움직임이 주도적이었다.

ⓑ 독립 후 주의회에 의해 헌장이 부여됨으로 법정 지방정부의 숫자가 급증하게 되었으며

◇ **월권 금지의 원칙**
(principle of ultra vires)
영국에서 발달한 제도로 지방정부는 법률에 의하여 부여된 권한만을 행사해야 한다는 입장이다. 영국에서는 자연인과 달리 법인은 법에 의해 권한이 부여된 사항만을 할 수 있다고 보고, 만일 법인이 법에 정해진 것 이외의 행위를 하면 그것을 월권행위로 인식한다. 따라서 지방정부도 법에서 인정된 권한만을 행사할 수 있으며, 그 외의 행위는 월권으로 파악한다.

◇ **패리쉬(parish)**
가장 기초적인 단위의 행정 및 자치정부이다.

◇ **카운티(county)**
영국의 광역행정단위이다.

지역사회에서 만든 헌장안을 주민들이 주민투표를 통해 결정하는 자치헌장제도가 도입되었다.
ⓒ 여성과 흑인들의 투표권이 확대되면서 지방정치과정이 민주화되었고 정당이 발달하게 되었다.

② 20세기 전후
ⓐ **도시정부의 정치부패**: 19세기 산업화가 진행되며 도시화가 빠르게 진행되었으며 행정수요도 급격하게 확대되었으나 엽관주의에 의한 지방정부는 이에 대응할 수 있는 전문성을 갖추지 못했다. 이 과정에서 정당이 정책적 방향이나 이념이 아닌 특혜와 이권을 중심으로 조직화되며 이른바 '머신폴리틱스◇' 현상이 나타나게 되었다.
ⓑ **딜런의 법칙**: 지방정부는 주의회가 명시적으로 부여한 권한만 수행할 수 있다는 것으로 지방정부의 권한을 소극적으로 해석해 지방정부를 주 정부의 강력한 통제 하에 두었다.
ⓒ **도시개혁운동**: 진보주의에 기반을 둔 도시개혁 운동이 적극적으로 나타났다.

◇**머신폴리틱스(machine politics)**
직역하면 기구정치로 조직이나 기구의 힘으로 선거의 승리나 입법을 도모하는 현상을 말한다. 엽관주의로 인한 정당정치의 폐해 중 하나이다.

> **더 알아보기**
>
> ●● **도시개혁 운동**
>
> 1. 의의: 19세기 후반에 중산층과 개혁운동가들에 의해 진행된 도시개혁운동으로 지방정부의 비능률과 머신폴리틱스에 의한 부패 등을 해결하기 위한 일련의 노력이었다.
>
> 2. 결과
> ① 시정관리관제도(city manager): 의회가 행정전문가를 시정관리관으로 채용하여 행정을 이끌어가게 하는 제도로서 의회가 지니는 '민주성'과 시정관리관이 지니는 '전문성'을 조화시킬 수 있는 제도였다.
> ② 중·대선거구제로 전환: 기존의 소선거구제는 조직선거에 강한 정치인을 당선시킬 수 있는 가능성이 높으므로 소선거구제를 중·대선거구제로 전환하는 지방정부가 늘어났다.
> ③ 정당 개입 축소: 머신폴리틱스의 폐해를 경험한 중·소도시를 중심으로 지방선거에 정당개입을 금지 또는 제한하였다.
> ④ 홈룰방식 적용: 지역주민들이 주의 헌법을 위배하지 않는 범위 내에서 스스로 헌장을 만들고 이를 주민투표 등의 민주적 절차를 통해 확정하는 자치헌장의 방식이 나타났다.

③ **행정국가시기**: 뉴딜정책에서 위대한 사회 프로그램까지
ⓐ **도심지역과 교외지역의 분리**: 저소득층의 유색인종이 거주하는 도심지역과 백인 중산층을 중심으로 하는 교외지역으로 지역적 이분화가 나타나게 되었다.
ⓑ **중앙-지방의 관계**: 시장실패 이후 공공부문의 역할이 강조되면서 지방정부의 역할과 기능이 커지게 되었고, 1963년 존슨행정부가 지방정부에게 연방보조금을 지급하며 연방과 지방과의 관계가 수직적 관계로 바뀌게 되었다.
ⓒ **강시장-의회형 확산**: 지방정부의 정책문제가 어렵고 복잡해지자 정치적·행정적 리더십이 강하게 요구되며 시장이 보다 강력한 권한을 행사하는 강시장-의회제를 채택하는 지방정부가 늘어났다.
ⓓ **특별지방정부의 증가**: 광역행정의 필요성 증가, 주민들의 다양한 요구에 대응하기 위해 특별지방정부가 등장하게 되었다.

(2) **최근의 경향**: 레이건 행정부의 신연방제 도입 이후 분권화를 위한 노력이 강력하게 추진되며 주민발의나 주민투표 등의 직접 민주주의 요소가 강화되고 있다. 1990년대 클린턴 행정부의 정부재창조와 신경영화를 통해 행정소비자로서의 주민을 만족시킬 수 있는 여러 혁신적 정책들이 소개되었다.

기출선지
19세기 말 미국의 개혁정치가들은 지방자치단체에서 발생한 머신정치의 폐해를 타파하기 위해 정당의 지방선거 개입 금지 또는 제한을 제안하였다. (O)
| 12 지방 7

19세기 말 미국의 개혁정치가들은 지방자치단체에서 발생한 머신정치의 폐해를 타파하기 위해 대선거구제에서 소선거구제로의 전환을 제안하였다. (X)
| 12 지방 7

해설 | 머신정치의 폐해를 타파하기 위해 소선거구제에서 대선거구제로의 전환을 제안하였다.

> **기출선지**
> 제헌의회가 성립하면서 1949년 전국에서 도의회의원 선거가 실시되었다. (X)
> | 22 국가 7
>
> **해설** | 제헌의회가 성립한 것은 1948년이지만 최초의 지방선거가 실시된 것은 1952년이다.

3. 프랑스

(1) **의의**: 프랑스의 근대적 지방제도의 성립은 사실상 영국보다 먼저 시작되었으나, 나폴레옹의 강력한 집권정책으로 분권 및 자치기능은 늦게 발전되었다.

(2) **역사적 발전**

① 근대적 지방제도 성립

ⓐ 1789년 대혁명 이후 구제도를 폐지하고 근대적 지방제도가 성립되었다.

ⓑ 1795년 이후 나폴레옹 시기를 거치면서 중앙집권적 지방행정 체제를 유지하였다.

② 제도 분권화 시기

ⓐ 1930년 지방의회 선거 부활, 1968년 도시 공동체 제도 성립 등 지방분권화의 제도 개혁이 이루어졌다.

ⓑ 1981년 미테랑 대통령 이후 지방분권화 경향을 더욱 강화하였다.

ⓒ 2003년 지방분권형 헌법 개정을 실시하여 레지옹 - 코뮌의 지방정부 체계를 지향하였다.

4. 기타

(1) **독일**

지방자치의 구조는 연방제 국가를 바탕으로 게마인데(기초)-크라제(광역)구조를 가지며 이사회형, 강시장형, 남독일형, 북독일형 등의 다양한 형태를 띤다.

(2) **일본**

① 근대 시기: 1888년 시·정·촌제가 공포되었다.

② 미군정기 이후: 1951년 미군정기에 도(都)·도(道)·부(府)·현(県)과 시(市)·정(町)·촌(村)의 자치단체가 형성되었다.

③ 현대 분권시기: 1999년 '지방분권일괄법'을 제정하여 자치사무와 법정수탁사무로 재조정하며 기관위임사무를 폐지하였다. 최근에는 도주제(道州制)로의 분권화를 추진하고 있으며 기본적으로 중층제 구조를 갖는다.

4 우리나라 지방자치의 발전

1. 민주적 지방자치의 발전

(1) **지방자치의 성립**

① 1948년 「지방행정에 관한 임시조치법」을 제정하였으며 1949년 「지방자치법」을 제정·공포하였다.

② 「지방자치법」은 지방의 주민자치를 선언하고 지방정부 형태를 의결기관과 집행기관으로 분리(기관대립형)하였으며, 지방자치단체의 사무를 자치사무·단체위임사무·기관위임사무로 구분하였다.

③ 1952년 전쟁 중 선거 실시 가능지역에서 시·읍·면의회 의원선거 및 서울시·도의회 의원선거를 실시하여 1952년에 제1대 지방의회가 구성되었다.

④ 1956년 총선거를 실시하였고, 제2대 지방의원 및 제1대 자치단체장을 선출하였다.

⑤ 1958년 「지방자치법」 개정에 따라 다시 지방자치단체장을 임명제로 전환하였다.

(2) **지방자치의 중단**

① 4·19 혁명 이후 개정된 헌법에 따라 1960년 개정된 「지방자치법」은 서울특별시장·도지

◇ **우리나라의 기관구성형태**
우리나라는 본래 의결기관과 집행기관으로 분리한 기관대립형을 채택하고 있었지만 2022년 개정·시행된 「지방자치법」은 지역주민들의 주민투표를 통해 자치단체의 장을 선임하는 방법을 포함한 기관구성형태를 선택할 수 있도록 했다.

◇ **1956년 1대 자치단체장 선출**
제1대 자치단체장을 선출했던 1956년 2차 지방선거에서도 광역자치단체 장에 해당하는 서울특별시장과 도지사는 임명직을 유지하였다.

사, 시·읍·면장과 지방의원 모두를 주민이 직접 선출할 수 있도록 규정하였으며, 이후 실시된 제3차 지방선거로 지방자치단체가 구성되었다.
② 1961년 5월 16일 군사정부의 포고령에 의하여 지방의회가 해산되고, 동년 9월 1일에 「지방자치에 관한 임시조치법」이 제정되어 「지방자치법」의 효력이 정지되어 사실상 지방자치가 중단되었다.

> **기출선지**
> 「지방자치에 관한 임시조치법」이 시행되면서 지방의회는 구성되지 않았지만 주민직선의 단체장은 선출되었다. (X)
> | 21 지방 7 지방자치론
>
> **해설** | 지방의회는 해산되었으며 지방자치단체장은 임명제로 전환되었다.

참고자료

● 「지방자치에 관한 임시조치법」

「지방자치에 관한 임시조치법」은 1961년 9월 1일에 제정되어 1988년 5월 1일 「지방자치법」 전면개정과 동시에 폐지된 법률이다.
5·16 군사정변으로 정권을 장악한 국가재건최고회의에서 지방정부의 반발을 억누르고 중앙정부의 통제력을 강화하기 위하여 제정한 법률로 제정 초기 12개 조항, 폐지 직전 20개 조항으로 내용은 많지 않았지만, 그 안에는 지방자치법을 무력화하는 핵심 조항이 들어 있었다.
1. 지방행정에 대한 능률지향 선언
2. 지방의회의 해산 및 그 기능을 상급기관이 대행
3. 지방자치단체장의 임명제
4. 임시조치법과 상충되는 지방자치법 규정의 효력 상실

③ 1970년대에는 지방자치를 능률적 국정운용의 저해요인으로 지목하고 중앙집권을 강화하였다.
④ 1980년대에는 지방자치의 실시 여부가 논의의 대상이 되면서 1984년 말에 여·야 간 지방자치 실시의 준비에 합의하였고, 1985년에 지방자치제도 연구위원회가 구성되어 연구와 준비 작업을 시작하였다.

(3) 지방자치의 부활
① 1980년대 후반 지방자치제 실시를 협의하기 시작하여, 1988년 4월 6일 「지방자치법」을 전문개정함으로써 지방자치제가 부활되었다.
② 노태우 정부에서 지방의회를 구성하였고(1991), 김영삼 정부에서 지방자치단체장을 민선으로 선출하였다(1995). 기초 및 광역의회 의원과 단체장을 동시에 선거하는 4대 동시선거가 시행된 것이다.
③ 2000년대 초기에 기초자치단체의 부단체장 국가직화, 기초단체장 임명제 전환, 지방자치단체장 징계제도와 같은 지방자치에 역행하는 입법이나 정책 추진이 나타났다.
④ 2004년 기초의회 지역의원에 대한 정당 공천제, 2007년 이후 교육감의 직선제 등의 요소를 통해 지방자치가 더욱 강화되었다.

2. 기능이양 및 분권화의 추진상황

(1) 김영삼·김대중 정부
① 지방자치제 부활 후 1991년 총무처가 중심이 되어 기능이양합동심의회를 구성하여 1999년까지 중앙에 집중되어 있는 행정권한을 지방에 이관하는 작업을 지속하였다.
② 1998년 김대중 정부는 「중앙행정기관의 지방이양촉진 등에 관한 법률」을 제정하여 체계적인 지방이양 작업을 시작하였다. 또한 1999년에 대통령 소속으로 '지방이양추진위원회'를 설치하였다.

(2) 노무현 정부
① 노무현 정부는 정부혁신의 가치를 들고 지방분권을 적극 추진하였다.

> **기출선지**
> 1991년 지방선거에서 지방의회의원을 선출하였으나, 지방자치단체장 선거는 실시되지 않았다. (O)
> | 22 국가 7
>
> 지방자치단체장과 지방의회의원을 동시에 뽑는 선거는 김대중 정부에서 처음으로 실시되었다. (X)
> | 19 국가 9
>
> **해설** | 지방자치단체장과 지방의회의원을 동시에 뽑는 선거는 1995년 김영삼 정부에서 처음 실시되었다.

◇ **한시법(限時法)**
일시적인 특정 사정을 위하여 일정한 기간에 한하여 효력을 발휘하는 법률.

◇ **제주특별법**
「제주특별자치도 설치 및 국제자유도시 조성을 위한 특별법」의 약칭으로, 2006년에 제정되었다.

② 노무현 정부는 2003년 지방분권로드맵을 발표하고 2004년 5년간 한시법◇인 「지방분권특별법」을 제정하였다. 또한 대통령 소속의 '정부혁신지방분권위원회'를 설치하였다.

③ 제주도에 더 많은 자치재량을 부여하고(「제주특별법」◇), 주민투표·주민소송·주민소환제도를 도입하였다.

> **참고자료**
>
> ●● **노무현 정부의 지방분권추진전략**
>
> 1. **선분권, 후보완의 원칙**: 지방분권으로 인하여 다소간의 문제가 있는 경우에도 우선적으로 분권조치를 하고 시민사회와 지방정부가 분권의 부작용을 스스로 치유해 나갈 수 있는 자정능력을 갖도록 보완해서 부작용을 해소한다는 방침이다.
> 2. **보충성의 원칙**: 가까운 정부에 우선적인 관할권을 인정한다는 국가조직원리이다. 민간이 처리할 수 있는 경우에 국가공동체가 관여할 수 없으며, 가까운 지방정부가 처리할 수 있는 업무를 상급 지방정부나 중앙정부가 관여해서는 안 된다는 원칙이다. 가까운 지방정부에서 구체적인 생활문제를 해결토록 함으로써 주민들의 참여를 촉진하여 공동체에 대한 책임을 높이도록 한다. 광역지방정부나 중앙정부가 관할을 주장하려면 기초지방정부의 처리능력이 없음을 입증해야 할 부담을 진다.
> 3. **포괄성의 원칙**: 국민의 정부에서 단위사무를 이양하는 방식이 실패함에 따라, 노무현 정부는 사무를 포괄적으로 이양하는 원칙을 채택하였다. 분권의 유발효과가 큰 과제를 선도과제로 설정하여 분권을 우선적으로 추진한다.

(3) 이명박 정부
① 2008년에 「지방분권특별법」을 5년간 한시법인 「지방분권촉진에 관한 특별법」으로 법명을 변경하여, 지방자치와 관련되는 입법을 하는 경우 이 법에서 정한 지방분권의 이념에 부합하도록 하였다.
② 대통령 소속으로 '지방분권촉진위원회'를 설치하였다.

(4) 박근혜 정부
① 「지방분권촉진에 관한 특별법」과 「지방행정체제 개편에 관한 특별법」을 폐지하고 「지방분권 및 지방행정체제개편에 관한 특별법」을 제정하였다.
② 대통령 소속으로 '지방자치발전위원회'를 설치하였다.

(5) 문재인 정부
① 「지방분권 및 지방행정체제개편에 관한 특별법」을 「지방자치분권 및 지방행정체제개편에 관한 특별법」으로 개정하였다.
② 대통령 소속으로 '자치분권위원회'를 설치하였다.
③ 자치분권정책에 대해 일반국민이 참여할 수 있는 환경을 조성하도록 의무를 부여하고, 자치단체장이 자치분권 과제에 대해 정보교환, 정책제안, 의견수렴 등을 할 수 있는 지역별 협의회를 설치할 수 있도록 하였다.
④ 2022년 1월 13일부터 전면 개정된 「지방자치법」이 시행되면서 지방분권과 주민참여가 강화되었다.

(6) 윤석열 정부
① 「지방자치분권 및 지역균형발전에 관한 특별법」을 2023년 7월 10일 제정하였다.
② 대통령 소속의 '지방시대위원회'를 설치하고 5년을 단위로 하는 지방시대 종합계획을 수립하기로 하였다.

「지방자치분권 및 지역균형발전에 관한 특별법」
제6조(지방시대 종합계획의 수립)
① 제62조에 따른 지방시대위원회(이하 "지방시대위원회"라 한다)는 지방자치분권 및 지역균형발전을 효과적으로 추진하기 위하여 관계 중앙행정기관의 장과 협의하고 지방자치단체의 의견을 수렴한 후 5년을 단위로 하는 지방시대 종합계획(이하 "지방시대 종합계획"이라 한다)을 수립한다.
② 지방시대위원회는 지방시대 종합계획을 수립할 때에는 제7조제1항에 따른 시·도 지방시대 계획과 제8조제1항에 따른 부문별 계획 및 제9조제1항에 따른 초광역권발전계획(해당 계획이 수립된 경우로 한정한다)을 반영하여야 한다.
③ 지방시대 종합계획에는 다음 각 호의 사항이 포함되어야 한다.
  1. 지방자치분권 및 지역균형발전의 기본방향 및 추진목표
  2. 제3장에 따른 지역균형발전시책 및 지방자치분권 과제의 추진 등에 관한 사항
  3. 제5장에 따른 지역균형발전특별회계의 운용에 관한 사항
  4. 그 밖에 지방자치분권 및 지역균형발전을 위하여 필요한 사항
④ 지방시대 종합계획은 「국가재정법」 제7조에 따른 국가재정운용계획, 「국토기본법」 제6조에 따른 국토계획, 「저출산·고령사회기본법」 제20조에 따른 저출산·고령사회기본계획 및 「기후위기 대응을 위한 탄소중립·녹색성장 기본법」 제10조에 따른 국가 탄소중립 녹색성장 기본계획과 연계되어야 한다.
⑤ 지방시대 종합계획은 국무회의의 심의를 거쳐 대통령의 승인을 받아야 한다. 수립된 지방시대 종합계획을 변경(대통령령으로 정하는 경미한 사항을 변경하는 경우는 제외한다)할 때에도 또한 같다.
⑥ 지방시대위원회는 수립된 지방시대 종합계획을 국회에 보고하여야 한다. 수립된 지방시대 종합계획을 변경(대통령령으로 정하는 경미한 사항을 변경하는 경우는 제외한다)할 때에도 또한 같다.
⑦ 제1항부터 제6항까지에서 규정한 사항 외에 지방시대 종합계획 수립절차 등에 관하여 필요한 사항은 대통령령으로 정한다.

제62조(지방시대위원회의 설치 및 존속기한)
① 지방자치분권 및 지역균형발전을 추진하기 위하여 대통령 소속으로 지방시대위원회를 둔다.
② 지방시대위원회는 이 법 시행일부터 5년간 존속한다.

제63조(기능) 지방시대위원회는 다음 각 호의 사항을 심의·의결한다.
  1. 지방자치분권 및 지역균형발전의 기본방향과 관련 정책의 조정에 관한 사항
  2. 지방자치분권 및 지역균형발전에 관한 국정과제의 총괄·조정·점검 및 지원에 관한 사항
  3. 제2장에 따른 지방시대 종합계획과 시·도 계획 및 시·도 시행계획, 부문별 계획 및 부문별 시행계획, 초광역권발전계획 및 초광역권발전시행계획에 관한 사항
  4. 제3장에 따른 지역균형발전시책 및 사업, 지방자치분권 과제 등의 추진·조사·분석·평가·조정에 관한 사항
  5. 제23조에 따른 기회발전특구의 지정 및 지원에 관한 사항
  6. 공공기관 등의 지방이전, 혁신도시 활성화 및 신설 공공기관의 입지 결정에 관한 사항
  7. 지역혁신융복합단지의 지정·육성에 관한 사항
  8. 지역발전투자협약의 체결 및 운영에 관한 사항
  9. 제33조에 따라 지방자치단체에 이양하는 권한 및 사무의 원활한 처리에 필요한 인력 및 재정 소요 등에 관한 사항
  10. 지방자치단체 통합을 위한 기준·통합방안·조정에 관한 사항
  11. 제5장에 따른 지역균형발전특별회계의 운용에 관한 사항
  12. 제72조제3항에 따라 중앙행정기관의 장에게 제출하는 의견에 관한 사항
  13. 다른 법률에서 지방시대위원회의 심의를 거치도록 한 사항
  14. 그 밖에 지방자치분권 및 지역균형발전과 관련하여 필요한 사항으로서 위원장이 회의에 부치는 사항

제64조(지방시대위원회의 구성·운영)
① 지방시대위원회는 위원장 및 부위원장 각 1명을 포함하여 39명 이내의 위원으로 구성하며, 위원은 당연직위원과 위촉위원으로 구분한다.
② 당연직위원은 기획재정부장관, 교육부장관, 과학기술정보통신부장관, 행정안전부장관, 문화체육관광부장관, 농림축산식품부장관, 산업통상자원부장관, 보건복지부장관, 환경부장관, 고용노동부장관, 국토교통부장관, 해양수산부장관, 중소벤처기업부장관, 국무조정실장 및 「지방자치법」 제182조제1항제1호부터 제4호까지에 따른 협의체의 대표자로 한다.
③ 지방시대위원회는 업무 수행을 위하여 필요하다고 인정하는 경우에는 다음 각 호의 사람을 회의에 참석하도록 요청할 수 있다.

③ 2023년 7월 강원특별자치도, 2024년 1월 전북특별자치도를 설치하여 실질적인 지방분권을 강화하고 지역 경쟁력을 제고하고자 한다.

「강원특별자치도 설치 및 미래산업글로벌도시 조성을 위한 특별법(약칭: 강원특별법)」[시행 2024. 6. 8.]
제1조(목적) 이 법은 종전의 강원도의 지역적·역사적·인문적 특성을 살려 시·군의 자율과 책임, 창의성과 다양성을 바탕으로 고도의 자치권이 보장되는 강원특별자치도를 설치하여 실질적인 지방분권을 보장하고, 규제혁신을 통한 자유로운 경제활동과 환경자원의 효율적인 관리를 통하여 미래산업글로벌도시를 조성함으로써 도민의 복리증진과 국가발전에 이바지함을 목적으로 한다.

「전북특별자치도 설치 등에 관한 특별법 (약칭: 전북특별법)」[시행 2024. 1. 18.]
제1조(목적) 이 법은 종전의 전라북도의 지역적·역사적·인문적 특성을 살려 고도의 자치권이 보장되는 전북특별자치도를 설치하여 실질적인 지방분권을 보장하고 지역의 경쟁력을 제고하여 도민의 복리증진을 실현하고 국가발전에 이바지함을 목적으로 한다.

참고자료

지방자치법 개정 주요내용(2022.1.13 시행)

1. 주민 참정권 강화
2. 지방의회 독립성 및 책임성 강화
3. 지방자치단체의 자치권 확대
4. 지방자치단체에 대한 적법성 통제 강화
5. 중앙 및 지방자치단체 간의 새로운 협력관계
6. 국제교류와 협력
7. 타법과 모순되는 내용 정리
→ 기존 10장 175조, 새롭게 12장 211조로 개편.

1. 주민 참정권 강화
(1) 주민자치 원리 강화 (제1조)
   목적 규정에 '지방자치행정 참여에 관한 사항' 명시
(2) 주민의 권리 확대 (제17조)
   주민생활에 영향을 미치는 정책 결정 및 집행 과정에 참여할 권리 신설
(3) 주민조례 발안제 강화 (제19조 → 「주민조례발안법」)
   별도 법률 제정. 주민이 의회에 직접 조례의 제정·개폐 청구가 가능
(4) 청구권 기준연령 완화 (제21조, 제22조)
   주민조례발안, 감사청구, 주민소송, 주민투표에 참여 할 수 있는 연령 하향(19세 이상→18세 이상)(주민조례발안, 주민투표의 연령은 별도 법률로 규정)
(5) 주민감사청구
   ① 청구인수 하향조정 (제21조)
      시·도 300명(이전 500명), 인구 50만 이상 대도시는 200명(이전 300명), 그 밖의 시·군·구는 150명(이전 200명) 이상의 주민동의로 주민감사와 소송 제기 가능.
   ② 청구기간 변경
      사무처리가 있었던 날이나 끝난 날부터 2년 → 사무처리가 있었던 날이나 끝난 날부터 3년
(6) 주민투표(제18조 → 「주민투표법」 2022.4.26 개정)
   ① 투표 유효 요건 완화
      유권자의 1/3이상 투표, 투표자의 과반수 찬성 → 유권자의 1/4이상 투표, 투표자의 과반수 찬성
   ② 과거 유권자의 1/3이상 투표하지 않으면 개표하지 않았으나 동 조항을 삭제하여 투표권자 요건 충족이 안되어도 개표
(7) 규칙의 제정과 계정·폐지 관련 의견 제출
   주민은 규칙(권리·의무와 직접 관련되는 사항으로 한정)의 제정, 개정 또는 폐지와 관련된 의견을 해당 지방자치단체의 장에게 제출할 수 있음. 단, 법령이나 조례를 위반하거나 법령이나 조례에서 위임한 범위를 벗어나는 사항은 의견 제출 대상에서 제외(제20조)

2. 지방의회 독립성 및 책임성 강화
(1) 주민에 대한 정보공개 확대 (제26조)
　　의회의 의정활동, 집행부 조직·재무 등에 관한 정보를 공개해야 하는 일반규정이 신설
(2) 정책지원 전문인력 도입 (제41조)
　　모든 지방의회에서 의원정수 1/2범위에서 지방의원의 의정활동을 지원할 정책지원 전문인력 충원
(3) 지방의원 겸직금지 (제43조)
　　겸직금지 대상이 구체화되며 겸직 신고 내역을 의무적으로 공개
(4) 지방의회의 인사권 독립 (제103조)
　　지방의회 소속 사무직원 임용권을 지방의회 의장에게 부여

3. 지방자치단체의 자치권 확대
(1) 자치단체 기관구성 다양화 (제4조)
　　주민투표를 통해 지방의회와 집행기관의 구성 형태 변경이 가능
　　*추후 별도법 제정 추진
(2) 경계조정 절차 신설 (제6조)
　　자치단체 간 자율협의체를 통해 경계조정협의를 추진하며, 미해결 시 중앙분쟁조정위원회 심의를 거쳐 조정가능
(3) 사무배분 보충성의 원칙 규정 (제11조)
　　중앙정부의 자의적인 사무배분을 방지하기 위해 지역적 사무는 지역에 우선 배분
(4) 자치입법권 보장 강화 (제28조)
　　법령에서 조례로 정하도록 위임한 사항에 대해 행정명령 등 하위 법령으로 위임내용과 범위 등을 제한할 수 없도록 규정
(5) 단체장 인수위원회 제도화 (제105호)
　　지방선거를 통해 지자체장이 교체될 경우 광역지자체는 20인 이내, 기초지자체는 15인 이내로 인수위원회 구성 가능
(6) 특례시 및 자치단체 특례 부여 (제198조)
　　100만 이상의 도시를 특례시로 하고, 행정수요 등을 고려하여 대통령령에 따라 행안부장관이 정하는 시·군·구에 특례 부여 가능

4. 지방자치단체에 대한 적법성 통제 강화
(1) 지방자치단체장의 사무 처분에 대한 시정 및 대집행 (제188조, 제189조)
　　기초지방자치단체장의 명령, 처분이 법령에 위반되는 되거나 기초지방자치단체장이 국가위임사무를 게을리하는 경우에, 광역지방자치단체장이 시정명령, 이행명령, 대집행 등의 권한을 행사하지 않으면 주무부장관이 직접 권한 행사 가능.
(2) 지방의회 의결에 대한 재의 요구 (제192조)
　　기초지방의회의 의결이 법령에 위반됨에도 광역지방자치단체장이 재의를 요구하지 않은 경우, 주무부 장관이 직접 기초지방자치단체장에게 재의 요구 가능.

5. 중앙 및 지방자치단체 간의 새로운 협력관계
(1) 국가-지방 간 협력 의무 (제183조)
　　균형적 공공서비스 제공, 균형 발전을 위한 국가-자치단체, 자치단체 간 협력 의무를 신설
(2) 중앙지방협력회의 도입 (제186조)
　　지방자치단체가 국가의 주요 정책, 지방현안 등에 대해 대통령과 논의 및 협의가 가능한 근거 마련
(3) 특별지방자치단체 설치·운영 규정 마련 (제12장)
　　2개 이상의 지방자치단체가 공동으로 특정한 목적을 위하여 광역적으로 사무를 처리할 필요가 있을 때 가능

6. 국제교류와 협력
　지방자치단체가 직접 국제교류 및 협력에 대한 규정 신설 (제10장)
　지방자치단체의 역할, 국제기구 지원, 해외사무소 설치 및 운영에 대한 내용을 규정.

7. 타법과 모순되는 내용 정리
　군과 자치구를 두는 지방자치단체에서 특별자치시 삭제 (제3조)
　기존 지방자치법이「세종특별자치시 설치 등에 관한 특별법」제6조와 모순되는 부분을 해소함.

CHAPTER 02 지방자치단체의 체계와 구성

영희쌤 Talk
지방자치단체의 체계는 지방자치제를 이해하는 데 가장 핵심적인 내용을 담고 있습니다. 법령 표현을 암기하는 것은 그리 중요하지 않습니다. 제도의 취지와 핵심 내용을 정리하고 세부적인 암기는 시험 직전 기출법령 특강을 통해서도 정리할 수 있으니 체계와 구성의 전체 큰 틀을 정리해주는 것에 중점을 두고 공부해주세요.

01 지방자치단체의 체계

1 지방자치단체의 의의와 특징

1. 의의
(1) **의의**: 지방자치단체는 일정구역 안에서 주민을 구성원으로 하여 법률적 범위 내에서 지배권을 가지는 법인격을 가진 공공단체를 말한다.

(2) **분류**
① 지방자치단체는 특별시, 광역시, 특별자치시, 도, 특별자치도에 해당하는 광역자치단체와 시, 군, 구에 해당하는 기초자치단체로 구분되며, 이와 별도로 특정한 목적을 수행하기 위하여 특별지방자치단체를 설치할 수 있다.
② 지방자치단체의 의결기관인 지방의회와 집행기관이 단일기관에 속하는지 또는 분리되어 있는지에 따라 기관통합형과 기관대립형으로 구분된다.
③ 지방자치단체는 의사를 결정하는 의결기관(지방의회)과 이를 집행하는 집행기관(지방자치단체의 장, 소속기관, 하급행정기관, 보조기관)으로 구성된다.

2. 지방자치단체의 특징
(1) **공법인**
① 지방자치단체는 법인◇으로서, 국가와는 별개의 권리·의무의 주체가 된다.
② 지방자치단체는 공공사무를 처리하기 위하여 설립된 공법인◇이며 사적 활동을 수행하기 위하여 설립되는 사법인과 구별된다.

◇ **법인**
법인은 소송당사자능력, 계약체결능력, 재산소유능력 등을 가진다.

◇ **공법인**
단체의 목적과 기능이 법률에 의해 규정되며, 단체의 설립·해산·구역변경·사무소 이전 등이 모두 법령규정사항이고, 예산, 결산, 보고의무 등 행정목적 수행의 의무가 부여되어 있다.

> 「지방자치법」
> **제3조(지방자치단체의 법인격과 관할)**
> ① 지방자치단체는 법인으로 한다.
> **제4조(지방자치단체의 명칭과 구역)**
> ① 지방자치단체의 명칭과 구역은 종전과 같이 하고, 명칭과 구역을 바꾸거나 지방자치단체를 폐지하거나 설치하거나 나누거나 합칠 때에는 법률로 정한다.
> **제5조(구역을 변경하거나 폐치·분합할 때의 사무와 재산의 승계)**
> ① 지방자치단체의 구역을 변경하거나 지방자치단체를 폐지하거나 설치하거나 나누거나 합칠 때에는 새로 그 지역을 관할하게 된 지방자치단체가 그 사무와 재산을 승계한다.

(2) **통치단체**: 지방자치단체는 일정한 지역 안의 주민과 사물에 대하여 통치권 내지 지배권을 행사하는 단체로 국가나 기타 외부단체의 간섭이나 통제를 받지 않는 자치권을 「헌법」에 의하여 보장받고 행정의 수행에 관하여 고도의 공공적 책임을 진다.

3. 지방자치단체의 유형
(1) **일반지방자치단체**: 일반적 목적을 추구하는 지방자치단체로 정부의 직할로 두는 광역자치단체와 광역자치단체의 관할 구역 안에 두는 기초자치단체로 구성되어 있다.

(2) 특별지방자치단체

① **의의**: 2개 이상의 지방자치단체가 공동으로 특정 목적을 위한 광역적 사무를 처리하기 위해 설치하며, 법인으로 설립한다.

② **설립절차**: 특별지방자치단체의 설립을 위해서는 관할 지방의회의 의결을 받은 후 행정안전부 장관의 승인을 얻어야 한다.

③ **조직**: 특별지방자치단체의 의회와 장으로 구성한다.

④ **운영**: 특별지방자치단체는 구성 지방자치단체에서 특별회계를 설치해 운영하며 국가나 광역의 재정지원이 가능하다.

⑤ **의회의 의결권**
   ⓐ 특별지방자치단체의 의회는 구성 지방자치단체의 의회의원으로 구성한다.
   ⓑ 특별지방자치단체의 의회는 조례의 제정과 개정 및 폐지, 예산의 심의확정, 결산의 승인, 그 밖에 특별지방자치단체의 운영에 관한 사항으로서 규약으로 정하는 중요한 사항에 대해 의결권을 가지며 이 경우 의결 전 특별지방자치단체의 장에게 미리 통지하고, 특별지방자치단체의 장은 그 내용을 구성 지방자치단체의 장에게 통지하여야 한다.

⑥ **해산**: 해산 사유가 있는 경우 해당 지방의회의 의결을 거쳐 행정안전부장관의 승인을 받아 해산한다.

> 「지방자치법」
> **제199조(특별지방자치단체의 설치)**
> ① 2개 이상의 지방자치단체가 공동으로 특정한 목적을 위하여 광역적으로 사무를 처리할 필요가 있을 때에는 특별지방자치단체를 설치할 수 있다. 이 경우 특별지방자치단체를 구성하는 지방자치단체는 상호 협의에 따른 규약을 정하여 구성 지방자치단체의 지방의회 의결을 거쳐 행정안전부장관의 승인을 받아야 한다.
> ② 행정안전부장관은 제1항 후단에 따라 규약에 대하여 승인하는 경우 관계 중앙행정기관의 장 또는 시·도지사에게 그 사실을 알려야 한다.
> ③ 특별지방자치단체는 법인으로 한다.
> **제204조(특별지방자치단체의 의회의 조직 등)**
> ① 특별지방자치단체의 의회는 규약으로 정하는 바에 따라 구성 지방자치단체의 의회 의원으로 구성한다.
> ② 제1항의 지방의회의원은 제43조제1항에도 불구하고 특별지방자치단체의 의회 의원을 겸할 수 있다.
> ③ 특별지방자치단체의 의회가 의결하여야 할 안건 중 대통령령으로 정하는 중요한 사항에 대해서는 특별지방자치단체의 장에게 미리 통지하고, 특별지방자치단체의 장은 그 내용을 구성 지방자치단체의 장에게 통지하여야 한다. 그 의결의 결과에 대해서도 또한 같다.
> **제205조(집행기관의 조직 등)**
> ① 특별지방자치단체의 장은 규약으로 정하는 바에 따라 특별지방자치단체의 의회에서 선출한다.
> ② 구성 지방자치단체의 장은 제109조에도 불구하고 특별지방자치단체의 장을 겸할 수 있다.
> **제206조(경비의 부담)**
> ① 특별지방자치단체의 운영 및 사무처리에 필요한 경비는 구성 지방자치단체의 인구, 사무처리의 수혜 범위 등을 고려하여 규약으로 정하는 바에 따라 구성 지방자치단체가 분담한다.
> ② 구성 지방자치단체는 제1항의 경비에 대하여 특별회계를 설치하여 운영하여야 한다.
> ③ 국가 또는 시·도가 사무를 위임하는 경우에는 그 사무를 수행하는 데 필요한 재정적 지원을 할 수 있다.
> **제209조(해산)**
> ① 구성 지방자치단체는 특별지방자치단체가 그 설치 목적을 달성하는 등 해산의 사유가 있을 때에는 해당 지방의회의 의결을 거쳐 행정안전부장관의 승인을 받아 특별지방자치단체를 해산하여야 한다.
> ② 구성 지방자치단체는 제1항에 따라 특별지방자치단체를 해산할 경우에는 상호 협의에 따라 그 재산을 처분하고 사무와 직원의 재배치를 하여야 하며, 국가 또는 시·도 사무를 위임받았을 때에는 관계 중앙행정기관의 장 또는 시·도지사와 협의하여야 한다. 다만, 협의가 성립하지 아니할 때에는 당사자의 신청을 받아 행정안전부장관이 조정할 수 있다.

◇ **특별지방자치단체**
특별지방자치단체는 광역사무나 지방공기업 경영 등 특정한 목적을 위하여 설립되므로 별도의 구역과 조직이 필요하게 된다. 따라서 지방자치단체의 난립으로 인한 혼란을 초래할 수 있다.

◇ **특별지방자치단체의 의회와 장**
지방의회의 의원은 특별지방자치단체의 의회 의원을 겸직할 수 있으며, 구성 지방자치단체의 장은 특별지방자치단체의 장을 겸할 수 있다.

◇ **구성 지방자치단체**
특별지방자치단체는 광역적 사무를 처리하기 위해 여러 개의 지방자치단체가 그 구성에 참여하며 이때 참여하는 지방자치단체를 구성 지방자치단체라고 한다.

기출선지
2개 이상의 지방자치단체가 공동으로 특정한 목적을 위하여 광역적으로 사무를 처리할 필요가 있을 때에는 특별지방자치단체를 설치할 수 있다. (O)
| 22 국가 9

기출선지
영국의 특별지방자치단체로 과거에 설립되었던 특별자치제와 공동협의회를 예로 들 수 있다. (O)
18 지방 7 지방자치론

4. 외국의 지방자치단체

① **영국**: 과거 특별 성문법으로 설립되는 빈민구제, 교육, 치안 등 분야의 특별자치제(특별지방자치단체, ad hoc authority)와 최근 광역적 협력문제를 해결하기 위해 구성한 공동협의회(합동이사회, joint board)가 있다.

② **미국**: 특정한 사무의 처리를 위한 특별구역(special district)이 대표적인 특별지방행정기관으로 지역주민의 청원과 주민투표를 거쳐 설립한다.

③ **프랑스**: 광역행정 수요에 대처하기 위해 코뮌(commune)조합, 연합구, 도시공동체 등이 대표적인 형태이다.

④ **독일**: 광역적 사무의 처리를 위해 특정사무의 공동적으로 처리하기 위한 복수의 게마인데(Gemeinde)에서 설립한 목적조합(Zweckverband)이 대표적이며, 게마인데연합이나 광역연합 등이 있다.

⑤ **일본**: 기초자치단체 급에 해당하는 제한적 자치단위로 특별구와 재산구가 있으며, 광역적 사무를 처리하는 단체로 지방공공단체조합, 지방개발사업단, 광역 연합 등이 있다.

⑥ **스위스**: 특정한 공공사무를 처리하기 위한 다양한 게마인데(학교게마인데, 교회게마인데, 시민권게마인데 등)의 특별지방자치단체가 일반지방자치단체의 구역과 동일구역에 설립되어 있다. 이들 특별지방자치단체는 독자적 과세권을 가지고 있다.

2 지방자치단체의 계층 ☆

1. 의의

(1) **의의**: 지방자치단체의 계층은 지방자치단체 간의 연결구조이다.

(2) **유형**

① **중층제(Multi-tier System)**◇: 하나의 지방자치단체가 다른 지방자치단체를 그 구역 안에 포괄하고 있어 지방자치단체가 중첩되어 있는 경우이다.

② **단층제(Single-tier System)**: 하나의 구역에 그 구역 안의 모든 지방적 사무를 도맡아 처리하는 하나의 지방자치단체만이 존재하고 있는 경우이다.

◇ **중층제**
중층제의 유형에는 우리나라와 같이 2층제인 경우도 있지만 프랑스와 이탈리아처럼 3층제의 경우도 있다.

> **더 알아보기**
>
> ● **중층제와 단층제의 장·단점**
>
> **1. 중층제의 장점(단층제의 단점)**
> ① 분업수행: 공공기능의 분업적 수행을 가능하게 한다. 기초자치단체는 주민의 일상생활에 직결되는 공공사무를 담당·처리하고, 광역지방자치단체는 광역적 사무를 담당·처리한다.
> ② 기초단체 보호: 국가와 기초자치단체 간의 원활한 관계의 유지를 가능하게 한다. 광역자치단체가 중간단체로서 국가를 대신하여 기초자치단체를 감독하고, 국가의 강력한 간섭과 감독으로부터 기초자치단체를 보호하는 기능을 수행한다(민주주의 원리의 확산).
>
> **2. 단층제의 장점(중층제의 단점)**
> ① 비능률 방지: 중층제를 채택할 경우 유발되기 쉬운 이중행정이나 이중감독의 폐단을 방지할 수 있으므로 행정의 비능률이 발생되지 않는다.
> ② 명확한 행정책임: 국가의 책임과 지방자치단체의 책임이 명확하게 구분된다.
> ③ 신속성 확보: 업무수행의 신속성을 확보할 수 있다.

2. 우리나라

(1) 형태
① **자치계층**◇: 우리나라는 광역자치단체, 기초자치단체의 2계층제◇이다.
② **행정계층**: 특별시의 경우 3계층제(특별시-자치구-동), 광역시나 도의 경우 3계층제 또는 4계층제(광역시 또는 도-시·군-읍·면-리)이다.

(2) 유형
① 자치계층

광역자치단체	특별시, 광역시, 도, 특별자치도, 특별자치시
기초자치단체	시, 군, 구

② **행정계층**: 광역자치단체> 기초자치단체> 행정시·행정구·읍·면·동

(3) 문제점
① **효율성 논리 중심**: 중앙집권적 차원에서 전국을 효율적으로 통치하기 위한 논리로 지방자치단체의 계층이 구분되었다.
② **계층의 다단계화**: 다른 국가에 비해 국토면적 대비 계층이 많으며 행정계층이 필요이상으로 세분화되어 비용과 파생업무가 증대되는 폐단이 초래되었다.
③ **계층 간 기능 배분 모호**: 광역자치단체와 기초자치단체 간 기능 배분 기준이 명확하게 법정화되지 않아 갈등이 발생할 여지가 있다.
④ **지역 내 기관 난립**: 동일 지역 내 자치단체와 특별지방행정기관 등 다수의 지방행정기관이 중복·난립되어 책임성 확보가 곤란하다.

3. 외국의 자치단체 계층

(1) 미국
① **의의**: 미국은 주마다 지방자치제도가 다를 뿐만 아니라 같은 주 안에서도 지역마다 다르며 일반적으로 미국의 지방정부(local government)라는 개념에는 country, township, municipality, special district 등이 포함된다.
② 유형
ⓐ **중층제**: 연방제를 채택하고 있는 미국은 기본적으로 주정부 관할 하에 카운티를 두고 카운티 아래 도시화 정도와 규모 등 지역적 특징에 따라 타운십, 타운, 시티, 빌리지 등을 둔 중층제를 취하고 있다.

광역단위		카운티(county)로 불리며, 50개 주에 3000개 정도 존재
기초단위	타운십 (township)	북동부와 북중부 일대에서 나타나는 기초자치단체
	뮤니시팔리티 (municipality)	카운티나 타운십 내의 특정지역에서 인구가 집중되며 성장하고 이후 자치권을 갖게 된 기초자치단체 → 시티(city), 타운(town), 빌리지(village) 등으로 불림

◇ **우리나라의 예외적 단층제**
우리나라는 자치계층제에 있어서 중층제를 사용하고 있지만, 예외적으로 제주특별자치도와 세종특별자치시는 자치계층이 단층제로 광역자치단체와 기초자치단체 계층과 행정계층이 일치하고 있지 않다.

ⓑ **예외적 단층제**: 통합시(consolidated cities), 독립시(independent cities) 등의 예외적 단층제에 해당한다.

통합시 (consolidated cities)	상급지방정부인 카운티와 기초지방정부인 시티가 통합되어 형성된 정부 → 콜로라도주의 덴버, 캘리포니아주의 샌프란시스코 등
독립시 (independent cities)	카운티에 소속되지 않은 도시 정부 → 버지니아주의 모든 도시정부, 매릴랜드주의 발티모어, 미주리주의 세인트루이스, 뉴욕주의 뉴욕시

(2) 영국
① **의의**: 영국은 잉글랜드, 웨일즈, 스코틀랜드, 북아일랜드로 구성되어 있는데 이 중 잉글랜드는 중층제와 단층제가 혼재되어 있으며, 웨일즈·스코틀랜드·북아일랜드는 모두 단층제를 사용한다.

② **잉글랜드의 계층구조**
ⓐ **중층제**

비메트로폴리탄 카운티 (non-metropolitan county)	비메트로폴리탄 카운티는 여러 개의 디스트릭트로 구성되어 있으며, 각각 지방정부로 기능하는 중층제의 계층구조를 지닌다.
런던광역정부 (GLA: Greater London Authority)	수도로서의 특별한 지위를 가지며 런던광역정부 안에 32개의 바러(Borough)와 런던시(City of London)를 두는 중층제 계층구조를 갖는다.

ⓑ **단층제**

메트로폴리탄 카운티 (metropolitan county)	런던광역정부 이외의 6개의 대도시 지역에 존재하며 메트로폴리탄 카운티는 여러 개의 메트로폴리탄 디스트릭트로 구성되어 있으며 이 메트로폴리탄 디스트릭트만이 지방정부로 기능하는 단층제 구조를 띤다.
통합시 (unitary authority)	1996년 이후 비매트로폴리탄 카운티를 없애는 대신 디스트릭트의 기능을 확대하는 방향으로 단층화가 진행되는데 그 결과 만들어진 지방정부이다.

(3) 프랑스
① **의의**: 프랑스의 계층구조는 매우 다층화되어 있는 것이 특징이다.

② **유형**
ⓐ **행정계층**: 레지옹(Region) - 데파르트망(도, Departement) - 아롱디스망(군, Arrondissement) - 캉통(소군, Canton) - 코뮌(Commune)의 5계층으로 구성되어 있다.
ⓑ **중층제**: 자치계층은 레지옹 - 데파르트망 - 코뮌의 3계층의 중층제이다.
ⓒ **파리시**: 기초자치단체로서 코뮌인 동시에 상급자치단체로서의 데파르트망이라는 이중적 지위 구조를 지닌다.

(4) 일본
① 전국이 먼저 도(都), 도(道), 부(府), 현(県)으로 나누어지고, 그것이 다시 시(市), 정(町), 촌(村)으로 구분되는 2층제 자치구조를 채택하고 있다.
② 일반지방자치단체 이외에 특정목적을 수행하기 위한 특별지방자치단체로서 특별구, 지방자치단체조합, 재산구 및 지방개발사업단 등을 두고 있다.

기출선지
영국에서는 1990년대 이후 메트로폴리탄 디스트릭트를 통합시로 개편하는 작업이 진행되고 있다. (X)
| 18 서울 7 지방자치론

해설 | 영국에서는 비메트로폴리탄 카운티를 통합시로 개편하는 작업이 진행되고 있다.

프랑스의 자치계층은 레지옹(region), 데파르트망(department), 꼬뮨(commune)의 3계층으로 이루어져있다. (O)
| 18 서울 7 지방자치론

3 우리나라 지방자치단체의 종류

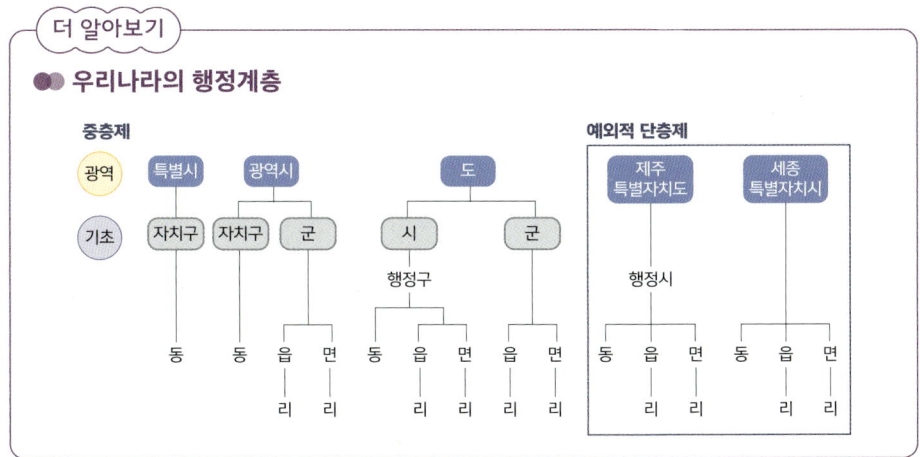

1. 광역자치단체

(1) 특별시

① 나라의 수도에서 수행되는 행정의 특수성에 입각하여 그 지위·조직·인사 및 운영에 특례를 인정받고 있는 서울시를 말한다.
② 자치구를 설치할 수 있다.
③ 「서울특별시 행정특례에 관한 법률」에 따른 특례◇
　ⓐ 서울시장은 장관급이며, 서울시의 행정부시장과 정무부시장은 차관급의 정무직 공무원이다.
　ⓑ 행정안전부장관이 서울시 지방채 발행 승인 여부를 결정할 때에는 국무총리에게 보고해야 한다.
　ⓒ 행정안전부장관이 서울특별시의 자치사무에 대한 감사를 하고자 할 때 국무총리의 조정을 거쳐야 한다.
　ⓓ 서울특별시 소속 국가공무원의 임용 등에 관한 권한 중 대통령령으로 정하는 사항은 서울특별시장이 한다.
　ⓔ 서울특별시 소속 공무원 등에 대한 서훈의 추천은 서울특별시장이 한다.

> 「서울특별시 행정특례에 관한 법률」
> **제2조(지위)** 서울특별시는 정부의 직할로 두되, 이 법에서 정하는 범위에서 수도로서의 특수한 지위를 가진다.
> **제4조(일반행정 운영상의 특례)**
> ① 행정안전부장관이 「지방재정법」 제11조에 따라 서울특별시의 지방채 발행의 승인 여부를 결정하려는 경우에는 국무총리에게 보고하여야 한다.
> ② 행정안전부장관은 「지방자치법」 제190조에 따라 서울특별시의 자치사무에 관한 감사를 하려는 경우에는 국무총리의 조정을 거쳐야 한다.
> ⑤ 서울특별시 소속 국가공무원의 임용 등에 관한 「국가공무원법」 제32조 제1항부터 제3항까지, 제78조 제1항·제4항 및 제82조에 따른 소속 장관 또는 중앙행정기관의 장의 권한 중 대통령령으로 정하는 사항은 서울특별시장이 행사하며, 이와 관련된 행정소송의 피고는 같은 법 제16조에도 불구하고 서울특별시장이 된다.
> ⑦ 서울특별시 소속 공무원 등에 대한 서훈(敍勳)의 추천은 「상훈법」 제5조 제1항◇에도 불구하고 서울특별시장이 한다.

◇ **서울특별시의 특례**
일반적으로 서울특별시를 제외한 광역자치단체의 경우 광역자치단체의 장은 정무직이나 부단체장은 일반직이며, 자치사무에 대한 감사나 「지방재정법」 제11조에 따른 지방채 발행 시 행정안전부장관의 승인을 요하며 이에 대한 국무총리에 대한 보고절차는 없다.

◇ **「국가공무원법」 제32조(임용권자)**
① 행정기관 소속 5급 이상 공무원 및 고위공무원단에 속하는 일반직공무원은 소속 장관의 제청으로 인사혁신처장과 협의를 거친 후에 국무총리를 거쳐 대통령이 임용하되, 고위공무원단에 속하는 일반직 공무원의 경우 소속 장관은 해당 기관에 소속되지 아니한 공무원에 대하여도 임용 제청할 수 있다. 이 경우 국세청장은 국회의 인사청문을 거쳐 대통령이 임명한다.
② 소속 장관은 소속 공무원에 대하여 제1항 외의 모든 임용권을 가진다.

◇ **「상훈법」 제5조(서훈의 추천)**
① 서훈의 추천은 중앙행정기관의 장(대통령 직속기관 및 국무총리 직속기관의 장을 포함한다), 국회사무총장, 법원행정처장, 헌법재판소사무처장 및 중앙선거관리위원회사무총장이 한다.
② 제1항에 규정된 추천권자(이하 "서훈추천권자"라 한다)의 소관에 속하지 아니하는 서훈의 추천은 행정안전부장관이 한다.
③ 서훈의 추천은 대통령령으로 정하는 바에 따라 공적심사를 거쳐야 한다.

제5조(수도권 광역행정 운영상의 특례)
① 수도권 지역에서 서울특별시와 관련된 도로·교통·환경 등에 관한 계획을 수립하고 그 집행을 할 때 관계 중앙행정기관의 장과 서울특별시장의 의견이 다른 경우에는 다른 법률에 특별한 규정이 없으면 국무총리가 이를 조정한다.
② 제1항의 조정에 필요한 사항은 대통령령으로 정한다.

◇ **직할시와 광역시**
광역시는 대도시화의 진행과 행정의 광역화로 형성된 개념으로 본래 중앙집권적 용어였던 직할시를 1995년 지방자치의 시대를 맞아 광역시로 전환하였다.

(2) 광역시
① 도와 동격의 지위를 갖는 지방자치단체로 법정 지정요건이 없다.
② 군과 자치구를 설치할 수 있다.
③ 현재 부산, 대구, 인천, 광주, 대전, 울산광역시 등 6개의 광역시가 있다.

(3) 도
① 지방자치단체 중 최광역의 지방자치단체로, 일제 강점기에 '도(道)제'(1930년 실시)에서 법인격을 부여받고 대한민국 수립 후 1949년 「지방자치법」이 제정되면서 지방자치단체가 되었다.
② 특정한 법정 요건이 없으며, 도 아래 시와 군을 둘 수 있다.

(4) 특별자치도
① 도 중에서 자치권이 특별히 광범위하게 인정되고 그 지방사업에 국가로부터 특별지원을 받는 지방자치단체이다. 이 중에서도 제주특별자치도에는 예외적 단층제가 적용된다.
② 종류
  ⓐ **제주특별자치도**: 2006년에 제주도가 최초의 특별자치도가 되었으며 현재 도 단위 광역자치 단층체계이다(「제주특별자치도 설치 및 국제자유도시 조성을 위한 특별법」).
  ⓑ **강원특별자치도**: 2023년 6월 11일 「강원특별자치도 설치 등에 관한 특별법」이 시행되면서 강원도가 두 번째 특별자치도가 되었다. 그리고 2024년 6월 8일부터는 이 법이 개정된 「강원특별자치도 설치 및 미래산업글로벌도시 조성을 위한 특별법」이 시행된다.
  ⓒ **전북특별자치도**: 2024년 1월 18일 「전북특별자치도 설치 등에 관한 특별법」이 시행되면서 전북특별자치도가 출범하였다. 그리고 2024년 12월 27일부터는 이 법이 개정된 「전북특별자치도 설치 및 글로벌생명경제도시 조성을 위한 특별법」이 시행될 예정이다.
③ 특별자치도는 국방이나 경제 이외의 대부분의 자치권한을 보장하여 고도의 자치권이 인정된다.

> **더 알아보기**
>
> ● **제주특별자치도의 행정특례**
>
> 1. 도 단위 단일의 자치체계로 하며 도 안에 시(행정시)를 두고, 시장(임명직 지방공무원)은 도지사가 임명한다(「제주특별자치도 설치 및 국제자유도시 조성을 위한 특별법」 제7조, 제10조, 제11조).
> 2. 자치권 강화
>   ① 국가의 외교·국방 등 국가존립사무를 제외한 사무를 단계적으로 이양한다.(「제주특별자치도 설치 및 국제자유도시 조성을 위한 특별법」 제23, 24조).
>   ② 부지사의 정수 및 행정기구 설치 등을 조례로 정한다(「제주특별자치도 설치 및 국제자유도시 조성을 위한 특별법」 제14조).
>   ③ 특별자치도에 특별지방행정기관을 신설할 수 없다(「제주특별자치도 설치 및 국제자유도시 조성을 위한 특별법」 제27조).

기출선지
광역시가 아닌 시라도 인구 50만 이상의 경우에는 자치구가 아닌 구를 둘 수 있다. (O) | 13 국가 9

자치계층으로 군을 두고 있는 광역시가 있다. (O) | 13 국가 9, 17 국가 9

3. 자치재정 강화

① 도지사는 도세와 시·군세의 세목을 '제주특별자치도세'의 세목으로 부과·징수하며, 도조례로 정하는 바에 따라 해당 세목 세율의 100분의 100 범위에서 가감 조정할 수 있다(「제주특별자치도 설치 및 국제자유도시 조성을 위한 특별법」 제123조).
② 국가는 보통교부세의 100분의 3에 해당하는 금액을 교부한다(「제주특별자치도 설치 및 국제자유도시 조성을 위한 특별법」 제124조).
③ 도의회 재적의원 과반수의 출석과 출석의원 3분의 2 이상의 찬성으로 지방채 발행 한도액 범위를 초과한 지방채 발행이 가능하다(「제주특별자치도 설치 및 국제자유도시 조성을 위한 특별법」 제126조).
④ 조례가 정하는 일정 규모 이상의 예산이 소요되는 투자사업에 대하여 주민투표를 실시할 수 있다(「제주특별자치도 설치 및 국제자유도시 조성을 위한 특별법」 제28조).

4. 도지사 소속의 자치경찰제를 시행하여 주민생활과 밀접한 생활안전 직무를 수행한다. 도에는 자치경찰단을 두고(단장은 도지사 임명), 행정시에는 자치경찰대를 둔다(「제주특별자치도 설치 및 국제자유도시 조성을 위한 특별법」 제88조).
5. 도지사 소속하에 감사위원회를 설치하며 중앙행정기관의 장은 감사가 불가하다(국정감사 및 감사원 감사 가능)(「제주특별자치도 설치 및 국제자유도시 조성을 위한 특별법」 제131조).
6. 국제자유도시의 여건을 조성한다(「제주특별자치도 설치 및 국제자유도시 조성을 위한 특별법」 제140조).
7. 국무총리 소속의 제주특별자치도 지원위원회를 설치한다(「제주특별자치도 설치 및 국제자유도시 조성을 위한 특별법」 제17조).

(5) 특별자치시

① 수도권의 과도한 집중에 따른 부작용을 완화하고 국가균형발전을 도모할 목적으로 특별법에 의하여 설치된 광역자치단체이다.
② 세종특별자치시는 중앙행정기관 지방이전정책의 일환으로 추진해온 행정중심복합도시로 2012년 7월 1일에 출범하였다(「세종특별자치시 설치 등에 관한 특별법」).

> **더 알아보기**
>
> ● **세종특별자치시에 대한 자치특례**
>
> 1. 정부의 직할로 세종특별자치시를 설치한다(「세종특별자치시 설치 등에 관한 특별법」 제6조).
> 2. 관할구역에는 시·군·구를 두지 아니하며, 도시의 형태를 갖춘 지역에는 '동(洞)'을 두고, 그 밖의 지역에는 읍·면을 설치한다(「세종특별자치시 설치 등에 관한 특별법」 제6조).
> 3. 국무총리 소속의 세종특별자치시 지원위원회를 설치한다(「세종특별자치시 설치 등에 관한 특별법」 제9조).
> 4. 중앙행정기관의 장은 세종특별자치시 지역개발을 위하여 행정·재정상 특별한 지원 및 각종 시책사업 시 우선적 지원이 가능하다(「세종특별자치시 설치 등에 관한 특별법」 제13조).
> 5. 광역시세 및 자치구세 세목을 세종특별자치시세의 세목으로 보아 부과·징수한다(「세종특별자치시 설치 등에 관한 특별법」 제14조).

2. 기초지방자치단체

(1) 시(市)

① 그 구역의 대부분이 도시의 형태를 갖추고 인구 5만 이상인 지역이다.
② 시와 자치구에는 동을, 군에는 읍·면을, 읍·면에는 리를 둔다. 읍은 그 대부분이 도시 형태를 갖추고 인구 2만 이상이어야 한다.
③ 1995년부터는 '도농(都農)복합형태의 시'가 생기며 도시형태의 지역에는 동을, 그 밖에 지역에는 읍·면을 두되, 자치구가 아닌 구에는 읍·면·동을 둘 수 있다.

기출선지

제주특별자치도는 자치계층 측면에서 단층제로 운영되고 있다. (○) | 19 국가 9

세종특별자치시와 제주특별자치도의 경우 행정계층과 자치계층이 일치한다. (×) | 18 군무 9

해설 | 세종특별자치시와 제주특별자치도의 경우 단층제의 구조를 가지고있어 행정계층과 자치계층이 일치하지 않는다.

> 「지방자치법」 제10조(시·읍의 설치기준 등)
> ① 시는 그 대부분이 도시의 형태를 갖추고 인구 5만 이상이 되어야 한다.
> ② 다음 각 호의 어느 하나에 해당하는 지역은 도농(都農) 복합형태의 시로 할 수 있다.
>   1. 제1항에 따라 설치된 시와 군을 통합한 지역
>   2. 인구 5만 이상의 도시 형태를 갖춘 지역이 있는 군
>   3. 인구 2만 이상의 도시 형태를 갖춘 2개 이상의 지역 인구가 5만 이상인 군. 이 경우 군의 인구는 15만 이상으로서 대통령령으로 정하는 요건을 갖추어야 한다.
>   4. 국가의 정책으로 인하여 도시가 형성되고, 제128조에 따라 도의 출장소가 설치된 지역으로서 그 지역의 인구가 3만 이상이며, 인구 15만 이상의 도농 복합형태의 시의 일부인 지역
> ③ 읍은 그 대부분이 도시의 형태를 갖추고 인구 2만 이상이 되어야 한다. 다만, 다음 각 호의 어느 하나에 해당하면 인구 2만 미만인 경우에도 읍으로 할 수 있다.
>   1. 군사무소 소재지의 면
>   2. 읍이 없는 도농 복합형태의 시에서 그 시에 있는 면 중 1개 면
> ④ 시·읍의 설치에 관한 세부기준은 대통령령으로 정한다.

④ **인구 50만 이상**: 자치구가 아닌 행정구를 둘 수 있다.

> **참고자료**
>
> ●● **인구 50만 이상의 시에 대한 특례**
> 1. 특별시·광역시 및 특별자치시가 아닌 인구 50만 이상의 시에는 자치구가 아닌 구(행정구)를 설치할 수 있다.
> 2. 도의 일부 사무를 시가 직접 처리하는 것이 가능하다.
> 3. 시가 징수한 도세의 47%를 도가 조정교부금으로 지급할 수 있다.
> 4. 일반 시·군과 달리 200명을 넘지 않는 범위에서 조례로 정하는 18세 이상 주민 수 이상의 연서로 주민감사청구가 가능하다.

◇ **인구 100만 이상의 특례시**
광역지방자치단체와 기초지방자치단체 중간 형태의 새로운 지방자치단체 유형이다. 2020년 12월 9일 인구 100만 이상 대도시에 '특례시' 명칭을 부여하는 지방자치법 전부개정안이 국회 본회의를 통과하면서, 수원·고양·용인·창원 등 인구 100만 명 이상 대도시가 2022년 1월 13일부터 특례시로 출범하였다.

⑤ **인구 100만 이상 특례시**◇: 2022년부터 인구 100만 이상의 대도시를 특례시로 지정하고 특례를 둘 수 있다.

> 「지방자치법」 제198조(대도시 등에 대한 특례 인정)
> ① 서울특별시·광역시 및 특별자치시를 제외한 인구 50만 이상 대도시의 행정, 재정 운영 및 국가의 지도·감독에 대해서는 그 특성을 고려하여 관계 법률로 정하는 바에 따라 특례를 둘 수 있다.
> ② 제1항에도 불구하고 서울특별시·광역시 및 특별자치시를 제외한 다음 각 호의 어느 하나에 해당하는 대도시 및 시·군·구의 행정, 재정 운영 및 국가의 지도·감독에 대해서는 그 특성을 고려하여 관계 법률로 정하는 바에 따라 추가로 특례를 둘 수 있다.
>   1. 인구 100만 이상 대도시(이하 "특례시"라 한다)
>   2. 실질적인 행정수요, 국가균형발전 및 지방소멸위기 등을 고려하여 대통령령으로 정하는 기준과 절차에 따라 행정안전부장관이 지정하는 시·군·구
> ③ 제1항에 따른 인구 50만 이상 대도시와 제2항1호에 따른 특례시의 인구 인정기준은 대통령령으로 정한다.

(2) **군(郡)**

① 주로 농촌지역에 설치된 기초적 지방자치단체로 우리나라 지방행정구역 가운데 가장 오랜 역사를 지니고 있다.

② 군은 최초의 「지방자치법」(1949)상 자치적 기능을 인정받지 못하였으나, 1961년 「지방자치에 관한 임시 조치법」에 의하여 읍·면자치제가 폐지되어 기초적 지방자치단체로서의 지위를 가지게 되었다.

(3) **자치구(自治區)**

① 특별시와 광역시 구역 안에 있는 기초적 지방자치단체이다.

② 우리나라의 자치구˚는 일반지방자치단체에 해당하나 그 자치권의 범위가 법령에 의하여 시·군과 다르게 정해질 수 있는 제한된 지방자치단체이다.

◇ **자치구의 자치권**
자치구는 특별시와 광역시 등 대도시 구역 안에 있는 기초자치단체로 법령에 의하여 자치권을 제한할 수 있으며, 시·군에 비하여 자치권의 범위가 좁고 지방세목의 수도 적어 준지방자치단체로 평가되기도 한다.

3 지방자치구역의 설정 및 조정

1. 지방자치단체의 구역

(1) 의의
① **구역의 의의**: 자치단체의 통치권 또는 자치권이 미치는 지역적 범위로 자치단체 구성의 기초가 된다.
② **구역설정 기준**: 자치구역을 적정하게 설정하기 위해서는 지방자치단체가 제공하는 행정서비스의 성격, 서비스 공급의 비용, 서비스 공급에 대한 주민의 참여와 통제영역 등을 종합적으로 고려하여 설정한다.

(2) 구역 획정 방식
① **도농분리형**: 인구 기준에 따라 인구 2만 명이상의 읍과 인구 5만 명이상의 시를 설치한다.
② **도농통합형**: 정주생활권역과 자치구역을 일치시키려는 구역설정방식으로 도농복합형태의 시˚ 또는 광역시에 군을 편입하는 방식 등으로 설치한다.

2. 구역변경 및 조정

(1) 자치구역의 조정
① **명칭변경, 구역변경, 폐치분합**: 법률로 정하고 지방의회의 의견을 들어야 한다(주민투표를 한 경우 제외).
② **한자명칭변경, 경계변경**: 대통령령으로 정한다.

(2) 행정구역의 조정
① **폐치분합**: 조례로 정하고 행정안전부장관의 승인이 필요하다.
② **명칭변경, 구역변경**: 조례로 정하고 광역자치단체장에게 보고한다.
③ 지방자치단체 사무소 소재지 변경하거나 새로 설정: 지방자치단체의 조례로 정한다.

◇ **도농복합형태의 시 설치 요건**
1. 시와 군을 통합한 지역
2. 인구 5만 이상의 도시 형태를 갖춘 지역이 있는 군
3. 인구 2만 이상의 도시 형태를 갖춘 2개 이상의 지역 인구가 5만 이상인 군. 이 경우 군의 인구는 15만 이상으로서 대통령령으로 정하는 요건을 갖춘 경우
4. 국가의 정책으로 인하여 도시가 형성되고, 도의 출장소가 설치된 지역으로서 그 지역의 인구가 3만 이상이며, 인구 15만 이상의 도농 복합형태의 시의 일부인 지역

> 「지방자치법」
> **제7조(자치구가 아닌 구와 읍·면·동 등의 명칭과 구역)**
> ① 자치구가 아닌 구와 읍·면·동의 명칭과 구역은 종전과 같이 하고, 자치구가 아닌 구와 읍·면·동을 폐지하거나 설치하거나 나누거나 합칠 때에는 행정안전부장관의 승인을 받아 그 지방자치단체의 조례로 정한다. 다만, 명칭과 구역의 변경은 그 지방자치단체의 조례로 정하고, 그 결과를 특별시장·광역시장·도지사에게 보고하여야 한다.
> ② 리의 구역은 자연 촌락을 기준으로 하되, 그 명칭과 구역은 종전과 같이 하고, 명칭과 구역을 변경하거나 리를 폐지하거나 설치하거나 나누거나 합칠 때에는 그 지방자치단체의 조례로 정한다.
> ③ 인구 감소 등 행정여건 변화로 인하여 필요한 경우 그 지방자치단체의 조례로 정하는 바에 따라 2개 이상의 면을 하나의 면으로 운영하는 등 행정 운영상 면[이하 "행정면"(行政面)이라 한다]을 따로 둘 수 있다.
> ④ 동·리에서는 행정 능률과 주민의 편의를 위하여 그 지방자치단체의 조례로 정하는 바에 따라 하나의 동·리를 2개 이상의 동·리로 운영하거나 2개 이상의 동·리를 하나의 동·리로 운영하는 등 행정 운영상 동(이하 "행정동"이라 한다)·리(이하 "행정리"라 한다)를 따로 둘 수 있다.
> ⑤ 행정동에 그 지방자치단체의 조례로 정하는 바에 따라 통 등 하부 조직을 둘 수 있다.
> ⑥ 행정리에 그 지방자치단체의 조례로 정하는 바에 따라 하부 조직을 둘 수 있다.

제8조(구역의 변경 또는 폐지·설치·분리·합병 시의 사무와 재산의 승계)
① 지방자치단체의 구역을 변경하거나 지방자치단체를 폐지하거나 설치하거나 나누거나 합칠 때에는 새로 그 지역을 관할하게 된 지방자치단체가 그 사무와 재산을 승계한다.
② 제1항의 경우에 지역으로 지방자치단체의 사무와 재산을 구분하기 곤란하면 시·도에서는 행정안전부장관이, 시·군 및 자치구에서는 특별시장·광역시장·특별자치시장·도지사·특별자치도지사(이하 "시·도지사"라 한다)가 그 사무와 재산의 한계 및 승계할 지방자치단체를 지정한다.

제9조(사무소의 소재지)
① 지방자치단체의 사무소 소재지와 자치구가 아닌 구 및 읍·면·동의 사무소 소재지는 종전과 같이 하고, 이를 변경하거나 새로 설정하려면 지방자치단체의 조례로 정한다. 이 경우 면·동은 행정면·행정동(行政洞)을 말한다.
② 제1항의 사항을 조례로 정할 때에는 그 지방의회의 재적의원 과반수의 찬성이 있어야 한다.

(3) 공유수면과 매립지 등의 구역 결정

① **공유수면과 매립지**: 지방자치단체의 구역은 자치권과 함께 자치단체의 구성요소이며, 자치권이 미치는 관할구역의 범위에는 육지는 물론 바다도 포함되므로 공유수면에 대한 지방자치단체의 자치권한이 존재한다.

② **공유수면과 매립지 구역결정 절차**

ⓐ **구역결정**: 「공유수면 관리 및 매립에 관한 법률」에 따른 매립지 또는 지적공부에 등록이 누락되어 있는 토지가 속할 지방자치단체는 행정안전부 장관이 결정한다.

ⓑ **불복**: 관계 지방자치단체의 장은 행정안전부 장관의 결정에 이의가 있으면 그 결과를 통보받은 날부터 15일 이내 대법원에 소송을 제기할 수 있다.

「지방자치법」 제5조(지방자치단체의 명칭과 구역)
① 지방자치단체의 명칭과 구역은 종전과 같이 하고, 명칭과 구역을 바꾸거나 지방자치단체를 폐지하거나 설치하거나 나누거나 합칠 때에는 법률로 정한다.
② 제1항에도 불구하고 지방자치단체의 구역변경 중 관할 구역 경계변경(이하 "경계변경"이라 한다)과 지방자치단체의 한자 명칭의 변경은 대통령령으로 정한다. 이 경우 경계변경의 절차는 제6조에서 정한 절차에 따른다.
④ 제1항 및 제2항에도 불구하고 다음 각 호의 지역이 속할 지방자치단체는 제5항부터 제8항까지의 규정에 따라 행정안전부장관이 결정한다.
  1. 「공유수면 관리 및 매립에 관한 법률」에 따른 매립지
  2. 「공간정보의 구축 및 관리 등에 관한 법률」 제2조제19호의 지적공부(이하 "지적공부"라 한다)에 등록이 누락된 토지
⑤ 제4항제1호의 경우에는 「공유수면 관리 및 매립에 관한 법률」 제28조에 따른 매립면허관청(이하 이 조에서 "면허관청"이라 한다) 또는 관련 지방자치단체의 장이 같은 법 제45조에 따른 준공검사를 하기 전에, 제4항제2호의 경우에는 「공간정보의 구축 및 관리 등에 관한 법률」 제2조제18호에 따른 지적소관청(이하 이 조에서 "지적소관청"이라 한다)이 지적공부에 등록하기 전에 각각 해당 지역의 위치, 귀속희망 지방자치단체(복수인 경우를 포함한다) 등을 명시하여 행정안전부장관에게 그 지역이 속할 지방자치단체의 결정을 신청하여야 한다. 이 경우 제4항제1호에 따른 매립지의 매립면허를 받은 자는 면허관청에 해당 매립지가 속할 지방자치단체의 결정 신청을 요구할 수 있다.
⑥ 행정안전부장관은 제5항에 따른 신청을 받은 후 지체 없이 제5항에 따른 신청내용을 20일 이상 관보나 인터넷 홈페이지에 게재하는 등의 방법으로 널리 알려야 한다. 이 경우 알리는 방법, 의견 제출 등에 관하여는 「행정절차법」 제42조·제44조 및 제45조를 준용한다.
⑦ 행정안전부장관은 제6항에 따른 기간이 끝나면 다음 각 호에서 정하는 바에 따라 결정하고, 그 결과를 면허관청이나 지적소관청, 관계 지방자치단체의 장 등에게 통보하고 공고하여야 한다.

> **기출선지**
> 매립지가 속할 지방자치단체는 행정안전부장관이 결정한다.(○)
> | 21 지방 7 지방자치론

(4) 관할 구역 경계변경 (2022년 개정)

① 지방자치단체의 장은 관할 구역과 생활권과의 불일치 등으로 인해 주민생활의 불편이 큰 경우 등 대통령령으로 정하는 사유가 있는 경우 지방의회의 동의를 받아 행정안전부장관에게 경계변경에 대한 조정을 신청할 수 있다.

② 자치단체 간 경계변경 조정 시 경계변경자율협의체를 통해 경계조정협의를 추진하며 경계변경 분쟁 미해결 시 중앙분쟁조정위원회의 심의를 거쳐 조정할 수 있다.

> 「지방자치법」 제6조(지방자치단체의 관할 구역 경계변경 등)
> ① 지방자치단체의 장은 관할 구역과 생활권과의 불일치 등으로 인하여 주민생활에 불편이 큰 경우 등 대통령령으로 정하는 사유가 있는 경우에는 행정안전부장관에게 경계변경이 필요한 지역 등을 명시하여 경계변경에 대한 조정을 신청할 수 있다. 이 경우 지방자치단체의 장은 지방의회 재적의원 과반수의 출석과 출석의원 3분의 2 이상의 동의를 받아야 한다.
> ② 관계 중앙행정기관의 장 또는 둘 이상의 지방자치단체에 걸친 개발사업 등의 시행자는 대통령령으로 정하는 바에 따라 관계 지방자치단체의 장에게 제1항에 따른 경계변경에 대한 조정을 신청하여 줄 것을 요구할 수 있다.
> ③ 행정안전부장관은 제1항에 따른 경계변경에 대한 조정 신청을 받으면 지체 없이 그 신청 내용을 관계 지방자치단체의 장에게 통지하고, 20일 이상 관보나 인터넷 홈페이지에 게재하는 등의 방법으로 널리 알려야 한다. 이 경우 알리는 방법, 의견의 제출 등에 관하여는 「행정절차법」 제42조·제44조 및 제45조를 준용한다.
> ④ 행정안전부장관은 제3항에 따른 기간이 끝난 후 지체 없이 대통령령으로 정하는 바에 따라 관계 지방자치단체 등 당사자 간 경계변경에 관한 사항을 효율적으로 협의할 수 있도록 경계변경자율협의체(이하 이 조에서 "협의체"라 한다)를 구성·운영할 것을 관계 지방자치단체의 장에게 요청하여야 한다.
> ⑤ 관계 지방자치단체는 제4항에 따른 협의체 구성·운영 요청을 받은 후 지체 없이 협의체를 구성하고, 경계변경 여부 및 대상 등에 대하여 같은 항에 따른 행정안전부장관의 요청을 받은 날부터 120일 이내에 협의를 하여야 한다. 다만, 대통령령으로 정하는 부득이한 사유가 있는 경우에는 30일의 범위에서 그 기간을 연장할 수 있다.
> ⑥ 제5항에 따라 협의체를 구성한 지방자치단체의 장은 같은 항에 따른 협의 기간 이내에 협의체의 협의 결과를 행정안전부장관에게 알려야 한다.
> ⑦ 행정안전부장관은 다음 각 호의 어느 하나에 해당하는 경우에는 위원회의 심의·의결을 거쳐 경계변경에 대하여 조정할 수 있다.
> 　1. 관계 지방자치단체가 제4항에 따른 행정안전부장관의 요청을 받은 날부터 120일 이내에 협의체를 구성하지 못한 경우
> 　2. 관계 지방자치단체가 제5항에 따른 협의 기간 이내에 경계변경 여부 및 대상 등에 대하여 합의를 하지 못한 경우

02 지방자치단체의 구성

1 의결기관: 지방의회

1. 의의와 지위

(1) 의의

① 지방의회는 지방자치단체의 의결기관으로, 원칙적으로 주민에 의하여 선출된 의원을 그 구성원으로 하여 성립하는 합의제 기관이다.

② 지방의회는 주민들의 공공복리, 해당지방자치단체의 이익을 위해 당해 지방의 의사와 정책을 결정한다.

③ 「지방자치법」은 "지방자치단체에 주민의 대의기관인 의회를 둔다."고 규정함으로써 지방의회의 법적 지위가 지역주민의 대의기관임을 명확히 하였다.

(2) 지위

대표기관	주민이 선출한 의원으로 구성되어 자치단체의 의사를 심의하고 결정한다.
의결기관	지방자치단체의 운영사항에 관하여 지방자치단체의 의사를 확정하는 의결기관으로서의 지위를 가진다.
입법기관	지방자치단체 안의 입법권과 집행권의 분립체계 아래서 입법권을 행사하는 입법기관으로서의 지위를 가진다.
행정감시기관	지방의회의 결정사항이 집행기관에 의하여 그대로 실현되고 있는가를 감독하고 확인한다.

2. 조직

(1) 지방의원

① **지위**: 지방의회의 구성원으로 정무직 지방공무원이다.
② **임기**: 임기는 4년이며, 주민소환에 의해 직을 상실할 수 있다(비례대표 제외).
③ **보수**◇: 의정활동비·여비·월정수당을 지급하며 그 비용은 대통령령의 범위 내에서 조례로 정한다. 또한 직무로 상해 또는 사망 시 보상금을 받을 수 있다.
④ **역할**: 지방의회의 구성원으로서 민의반영, 주민상담, 행정감시, 정책심의, 정책입안, 시정홍보의 역할을 수행하며 이 과정에서 정책지원전문인력의 도움을 받을 수 있다.
⑤ **겸직 및 거래 금지**: 일정한 직위의 겸임을 금지◇하고 자치단체와의 영리목적의 거래를 금지한다.
⑥ **정당공천**◇: 광역자치단체의 의원과 기초자치단체의 의원 모두 정당 공천이 가능하다.
⑦ **직의 퇴직**

ⓐ 피선거권이 없게 될 때(지방자치단체 구역변경 외의 사유로 그 지방자치단체의 구역 밖으로 주민등록이 변경된 때를 포함) 직을 퇴직한다.
ⓑ 징계에 따라 제명될 때 직을 퇴직한다.
ⓒ 주민소환투표에 의하여 주민소환이 확정되고 그 결과가 공표된 때 직에서 퇴직한다.
ⓓ 겸직이 금지된 직에 취임하면 직을 상실한다.

「지방자치법」
제37조(의회의 설치) 지방자치단체에 주민의 대의기관인 의회를 둔다.
제38조(지방의회의원의 선거) 지방의회의원은 주민이 보통·평등·직접·비밀선거로 선출한다.
제39조(의원의 임기) 지방의회의원의 임기는 4년으로 한다.
제40조(의원의 의정활동비 등)
① 지방의회의원에게는 다음 각 호의 비용을 지급한다.
   1. 의정(議政) 자료를 수집하고 연구하거나 이를 위한 보조 활동에 사용되는 비용을 보전(補塡)하기 위하여 매월 지급하는 의정활동비
   2. 지방의회의원의 직무활동에 대하여 지급하는 월정수당
   3. 본회의 의결, 위원회 의결 또는 지방의회의 의장의 명에 따라 공무로 여행할 때 지급하는 여비
제41조(의원의 정책지원 전문인력)
① 지방의회의원의 의정활동을 지원하기 위하여 지방의회의원 정수의 2분의 1 범위에서 해당 지방자치단체의 조례로 정하는 바에 따라 지방의회에 정책지원 전문인력을 둘 수 있다.
② 정책지원 전문인력은 지방공무원으로 보하며, 직급·직무 및 임용절차 등 운영에 필요한 사항은 대통령령으로 정한다.

◇ **지방의회의원의 보수**
2005년부터 직무활동에 대한 월정수당을 지급하도록 하였으며, 2014년부터 지방자치단체의 '의정비 심의위원회'에서 결정하는 범위 안에서 금액(의정활동비, 여비, 직무활동에 대한 월정수당)을 조례로 정하여 4년간 적용한다.

◇ **지방의회의원 겸직 금지대상직위**
국회의원 및 다른 지방의회의원, 국가공무원·지방공무원(정당원이 임용될 수 있는 공무원은 가능), 정부투자기관 임직원, 지방공사·지방공단 임직원, 헌법재판관, 선거관리위원 등이다.

◇ **기초자치단체 의원의 정당공천**
기초의원의 경우 1995년부터 정당공천제를 배제하였다가 2006년 지방선거부터 허용하고 있다.

제42조(상해·사망 등의 보상)
① 지방의회의원이 직무로 인하여 신체에 상해를 입거나 사망한 경우와 그 상해나 직무로 인한 질병으로 사망한 경우에는 보상금을 지급할 수 있다.
② 제1항의 보상금의 지급기준은 대통령령으로 정하는 범위에서 해당 지방자치단체의 조례로 정한다.

제43조(겸직 등 금지)
① 지방의회의원은 다음 각 호의 어느 하나에 해당하는 직(職)을 겸할 수 없다.
　1. 국회의원, 다른 지방의회의원
　2. 헌법재판소 재판관, 각급 선거관리위원회 위원
　3. 「국가공무원법」 제2조에 따른 국가공무원과 「지방공무원법」 제2조에 따른 지방공무원(「정당법」 제22조에 따라 정당의 당원이 될 수 있는 교원은 제외한다)
　4. 「공공기관의 운영에 관한 법률」 제4조에 따른 공공기관(한국방송공사, 한국교육방송공사 및 한국은행을 포함한다)의 임직원
　5. 「지방공기업법」 제2조에 따른 지방공사와 지방공단의 임직원
　6. 농업협동조합, 수산업협동조합, 산림조합, 엽연초생산협동조합, 신용협동조합, 새마을금고(이들 조합·금고의 중앙회와 연합회를 포함한다)의 임직원과 이들 조합·금고의 중앙회장이나 연합회장
　7. 「정당법」 제22조에 따라 정당의 당원이 될 수 없는 교원
　8. 다른 법령에 따라 공무원의 신분을 가지는 직
　9. 그 밖에 다른 법률에서 겸임할 수 없도록 정하는 직
② 「정당법」 제22조에 따라 정당의 당원이 될 수 있는 교원이 지방의회의원으로 당선되면 임기 중 그 교원의 직은 휴직된다.

더 알아보기

● 지방의회의원의 특권

지방의회의원은 국회의원에게 있는 면책특권이나 불체포특권은 인정되지 않는다. 다만, 지방의회 의원이 체포·구금되거나 형사사건에 대한 확정판결이 있는 경우 해당 기관의 장은 지방의회 의장에게 이를 알려야 한다.

「지방자치법」 제45조(의원체포 및 확정판결의 통지)
① 수사기관의 장은 체포되거나 구금된 지방의회의원이 있으면 지체 없이 해당 지방의회의 의장에게 영장의 사본을 첨부하여 그 사실을 알려야 한다.
② 각급 법원장은 지방의회의원이 형사사건으로 공소(公訴)가 제기되어 판결이 확정되면 지체 없이 해당 지방의회의 의장에게 그 사실을 알려야 한다.

(2) 내부조직
① **의장단**: 지방의회에서는 의장 1인과 부의장 2인을 둔다(임기 2년).
② **교섭단체**: 조례로 정하는 수 이상의 소속의원을 가진 정당은 교섭단체를 구성할 수 있다.
③ **위원회**
　ⓐ 조례로 정하는 바에 따라 위원회◇를 둘 수 있고, 위원회의 위원은 본회의에서 선임한다.
　ⓑ 위원회에는 의정활동을 지원하기 위한 전문위원을 둘 수 있다.
　ⓒ 지방의회의원의 윤리강령과 윤리실천규범 준수 여부 및 징계에 대한 사항을 심사하기 위한 윤리특별위원회를 둔다.
④ **사무조직**: 시·도 의회에는 사무처를, 시·군·자치구 의회에는 사무국 또는 사무과를 둘 수 있다.

◇**상임위원회**
상임위원회는 의원정수와 관계없이 조례로 정하는 바에 따라 설치할 수 있다.

기출선지
법령에 규정된 수수료의 부과 및 징수는 「지방자치법」상 지방의회의 의결사항이다. (X) | 13 지방 9

해설 | 법령에 규정된 수수료는 법령의 규정을 준수하며, 그 외의 수수료만 의결할 수 있다.

「지방자치법」
제57조(의장·부의장의 선거와 임기)
① 지방의회는 지방의회의원 중에서 시·도의 경우 의장 1명과 부의장 2명을, 시·군 및 자치구의 경우 의장과 부의장 각 1명을 무기명투표로 선출하여야 한다.

제62조(의장·부의장 불신임의 의결)
① 지방의회의 의장이나 부의장이 법령을 위반하거나 정당한 사유 없이 직무를 수행하지 아니하면 지방의회는 불신임을 의결할 수 있다.
② 제1항의 불신임 의결은 재적의원 4분의 1 이상의 발의와 재적의원 과반수의 찬성으로 한다.
③ 제2항의 불신임 의결이 있으면 지방의회의 의장이나 부의장은 그 직에서 해임된다.

제63조의2(교섭단체)
① 지방의회에 교섭단체를 둘 수 있다. 이 경우 조례로 정하는 수 이상의 소속의원을 가진 정당은 하나의 교섭단체가 된다.
② 제1항 후단에도 불구하고 다른 교섭단체에 속하지 아니하는 의원 중 조례로 정하는 수 이상의 의원은 따로 교섭단체를 구성할 수 있다.
③ 그 밖에 교섭단체의 구성 및 운영 등에 필요한 사항은 조례로 정한다.

제64조(위원회의 설치)
① 지방의회는 조례로 정하는 바에 따라 위원회를 둘 수 있다.
② 위원회의 종류는 다음 각 호와 같다.
   1. 소관 의안(議案)과 청원 등을 심사·처리하는 상임위원회
   2. 특정한 안건을 심사·처리하는 특별위원회
③ 위원회의 위원은 본회의에서 선임한다.

제65조(윤리특별위원회)
① 지방의회의원의 윤리강령과 윤리실천규범 준수 여부 및 징계에 관한 사항을 심사하기 위하여 윤리특별위원회를 둔다.

제68조(전문위원)
① 위원회에는 위원장과 위원의 자치입법활동을 지원하기 위하여 지방의회의원이 아닌 전문지식을 가진 위원(이하 "전문위원"이라 한다)을 둔다.
② 전문위원은 위원회에서 의안과 청원 등의 심사, 행정사무감사 및 조사, 그 밖의 소관 사항과 관련하여 검토보고 및 관련 자료의 수집·조사·연구를 한다.

3. 지방의회의 권한

(1) 의결권

① **의의**: 지방자치단체의 소관사무의 범위 안에서 고유사무와 단체위임사무에 대해, 지방자치법규에 열거되고 규정된 사항에 한하여 의결권을 행사할 수 있다.

② **권한**: 조례의 제정·개정 및 폐지, 예산의 심의·확정, 법령에 규정된 것을 제외한 사용료·수수료·분담금·지방세 또는 가입금의 부과와 징수, 기금의 설치·운용, 청원의 수리와 처리, 외국지방자치단체와의 교류협력에 관한 사항, 특별지방자치단체의 구성 등

「지방자치법」
제47조(지방의회의 의결사항)
① 지방의회는 다음 각 호의 사항을 의결한다.
   1. 조례의 제정·개정 및 폐지
   2. 예산의 심의·확정
   3. 결산의 승인
   4. 법령에 규정된 것을 제외한 사용료·수수료·분담금·지방세 또는 가입금의 부과와 징수
   5. 기금의 설치·운용
   6. 대통령령으로 정하는 중요 재산의 취득·처분
   7. 대통령령으로 정하는 공공시설의 설치·처분
   8. 법령과 조례에 규정된 것을 제외한 예산 외의 의무부담이나 권리의 포기
   9. 청원의 수리와 처리

10. 외국 지방자치단체와의 교류·협력
11. 그 밖에 법령에 따라 그 권한에 속하는 사항

② 지방자치단체는 제1항 각 호의 사항 외에 조례로 정하는 바에 따라 지방의회에서 의결되어야 할 사항을 따로 정할 수 있다.

제193조(지방자치단체의 역할) 지방자치단체는 국가의 외교·통상 정책과 배치되지 아니하는 범위에서 국제교류·협력, 통상·투자유치를 위하여 외국의 지방자치단체, 민간기관, 국제기구(국제연합과 그 산하기구·전문기구를 포함한 정부 간 기구, 지방자치단체 간 기구를 포함한 준정부 간 기구, 국제 비정부기구 등을 포함한다. 이하 같다)와 협력을 추진할 수 있다.

제194조(지방자치단체의 국제기구 지원) 지방자치단체는 국제기구 설립·유치 또는 활동 지원을 위하여 국제기구에 공무원을 파견하거나 운영비용 등 필요한 비용을 보조할 수 있다.

제195조(해외사무소 설치·운영)
① 지방자치단체는 국제교류·협력 등의 업무를 원활히 수행하기 위하여 필요한 곳에 단독 또는 지방자치단체 간 협력을 통해 공동으로 해외사무소를 설치할 수 있다.
② 지방자치단체는 해외사무소가 효율적으로 운영될 수 있도록 노력해야 한다.

③ **한계**: 국가의 법령이나 상급자치단체의 조례나 규칙을 위반할 수 없으며, 주민의 권리제한이나 의무 부과에 관한 사항, 벌칙에 관한 사항을 조례로 정할 때에는 법률의 위임이 있어야 한다.

> 「지방자치법」
> **제28조(조례)**
> ① 지방자치단체는 법령의 범위에서 그 사무에 관하여 조례를 제정할 수 있다. 다만, 주민의 권리 제한 또는 의무 부과에 관한 사항이나 벌칙을 정할 때에는 법률의 위임이 있어야 한다.
> ② 법령에서 조례로 정하도록 위임한 사항은 그 법령의 하위 법령에서 그 위임의 내용과 범위를 제한하거나 직접 규정할 수 없다.
> **제30조(조례와 규칙의 입법한계)** 시·군 및 자치구의 조례나 규칙은 시·도의 조례나 규칙을 위반해서는 아니 된다.

(2) 행정감사권

① **자료 및 보고요구**: 의안심의와 관련된 자료를 집행기관에 요구할 수 있으며, 자치단체의 장 또는 관계 공무원이 본회의나 위원회에 출석하여 행정사무 처리사항에 대해 보고◇하거나 답변하도록 할 수 있다.

◇ **행정사무처리상황의 보고**
지방자치단체의 장이나 관계공무원은 지방의회나 위원회에 출석해 행정사무의 처리상황에 대해 보고하거나 의견을 진술, 답변할 수 있으며, 의회가 요구하면 출석·답변하여야 한다. 자치단체장의 경우 특별한 이유가 있을 때 관계공무원에게 출석·답변하게 할 수 있다.

> 「지방자치법」
> **제48조(서류제출 요구)**
> ① 본회의나 위원회는 그 의결로 안건의 심의와 직접 관련된 서류의 제출을 해당 지방자치단체의 장에게 요구할 수 있다.
> ② 위원회가 제1항의 요구를 할 때에는 지방의회의 의장에게 그 사실을 보고하여야 한다.

② **행정감사**: 매년 1회 실시하며 시·도에서는 14일, 시·군·구에서는 9일 범위 내에서 행정 전반에 대하여 감사하는 것으로, 매년 정례회의 회기 내에 행한다.

③ **행정조사**: 특정 사안에 대해 집중적으로 조사하는 것으로, 재적의원 3분의 1 이상의 발의로 본회의의 의결을 거쳐 행한다.

> 「지방자치법」
> **제49조(행정사무 감사권 및 조사권)**
> ① 지방의회는 매년 1회 그 지방자치단체의 사무에 대하여 시·도에서는 14일의 범위에서, 시·군 및 자치구에서는 9일의 범위에서 감사를 실시하고, 지방자치단체의 사무 중 특정 사안에 관하여 본회의 의결로 본회의나 위원회에서 조사하게 할 수 있다.
> ② 제1항의 조사를 발의할 때에는 이유를 밝힌 서면으로 하여야 하며, 재적의원 3분의 1 이상의 찬성이 있어야 한다.

제51조(행정사무처리상황의 보고와 질의응답)
① 지방자치단체의 장이나 관계 공무원은 지방의회나 그 위원회에 출석하여 행정사무의 처리상황을 보고하거나 의견을 진술하고 질문에 답변할 수 있다.
② 지방자치단체의 장이나 관계 공무원은 지방의회나 그 위원회가 요구하면 출석·답변하여야 한다. 다만, 특별한 이유가 있으면 지방자치단체의 장은 관계 공무원에게 출석·답변하게 할 수 있다.
③ 제1항이나 제2항에 따라 지방의회나 그 위원회에 출석하여 답변할 수 있는 관계 공무원은 조례로 정한다.

(3) 청원권

① **의의**: 주민이 자치단체에 대해 시정이나 구현을 요구하는 것으로, 해당 지방자치단체의 주민이라면 이해관계의 여부와 관계없이 청원할 수 있다.
② **절차**: 주민이 지방의원의 소개를 받아 청원서(주민의 성명·주소를 기재하고 서명·날인)를 제출하며 지방의회의장이 이를 접수하고 소관위원회 또는 본회의에서 심사한다.
③ **청원의 처리**: 지방의회의장은 자치단체의 장이 처리함이 타당하다고 인정되는 청원은 의견서를 첨부하여 지방자치단체의 장에게 이송하며, 지방자치단체의 장은 처리결과를 지체 없이 지방의회에 보고하여야 한다.
④ **청원의 불수리**: 재판에 간섭하거나 법령에 위배되는 내용의 청원은 수리하지 않는다.

「지방자치법」
제85조(청원서의 제출)
① 지방의회에 청원을 하려는 자는 지방의회의원의 소개를 받아 청원서를 제출하여야 한다.
② 청원서에는 청원자의 성명(법인인 경우에는 그 명칭과 대표자의 성명을 말한다) 및 주소를 적고 서명·날인하여야 한다.
제86조(청원의 불수리) 재판에 간섭하거나 법령에 위배되는 내용의 청원은 수리하지 아니한다.
제87조(청원의 심사·처리)
① 지방의회의 의장은 청원서를 접수하면 소관 위원회나 본회의에 회부하여 심사를 하게 한다.
② 청원을 소개한 지방의회의원은 소관 위원회나 본회의가 요구하면 청원의 취지를 설명하여야 한다.
③ 위원회가 청원을 심사하여 본회의에 부칠 필요가 없다고 결정하면 그 처리 결과를 지방의회의 의장에게 보고하고, 지방의회의 의장은 청원한 자에게 알려야 한다.
제88조(청원의 이송과 처리보고)
① 지방의회가 채택한 청원으로서 그 지방자치단체의 장이 처리하는 것이 타당하다고 인정되는 청원은 의견서를 첨부하여 지방자치단체의 장에게 이송한다.
② 지방자치단체의 장은 제1항의 청원을 처리하고 그 처리결과를 지체 없이 지방의회에 보고하여야 한다.

(4) 기관구성권

① **선출**: 의장, 부의장, 임시의장 등을 무기명 투표로 선출한다.
② **불신임 의결**◇: 지방의회의 의장이나 부의장이 법령을 위반하거나 정당한 이유 없이 직무를 수행하지 않을 때에 지방의회는 불신임을 의결할 수 있다.

「지방자치법」
제57조(의장·부의장의 선거와 임기)
① 지방의회는 지방의회의원 중에서 시·도의 경우 의장 1명과 부의장 2명을, 시·군 및 자치구의 경우 의장과 부의장 각 1명을 무기명투표로 선출하여야 한다.
② 지방의회의원 총선거 후 처음으로 선출하는 의장·부의장 선거는 최초집회일에 실시한다.
③ 의장과 부의장의 임기는 2년으로 한다.
제62조(의장·부의장 불신임의 의결)
제62조(의장·부의장 불신임의 의결)
① 지방의회의 의장이나 부의장이 법령을 위반하거나 정당한 사유 없이 직무를 수행하지 아니하면 지방의회는 불신임을 의결할 수 있다.

◇ **불신임의결**
불신임 의결은 재적의원 4분의 1 이상의 발의와 재적의원 과반수의 찬성으로 이루어진다. 다만 의회는 자치단체장에 대한 불신임을 의결할 수는 없다.

② 제1항의 불신임 의결은 재적의원 4분의 1 이상의 발의와 재적의원 과반수의 찬성으로 한다.
③ 제2항의 불신임 의결이 있으면 지방의회의 의장이나 부의장은 그 직에서 해임된다.

(5) 기타
① 자율운영권

내부조직 「지방공무원법」 제6조	• 사무조직 설치: 직원정수는 조례, 임용권◇은 의회 의장 • 정책지원 인력의 운영: 지방의회의원 정수의 1/2 범위 내에서 조례로 정하는 바에 따름
의사자율권 「지방자치법」 제72조 이하	• 회의 규칙 제정: 의사진행이나 징계 등에 대한 회의 규칙 설정 • 개·폐회 등의 결정 • 회의 비공개 결정: 회의 공개가 원칙이지만 필요한 경우 공개하지 않을 수 있음
의원 신분 사정권 「지방자치법」 제89조, 제100조	• 의원직 사직 허가: 지방의회 의결로 사직 허가(폐회 중인 경우 의장의 허가) • 의원자격 심의결: 의원 자격 유무에 대한 자율적 심사 및 의결 • 의원에 대한 징계: 윤리특별위원회를 거쳐 본회의의 의결로 징계 → 경고, 사과, 출석정지(30일 이내), 제명(재적의원의 2/3 이상 찬성)
의원경찰 「지방자치법」 제97조	의장 통해 행사, 질서문란 시에는 당사자에 대한 퇴장명령권 행사

◇ **지방의회 직원 임용권**
본래 지방의회 소속직원의 임용권은 지방자치단체장의 권한이었으나, 2022년 지방자치법이 개정되면서 지방의회 의장이 임용권을 행사하게 되었다.

> 「지방공무원법」 제6조(임용권자)
> ① 지방자치단체의 장[특별시·광역시·특별자치시·도 또는 특별자치도(이하 "시·도"라 한다)의 교육감을 포함한다. 이하 같다] 및 지방의회의 의장[시·도의회의 의장 및 시·군·구(자치구를 말한다. 이하 같다)의회의 의장을 말한다. 이하 같다]은 이 법에서 정하는 바에 따라 그 소속 공무원의 임명·휴직·면직과 징계를 하는 권한(이하 "임용권"이라 한다)을 가진다.
> ② 제1항에 따라 임용권을 가지는 자는 그 권한의 일부를 그 지방자치단체의 조례로 정하는 바에 따라 보조기관, 그 소속 기관의 장이나 지방의회의 사무처장·사무국장·사무과장에게 위임할 수 있다.
> ③ 임용권자(임용권의 위임을 받은 자를 포함한다. 이하 같다)는 대통령령으로 정하는 바에 따라 소속 공무원의 인사기록을 작성·보관하여야 한다.

② 이외에도 의견표시권◇, 결산 후 시정요구권◇ 등이 있다.

4. 지방의회의 운영

(1) 회의의 유형
① **정례회**: 지방의회는 매년 2회 정례회를 개최하며 일정은 대통령령이 정하는 범위 내에서 조례로 정한다.

> 「지방자치법」 제53조(정례회)
> ① 지방의회는 매년 2회 정례회를 개최한다.
> ② 정례회의 집회일, 그 밖에 정례회 운영에 필요한 사항은 해당 지방자치단체의 조례로 정한다.

② **임시회**
ⓐ 지방의회 의장은 자치단체장이나 조례로 정하는 수 이상의 지방의회의원이 요구하는 경우 15일 이내 임시회를 소집한다.
ⓑ 총선거 이후 처음으로 열리는 임시회는 지방의회 사무처장·사무국장·사무과정이 지방의회의원 임기 개시일부터 25일 이내에 소집한다.
ⓒ 지방자치단체의 폐치분합 이후 소집되는 최초의 임시회는 지방의회 사무처장·사무국장·사무과장이 해당 지방자치단체가 설치되는 날에 소집한다.

◇ **의견표시권**
중앙정부가 지방자치단체를 폐치·분합하거나 명칭·구역을 법률로써 변경하는 경우 해당 지방의회의 의견을 들어야 하는 등, 지방의회가 관여할 수 없는 사항에 대해 의회에게 의견을 표시할 권리가 있다.

◇ **결산 후 시정요구권**
지방의회는 결산에 대한 심사 결과 위법하거나 부당한 사항이 있는 경우 본회의 의결 후 지방자치단체 또는 해당 기관에 변상 및 징계조치 등 그 시정을 요구하고, 지방자치단체 또는 해당 기관은 시정요구를 받은 사항을 지체 없이 처리하여 그 결과를 지방의회에 보고하여야 한다.

> **기출선지**
> 「지방자치법」상 지방의회에서 부결된 의안은 같은 회기 중에 다시 발의하거나 제출할 수 없다. (O) | 18 국가 9
>
> 지방자치단체는 법률의 위임이 있어야 주민의 권리를 제한하는 조례를 제정할 수 있다. (O) | 21 국가 9

「지방자치법」 제54조(임시회)
① 지방의회의원 총선거 후 최초로 집회되는 임시회는 지방의회 사무처장·사무국장·사무과장이 지방의회의원 임기 개시일부터 25일 이내에 소집한다.
② 지방자치단체를 폐지하거나 설치하거나 나누거나 합쳐 새로운 지방자치단체가 설치된 경우에 최초의 임시회는 지방의회 사무처장·사무국장·사무과장이 해당 지방자치단체가 설치되는 날에 소집한다.
③ 지방의회의 의장은 지방자치단체의 장이나 조례로 정하는 수 이상의 지방의회의원이 요구하면 15일 이내에 임시회를 소집하여야 한다. 다만, 지방의회의 의장과 부의장이 부득이한 사유로 임시회를 소집할 수 없을 때에는 지방의회의원 중 최다선의원이, 최다선의원이 2명 이상인 경우에는 그 중 연장자의 순으로 소집할 수 있다.
④ 임시회 소집은 집회일 3일 전에 공고하여야 한다. 다만, 긴급할 때에는 그러하지 아니하다.

③ 회기: 지방의회의 회계는 당해 지방자치단체의 조례로 정한다.

「지방자치법」 제56조(개회·휴회·폐회와 회의일수)
① 지방의회의 개회·휴회·폐회와 회기는 지방의회가 의결로 정한다.
② 연간 회의 총일수와 정례회 및 임시회의 회기는 해당 지방자치단체의 조례로 정한다.

(2) 회의 원칙
① 회의공개의 원칙: 지방의회 회의는 공개가 원칙이나 사회의 안녕질서 유지를 위하여 필요하다고 인정하는 경우 공개하지 않을 수 있다.
② 회기계속의 원칙: 지방의회에 제출된 의안은 회기 중 의결되지 못한 이유로 폐기되지 않으며, 임기 만료 시에는 폐기된다.
③ 일사부재의의 원칙: 부결된 의안은 같은 회기 중 다시 발의되거나 제출할 수 없다.

「지방자치법」
제75조(회의의 공개 등)
① 지방의회의 회의는 공개한다. 다만, 지방의회의원 3명 이상이 발의하고 출석의원 3분의 2 이상이 찬성한 경우 또는 지방의회의 의장이 사회의 안녕질서 유지를 위하여 필요하다고 인정하는 경우에는 공개하지 아니할 수 있다.
② 지방의회의 의장은 공개된 회의의 방청 허가를 받은 장애인에게 정당한 편의를 제공하여야 한다.
제79조(회기계속의 원칙) 지방의회에 제출된 의안은 회기 중에 의결되지 못한 것 때문에 폐기되지 아니한다. 다만, 지방의회의원의 임기가 끝나는 경우에는 그러하지 아니하다.
제80조(일사부재의의 원칙) 지방의회에서 부결된 의안은 같은 회기 중에 다시 발의하거나 제출할 수 없다.

(3) 중요 정족수

◇ 의사정족수
회의를 시작하기 위해 필요한 최소 인원

◇ 의결정족수
의사결정을 위해 필요한 최소 인원

◇ 개의(開議)
회기 중 당일의 회의를 시작하는 것

내용		발의	의사정족수	의결정족수
개의		재적의원 1/3 이상의 출석		
일반의결		조례로 정하는 수 이상의 찬성	재적의원 1/3 이상의 출석	재적의원 과반수 출석, 출석의원 과반수 찬성
특별 의결	거부권 행사 시 재의결	지방자치단체 장의 거부권 행사		재적의원 과반수 출석, 출석의원 2/3 이상의 찬성
	의원의 자격 상실 및 제명	재적의원 1/4 (자격심사 청구) 징계 요구는 별도 규정		재적의원 2/3 이상의 찬성
	의장·부의장에 대한 불신임	재적의원 1/4		재적의원 과반수 찬성

(4) 지방의회의 조례제정
① 의의: 조례는 지방자치단체가 법령의 범위 안에서 그 권한에 속하는 사무에 관하여 지방의회의 의결로써 제정하는 규범이다.
② 범위
ⓐ 지방의회의 조례제정권은 지방자치단체의 소관사무에 한정하여 행사되어야 한다.
ⓑ 지방자치단체 관할구역 안의 고유사무(자치사무)와 법령에 의하여 지방자치단체에 속하는 사무(단체위임사무)에 관하여 규정할 수 있다.
ⓒ 지방의회는 법령에 의하여 지방자치단체의 집행기관인 단체장에게 위임된 기관위임사무와 단체장에게 전속되어 있는 전속사항에 관하여는 조례로 규정할 수 없다.
③ 한계
ⓐ **상위법규에 의한 한계**: 지방자치단체의 조례는 국가의 법령이나 상급 지방자치단체의 법규에 위반하면 안 된다.
ⓑ **법률유보에 의한 한계**: 주민의 권리 제한 또는 의무부과에 관한 사항이나 벌칙을 정할 때에는 법률의 위임이 있어야 한다.
④ 제정절차
ⓐ **제안**: 조례안은 지방자치단체의 장◇, 지방의회의 소관위원회 또는 지방의회 의원◇에 의하여 제안될 수 있다.
ⓑ **의결**: 제안된 조례안은 지방의회 재적의원 과반수의 출석과 출석의원 과반수의 찬성으로써 의결된다. 의결된 조례안에 대해 의장은 의결된 날부터 5일 이내에 그 자치단체장에게 이를 이송한다. 의결된 조례안을 이송받은 자치단체장은 20일 이내에 이를 공포한다.
ⓒ **공포 또는 재의요구**: 지방자치단체장이 이송받은 조례안을 20일 이내에 공포한다. 이송받은 조례안에 대하여 이의가 있을 때에는 지방의회로 환부하여 그 재의를 요구할 수 있으며, 이 경우 조례안의 일부에 대하여 또는 조례안을 수정하여 재의를 요구할 수 없다.
ⓓ **재의결**: 재의요구된 조례안이 지방의회 재적의원 과반수의 출석과 출석의원 2/3 이상의 찬성으로써 의결되면 확정된다. 확정된 조례안에 대해 지방자치단체의 장은 즉시 공포해야 하며, 5일 이내 공포하지 않는 경우 의회의장이 공포한다.
ⓔ **효력**: 조례는 특별한 규정이 없는 한 공포된 날부터 20일이 경과함으로써 효력을 발생한다.

◇ **조례 제안 시 지방자치단체의 장**
교육·학예에 관하여는 교육감을 포함한다.

◇ **조례 제안 시 지방의회 의원의 수**
조례로 정하는 수 이상의 지방의회 의원의 찬성으로 발의한다.

> 더 알아보기
>
> ● **조례 및 규칙 제정 시 상급기관의 감독**
> 조례안이 의결된 경우 지방의회에서 자치단체의 장에게 이송된 날로부터 5일 이내, 규칙은 공포 15일 전에 감독기관에 보고해야 한다.

「지방자치법」
제28조(조례)
① 지방자치단체는 법령의 범위에서 그 사무에 관하여 조례를 제정할 수 있다. 다만, 주민의 권리 제한 또는 의무 부과에 관한 사항이나 벌칙을 정할 때에는 법률의 위임이 있어야 한다.
② 법령에서 조례로 정하도록 위임한 사항은 그 법령의 하위 법령에서 그 위임의 내용과 범위를 제한하거나 직접 규정할 수 없다.

제30조(조례와 규칙의 입법한계) 시·군 및 자치구의 조례나 규칙은 시·도의 조례나 규칙을 위반해서는 아니 된다.

제31조(지방자치단체를 신설하거나 격을 변경할 때의 조례·규칙 시행) 지방자치단체를 나누거나 합하여 새로운 지방자치단체가 설치되거나 지방자치단체의 격이 변경되면 그 지방자치단체의 장은 필요한 사항에 관하여 새로운 조례나 규칙이 제정·시행될 때까지 종래 그 지역에 시행되던 조례나 규칙을 계속 시행할 수 있다.

제32조(조례와 규칙의 제정 절차 등)
① 조례안이 지방의회에서 의결되면 지방의회의 의장은 의결된 날부터 5일 이내에 그 지방자치단체의 장에게 이송하여야 한다.
② 지방자치단체의 장은 제1항의 조례안을 이송받으면 20일 이내에 공포하여야 한다.
③ 지방자치단체의 장은 이송받은 조례안에 대하여 이의가 있으면 제2항의 기간에 이유를 붙여 지방의회로 환부(還付)하고, 재의(再議)를 요구할 수 있다. 이 경우 지방자치단체의 장은 조례안의 일부에 대하여 또는 조례안을 수정하여 재의를 요구할 수 없다.
④ 지방의회는 제3항에 따라 재의 요구를 받으면 조례안을 재의에 부치고 재적의원 과반수의 출석과 출석의원 3분의 2 이상의 찬성으로 전(前)과 같은 의결을 하면 그 조례안은 조례로서 확정된다.
⑤ 지방자치단체의 장이 제2항의 기간에 공포하지 아니하거나 재의 요구를 하지 아니하더라도 그 조례안은 조례로서 확정된다.
⑥ 지방자치단체의 장은 제4항 또는 제5항에 따라 확정된 조례를 지체 없이 공포하여야 한다. 이 경우 제5항에 따라 조례가 확정된 후 또는 제4항에 따라 확정된 조례가 지방자치단체의 장에게 이송된 후 5일 이내에 지방자치단체의 장이 공포하지 아니하면 지방의회의 의장이 공포한다.
⑦ 제2항 및 제6항 전단에 따라 지방자치단체의 장이 조례를 공포하였을 때에는 즉시 해당 지방의회의 의장에게 통지하여야 하며, 제6항 후단에 따라 지방의회의 의장이 조례를 공포하였을 때에는 그 사실을 즉시 해당 지방자치단체의 장에게 통지하여야 한다.
⑧ 조례와 규칙은 특별한 규정이 없으면 공포한 날부터 20일이 지나면 효력을 발생한다.

제34조(조례 위반에 대한 과태료)
① 지방자치단체는 조례를 위반한 행위에 대하여 조례로써 1천만원 이하의 과태료를 정할 수 있다.
② 제1항에 따른 과태료는 해당 지방자치단체의 장이나 그 관할 구역의 지방자치단체의 장이 부과·징수한다.

제35조(보고) 조례나 규칙을 제정하거나 개정하거나 폐지할 경우 조례는 지방의회에서 이송된 날부터 5일 이내에, 규칙은 공포 예정일 15일 전에 시·도지사는 행정안전부장관에게, 시장·군수 및 자치구의 구청장은 시·도지사에게 그 전문(全文)을 첨부하여 각각 보고하여야 하며, 보고를 받은 행정안전부장관은 그 내용을 관계 중앙행정기관의 장에게 통보하여야 한다.

2 집행기관

1. 의의와 구성

(1) 의의
① 집행기관은 의결기관이 결정한 의사에 따라 자치단체의 목적을 적극적·구체적으로 실현하는 기관으로 국가기관이자 지방자치단체의 기관이다.
② 기초자치단체와 광역자치단체별로 자치단체의 장을 선출하여 해당 지방자치단체를 대표해 집행사무를 총괄하도록 하며, 광역자치단체에는 교육·학예사무에 관한 집행기관으로 교육감◇을 두고 있다.

(2) 구성

지방자치단체의 장	광역	특별시장, 광역시장, 도지사
	기초	시장, 군수, 구청장
보조기관	부단체장	부시장, 부지사, 부군수, 부구청장
	행정기구와 지방공무원	대통령령이 정하는 범위 안에서 조례로 정함

◇ 교육감
교육감은 광역자치단체인 시·도에서 교육·학예에 관한 사무를 집행하는 기관으로 선거를 통해 선출되는 정무직 공무원이다. 이와 관련된 소송이나 재산의 등기 등의 사무에서는 시·도지사가 아닌 교육감이 대표자 지위를 갖는다.

소속기관	직속기관, 사업소, 출장소, 합의제 행정기관, 자문기관
하부 행정기관	자치구가 아닌 행정구(구청장), 읍(읍장), 면(면장), 동(동장)
교육·과학·체육기관	지방자치단체의 교육·과학 및 체육에 관한 사무를 분장하게 하기 위한 별도의 기구 설치
자치경찰	지방자치단체가 기획, 감독하는 자치경찰 사무

2. 지방자치단체의 장

(1) 지위
 ① **최고 집행기관**: 자치단체장은 외부에 대하여 해당 자치단체를 대표하며, 자치단체의 사무(고유사무와 단체위임사무)를 실제적으로 집행하는 최고책임자이다.
 ② **하급 지방행정기관**: 국가(또는 상급자치단체)의 사무(기관위임사무)를 수임·처리하는 하급행정기관으로서의 지위를 갖는다.

(2) 신분
 ① **신분**: 선거를 통해 선출되는 정무직 지방공무원이다.
 ② **임기**: 임기는 4년이며, 연임은 3회까지 가능하다.
 ③ **겸직 및 거래 금지**
  ⓐ 겸직은 금지되며, 겸직금지 위반 시 당연퇴직된다.
  ⓑ 자치단체와 영리를 목적으로 하는 거래를 하거나 자치단체와 관계있는 영리사업에 종사할 수 없다.
 ④ **정당공천**: 광역자치단체의 장과 기초자치단체의 장 모두 정당공천이 허용된다. 다만 교육감의 경우 정당공천이 허용되지 않는다.

◇ **지방자치단체장의 겸직금지 대상 직위**
대통령, 국회의원, 국가공무원·지방공무원, 정부투자기관 임직원, 지방공사·지방공단 임직원, 헌법재판소, 선거관리위원, 교원 등이다.

> 「지방자치법」
> **제106조(지방자치단체의 장)** 특별시에 특별시장, 광역시에 광역시장, 특별자치시에 특별자치시장, 도와 특별자치도에 도지사를 두고, 시에 시장, 군에 군수, 자치구에 구청장을 둔다.
> **제107조(지방자치단체의 장의 선거)** 지방자치단체의 장은 주민이 보통·평등·직접·비밀선거로 선출한다.
> **제108조(지방자치단체의 장의 임기)** 지방자치단체의 장의 임기는 4년으로 하며, 3기 내에서만 계속 재임(在任)할 수 있다.
> **제109조(겸임 등의 제한)**
> ① 지방자치단체의 장은 다음 각 호의 어느 하나에 해당하는 직을 겸임할 수 없다.
> 1. 대통령, 국회의원, 헌법재판소 재판관, 각급 선거관리위원회 위원, 지방의회의원
> 2. 「국가공무원법」 제2조에 따른 국가공무원과 「지방공무원법」 제2조에 따른 지방공무원
> 3. 다른 법령에 따라 공무원의 신분을 가지는 직
> 4. 「공공기관의 운영에 관한 법률」 제4조에 따른 공공기관(한국방송공사, 한국교육방송공사 및 한국은행을 포함한다)의 임직원
> 5. 농업협동조합, 수산업협동조합, 산림조합, 엽연초생산협동조합, 신용협동조합 및 새마을금고(이들 조합·금고의 중앙회와 연합회를 포함한다)의 임직원
> 6. 교원
> 7. 「지방공기업법」 제2조에 따른 지방공사와 지방공단의 임직원
> 8. 그 밖에 다른 법률에서 겸임할 수 없도록 정하는 직
> ② 지방자치단체의 장은 재임 중 그 지방자치단체와 영리를 목적으로 하는 거래를 하거나 그 지방자치단체와 관계있는 영리사업에 종사할 수 없다.

기출선지
지방자치단체의 장은 법령이나 조례가 위임한 범위에서 그 권한에 속하는 사무에 관하여 규칙을 제정할 수 있다.(O)
| 14 지방 9

> **참고자료**
>
> ● **지방자치단체의 장의 직 인수위원회**
>
> 2022년 「지방자치법」이 개정되면서 지방자치단체의 장의 직을 인수하기 위한 인수위원회 설치가 의무화되었다.
>
> **「지방자치법」 제105조(지방자치단체의 장의 직 인수위원회)**
> ① 「공직선거법」 제191조에 따른 지방자치단체의 장의 당선인(같은 법 제14조제3항 단서에 따라 당선이 결정된 사람을 포함하며, 이하 이 조에서 "당선인"이라 한다)은 이 법에서 정하는 바에 따라 지방자치단체의 장의 직 인수를 위하여 필요한 권한을 갖는다.
> ② 당선인을 보좌하여 지방자치단체의 장의 직 인수와 관련된 업무를 담당하기 위하여 당선이 결정된 때부터 해당 지방자치단체에 지방자치단체의 장의 직 인수위원회(이하 이 조에서 "인수위원회"라 한다)를 설치할 수 있다.
> ③ 인수위원회는 당선인으로 결정된 때부터 지방자치단체의 장의 임기 시작일 이후 20일의 범위에서 존속한다.
> ⑤ 인수위원회는 위원장 1명 및 부위원장 1명을 포함하여 다음 각 호의 구분에 따른 위원으로 구성한다.
>   1. 시·도: 20명 이내
>   2. 시·군 및 자치구: 15명 이내
> ⑥ 위원장·부위원장 및 위원은 명예직으로 하고, 당선인이 임명하거나 위촉한다.
> ⑦ 「지방공무원법」 제31조 각 호의 어느 하나에 해당하는 사람은 인수위원회의 위원장·부위원장 및 위원이 될 수 없다.
> ⑧ 인수위원회의 위원장·부위원장 및 위원과 그 직에 있었던 사람은 그 직무와 관련하여 알게 된 비밀을 다른 사람에게 누설하거나 지방자치단체의 장의 직 인수 업무 외의 다른 목적으로 이용할 수 없으며, 직권을 남용해서는 아니 된다.
> ⑨ 인수위원회의 위원장·부위원장 및 위원과 그 직에 있었던 사람 중 공무원이 아닌 사람은 인수위원회의 업무와 관련하여 「형법」이나 그 밖의 법률에 따른 벌칙을 적용할 때에는 공무원으로 본다.

(3) 사임, 퇴직

① **사임**: 지방자치단체의 장이 그 직을 사임하려면 지방의회의 의장에게 미리 서면으로 통보해야 한다.

② **퇴직**: 지방자치단체의 장이 겸임불가한 직에 취임하거나 피선거권이 없게 되는 경우 그 직에서 퇴직해야 한다.

> **「지방자치법」**
> **제111조(지방자치단체의 장의 사임)**
> ① 지방자치단체의 장은 그 직을 사임하려면 지방의회의 의장에게 미리 사임일을 적은 서면(이하 "사임통지서"라 한다)으로 알려야 한다.
> ② 지방자치단체의 장은 사임통지서에 적힌 사임일에 사임한다. 다만, 사임통지서에 적힌 사임일까지 지방의회의 의장에게 사임통지가 되지 아니하면 지방의회의 의장에게 사임통지가 된 날에 사임한다.
> **제112조(지방자치단체의 장의 퇴직)** 지방자치단체의 장이 다음 각 호의 어느 하나에 해당될 때에는 그 직에서 퇴직한다.
>   1. 지방자치단체의 장이 겸임할 수 없는 직에 취임할 때
>   2. 피선거권이 없게 될 때. 이 경우 지방자치단체의 구역이 변경되거나 없어지거나 합한 것 외의 다른 사유로 그 지방자치단체의 구역 밖으로 주민등록을 이전하였을 때를 포함한다.

③ 체포 및 확정판결 시

ⓐ **체포 시**: 지방자치단체의 장이 체포 또는 구금되는 경우 수사기관의 장은 영장의 사본을 해당지방자치단체에 즉시 알려야 하며, 지방자치단체는 이를 행정안전부 장관에게 즉시 보고해야 한다. 이 경우 기초자치단체가 행정안전부 장관에게 보고할 때에는 광역자치단체의 장을 거쳐야 한다.

ⓑ **확정판결 시**: 지방자치단체의 장이 형사사건으로 확정판결을 받은 경우 각급 법원장은

이를 지체 없이 해당 지방자치단체에 알려야 하며, 지방자치단체는 이를 행정안전부 장관에게 즉시 보고해야 한다. 이 경우 역시 기초자치단체가 행정안전부 장관에게 보고할 때에는 광역자치단체의 장을 거쳐야 한다.

> 「지방자치법」 제113조(지방자치단체의 장의 체포 및 확정판결의 통지)
> ① 수사기관의 장은 체포되거나 구금된 지방자치단체의 장이 있으면 지체 없이 영장의 사본을 첨부하여 해당 지방자치단체에 알려야 한다. 이 경우 통지를 받은 지방자치단체는 그 사실을 즉시 행정안전부장관에게 보고하여야 하며, 시·군 및 자치구가 행정안전부장관에게 보고할 때에는 시·도지사를 거쳐야 한다.
> ② 각급 법원장은 지방자치단체의 장이 형사사건으로 공소가 제기되어 판결이 확정되면 지체 없이 해당 지방자치단체에 알려야 한다. 이 경우 통지를 받은 지방자치단체는 그 사실을 즉시 행정안전부장관에게 보고하여야 하며, 시·군 및 자치구가 행정안전부장관에게 보고할 때에는 시·도지사를 거쳐야 한다.

④ **기초자치단체의 통폐합 시**: 지방자치단체를 폐지하거나 설치하거나 나누거나 합쳐 새로 지방자치단체의 장을 선출하여야 하는 경우에는 그 지방자치단체의 장이 선출될 때까지 시·도지사는 행정안전부장관이, 시장·군수 및 자치구의 구청장은 시·도지사가 각각 그 직무를 대행할 사람을 지정하여야 한다.

(4) 권한

① 일반적 권한

대표권	자치단체 사무 전반에 대하여 기본방향을 설정하고 종합성과 통일성을 확보하며, 의사를 대외적으로 표시
관리·집행권	자치단체의 사무(고유사무 및 단체위임사무)와 법령에 의하여 그 단체의 장에게 위임된 사무(기관위임사무)를 처리
지도·감독권	자치단체장은 소속 각급 행정관청을 지도·감독하며, 상급자치단체는 하급자치단체를 지도·감독
규칙제정권	소속직원에 대한 임면 및 지휘·감독권과 법령 또는 조례가 위임한 범위 안에서 규칙을 제정

> **참고자료**
>
> ●● **규칙제정권**
>
> 1. **의의**: 규칙은 지방자치단체장이 법령이나 조례가 위임한 범위에서 그 권한에 속하는 사무에 관하여 제정하는 규범이다.
>
> > 「지방자치법」 제29조(규칙) 지방자치단체의 장은 법령 또는 조례의 범위에서 그 권한에 속하는 사무에 관하여 규칙을 제정할 수 있다.
>
> 2. **범위**
>   ① 지방자체단체의 장의 권한에 속하는 모든 사무로 고유사무와 단체위임사무뿐만 아니라 기관위임사무도 포함한다.
>   ② 지방자치단체의 사무(고유사무와 단체위임사무)로서 법령에 의하여 조례 규정대상으로 지정된 사항, 의회의 전속권한의 사항을 제외한 기타의 모든 사항을 말한다.
>   ③ 조례가 규칙에 위임한 사항 또는 조례의 실시를 위하여 필요한 사항을 포함한다.
>
> 3. **한계**
>   ① 규칙은 법령 및 그 제정을 위임한 조례에 위반하여서는 아니 된다.
>   ② 시장·군수·자치구의 구청장이 제정하는 규칙은 시·도의 조례나 시·도지사가 제정하는 규칙에 위반하여서는 아니 된다.
>   ③ 규칙은 법령의 개별적인 위임이 없는 한 주민의 권리제한 또는 의무부과를 규정할 수 없고, 벌칙을 규정할 수 없다.

② 지방의회에 대한 권한

임시회의 소집 및 의안발의	지방자치단체의 장은 임시회의 소집을 요구할 수 있으며 의안 및 예산안을 발의할 수 있다.
조례 공포권	지방의회로부터 조례안을 이송받은 후 20일 이내 조례를 공포하여야 효력이 발생한다.
재의요구권◇	지방자치단체의 장이 지방의회 의결에 대하여 이의가 있어 수리를 거부하고 의회에 반송하여 다르게 의결하여 줄 것을 요구하는 것이다.
선결처분권	지방의회가 의결을 할 수 없거나 의결을 하지 않는 경우에, 지방자치단체의 존립 또는 효율적 운영을 위하여 지방자치단체장이 의회의 의결을 거치지 않고 일정한 사항을 독자적인 판단에 의하여 우선 처분하는 것이다.

◇ 재의요구사유
지방자치단체장의 재의요구사유는 ① 조례안에 이의가 있는 경우, ② 지방의회의 의결이 월권 또는 법령에 위반되거나 공익을 현저히 해한다고 인정된 때, ③ 지방의회의 의결에 예산상 집행할 수 없는 경비가 포함되어 있는 경우, 의무적 경비나 비상재해복구비를 삭감한 경우, ④ 지방의회의 의결이 법령에 위반되거나 공익을 현저히 해한다고 판단되어 주무부장관 또는 시·도지사가 재의요구를 지시한 경우이다.

> **더 알아보기**
>
> ● **재의요구권**
>
> 1. 사유
>   ① 일반적인 의결이 월권 또는 법령에 위반하거나 공익을 현저히 해한다고 인정되는 때
>   ② 경비에 관한 의결이 예산상 집행할 수 없는 경비를 포함하고 있거나, 반드시 포함되어야 할 의무적 경비 또는 재해응급복구비가 삭감되어 있을 때
>   ③ 조례제정에 대해 이의가 있는 경우
>   ④ 감독기관(주무부장관 또는 시·도지사)이 지방의회의 의결이 법령에 위반되거나 공익을 현저히 해한다고 판단하여 자치단체장에게 재의요구하도록 요청한 경우
> 2. 재의결: 재적의원 과반수의 출석과 출석의원 3분의 2 이상의 찬성으로 확정된다.
> 3. 재의결 불복
>   ① 자치단체장이 재의결에 대해 불복할 경우, 재의결된 날부터 20일 이내에 대법원에 소를 제기할 수 있으며, 필요한 경우 의결의 집행을 정지하게 하는 집행정지결정을 신청할 수 있다.
>   ② 자치단체의 장이 감독기관의 요청에도 재의요구를 하지 않거나 재의요구 지시 전에 법령에 위반된 조례안을 공포한 경우, 감독기관이 대법원에 직접 제소하거나 집행정지결정을 신청할 수 있다.
>   ③ 행안부장관은 재의결된 사항이 둘 이상의 부처와 관련되거나 주무부장관이 불분명한 경우 재의 요구 또는 제소를 지시하거나, 직접 제소 및 집행정지결정을 신청할 수 있다.
>
> 「지방자치법」
> **제120조(지방의회의 의결에 대한 재의 요구와 제소)**
> ① 지방자치단체의 장은 지방의회의 의결이 월권이거나 법령에 위반되거나 공익을 현저히 해친다고 인정되면 그 의결사항을 이송받은 날부터 20일 이내에 이유를 붙여 재의를 요구할 수 있다.
> ② 제1항의 요구에 대하여 재의한 결과 재적의원 과반수의 출석과 출석의원 3분의 2 이상의 찬성으로 전과 같은 의결을 하면 그 의결사항은 확정된다.
> ③ 지방자치단체의 장은 제2항에 따라 재의결된 사항이 법령에 위반된다고 인정되면 대법원에 소(訴)를 제기할 수 있다. 이 경우에는 제192조제4항을 준용한다.
>
> **제121조(예산상 집행 불가능한 의결의 재의 요구)**
> ① 지방자치단체의 장은 지방의회의 의결이 예산상 집행할 수 없는 경비를 포함하고 있다고 인정되면 그 의결사항을 이송받은 날부터 20일 이내에 이유를 붙여 재의를 요구할 수 있다.
> ② 지방의회가 다음 각 호의 어느 하나에 해당하는 경비를 줄이는 의결을 할 때에도 제1항과 같다.
>   1. 법령에 따라 지방자치단체에서 의무적으로 부담하여야 할 경비
>   2. 비상재해로 인한 시설의 응급 복구를 위하여 필요한 경비
> ③ 제1항과 제2항의 경우에는 제120조제2항을 준용한다.
>
> **제122조(지방자치단체의 장의 선결처분)**
> ① 지방자치단체의 장은 지방의회가 지방의회의원이 구속되는 등의 사유로 제73조에 따른 의결정족수에 미달될 때와 지방의회의 의결사항 중 주민의 생명과 재산 보호를 위하여 긴급하게 필요한 사항으로서 지

> 방의회를 소집할 시간적 여유가 없거나 지방의회에서 의결이 지체되어 의결되지 아니할 때에는 선결처분(先決處分)을 할 수 있다.
> ② 제1항에 따른 선결처분은 지체 없이 지방의회에 보고하여 승인을 받아야 한다.
> ③ 지방의회에서 제2항의 승인을 받지 못하면 그 선결처분은 그때부터 효력을 상실한다.
> ④ 지방자치단체의 장은 제2항이나 제3항에 관한 사항을 지체 없이 공고하여야 한다.

3. 보조기관

(1) 부단체장

① **의의**: 부단체장은 해당 지방자치단체의 장을 보좌하여 사무를 총괄하고, 소속직원들을 지휘 및 감독한다.

② **부단체장의 정수와 신분**

구분	정수	종류	신분
특별시	3인 이내에서 대통령령으로 정함	행정부시장(2인)	· 정무직 국가공무원 · 단체장 제청으로 대통령이 임명
		정무부시장(1인)	· 정무직 지방공무원 · 단체장이 임명
광역시, 도, 특별자치도, 특별자치시	2인 이내에서 대통령령으로 정함(주민의 수가 800만 명 넘는 경우 3명)	행정부시장, 행정부지사	· 일반직 국가공무원 · 단체장 제청으로 대통령이 임명
		정무부시장, 정무부지사	· 별정직 지방공무원(1급 상당) · 단체장이 임명
시, 군, 자치구	1인	부시장, 부군수, 부구청장	· 일반직 지방공무원(2~4급) · 단체장이 임명

> 「지방자치법」 제123조(부지사·부시장·부군수·부구청장)
> ① 특별시·광역시 및 특별자치시에 부시장, 도와 특별자치도에 부지사, 시에 부시장, 군에 부군수, 자치구에 부구청장을 두며, 그 수는 다음 각 호의 구분과 같다.
>   1. 특별시의 부시장의 수: 3명을 넘지 아니하는 범위에서 대통령령으로 정한다.
>   2. 광역시와 특별자치시의 부시장 및 도와 특별자치도의 부지사의 수: 2명(인구 800만 이상의 광역시나 도는 3명)을 넘지 아니하는 범위에서 대통령령으로 정한다.
>   3. 시의 부시장, 군의 부군수 및 자치구의 부구청장의 수: 1명으로 한다.
> ② 특별시·광역시 및 특별자치시의 부시장, 도와 특별자치도의 부지사는 대통령령으로 정하는 바에 따라 정무직 또는 일반직 국가공무원으로 보한다. 다만, 제1항제1호 및 제2호에 따라 특별시·광역시 및 특별자치시의 부시장, 도와 특별자치도의 부지사를 2명이나 3명 두는 경우에 1명은 대통령령으로 정하는 바에 따라 정무직·일반직 또는 별정직 지방공무원으로 보하되, 정무직과 별정직 지방공무원으로 보할 때의 자격기준은 해당 지방자치단체의 조례로 정한다.
> ③ 제2항의 정무직 또는 일반직 국가공무원으로 보하는 부시장·부지사는 시·도지사의 제청으로 행정안전부장관을 거쳐 대통령이 임명한다. 이 경우 제청된 사람에게 법적 결격사유가 없으면 시·도지사가 제청한 날부터 30일 이내에 임명절차를 마쳐야 한다.
> ④ 시의 부시장, 군의 부군수, 자치구의 부구청장은 일반직 지방공무원으로 보하되, 그 직급은 대통령령으로 정하며 시장·군수·구청장이 임명한다.
> ⑤ 시·도의 부시장과 부지사, 시의 부시장·부군수·부구청장은 해당 지방자치단체의 장을 보좌하여 사무를 총괄하고, 소속 직원을 지휘·감독한다.

⑥ 제1항제1호 및 제2호에 따라 시·도의 부시장과 부지사를 2명이나 3명 두는 경우에 그 사무 분장은 대통령령으로 정한다. 이 경우 부시장·부지사를 3명 두는 시·도에서는 그중 1명에게 특정지역의 사무를 담당하게 할 수 있다.

③ **대행·대리**: 부단체장은 자치단체장 유고 시 직무를 대행·대리◇한다.

◇ **권한 대행 및 대리 순서**
부단체장 3인: 행정1부시장(지사) → 행정2부시장(지사) → 정무부시장(지사)
부단체장 2인: 행정부시장(지사) → 정무부시장(지사)

◇ **궐위(闕位)**
선출된 공직자가 여러 가지 사유로 그 직을 더 이상 수행할 수 없는 상태이다.

권한 대행	의의	부단체 장이 자치단체장의 권한에 속하는 사무를 처리
	사유	단체장의 궐위◇ 시, 공소 제기된 후 구금 시, 의료기관에 60일 이상 입원 시, 해당 지방자치단체 지방선거 입후보 시
권한 대리	의의	자치단체의 장이 일시적 사유로 수행 불가 시 직무 대리
	사유	출장·휴가 등 일시적 사유로 직무를 수행할 수 없을 때

「**지방자치법**」 제124조(지방자치단체의 장의 권한대행 등)
① 지방자치단체의 장이 다음 각 호의 어느 하나에 해당되면 부지사·부시장·부군수·부구청장(이하 이 조에서 "부단체장"이라 한다)이 그 권한을 대행한다.
  1. 궐위된 경우
  2. 공소 제기된 후 구금상태에 있는 경우
  3. 「의료법」에 따른 의료기관에 60일 이상 계속하여 입원한 경우
② 지방자치단체의 장이 그 직을 가지고 그 지방자치단체의 장 선거에 입후보하면 예비후보자 또는 후보자로 등록한 날부터 선거일까지 부단체장이 그 지방자치단체의 장의 권한을 대행한다.
③ 지방자치단체의 장이 출장·휴가 등 일시적 사유로 직무를 수행할 수 없으면 부단체장이 그 직무를 대리한다.
④ 제1항부터 제3항까지의 경우에 부지사나 부시장이 2명 이상인 시·도에서는 대통령령으로 정하는 순서에 따라 그 권한을 대행하거나 직무를 대리한다.
⑤ 제1항부터 제3항까지의 규정에 따라 권한을 대행하거나 직무를 대리할 부단체장이 부득이한 사유로 직무를 수행할 수 없으면 그 지방자치단체의 규칙에 정해진 직제 순서에 따른 공무원이 그 권한을 대행하거나 직무를 대리한다.

(2) 지방공무원

① **의의**: 지방자치단체는 사무를 분장하기 위해 지방자치단체가 직접 경비를 부담하는 공무원이다.

② **기준인건비제도**: 지방공무원의 정원은 인건비 등 대통령령으로 정하는 기준에 따라 그 지방자치단체의 조례로 정한다.

③ **임용권**: 지방공무원의 임용권은 해당 지방자치단체의 장, 시·도 교육감 및 지방의회 의장이 갖는다.

「**지방자치법**」 제125조(행정기구와 공무원)
① 지방자치단체는 그 사무를 분장하기 위하여 필요한 행정기구와 지방공무원을 둔다.
② 제1항에 따른 행정기구의 설치와 지방공무원의 정원은 인건비 등 대통령령으로 정하는 기준에 따라 그 지방자치단체의 조례로 정한다.
③ 행정안전부장관은 지방자치단체의 행정기구와 지방공무원의 정원이 적절하게 운영되고 다른 지방자치단체와의 균형이 유지되도록 하기 위하여 필요한 사항을 권고할 수 있다.
④ 지방공무원의 임용과 시험·자격·보수·복무·신분보장·징계·교육·훈련 등에 관한 사항은 따로 법률로 정한다.
⑤ 지방자치단체에는 제1항에도 불구하고 법률로 정하는 바에 따라 국가공무원을 둘 수 있다.

⑥ 제5항에 규정된 국가공무원의 경우 「국가공무원법」 제32조제1항부터 제3항까지의 규정에도 불구하고 5급 이상의 국가공무원이나 고위공무원단에 속하는 공무원은 해당 지방자치단체의 장의 제청으로 소속 장관을 거쳐 대통령이 임명하고, 6급 이하의 국가공무원은 그 지방자치단체의 장의 제청으로 소속 장관이 임명한다.

「지방공무원법」

제2조(공무원의 구분)

① 지방자치단체의 공무원(지방자치단체가 경비를 부담하는 지방공무원을 말하며, 이하 "공무원"이라 한다)은 경력직공무원과 특수경력직공무원으로 구분한다.

② "경력직공무원"이란 실적과 자격에 따라 임용되고 그 신분이 보장되며 평생 동안(근무기간을 정하여 임용하는 공무원의 경우에는 그 기간 동안을 말한다) 공무원으로 근무할 것이 예정되는 공무원을 말하며, 그 종류는 다음 각 호와 같다.
　1. 일반직공무원: 기술·연구 또는 행정 일반에 대한 업무를 담당하는 공무원
　2. 특정직공무원: 공립 대학 및 전문대학에 근무하는 교육공무원, 교육감 소속의 교육전문직원 및 자치경찰공무원과 그 밖에 특수 분야의 업무를 담당하는 공무원으로서 다른 법률에서 특정직공무원으로 지정하는 공무원

③ "특수경력직공무원"이란 경력직공무원 외의 공무원을 말하며, 그 종류는 다음 각 호와 같다.
　1. 정무직공무원
　　가. 선거로 취임하거나 임명할 때 지방의회의 동의가 필요한 공무원
　　나. 고도의 정책결정업무를 담당하거나 이러한 업무를 보조하는 공무원으로서 법령 또는 조례에서 정무직으로 지정하는 공무원
　2. 별정직공무원: 비서관·비서 등 보좌업무 등을 수행하거나 특정한 업무 수행을 위하여 법령에서 별정직으로 지정하는 공무원

④ 제3항에 따른 별정직공무원의 임용조건, 임용절차, 근무 상한연령, 그 밖에 필요한 사항은 대통령령 또는 조례로 정한다.

제6조(임용권자)

① 지방자치단체의 장[특별시·광역시·특별자치시·도 또는 특별자치도(이하 "시·도"라 한다)의 교육감을 포함한다. 이하 같다] 및 지방의회의 의장[시·도의회의 의장 및 시·군·구(자치구를 말한다. 이하 같다)의회의 의장을 말한다. 이하 같다]은 이 법에서 정하는 바에 따라 그 소속 공무원의 임용·휴직·면직과 징계를 하는 권한(이하 "임용권"이라 한다)을 가진다.

② 제1항에 따라 임용권을 가지는 자는 그 권한의 일부를 그 지방자치단체의 조례로 정하는 바에 따라 보조기관, 그 소속 기관의 장이나 지방의회의 사무처장·사무국장·사무과장에게 위임할 수 있다.

④ **인사위원회**: 지방자치단체의 인사기관으로 지방자치단체 장의 임용권을 제한하기 위한 목적으로 만들어진 인사기구이다.

「지방공무원법」

제7조(인사위원회의 설치)

① 지방자치단체에 임용권자(임용권을 위임받은 자는 제외하되, 그중 시의 구청장과 지방자치단체의 장이 필요하다고 인정하는 소속 기관의 장을 포함한다)별로 인사위원회를 두되, 시·도에 특별시장·광역시장·특별자치시장·도지사·특별자치도지사(이하 "시·도지사"라 한다) 또는 교육감 소속으로 인사위원회를 두는 경우에는 필요하면 제1인사위원회와 제2인사위원회를 둘 수 있다.

② 인사위원회는 16명 이상 20명 이하의 위원으로 구성한다. 다만, 지방의회의 의장 소속 인사위원회, 임용권을 위임받은 기관에 두는 인사위원회와 해당 지방자치단체의 인구 수, 위원 선정의 어려움 등을 고려하여 대통령령으로 정하는 지방자치단체에 두는 인사위원회는 7명 이상 9명 이하의 위원으로 구성할 수 있다.

③ 제2항에 따라 인사위원회를 구성할 경우에는 제5항 각 호에 따라 위촉되는 위원이 전체 위원의 2분의 1 이상이어야 한다.

④ 제1항에 따라 시·도에 복수의 인사위원회를 두는 경우 제1인사위원회의 위원과 제2인사위원회의 위원은 겸직할 수 없다. 다만, 인사를 담당하는 국 또는 이에 상당하는 보조기관의 장의 경우에는 그러하지 아니하다.

⑤ 지방자치단체의 장과 지방의회의 의장은 각각 소속 공무원(국가공무원을 포함한다) 및 다음 각 호에 해당하는 사람으로서 인사행정에 관한 학식과 경험이 풍부한 사람 중에서 위원을 임명하거나 위촉하되, 위원의 자격요건에 관하여 필요한 사항은 대통령령으로 정한다. 다만, 시험위원은 시험실시기관의 장이 따로 위촉할 수 있다.
   1. 법관·검사 또는 변호사 자격이 있는 사람
   2. 대학에서 조교수 이상으로 재직하거나 초등학교·중학교·고등학교 교장 또는 교감으로 재직하는 사람
   3. 공무원(국가공무원을 포함한다)으로서 20년 이상 근속하고 퇴직한 사람
   4. 「비영리민간단체 지원법」에 따른 비영리민간단체에서 10년 이상 활동하고 있는 지역단위 조직의 장
   5. 상장법인의 임원 또는 「공공기관의 운영에 관한 법률」 제5조에 따라 지정된 공기업의 지역단위 조직의 장으로 근무하고 있는 사람
⑥ 다음 각 호의 어느 하나에 해당하는 사람은 위원으로 위촉될 수 없다.
   1. 제31조 각 호의 어느 하나에 해당하는 사람
   2. 「정당법」에 따른 정당의 당원
   3. 지방의회의원
⑦ 제5항에 따라 위촉되는 위원의 임기는 3년으로 하되, 한 번만 연임할 수 있다.

제9조(인사위원회의 기관)
① 인사위원회에 위원장·부위원장 각 1명을 두며, 위원장은 시·도의 국가공무원으로 임명하는 부시장·부지사·부교육감, 시·도의회의 사무처장, 시·군·구의 부시장·부군수·부구청장, 시·군·구의회의 사무국장 또는 사무과장이 되고, 부위원장은 해당 인사위원회에서 호선(互選)한다. 다만, 임용권을 위임받은 기관에 두는 인사위원회의 위원장과 부위원장은 해당 인사위원회에서 호선한다.

제10조(인사위원회의 회의)
① 인사위원회의 회의는 위원장이 필요하다고 인정할 때에 소집하고 위원장은 그 의장이 된다.
② 인사위원회의 회의는 위원장과 위원장이 회의마다 지정(임용권을 위임받은 기관에 두는 인사위원회의 경우에는 그 기관의 장이 지정한다)하는 8명의 위원으로 구성하되, 제7조제5항 각 호에 따라 위촉된 위원이 전체 구성원의 2분의 1 이상이어야 한다. 다만, 제7조제2항 단서에 따라 인사위원회를 7명 이상 9명 이하의 위원으로 구성한 경우 그 인사위원회의 회의는 위원 전원으로 구성한다.
③ 인사위원회의 회의는 제2항에 따른 구성원 3분의 2 이상의 출석과 출석위원 과반수의 찬성으로 의결한다. 다만, 대통령령으로 정하는 경미한 사항에 대하여는 서면으로 심의·의결할 수 있다.
④ 그 밖에 인사위원회의 운영에 필요한 사항은 대통령령으로 정한다.

⑤ 운영

ⓐ 임용권자는 전직시험에서 3회 이상 불합격한 사람으로서 직무수행능력이 부족하다고 인정될 때에는 그 사람을 직권면직할 수 있다.

「지방공무원법」 제62조(직권면직)
① 임용권자는 공무원이 다음 각 호의 어느 하나에 해당할 때에는 직권으로 면직시킬 수 있다.
   1. 다음 각 목의 어느 하나에 해당하는 경우로서 직위가 없어지거나 과원이 된 때
       가. 지방자치단체를 폐지하거나 설치하거나 나누거나 합친 경우
       나. 직제와 정원이 개정되거나 폐지된 경우
       다. 예산이 감소된 경우
   2. 휴직기간이 끝나거나 휴직사유가 소멸된 후에도 직무에 복귀하지 아니하거나 직무를 감당할 수 없을 때
   3. 전직시험에서 3회 이상 불합격한 사람으로서 직무수행 능력이 부족하다고 인정될 때
   4. 병역판정검사·입영 또는 소집 명령을 받고 정당한 이유 없이 이를 기피하거나 군복무를 위하여 휴직 중인 사람이 군복무 중 군무(軍務)를 이탈하였을 때
   5. 제65조의3제3항에 따라 대기명령을 받은 사람이 그 기간 중 능력 또는 근무성적의 향상을 기대하기 어렵다고 인정될 때
   6. 해당 직급·직위에서 직무를 수행하는 데 필요한 자격증의 효력이 없어지거나 면허가 취소되어 담당 직무를 수행할 수 없게 되었을 때

ⓑ 지방자치단체가 필요하다고 인정하는 경우에는 조례로 정하는 바에 따라 해당 지방자치단체의 지방공무원 직류를 신설할 수 있다.

「지방공무원 임용령」 제3조(공무원의 직급구분 등)
① 1급부터 9급까지의 계급으로 구분하는 일반직공무원의 직군·직렬·직류 및 직급의 명칭은 별표 1과 같다. 다만, 지방자치단체는 효율적인 인력 활용을 위해 필요하다고 인정하는 경우에는 인사 여건을 고려하여 조례로 정하는 바에 따라 별표 1에 따른 직류 외의 직류를 신설할 수 있다.
② 법 제4조제2항에 따라 제1항에 따른 계급 구분이나 직군 및 직렬의 분류를 적용하지 아니할 수 있는 일반직공무원의 직군·직렬·직류·직급 및 직위의 명칭과 임용 등에 관하여는 이 영에서 정하는 것을 제외하고는 따로 대통령령으로 정한다.

ⓒ 공무원의 징계, 그 밖에 그 의사에 반하는 불리한 처분이나 부작위에 대한 소청을 심사·결정하기 위하여 시·도에 임용권자별로 지방소청심사위원회 및 교육소청심사위원회를 둔다.

「지방공무원법」 제13조(소청심사위원회의 설치)
① 지방자치단체의 장 소속 공무원의 징계, 그 밖에 그 의사에 반하는 불리한 처분이나 부작위(不作爲)에 대한 소청을 심사·결정하기 위하여 시·도에 임용권자(시·도의회의 의장 및 임용권을 위임받은 자는 제외한다)별로 지방소청심사위원회 및 교육소청심사위원회(이하 "심사위원회"라 한다)를 둔다.
② 지방의회의 의장 소속 공무원의 징계, 그 밖에 그 의사에 반하는 불리한 처분이나 부작위에 대한 소청은 제1항에 따른 지방소청심사위원회에서 심사·결정한다.

ⓓ 임용권자는 소속 공무원에 대한 능력개발 등을 위하여 해당 공무원의 상급 또는 상위 공무원, 동료, 하급 또는 하위공무원 및 민원인 등에 의한 다면평가를 할 수 있다.

「지방공무원 임용령」 제8조의4(다면평가 실시 및 활용)
① 임용권자는 소속 공무원에 대한 능력개발 등을 위하여 해당 공무원의 상급 또는 상위 공무원, 동료, 하급 또는 하위 공무원 및 민원인 등에 의한 다면평가를 실시할 수 있다. 이 경우 다면평가의 결과(총점 및 분야별 평가점수에 한정한다)는 해당 공무원에게 공개할 수 있다.
② 임용권자는 제1항에 따른 다면평가의 방법 및 절차 등에 관한 구체적인 사항을 직무의 특성 등을 고려하여 설계·운영하여야 한다.
③ 제1항에 따른 다면평가의 평가자 집단은 다면평가 대상 공무원의 실적·능력 등을 잘 아는 업무 관련자로 구성하되, 소속 공무원의 인적 구성을 고려하여 공정하게 대표되도록 구성하여야 한다.
④ 제1항부터 제3항까지의 규정에 따른 평가의 방법, 절차 및 평가결과의 활용 등에 관한 구체적인 사항은 규칙으로 정한다.

4. 소속기관과 하부행정기관

(1) 소속기관

직속기관	지방자치단체는 그 소관사무의 범위 안에서 필요하면 대통령령이나 대통령령으로 정하는 바에 따라 지방자치단체의 조례로 자치경찰기관, 소방기관, 교육훈련기관, 보건진료기관, 시험연구기관 및 중소기업 지도기관 등을 직속기관으로 설치할 수 있다.
사업소	지방자치단체는 특정 업무를 효율적으로 수행하기 위하여 필요하면 대통령령으로 정하는 바에 따라 그 지방자치단체의 조례로 사업소를 설치할 수 있다.
출장소	지방자치단체는 원격지 주민의 편의와 특정 지역의 개발촉진을 위하여 필요하면 대통령령으로 정하는 바에 따라 그 지방자치단체의 조례로 출장소를 설치할 수 있다.
합의제 행정기관	지방자치단체는 그 소관사무의 일부를 독립하여 수행할 필요가 있으면 법령이나 그 지방자치단체의 조례로 정하는 바에 따라 합의제 행정기관을 설치할 수 있다.
자문기관	지방자치단체는 그 소관 사무의 범위에서 법령이나 그 지방자치단체의 조례로 정하는 바에 따라 심의회·위원회 등의 자문기관을 설치·운영할 수 있다.

(2) 하부행정기관

하부행정기관의 장	자치구가 아닌 구에 구청장, 읍에 읍장, 면에 면장, 동에 동장을 둔다. 이 경우 면·동은 행정면·행정동을 말한다.
하부행정기관장의 직무권한	자치구가 아닌 구의 구청장은 시장의, 읍장·면장은 시장이나 군수의, 동장은 시장(구가 없는 시의 시장을 말한다)이나 구청장(자치구의 구청장을 포함한다)의 지휘·감독을 받아 소관 국가사무와 지방자치단체의 사무를 맡아 처리하고 소속직원을 지휘·감독한다.
하부행정기구	지방자치단체는 조례로 정하는 바에 따라 자치구가 아닌 구와 읍·면·동에 그 소관 행정사무를 분장하기 위하여 필요한 행정기구를 둘 수 있다.

5. 기타

(1) **교육, 과학 및 체육에 관한 기관**: 지방자치단체의 교육·과학 및 체육에 관한 사무를 분장하기 위하여 별도의 기관을 둔다.

(2) **자치경찰제**: 자치경찰제는 전체 경찰 사무 중 지역주민의 생활과 밀접한 연관이 있는 생활안전, 교통, 지역 경비 분야 사무를 지방자치단체가 지휘, 감독하는 제도를 의미한다.

6. 교육자치

(1) **의의**: 교육의 자주성·전문성 및 정치적 중립성을 보장하여 일정한 지역 안의 실정과 민의에 따른 교육을 구현하는 것으로, 국가의 간섭과 통제로부터 벗어나 지방이 자율적으로 자치를 전개하려는 것이다.

> **참고자료**
>
> ●● 「교육자치제의 유형」
>
> | 분리형(미국) | 통합형(영국) | 절충형(일본) |
> |---|---|---|
> | · 교육자치 추구
· 일반행정조직과 지방교육조직 분리 | · 일반행정과 연계유지
· 일반행정조직과 지방교육조직 통합 | · 일반행정조직과 지방교육조직 통합
· 의결기관 또는 집행기관을 분리 |
>
> 1. **분리형(미국)**
>   ① 의의: 지방교육자치를 일반지방자치와 완전히 분리하여 별도로 실시하는 형태이다.
>   ② 장점: 교육행정에 일반행정이 관여하거나 지역의 정치세력들이 교육행정에 간섭하는 것을 배제할 수 있고, 교육에 주민의 의사를 충분히 반영할 수 있다.
>   ③ 단점: 행정·재정상의 혼란과 낭비를 가져오기 쉽고, 일반행정과의 협력관계 속에서 지방교육정책을 추진하기 어렵다.
>
> 2. **통합형(영국)**
>   ① 의의: 지방교육의 조직을 일반지방행정조직에 통합시켜 일반행정과 교육행정이 밀접한 연계를 가지고 수행되도록 하는 형태이다.
>   ② 장점: 일반행정과 통합하여 행정체계를 구축하므로 행정의 효율성이 제고된다.
>   ③ 단점: 교육행정에 대한 일반행정의 간섭이 발생하여 중립성 및 공정성이 저해된다.
>
> 3. **절충형(일본)**
>   ① 의의: 자치단체의 의결기관은 하나이되, 집행기관은 일반집행기관인 자치단체의 장과 교육사무집행기관을 이원적으로 설치하는 유형이다.
>   ② 장점: 완전분리형에서 오는 혼란과 완전통합에서 오는 교육사무 전문성의 저하를 방지할 수 있다.

(2) 우리나라의 교육자치

① **단위**: 시·도 단위(광역자치단체) 지방교육자치제를 채택하고 있다.
② **의회**: 「지방교육자치에 관한 법률」에서 2014년 7월 1일부터 지방교육자치사무의 의결기관을 지방의회로 일원화하며 더 이상 교육의원도 선출하지 않는다. 단, 제주특별자치도의 경우 예외적으로 다른 지역과 달리 교육의원을 선출한다(「제주특별자치도 설치 및 국제자유도시 조성을 위한 특별법」제64조 이하).
③ **집행기관**
　ⓐ **교육감**: 교육감은 시·도 교육사무의 집행기관으로서 교육·학예에 관한 사무를 총괄관리하며, 소속 공무원을 지휘·감독한다. 교육감은 시·도지사와 별도로 주민직선으로 선출하며, 정당공천은 배제한다. 교육감의 임기는 4년이고, 계속 재임은 3기에 한하여 허용한다.
　ⓑ **부교육감(보조기관)**: 당해 교육감이 추천한 자를 교육부 장관의 제청으로 국무총리를 거쳐 대통령이 임명하며 고위공무원단에 속하는 일반직 공무원 또는 장학관으로 보한다.
　ⓒ **하급교육행정기관**: 시·군·자치구를 관할로 하는 교육지원청을 두고 교육지원청에는 교육장을 둔다.

「지방교육자치에 관한 법률」
제18조(교육감)
① 시·도의 교육·학예에 관한 사무의 집행기관으로 시·도에 교육감을 둔다.
② 교육감은 교육·학예에 관한 소관 사무로 인한 소송이나 재산의 등기 등에 대하여 해당 시·도를 대표한다.
제21조(교육감의 임기) 교육감의 임기는 4년으로 하며, 교육감의 계속 재임은 3기에 한정한다.
제30조(보조기관)
① 교육감 소속하에 국가공무원으로 보하는 부교육감 1인(인구 800만명 이상이고 학생 150만명 이상인 시·도는 2인)을 두되, 대통령령으로 정하는 바에 따라 「국가공무원법」 제2조의2의 규정에 따른 고위공무원단에 속하는 일반직공무원 또는 장학관으로 보한다.
② 부교육감은 해당 시·도의 교육감이 추천한 사람을 교육부장관의 제청으로 국무총리를 거쳐 대통령이 임명한다.
③ 부교육감은 교육감을 보좌하여 사무를 처리한다.
제34조(하급교육행정기관의 설치 등)
① 시·도의 교육·학예에 관한 사무를 분장하기 위하여 1개 또는 2개 이상의 시·군 및 자치구를 관할구역으로 하는 하급교육행정기관으로서 교육지원청을 둔다.
③ 교육지원청에 교육장을 두되 장학관으로 보하고, 그 임용에 관하여 필요한 사항은 대통령령으로 정한다.

④ **지방자치 재정**: 시·도는 목적세로서 지방교육세를 부과·징수한다.
⑤ **교육자치에 대한 지도·감독**
　ⓐ 교육부장관은 시·도의 교육사무에 대하여 조언·권고 또는 지도할 수 있고, 필요한 경우 교육감에게 자료제출을 요구하거나 교육자치사무에 대하여 보고를 받거나 서류·장부 또는 회계를 감사할 수 있다.
　ⓑ 교육감은 국가로부터 위임받은 사무에 관하여 교육부장관의 지휘·감독을 받는다.

「지방교육자치에 관한 법률」 제2조(교육·학예사무의 관장)
지방자치단체의 교육·과학·기술·체육 그 밖의 학예(이하 "교육·학예"라 한다.)에 관한 사무는 특별시·광역시 및 도(이하 "시·도"라 한다)의 사무로 한다.

> **참고자료**
>
> ●● **교육감과 부교육감**
>
> 1. **교육감**
>   ① 의의: 교육·학예에 대한 집행기관으로, 2007년부터 광역자치단체에서 선출하고 있다(임기 4년, 3기에 한하여 연임 가능).
>   ② 자격요건: 과거 1년간 정당원이 아닌 자로서, 교육 또는 교육행정 경력의 합을 3년 이상 가진 자여야 한다.
>   ③ 업무: 교육·학예 사무에 관해 해당 지방자치단체를 대표하고, 법률에서 열거하고 있는 교육·학예에 대한 사무를 집행하며, 소속 공무원을 지휘·감독한다.
> 2. **부교육감**
>   ① 의의: 교육감을 보좌하여 사무를 처리하고 교육감 유고 시에 직무를 대행한다.
>   ② 정원: 인구가 800만 명 이상이고 학생 수 150만 명 이상인 시·도에서는 2인, 기타 시·도에서는 1인이다.
>   ③ 신분: 교육부장관의 제청으로 대통령이 임명하는 국가공무원이다.

7. 자치경찰제

(1) **경찰의 의의**: 전통적 의미로는 개인권리의 보호, 사회질서의 유지 등 소극적 기능만을 의미하였으나 근래에는 소극적 기능 외에 공공복리의 증진이라는 적극적 기능까지 포함하고 있다.

(2) **경찰제도의 유형**

국가경찰(유럽대륙형)	자치경찰(영미형)	절충형(일본)
국가가 경찰행정 수행	지방정부가 경찰행정 수행	자치경찰+국가경찰

① **국가경찰**
  ⓐ 장점: 경찰이 국가권력을 배경으로 강력한 집행력을 가지고 능률성을 확보할 수 있으며, 국가 긴급사태나 광역사건에 효율적으로 대처할 수 있다.
  ⓑ 단점: 경찰행정의 관료화와 경찰의 정치화의 우려가 있고, 전국적인 통일성에 치중하여 지방의 실정에 소홀할 수 있다.

② **지방경찰**
  ⓐ 장점: 생활과 밀접한 경찰행정이 가능하고, 민·경 간의 협조체제를 추구하기 용이하다. 경찰행정의 책임성과 민주성을 구현할 수 있다.
  ⓑ 단점: 경찰행정이 일반행정에 예속되기 쉬우며 집행력이 약화될 수 있다. 지역 간의 격차가 발생하고 광역사건을 처리하기에 용이하지 않다.

③ **절충형**: 국가경찰과 지방경찰이 균형과 조화를 이루는 제도로, 경찰업무는 원칙적으로 자치경찰에서 처리하며 국가는 긴급사태 등의 경우를 제외하고는 직접 경찰권을 행사하지 아니한다.

(3) **우리나라의 자치경찰제**

① 의의: 자치경찰제는 전체 경찰 사무 중 지역주민의 생활과 밀접한 연관이 있는 생활안전, 교통, 지역 경비 분야 사무를 지방자치단체가 지휘·감독하는 제도로 2021년 1월부터 전국 단위 시행이 이루어지고 있다.

② 경찰 사무의 구분

사무	내용	지휘 및 감독
국가경찰	경무, 외사, 정보, 대테러 등 민생치안사무 중 전국적 규모나 통일적인 처리를 필요로 하는 사무수행	경찰청장
자치경찰	생활안전, 여성청소년, 교통 등 주민밀착 중심의 치안활동과 이와 밀접한 성폭력, 학교폭력, 가정폭력, 교통사고 등을 조사	시·도자치경찰위원회
수사경찰	수사, 형사, 안보수사 등 중립성과 독립성, 전문성을 고려하여 수사전반 책임	국가수사본

③ **시·도 자치경찰위원회**: 시·도지사 소속의 합의제 행정기관으로 자치경찰 사무를 독립적으로 수행한다.

「국가경찰과 자치경찰의 조직 및 운영에 관한 법률」
제18조(시·도자치경찰위원회의 설치)
① 자치경찰사무를 관장하게 하기 위하여 특별시장·광역시장·특별자치시장·도지사·특별자치도지사(이하 "시·도지사"라 한다) 소속으로 시·도자치경찰위원회를 둔다. 다만, 제13조 후단에 따라 시·도에 2개의 시·도경찰청을 두는 경우 시·도지사 소속으로 2개의 시·도자치경찰위원회를 둘 수 있다.
② 시·도자치경찰위원회는 합의제 행정기관으로서 그 권한에 속하는 업무를 독립적으로 수행한다.
③ 제1항 단서에 따라 2개의 시·도자치경찰위원회를 두는 경우 해당 시·도자치경찰위원회의 명칭, 관할구역, 사무분장, 그 밖에 필요한 사항은 대통령령으로 정한다.

제19조(시·도자치경찰위원회의 구성)
① 시·도자치경찰위원회는 위원장 1명을 포함한 7명의 위원으로 구성하되, 위원장과 1명의 위원은 상임으로 하고, 5명의 위원은 비상임으로 한다.
② 위원은 특정 성(性)이 10분의 6을 초과하지 아니하도록 노력하여야 한다.
③ 위원 중 1명은 인권문제에 관하여 전문적인 지식과 경험이 있는 사람이 임명될 수 있도록 노력하여야 한다.

제20조(시·도자치경찰위원회 위원의 임명 및 결격사유)
① 시·도자치경찰위원회 위원은 다음 각 호의 사람을 시·도지사가 임명한다.
  1. 시·도의회가 추천하는 2명
  2. 국가경찰위원회가 추천하는 1명
  3. 해당 시·도 교육감이 추천하는 1명
  4. 시·도자치경찰위원회 위원추천위원회가 추천하는 2명
  5. 시·도지사가 지명하는 1명
② 시·도자치경찰위원회 위원은 다음 각 호의 어느 하나에 해당하는 자격을 갖추어야 한다.
  1. 판사·검사·변호사 또는 경찰의 직에 5년 이상 있었던 사람
  2. 변호사 자격이 있는 사람으로서 국가기관등에서 법률에 관한 사무에 5년 이상 종사한 경력이 있는 사람
  3. 대학이나 공인된 연구기관에서 법률학·행정학 또는 경찰학 분야의 조교수 이상의 직이나 이에 상당하는 직에 5년 이상 있었던 사람
  4. 그 밖에 관할 지역주민 중에서 지방자치행정 또는 경찰행정 등의 분야에 경험이 풍부하고 학식과 덕망을 갖춘 사람
③ 시·도자치경찰위원회 위원장은 위원 중에서 시·도지사가 임명하고, 상임위원은 시·도자치경찰위원회의 의결을 거쳐 위원 중에서 위원장의 제청으로 시·도지사가 임명한다. 이 경우 위원장과 상임위원은 지방자치단체의 공무원으로 한다.
④ 위원은 정치적 중립을 지켜야 하며, 권한을 남용하여서는 아니 된다.
⑤ 공무원이 아닌 위원에 대해서는 「지방공무원법」 제52조 및 제57조를 준용한다.
⑥ 공무원이 아닌 위원은 그 소관 사무와 관련하여 형법이나 그 밖의 법률에 따른 벌칙을 적용할 때에는 공무원으로 본다.
⑦ 다음 각 호의 어느 하나에 해당하는 사람은 위원이 될 수 없다. 위원이 각 호의 어느 하나에 해당한 경우에는 당연퇴직한다.
  1. 정당의 당원이거나 당적을 이탈한 날부터 3년이 지나지 아니한 사람
  2. 선거에 의하여 취임하는 공직에 있거나 그 공직에서 퇴직한 날부터 3년이 지나지 아니한 사람

> **기출선지**
> 자치경찰 사무를 관장하기 위하여 광역자치단체에 시·도자치경찰위원회를 둔다. (O)
> | 21 지방 9

3. 경찰, 검찰, 국가정보원 직원 또는 군인의 직에 있거나 그 직에서 퇴직한 날부터 3년이 지나지 아니한 사람
4. 국가 및 지방자치단체의 공무원(국립 또는 공립대학의 조교수 이상의 직에 있는 사람은 제외한다. 이하 이 조에서 같다)이거나 공무원이었던 사람으로서 퇴직한 날부터 3년이 지나지 아니한 사람. 다만, 제20조제3항 후단에 따라 위원장과 상임위원이 지방자치단체의 공무원이 된 경우에는 당연퇴직하지 아니한다.
5. 「지방공무원법」 제31조 각 호의 어느 하나에 해당하는 사람. 다만, 「지방공무원법」 제31조제2호 및 제5호에 해당하는 경우에는 같은 법 제61조제1호 단서에 따른다.
⑧ 그 밖에 위원의 임명방법 등에 관하여 필요한 사항은 대통령령으로 정하는 기준에 따라 시·도조례로 정한다.

제23조(시·도자치경찰위원회 위원의 임기 및 신분보장)
① 시·도자치경찰위원회 위원장과 위원의 임기는 3년으로 하며, 연임할 수 없다.
② 보궐위원의 임기는 전임자 임기의 남은 기간으로 하되, 전임자의 남은 임기가 1년 미만인 경우 그 보궐위원은 제1항에도 불구하고 한 차례만 연임할 수 있다.
③ 위원은 중대한 신체상 또는 정신상의 장애로 직무를 수행할 수 없게 된 경우를 제외하고는 그 의사에 반하여 면직되지 아니한다.

제31조(직제) 시·도경찰청 및 경찰서의 명칭, 위치, 관할구역, 하부조직, 공무원의 정원, 그 밖에 필요한 사항은 「정부조직법」 제2조제4항 및 제5항을 준용하여 대통령령 또는 행정안전부령으로 정한다.

제34조(자치경찰사무에 대한 재정적 지원) 국가는 지방자치단체가 이관받은 사무를 원활히 수행할 수 있도록 인력, 장비 등에 소요되는 비용에 대하여 재정적 지원을 하여야 한다.

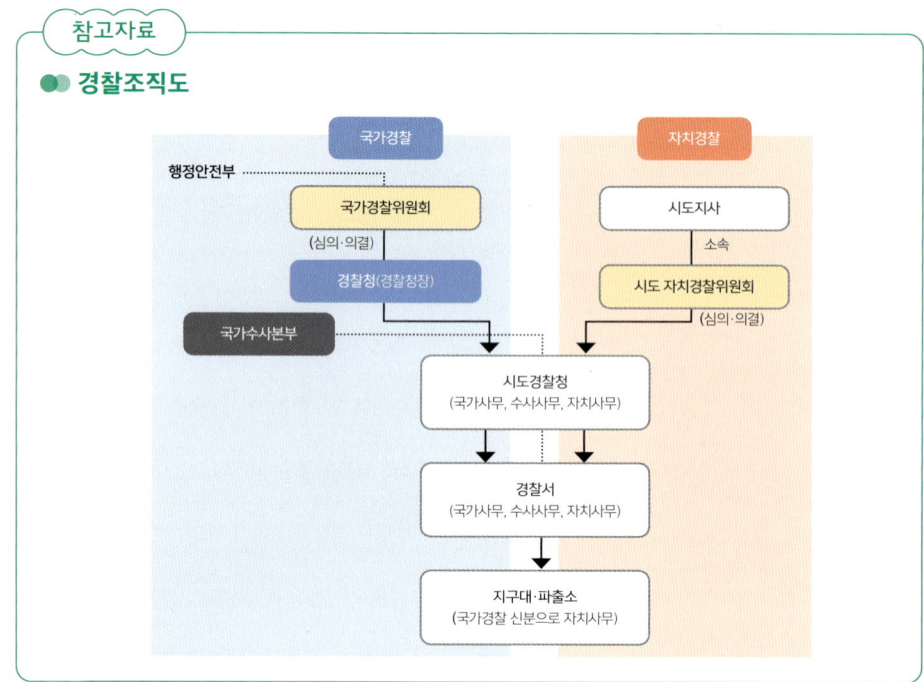

참고자료
● 경찰조직도

3 의결기관과 집행기관의 관계

1. 기관통합형

(1) 의의: 주민들의 직접 선거에 의해 구성된 지방의회가 집행부의 업무를 처리하는 형태로 지방자치정부 조직에 있어서 의결기능과 집행기능을 모두 단일 기관이 전담하는 형태이다.

(2) 유형

의회형◇ (Parliamentary System)	위원회형◇ (Commission System)	의회의장형
• 영국, 인도, 호주, 뉴질랜드, 남아프리카공화국 등 영연방국가의 유형 • 의회가 입법기능과 집행기능 전반을 관장 • 지방자치단체의 장은 별도로 존재하지 않으며, 의회의 의장이 해당 자치단체를 대표	• 미국의 카운티(County)에서 볼 수 있는 유형 • 주민에 의해 직선되는 복수의 위원으로 구성되는 위원회가 입법권과 행정권을 모두 행사 • 각 위원은 담당하는 전문기능 분야를 갖고 각 행정부서 책임자로서의 역할을 수행	• 1982년에 시행된 프랑스의 지방분권법에 의하여 중간자치단체인 데파르망과 광역자치단체인 레지옹에서 채택된 유형 • 지방의회의 의장이 집행기관의 장으로서의 지위를 겸하고, 그 의장 밑에 사무조직을 둠.

◇ **의회형**
의회형에서는 의회에 전문기능별로 분과위원회가 설치되어 분과위원장이 행정부서의 장이 되고, 분과위원이 행정부서의 간부가 됨으로써 각 분과위원회가 행정 각 부서와 긴밀한 관계를 갖고 행정업무를 수행한다.

◇ **위원회형**
위원회는 3~5인 정도의 소수의 위원으로 구성되며, 위원 가운데 1인이 자치단체장의 직무를 담당하지만, 그 실질적 권한은 크지 않다.

(3) 장점
① **책임정치 구현**: 지방자치상의 모든 권한이 주민대표기관에 집중되어 있어 정치적 책임정치를 실현할 수 있다.
② **안정적 행정**: 의결기관과 집행기관 사이의 알력을 피할 수 있으므로 안정적인 행정이 가능하다.
③ **신중한 안건처리**: 집행기관이 다수의 의원이나 위원으로 구성되므로, 복수인의 의사에 따라 신중하고도 공정한 통치를 할 수 있다.
④ **강력한 정책효과**: 정책결정과 집행 간의 관계가 유기적이어서 정책효과가 크게 나타난다.
⑤ **다양한 주민의사의 반영**: 의원이나 위원을 통해 다양한 이해관계가 반영될 수 있다.

(4) 단점
① **견제와 균형 미흡**: 의결기관에 권한이 집중되므로 견제와 균형의 원리가 구현되기 어렵다.
② **행정의 종합성과 통일성 부족**: 행정의 총괄책임자가 없으므로 종합적·통일적 행정이 이루어지기 곤란하다.
③ **전문성 저하**: 별도의 집행기관에서 구축되는 전문성을 기대할 수 없다.
④ **부처할거주의 발생**: 행정권이 통합되지 않아 부처할거주의가 발생한다.

2. 기관대립형(기관분리형)

(1) **의의**: 지방자치정부 조직에 있어서 의결기능과 집행기능을 각각 다른 기관에 분담시켜 각 기관의 상호견제와 균형을 통하여 지방자치를 운용해 나가도록 하는 유형이다.

(2) 유형
① **의회·개별행정관형**: 개별의회와 별도로 행정관을 주민이 직접 선출하는 형태로 현재 미국의 일부 카운티에서 채택하고 있다.
② **위원회·수석행정관형**: 위원회에 대립하는 수석행정관을 주민이 별도로 직선하여 의결기관과 집행기관이 견제·균형을 유지하도록 하는 형태이다.
③ **의회·수장형**: 기관대립형의 가장 보편적인 유형으로 의회와 별도의 주민직선으로 선출된 수장이 존재하는 형태이다. 수장의 지위와 권한이 약한 경우를 약수장형(Weak Mayor Plan) 또는 의회 우위형이라 하고, 수장의 권한이 강한 경우를 강수장형(Strong Mayor Plan) 또는 수장 우위형이라 한다.

기출선지
기관통합형은 주민 직선으로 지방의회를 구성하고 의회 의장이 단체장을 겸하는 방식이다. (O) | 16 지방 9

기관대립형(기관분리형)은 집행부와 의회의 기구가 병존함에 따라 비효율성을 줄일 수 있다는 장점이 있다. (X) | 16 지방 9

해설 | 기관대립형은 집행부와 의회가 병존해 대립과 갈등으로 인한 비효율성이 나타난다.

약수장형 (의회우위형)	의회가 입법권을 행사할 뿐만 아니라 많은 행정관의 임명을 포함하여 직접 집행업무에 관여하는 폭이 넓기 때문에, 수장은 제한된 범위의 행정권한◇을 가지는 유형.
강수장형 (수장우위형)	수장이 해당 자치단체의 집행업무에 관한 실질적 책임자일 뿐만 아니라 의회와의 관계에서 지도자적 지위에 있는 유형. 우리나라의 지방정부 형태가 강수장형에 해당.

(3) 장점
① **견제와 균형을 통한 권력남용의 방지**: 집행기관과 의결기관이 상호견제하므로 권력남용이 방지된다.
② **부처할거주의 예방**: 집행기관의 장이 행정을 총괄하므로 부처할거주의를 예방한다.
③ **전문적·책임적 행정**: 집행기능 전담기관을 통해 행정을 전문화할 수 있으며 단일의 지도자·책임자를 두어 통일성 있는 행정을 수행할 수 있다.
④ **안정적 행정**: 통합적 행정권을 통해 안정적인 행정이 가능하다.

(4) 단점
① **행정의 불안정과 비효율**: 집행기관과 의결기관이 갈등할 경우 불안정한 행정이 된다.
② **기관 간 대립·알력의 심화**: 정치적 갈등과 반목이 나타날 수 있다.
③ **주민대표기관의 책임 약화**: 주민의 대표기관인 의회의 권한이 약하고 수장에 의한 독단적 의사결정이 이루어질 수 있다.
④ **정책효과 저하**: 정책결정과 집행이 괴리되어 정책효과가 낮아질 수 있다.

3. 절충형
(1) **의의**: 의결기관과 집행기관을 별도로 설치하지만, 완전히 분리시키지는 않는 절충적 형태이다.

(2) 유형
① **의회-시지배인형**: 지방의회가 그 책임 아래 전문행정인을 임명하여 행정을 처리하게 하는 형태로 20세기 초 미국 도시개혁운동의 일환으로 도입되었다.
② **이사회-행정위원회형**: 집행의 두 기간을 합의제로 하는 경우로 집행에 관한 전반적 책임을 지는 이사회가 각 행정위원회의 집행에 대한 일반적 감독을 한다. 집행 기능은 행정위원회에서 이루어진다.
③ **수장-행정위원회형**: 집행기관을 수장과 행정위원회의 이원제 형태로 두고 실질적 권한을 행정위원회가 지니도록 한다. 이때 수장은 의례적 존재인 경우가 많다.

(3) 특징
① 양 기관이 분리되었다는 점에서 기관분리형의 요소를, 양 기관이 서로 대립되지 않는다는 점에서 기관통합형의 요소를 가지고 있다.
② 절충형은 의회와 수장 이외에 행정위원회 등 집행기능을 수행하는 기관을 따로 두어 집행기관을 이원화하므로 결과적으로 3원형의 형태를 띠고 있다.
③ 우리나라의 경우 2021년까지는 기관대립형만 가능했지만 2022년 「지방자치법」 개정으로 주민투표를 통해 지방자치단체의 의회와 집행기관에 관해 따로 법률이 정하는 바에 따라 지방자치단체의 장의 선임방법을 포함한 기관구성을 달리 할 수 있다. 따라서 현재는 이론상 절충형 지방정부를 구성하는 것도 가능하다.

◇ **제한된 범위의 행정권**
약시장-의회형에서는 주로 의회가 고위직 공무원에 대한 인사권과 행정 운영에 관한 감독권을 지닐 수 있으며 예산편성권, 핵심국장에 대한 임명권, 시장이 임명한 국장에 대한 임명동의권을 지닌다. 시장에게는 의회가 의결한 조례에 대한 거부권이 인정되지 않는다.

> 「지방자치법」 제4조(지방자치단체의 기관구성 형태의 특례)
> ① 지방자치단체의 의회(이하 "지방의회"라 한다)와 집행기관에 관한 이 법의 규정에도 불구하고 따로 법률로 정하는 바에 따라 지방자치단체의 장의 선임방법을 포함한 지방자치단체의 기관구성 형태를 달리 할 수 있다.
> ② 제1항에 따라 지방의회와 집행기관의 구성을 달리하려는 경우에는 「주민투표법」에 따른 주민투표를 거쳐야 한다.

03 지방정부의 기능과 사무

1 계층 간 기능(=사무) 배분 ☆

1. 의의

(1) **지방자치와 기능 배분**: 공공사무를 국가와 지방자치단체 간에 어떻게 배분하여 처리하게 하느냐에 따라 공공서비스의 양상이 달라진다. 현대의 행정이 국민의 다양한 욕구에 부응하기 위해 각급 지방자치단체의 능력에 맞는 공공사무의 배분이 전제되어야 한다.

(2) **기능 배분과 사무 배분**: 국가와 지방자치단체 간의 사무의 배분은 단순히 사무를 배분하는 것을 넘어 각 계층 간의 역할과 권한을 배분하는 것이므로 보통 기능 배분이라 한다.

2. 방식

(1) **개별적 수권방식**
  ① 의의: 개개의 지방자치단체별로 개별법을 통하여 사무종목을 지정하여 배분하는 방식이다.
  ② 장점: 자치단체의 특수성을 고려하고 각 지방자치단체의 책임한계를 명백하게 한다.
  ③ 단점: 운영상 유연성이 없고, 지나친 개별성의 남용으로 인하여 통일성을 저해하며, 개별법 제정에 업무부담이 크다.

(2) **포괄적(개괄적) 수권방식**
  ① 의의: 지방자치에 관한 일반법을 통해 지방자치단체의 구별 없이 모든 자치단체에 포괄적으로 배분하는 방식이다.
  ② 장점: 배분방식이 간편하며 운영상 융통성이나 탄력성을 가진다.
  ③ 단점: 각 계층 간 사무배분이 불명확하여 사무처리의 중복 및 혼란이 발생할 수 있다.

(3) **절충적 수권방식**
  ① 의의: 개별적 수권방식과 개괄적 수권방식의 특징을 절충한 방식이다.
  ② 우리나라: 1988년 이전에는 포괄적 수권방식을 사용하였으나, 1988년 「지방자치법」을 개정하면서 광역자치단체가 처리할 사무와 기초자치단체가 처리할 사무를 예시하여 일괄배정하고, 동법 시행령에서 별표를 통하여 그 예시사무를 광역자치단체와 기초자치단체별로 구분하여 열거하는 포괄적 예시주의를 사용하고 있다.

> **기출선지**
> 「지방자치법」은 원칙적으로 사무배분 방식에 있어서 포괄적 예시주의를 취하고 있다. (O)   17 국가 9

> 「지방자치법」 제13조(지방자치단체의 사무 범위)
> ① 지방자치단체는 관할 구역의 자치사무와 법령에 따라 지방자치단체에 속하는 사무를 처리한다.
> ② 제1항에 따른 지방자치단체의 사무를 예시하면 다음 각 호와 같다. 다만, 법률에 이와 다른 규정이 있으면 그러하지 아니하다.
>   1. 지방자치단체의 구역, 조직, 행정관리 등
>   가. 관할 구역 안 행정구역의 명칭·위치 및 구역의 조정
>   나. 조례·규칙의 제정·개정·폐지 및 그 운영·관리

다. 산하(傘下) 행정기관의 조직관리
라. 산하 행정기관 및 단체의 지도·감독
마. 소속 공무원의 인사·후생복지 및 교육
바. 지방세 및 지방세 외 수입의 부과 및 징수
사. 예산의 편성·집행 및 회계감사와 재산관리
아. 행정장비관리, 행정전산화 및 행정관리개선
자. 공유재산(公有財産) 관리
차. 주민등록 관리
카. 지방자치단체에 필요한 각종 조사 및 통계의 작성

2. 주민의 복지증진
가. 주민복지에 관한 사업
나. 사회복지시설의 설치·운영 및 관리
다. 생활이 어려운 사람의 보호 및 지원
라. 노인·아동·장애인·청소년 및 여성의 보호와 복지증진
마. 공공보건의료기관의 설립·운영
바. 감염병과 그 밖의 질병의 예방과 방역
사. 묘지·화장장(火葬場) 및 봉안당의 운영·관리
아. 공중접객업소의 위생을 개선하기 위한 지도
자. 청소, 생활폐기물의 수거 및 처리
차. 지방공기업의 설치 및 운영

3. 농림·수산·상공업 등 산업 진흥
가. 못·늪지·보(洑) 등 농업용수시설의 설치 및 관리
나. 농산물·임산물·축산물·수산물의 생산 및 유통 지원
다. 농업자재의 관리
라. 복합영농의 운영·지도
마. 농업 외 소득사업의 육성·지도
바. 농가 부업의 장려
사. 공유림 관리
아. 소규모 축산 개발사업 및 낙농 진흥사업
자. 가축전염병 예방
차. 지역산업의 육성·지원
카. 소비자 보호 및 저축 장려
타. 중소기업의 육성
파. 지역특화산업의 개발과 육성·지원
하. 우수지역특산품 개발과 관광민예품 개발

4. 지역개발과 자연환경보전 및 생활환경시설의 설치·관리
가. 지역개발사업
나. 지방 토목·건설사업의 시행
다. 도시·군계획사업의 시행
라. 지방도(地方道), 시도(市道)·군도(郡道)·구도(區道)의 신설·개선·보수 및 유지
마. 주거생활환경 개선의 장려 및 지원
바. 농어촌주택 개량 및 취락구조 개선
사. 자연보호활동
아. 지방하천 및 소하천의 관리
자. 상수도·하수도의 설치 및 관리
차. 소규모급수시설의 설치 및 관리
카. 도립공원, 광역시립공원, 군립공원, 시립공원 및 구립공원 등의 지정 및 관리
타. 도시공원 및 공원시설, 녹지, 유원지 등과 그 휴양시설의 설치 및 관리
파. 관광지, 관광단지 및 관광시설의 설치 및 관리
하. 지방 궤도사업의 경영
거. 주차장·교통표지 등 교통편의시설의 설치 및 관리
너. 재해대책의 수립 및 집행

            더. 지역경제의 육성 및 지원
        5. 교육·체육·문화·예술의 진흥
            가. 어린이집·유치원·초등학교·중학교·고등학교 및 이에 준하는 각종 학교의 설치·운영·지도
            나. 도서관·운동장·광장·체육관·박물관·공연장·미술관·음악당 등 공공교육·체육·문화시설의 설치 및 관리
            다. 지방문화재의 지정·등록·보존 및 관리
            라. 지방문화·예술의 진흥
            마. 지방문화·예술단체의 육성
        6. 지역민방위 및 지방소방
            가. 지역 및 직장 민방위조직(의용소방대를 포함한다)의 편성과 운영 및 지도·감독
            나. 지역의 화재예방·경계·진압·조사 및 구조·구급
        7. 국제교류 및 협력
            가. 국제기구·행사·대회의 유치·지원
            나. 외국 지방자치단체와의 교류·협력

제14조(지방자치단체의 종류별 사무배분기준)
① 제13조에 따른 지방자치단체의 사무를 지방자치단체의 종류별로 배분하는 기준은 다음 각 호와 같다. 다만, 제13조제2항제1호의 사무는 각 지방자치단체에 공통된 사무로 한다.
    1. 시·도
        가. 행정처리 결과가 2개 이상의 시·군 및 자치구에 미치는 광역적 사무
        나. 시·도 단위로 동일한 기준에 따라 처리되어야 할 성질의 사무
        다. 지역적 특성을 살리면서 시·도 단위로 통일성을 유지할 필요가 있는 사무
        라. 국가와 시·군 및 자치구 사이의 연락·조정 등의 사무
        마. 시·군 및 자치구가 독자적으로 처리하기 어려운 사무
        바. 2개 이상의 시·군 및 자치구가 공동으로 설치하는 것이 적당하다고 인정되는 규모의 시설을 설치하고 관리하는 사무
    2. 시·군 및 자치구
        제1호에서 시·도가 처리하는 것으로 되어 있는 사무를 제외한 사무. 다만, 인구 50만 이상의 시에 대해서는 도가 처리하는 사무의 일부를 직접 처리하게 할 수 있다.
② 제1항의 배분기준에 따른 지방자치단체의 종류별 사무는 대통령령으로 정한다.
③ 시·도와 시·군 및 자치구는 사무를 처리할 때 서로 겹치지 아니하도록 하여야 하며, 사무가 서로 겹치면 시·군 및 자치구에서 먼저 처리한다.

제15조(국가사무의 처리 제한) 지방자치단체는 다음 각 호의 국가사무를 처리할 수 없다. 다만, 법률에 이와 다른 규정이 있는 경우에는 국가사무를 처리할 수 있다.
    1. 외교, 국방, 사법(司法), 국세 등 국가의 존립에 필요한 사무
    2. 물가정책, 금융정책, 수출입정책 등 전국적으로 통일적 처리를 할 필요가 있는 사무
    3. 농산물·임산물·축산물·수산물 및 양곡의 수급조절과 수출입 등 전국적 규모의 사무
    4. 국가종합경제개발계획, 국가하천, 국유림, 국토종합개발계획, 지정항만, 고속국도·일반국도, 국립공원 등 전국적 규모나 이와 비슷한 규모의 사무
    5. 근로기준, 측량단위 등 전국적으로 기준을 통일하고 조정하여야 할 필요가 있는 사무
    6. 우편, 철도 등 전국적 규모나 이와 비슷한 규모의 사무
    7. 고도의 기술이 필요한 검사·시험·연구, 항공관리, 기상행정, 원자력개발 등 지방자치단체의 기술과 재정능력으로 감당하기 어려운 사무

3. 기능 배분의 원칙

(1) 이론상 원칙

① **불경합의 원칙(권한·책임 명확화의 원칙)**: 국가와 각급 지방자치단체가 그 사무를 처리함에 있어서 서로 경합하지 아니하도록 사무의 소속과 그 처리의 책임을 명백히 하여야 한다.

② **현지성의 원칙(기초자치단체 우선의 원칙)◇**: 사무를 현지실정에 맞게 민주적으로 수행하기 위해서는 기초자치단체에 많이 배분해야 한다.

③ **(지역)종합성의 원칙**: 사무를 종합적으로 처리하기 위하여 국가의 특별지방행정기관보다

◇ **기초자치단체 우선의 원칙**
광역자치단체와 기초자치단체간의 사무배분은 외부효과, 규모의 경제, 분쟁가능성, 접근가능성 등을 고려하여 결정하되, 경합 시에는 기초자치단체에 우선 배분되어야 한다.

일반지방자치단체에 사무를 집중적으로 배분하여야 한다.
- ④ **경제성의 원칙(능률적 집행의 원칙)**: 정책의 능률적 집행을 위하여 사무를 각 단체의 규모, 행정·재정능력, 인구수 등을 고려하여 최소의 비용으로 최대의 효과를 도모할 수 있는 단체에 배분하여야 한다.
- ⑤ **보충성의 원칙**◇: 하급단위에서 잘 처리할 수 있는 업무를 상급단위에서 직접 처리해서는 안된다는 원칙으로, 국가의 관할 필요성을 입증하지 못하는 모든 사무는 원칙적으로 기초자치단체에 관할권이 있다는 것이다.
- ⑥ **포괄성의 원칙**: 국가가 지방자치단체에 사무를 배분하거나 지방자치단체가 사무를 다른 지방자치단체에 배분하는 때에는 배분받는 지방자치단체가 그 사무를 자기의 책임하에 종합적으로 처리할 수 있도록 관련 사무를 포괄적으로 배분해야 한다.

(2) 「지방자치법」상 기능배분의 원칙
- ① **불경합의 원칙**: 국가가 사무배분 시 국가와 지방자치단체 또는 자치단체 상호 간 중복되지 않도록 배분해야 한다.
- ② **보충성의 원칙**: 사무배분 시 주민생활과 밀접한 관련이 있는 사무는 기초자치단체의 사무로 배분하고, 하급 단위 처리가 어려운 경우에 상급기관에 배분한다.
- ③ **포괄성의 원칙**: 지방자치단체가 사무를 자기 책임하에 종합적으로 처리할 수 있도록 관련 사무를 포괄적으로 배분해야 한다.

> 「지방자치법」 제11조(사무배분의 기본원칙)
> ① 국가는 지방자치단체가 사무를 종합적·자율적으로 수행할 수 있도록 국가와 지방자치단체 간 또는 지방자치단체 상호 간의 사무를 주민의 편익증진, 집행의 효과 등을 고려하여 서로 중복되지 아니하도록 배분하여야 한다.
> ② 국가는 제1항에 따라 사무를 배분하는 경우 지역주민생활과 밀접한 관련이 있는 사무는 원칙적으로 시·군 및 자치구의 사무로, 시·군 및 자치구가 처리하기 어려운 사무는 시·도의 사무로, 시·도가 처리하기 어려운 사무는 국가의 사무로 각각 배분하여야 한다.
> ③ 국가가 지방자치단체에 사무를 배분하거나 지방자치단체가 사무를 다른 지방자치단체에 재배할 때에는 사무를 배분받거나 재배분받는 지방자치단체가 그 사무를 자기의 책임하에 종합적으로 처리할 수 있도록 관련 사무를 포괄적으로 배분하여야 한다.

4. 우리나라의 기능 및 사무 배분

(1) **기초자치단체의 기능**: 주민의 생활환경 정비, 주민에 대한 서비스 제공, 주민의 권익보호, 주민의 의식구조 및 생활방식 개선, 지역사회개발의 추진 등이다.

(2) **광역자치단체의 기능**
- ① **광역행정기능**: 광범위한 지역에 걸쳐 수행될 성질의 사무를 계획·집행하는 기능
- ② **보완·대행기능**: 기초자치단체의 능력으로 처리할 수 없거나 처리하기 곤란한 사무 또는 기초자치단체가 처리하는 것이 비경제적인 사무를 광역자치단체가 처리하는 기능
- ③ **연락·조정기능**: 국가와 기초자치단체의 중간에서 양자 간의 의사소통을 원활히 하고, 기초자치단체 간의 행정·재정상의 불균형을 시정하는 기능
- ④ **지도·감독기능**: 광역자치단체와 기초자치단체는 국가사무를 처리하는 한도 안에서 계층관계에 있으므로 광역자치단체는 기초자치단체를 지휘·감독하는 기능을 수행

◇ **보충성의 원칙**
현지성의 원칙, 다시 말해 기초자치단체 우선의 원칙은 사무 배분에 있어 기초 우선의 원칙이라면, 보충성의 원칙은 기초가 할 수 있는 것은 기초가, 이후에 부족하면 광역이나 중앙이 보충해야 한다는 원칙이다. 주민생활과 가까운 정부가 사무기능을 우선적으로 관할하는 것은 현지성의 원칙이고, 부족한 부분이 있다면 광역자치단체나 중앙이 보충하는 것이 보충성의 원칙이다.

기출선지
「지방자치법」상 시·도와 시·군 및 자치구의 사무가 서로 경합하면 시·도에서 먼저 처리한다. (x) | 18 서울 9

해설 | 시·도와 시·군 및 자치구의 사무가 서로 경합하면 기초자치단체에서 먼저 처리한다(현지성의 원칙).

「지방자치법」제14조(지방자치단체의 종류별 사무배분기준)
① 제13조에 따른 지방자치단체의 사무를 지방자치단체의 종류별로 배분하는 기준은 다음 각 호와 같다.
　1. 시·도
　　가. 행정처리 결과가 2개 이상의 시·군 및 자치구에 미치는 광역적 사무
　　나. 시·도 단위로 동일한 기준에 따라 처리되어야 할 성질의 사무
　　다. 지역적 특성을 살리면서 시·도 단위로 통일성을 유지할 필요가 있는 사무
　　라. 국가와 시·군 및 자치구 사이의 연락·조정 등의 사무
　　마. 시·군 및 자치구가 독자적으로 처리하기에 부적당한 사무
　　바. 2개 이상의 시·군 및 자치구가 공동으로 설치하는 것이 적당하다고 인정되는 규모의 시설을 설치하고 관리하는 사무

(3) **국가의 기능**: 국가존립의 유지 기능, 전국적으로 기준의 통일이나 조정에 관한 기능, 전국적인 규모 사업의 수행기능, 지방자치단체의 구역을 넘거나 자치단체의 능력으로써 수행할 수 없는 사업의 수행기능이 있다.

「지방자치법」 제15조(국가사무의 처리제한)
지방자치단체는 다음 각 호에 해당하는 국가사무를 처리할 수 없다. 다만, 법률에 이와 다른 규정이 있는 경우에는 국가사무를 처리할 수 있다.
1. 외교, 국방, 사법(司法), 국세 등 국가의 존립에 필요한 사무
2. 물가정책, 금융정책, 수출입정책 등 전국적으로 통일적 처리를 요하는 사무
3. 농산물·임산물·축산물·수산물 및 양곡의 수급조절과 수출입 등 전국적 규모의 사무
4. 국가종합경제개발계획, 국가하천, 국유림, 국토종합개발계획, 지정항만, 고속국도·일반국도, 국립공원 등 전국적 규모나 이와 비슷한 규모의 사무
5. 근로기준, 측량단위 등 전국적으로 기준을 통일하고 조정하여야 할 필요가 있는 사무
6. 우편, 철도 등 전국적 규모나 이와 비슷한 규모의 사무
7. 고도의 기술을 요하는 검사·시험·연구, 항공관리, 기상행정, 원자력개발 등 지방자치단체의 기술과 재정능력으로 감당하기 어려운 사무

5. 기능 배분의 문제점

(1) **기능·사무에 관한 규정의 모호성**
① **사무범위 예시의 모호성**: 지방자치단체의 사무범위를 개괄적으로 예시하고 있어 사무범위가 모호하며, 자치사무와 단체위임사무를 일괄하여 예시하고 있어 자치사무와 단체위임사무의 한계가 모호하다.
② **사무 배분 예시의 모호성**: 「지방자치법」에서 예시하고 있는 사무를 동법 시행령이 그 별표를 통하여 광역자치단체와 기초자치단체별로 배분함을 규정하고 있으나, 그 배분사무도 개괄적 표현으로 규정하여 사무배분이 모호하다.
③ **법령규정 표현의 모호성**◇: 개별법령에 표현방식과 용어가 통일되어 있지 않고 사무의 구분이 모호하다.

(2) **사무 배분규정의 실효성 미흡**
① **사무 배분의 대통령령 사항**: 대통령령에 의한 기능배분제는 중앙집권적 전통에 젖어 있는 관료문화와 행정문화에 비추어 그 효력이 약하다.

「지방자치법」 제9조(지방자치단체의 사무범위)
② 제1항에 따른 지방자치단체의 사무를 예시하면 다음 각 호와 같다. 다만, 법률에 이와 다른 규정이 있으면 그러하지 아니하다.

◇ **법령규정표현의 모호성**
'시·도지사가 …를 시행한다."라는 규정의 뜻이 단체위임사무인지, 기관위임사무인지 불명확하다.

② **배분규정 실효성 포기**: 「지방자치법」에서 지방자치단체의 소관사무의 범위와 계층별 배분을 규정하나, 조문의 단서규정에 의하여 그 규정의 실효성을 포기하고 있다.

(3) 획일적·중복적 배분
① **획일적 기능 배분**: 광역자치단체와 기초자치단체별로 배분기준을 정하여 배분하고 있으나, 인구 50만 이상의 시와 자치구에 대한 특례를 두는 것 외에는 기능배분이 획일적이다.
② **중복적 배분**: 동일 종류의 사무가 시·도의 사무인 동시에 시·군·자치구의 사무로 중복 배분되고 있는 것이 상당히 많다.

2 지방자치단체의 사무 ★★★

1. 의의
① 지방자치단체가 수행할 것으로 기대되는 일정한 공공서비스 업무이다.
② 법률상 규정에 따라 고유사무(자치사무), 단체위임사무, 기관위임사무로 구분한다. 일반적으로 고유사무와 단체위임사무를 지방사무로, 기관위임사무를 국가사무로 본다.

2. 유형

(1) 자치사무(고유사무)
① **의의**: 지방자치단체의 존립을 목적으로 하는 사무로, 자치단체가 자신의 의사와 책임하에 수행하는 사무이다.
② **지방의회의 관여**: 자치사무는 지방자치단체의 고유사무이므로 사무 처리에 주민의 대표기관인 의회가 관여한다.
③ **경비부담**: 자치사무의 처리에 소요되는 경비는 지방자치단체가 전액 부담하는 것이 원칙이고, 국고보조금을 받는 경우 장려적 보조금◇의 성격을 가진다.
④ **감독**: 자치사무에 대한 국가의 감독은 합법성에 관한 교정적 감독만 가능하다.
⑤ **예시**: 조례나 규칙의 제정 등 자치단체의 존립이나 유지를 위한 사무, 상하수도, 지역민방위, 지역소방, 도서관, 주민등록, 학교, 병원, 도로, 도시계획, 쓰레기 처리 등의 주민복지사무

(2) 단체위임사무
① **의의**: 법령에 의하여 국가 또는 상급자치단체로부터 그 지방자치단체(지방의회+지방자치단체의 장)에 위임된 사무로 국가적 이해관계와 지방적 이해관계가 혼재되어 있다.
② **지방의회의 관여**: 단체위임사무는 해당 자치단체에 위임된 사무이므로 해당 자치단체의 의결기관인 지방의회가 사무의 처리에 참여한다.
③ **경비부담**: 소요되는 경비는 해당 지방자치단체와 국가가 공동 부담하는 것을 원칙으로 하며, 이 경우 국가가 교부하는 국고보조금은 부담금◇의 성격을 갖는다.
④ **감독**: 합법성과 합목적성의 교정적 감독에 한정되고 예방적 감독은 배제된다.
⑤ **예시**: 보건소, 생활보호, 의료보호, 재해구호, 도세징수, 공과금 징수, 직업안정, 하천유지보수, 국도유지보수 등

(3) 기관위임사무◇
① **의의**: 법령에 의하여 국가 또는 상급 지방자치단체로부터 지방자치단체의 장에게 위임된 사무이다.
② **지방의회의 관여**: 기관위임사무는 그 집행기관에게만 위임된 사무이므로 지방의회는 원

◇ **장려적 보조금**
장려적 보조금(補助金)이란 국가가 행정상의 필요에 의하여 지방자치단체에 임의로 교부하는 지출금으로 보통 국가가 시책상 필요하다고 인정할 때 또는 지방자치단체의 재정사정상 특히 필요하다고 인정될 때 예산의 범위 안에서 지방자치단체에게 국가가 교부하는 자금 등으로 구성된다.

◇ **부담금**
부담금이란 지방자치단체 또는 그 기관이 법령에 의하여 처리하여야 할 사무로서 국가와 지방자치단체 상호간에 이해관계가 있는 경우에 원활한 사무처리를 위하여 국가에서 부담하지 않으면 안 될 경비를 국가가 전부 또는 일부를 부담하는 국고 지출금을 말한다.

칙적으로 이에 관여할 수 없다. 다만 사무처리를 위해 지방자치단체가 경비를 부담하는 경우에는 지방의회가 관여할 수 있다.

③ **경비부담**: 소요되는 경비는 그 전액을 위임기관이 부담하는 것이 원칙이다. 수임기관에 교부되는 보조금은 의무적인 교부금◇의 성격을 갖는다.

④ **감독**: 수임기관이 위임기관의 하급행정기관으로서의 지위에서 사무를 처리하는 것이므로 위임기관은 전면적인 직무감독을 행할 수 있다. 이때의 감독은 합법성뿐만 아니라 합목적성, 교정적·예방적 감독 모두 가능하다.

⑤ **예시**: 대통령·국회의원 선거, 근로기준설정, 가족관계등록, 의·약사 면허, 지적, 도량형, 외국인등록, 여권 발급 등

⑥ **문제점**
  ⓐ 기관위임사무는 지방자치단체를 국가의 하급기관으로 전락시키는 중요한 원인 중 하나이다.
  ⓑ 기관위임사무의 경우 국가가 지방자치단체를 강력하게 통제할 수 있는 수단이 된다.
  ⓒ 기관위임사무의 경우 국가와 지방자치단체 사이의 행정적 책임의 소재가 불명확하다.
  ⓓ 기관위임사무의 경우 행정에 대한 지방의회의 관여가 어려워 주민의 의사개진 및 행정에 대한 주민통제가 어려워질 수 있다.
  ⓔ 전국단위의 사무로 지방자치단체의 개별적 특수성이 무시될 수 있다.

◇ **교부금**
교부금이란 국가가 스스로 행하여야 할 사무를 지방자치단체 또는 그 기관에 위임하여 수행하는 경우에 그 소요되는 경비전액이 교부되는 보조금을 말한다.

한눈에 보기

● 지방자치단체의 사무 비교

구분	자치사무	단체위임사무	기관위임사무
개념	지방자치단체의 존립을 위한 본래적 사무	개별법령에 의해 국가 또는 상급자치단체로부터 지방자치단체에 위임된 사무	포괄적 법령에 의해 국가 또는 상급자치단체로부터 자치단체의 장에게 위임된 사무
사무처리주체	자치단체	자치단체	자치단체의 장
의사결정주체	지방의회	지방의회	국가
조례제정	가능	가능	불가
주된 이해관계	지역적 이해관계	지역적·전국적 이해관계	전국적 이해관계
경비부담주체	자치단체	자치단체와 국가	국가
예시	학교, 병원, 도서관, 도로, 상하수도, 주택, 쓰레기, 도시계획, 소방 등	보건소의 운영·각종 예방접종, 시·군의 재해구호, 생활보호, 국도유지 및 보수, 조세·공과금 징수위임사무 등	국회의원 선거·행정경찰, 면허, 인구조사, 지적, 도량형 등
국가의 감독	합법성 중심, 사후감독	합법성·합목적성 중심, 사후감독	합법성·합목적성 중심, 사후·사전감독

기출선지
자치사무와 단체위임사무의 처리를 위해 자치단체는 조례를 제정하는 것이 가능한데, 기관위임사무는 원칙적으로 조례제정 대상이 아니다. (O)
| 14 국가 9

단체위임사무는 법령에 의해 하급 자치단체장에게 위임된 사무이며, 기관위임사무는 법령에 의해 국가 또는 다른 자치단체로부터 위임된 사무이다. (X)
| 14 국가 9, 15 국가 9

해설 | 단체위임사무는 지방자치단체에게 위임된 사무이며, 기관위임사무는 국가 또는 상급 자치단체가 지방자치단체장에게 위임한 사무이다.

영희쌤 Talk

중앙정부(국가)와 지방자치단체의 관계의 핵심은 중앙정부의 지방자치단체에 대한 통제권 내용입니다. 법령 표현이 까다롭고 외울 내용이 많은 영역이니 인내심을 갖고 공부해주세요. 2022년 지방자치법이 되면서 중앙정부의 통제수단에도 일부 변화가 발생했으니 단의 내용을 꼼꼼하게 읽어주세요.

CHAPTER 03 국가와 지방자치단체의 관계

01 중앙정부와 지방정부 간 관계

1 정부 간 관계(IGR: Intergovernmental Relations) 이론

1. **의의**: 한 나라의 중앙과 다수의 지방정부 차원에 걸쳐 복수의 정부조직 사이에 벌어지는 관계를 말한다. 국가와 지방의 관계, 중앙과 지방의 관계, 지방자치단체 간의 관계 등을 포괄한다.

2. **라이트(Wright)의 모형**

   (1) **의의**: 라이트는 연방제하에서의 연방·주·지방정부의 관계를 설명하고 있는데, 정부 간 상호권력관계와 기능적 상호의존관계를 기준으로 3가지 모형을 제시한다.

   (2) **유형**

포괄형	분리형	중첩형
(연방정부 ⊃ 주정부 ⊃ 지방정부)	(연방정부, 주정부 ⊃ 지방정부 분리)	(연방정부, 지방정부, 주정부 중첩)
· 관계: 포괄·종속적 · 권위: 계층형 · 사무: 기관위임사무 · 인사: 완전 종속 · 재정: 완전 종속	· 관계: 분리·독립적 · 권위: 독립형 · 사무: 고유사무 · 인사: 완전 분리 · 재정: 완전 분리	· 관계: 상호의존적 · 권위: 협상형 · 사무: 고유>기관위임사무 · 인사: 상호교류 · 재정: 상호의존

   ① **포괄권위형(inclusive model: 포함형)**

   ⓐ 지방정부는 주정부에, 주정부는 연방정부에 전적으로 의존하는 관계로 계층적 권위하에 포괄적·종속적 관계가 나타난다.

   ⓑ 기관위임사무가 주종을 이루며 하위 정부의 인사와 재정은 상위 정부에 완전히 종속된다.

   ⓒ 엘콕(Elcock)의 대리인모형(지방은 중앙의 대리인), 딜런의 법칙◇ 등과 연결된다.

   ② **분리권위형(separated model, coordinate model: 분리형, 동등형)**

   ⓐ 독립적 권위하에 연방정부와 주정부가 분리적·독립적 관계를 지니는 형태이다.

   ⓑ 대부분의 사무가 고유사무이며 주정부의 인사·재정은 연방정부와 분리된다. 단, 지방정부는 주정부에 귀속된 형식이다.

   ⓒ 엘콕(Elcock)의 동반자모형(지방은 독자적 결정), 홈룰의 법칙◇과 관련된다.

   ③ **중첩권위형(overlapping model: 중첩형)**

   ⓐ 협상적 권위하에 상호의존적 관계를 지는 형태이다.

   ⓑ 고유사무와 기관위임사무가 공존하되 고유사무가 보다 많으며, 인사는 상호교류하고 재정은 상호의존한다.

   ⓒ 가장 이상적인 지방자치 형태로서 엘콕(Elcock)의 절충모형(교환모형)과 유사하다.

기출선지

라이트의 정부 간 모형에서 중첩권위형(overlapping model)은 미국의 연방정부와 주정부가 동등한 권한을 가지고 있고, 지방정부는 주 정부에 귀속되어 있는 형식이다. (X) | 14 서울 7 지방자치론

해설 | 연방정부와 주정부가 동등한 권한을 가지고 있고, 지방정부는 주정부에 귀속되어 있는 형태는 분리권위형이다.

◇ **딜런의 법칙(Dillon's rule)**
중앙 위주의 하향적·집권적 원칙으로 주(州)의회가 명백하게 부여하지 않은 권한은 지방정부(시정부)가 그것을 보유할 수 없다고 해석하는 입장으로 포괄권한형과 연결된다.

◇ **홈룰(Home-rule)의 법칙**
지방정부의 권한이 아니라고 명시하지 않은 권한은 지방정부가 보유할 수 있다고 보는 입장으로 지방정부의 자치권을 강조한다.

3. 로즈(Rhodes)◇의 권력의존모형

(1) 의의
① 서로 다른 자원을 보유한 중앙정부와 지방정부의 관계가 정치적 게임에서 서로 상호의존하는 상황에 있다고 보는 모형으로, 라이트의 중첩형, 엘콕의 교환모형과 유사하다.
② 중앙정부와 지방정부는 각각 우위에 있는 자원을 활용한 기능을 수행하면서 상호의존을 통해 포지티브섬의 게임을 추구한다고 본다.
③ 법적 자원·계층제적 자원·재정적 자원·정치적 자원·정보자원의 다섯 가지로 자원을 분류한다.

(2) 정부별 우위 자원

중앙정부	법적 자원이나 재정적(물리적) 자원에서 우위
지방정부	정보 자원이나 조직 자원에서 우위

4. 무라마츠(村松)의 모형

(1) 의의: 무라마츠는 중앙정부와 지방정부의 관계에 따라 수직적 통제모형, 수평적 경쟁모형으로 구분하였다.

(2) 분류
① **수직적 통제모형**: 중앙정부는 지시·명령에 의해 일방적으로 통제하고, 지방정부는 중앙정부의 집행을 대신한다.
② **수평적 경쟁모형**: 중앙정부와 지방정부는 경쟁과 협력을 하는 경쟁관계·상호의존관계이다.

5. 엘콕(Elcock)의 모형

(1) 의의: 엘콕은 중앙정부와 지방정부의 관계에 따라 대리인모형, 동반자모형, 교환모형으로 구분하였다.

(2) 유형
① **대리인모형**: 중앙정부는 주인으로서 지방정부를 감시·감독하며, 지방정부는 대리인으로서 주인(중앙정부)의 감독하에 국가정책을 집행한다.
② **동반자모형**: 중앙정부와 지방정부가 대등한 관계로 지방정부의 고유권능과 독자적 결정능력이 존중되는 형태로 중앙정부와 별개로 지방정부가 주요한 의사결정을 한다.
③ **교환모형**: 대리인모형과 동반자모형의 절충으로, 중앙정부와 지방정부는 상호의존관계에 있다.

6. 던리비(Dunleavy)의 정부 간 기능배분모형

(1) 다원주의
① 중립적으로 행동하는 정부를 가정하는 전통적인 입장이다.
② 지방정부가 담당하는 기능과 중앙정부가 담당하는 기능은 근본적으로 구분된다고 본다.
③ 중앙-지방 간 기능배분은 오랜 기간 동안 진화과정을 거치며 점진적으로 굳어진 것으로 가정한다.

(2) 신우파론
① 공공선택론적 입장에서 합리적 경제인인 공무원 개인의 선택에 따라 중앙정부와 지방정부의 기능 간 배분이 이루어졌다고 본다.

◇ **로즈의 모형**
권력의존모형 외에 전통적 분류인 대리인모형, 동반자 모형도 인정하였으나 그 내용은 엘콕의 모형과 같다.

기출선지
로즈의 모형에 따르면 지방정부는 법률적 자원, 정보자원, 물리적 자원에서 우월한 위치를 지닌다. (X)
| 20 지방 7 지방자치론

해설 | 로즈의 모형에 따른 중앙정부는 법률적 자원, 재정적(물리적) 자원에서 지방정부는 정보자원과 조직자원에서 우위를 지닌다.

무라마츠 미치오는 중앙정부와 지방부 간의 관계를 수직적 통제모형과 수평적 경쟁모형으로 나눈다. (O)
| 20 국회 8

엘코크 모형 중 동반자 모형은 지방정부가 중앙정부의 감독 및 지원 하에 국가 정책을 집행하는 유형을 말한다. (X)
| 20 국회 8

해설 | 지방정부가 중앙정부의 감독 및 지원 하에 국가 정책을 집행하는 유형은 동반자 모형이 아닌 대리인 모형이다.

② 재분배정책은 중앙정부가, 개발정책은 지방 또는 중앙정부가, 배당정책은 주민의 선호가 중요하므로 지방정부가 담당하는 것이 합리적이라고 본다.

(3) 계급정치론
① 계급정치론은 자본주의 국가 내부의 정부수준 간 기능배분기준에 대해서는 크게 관심을 가지지 않는다.
② 정부수준 간 기능배분문제는 국가 내 이익을 위한 계급 간의 갈등의 산물이라고 인식한다.

(4) 엘리트론(이원국가론)
① 엘리트가 정부 간 기능을 배분한다는 입장이다.
② 이원국가론은 국가재정지출의 유형화, 국가개입 및 의사결정 양식, 정부수준 간 기능배분의 순으로 중앙과 지방 간 기능배분이 이루어진다고 본다.
③ **중앙정부와 지방정부의 기능**◇: 중앙정부는 엘리트에 의해 능률적·생산지향적 기능을 수행하고, 지방정부는 다원주의적 경쟁하에 주민요구에 대응하며 사회적 소비기능을 수행한다.

◇ **중앙정부와 지방정부의 기능**
던리비는 중앙정부는 소극적 역할(복지지출 감소, 규제완화)을, 지방정부는 적극적 역할(투자증진, 규제강화)을 수행한다고 보았다.

2 지역사회 권력구조 이론

1. 성장기구론

(1) 의의: 1970년대 중반 몰로치에 의해 제기된 이론으로 지방정치는 토지나 부동산의 교환가치를 높이고자 하는 토지자산가와 개발관계자 등으로 구성된 '성장연합'이 주도한다.

(2) 내용
① 지방자치는 토지자산가와 개발사업자 등이 중심인 성장연합과 이를 반대하는 일반지역주민, 환경운동집단 등의 반성장연합의 대립이 나타난다.
② 성장연합은 토지 또는 부동산의 교환가치(exchange value, 임대수익)를 증대시키기 위해 성장을 꾀하며, 반성장연합은 토지 또는 부동산의 사용가치(use value, 일상적 사용에서 나타나는 편익)인 주거지역의 삶의 질이나 환경을 중시한다.
③ 성장연합과 반성장연합의 대립에서는 대체로 성장연합이 우위를 점하게 되며, 따라서 지역 사회의 정치와 경제를 토지 또는 부동산의 교환가치를 높이고자 하는 토지자산가와 개발관계자들인 성장연합이 주도하게 된다.

2. 레짐◇ 이론(Regimes Theory)

(1) 의의: 지역사회 문제를 자체의 능력만으로 해결하기 힘든 지방정부가 기업을 비롯한 민간부문 주요 주체들과 일종의 연합을 형성하여 이끌어간다는 이론으로 정부 - 비정부 간의 상호의존성에 대한 연구를 바탕으로 등장하였다.

◇ **레짐(Regimes)**
통치에 영향을 미치는 비공식적이지만 안정된 집단

(2) 유형
① 스톤(Stone)의 모형(1993)

현상유지 레짐	• 친밀성이 높은 소규모 지역사회에서 나타나며, 일상적인 서비스를 공급하는 레짐 • 정부–비정부 부문 간의 갈등이 적고 오래 지속됨.
개발 레짐	• 지역개발, 성장, 발전을 추구하는 레짐 • 구성원 간 갈등이 상당하지만, 편익집단의 강력한 주장으로 비교적 레짐이 오랫동안 지속됨.

중산계층진보 레짐	• 자연환경보호, 평등을 추구하는 레짐 • 시민참여와 감시가 강조되며, 레짐의 존속능력은 보통 수준임.
하층기회확장 레짐	• 저소득층에 대한 지원 확대 등을 추구하는 레짐 • 대중동원이 과제이며 레짐의 생존능력이 상대적으로 약함.

② 스토커와 모스버거(Stoker & Mossberger)의 모형

유기적 레짐	• 강한 사회적 신뢰와 결속, 합의를 통해 형성된 레짐 • 안정적이며 소규모 도시 등에서 발생, 외부에 적대적
도구적 레짐	• 올림픽 등 특정 이벤트를 위해 구성되는 레짐(실용적 동기) • 단기성이 강한 정치적 파트너십
상징적 레짐	• 변화를 추구하는 도시에서 발생(변화지향, 경쟁적 동의) • 다양한 이해관계가 결합된 것으로 공통적인 가치가 불확실

③ 리처드 복스(R. Box)의 지방 거버넌스(1998)
  ⓐ **의의**: 지방 거버넌스를 일정 지역단위의 커뮤니티 거버넌스로 규정하고, 참여하는 행위주체들의 활동영역 범위 또는 참여방식에 따라 초국가적 거버넌스, 국가적 거버넌스, 지방적 거버넌스 및 가상공간적 거버넌스 등으로 나누었다.
  ⓑ **지방적 거버넌스**: 시민생활 관련 문제를 지역공동체 중심으로 해결하는 거버넌스로 지방정부의 환경변화에 대응한 통치력 확보와 그것에 기반한 지방정부의 구성, 민주적이고 효율적인 제도, 주민참여를 주요 요소로 한다.

지방정부	일정단위 지역을 기반으로 통치력을 행사하는 정부
제도	효율적, 민주적 제도
공동체	지역 내 주요 집단을 포함하는 정책네트워크
주민참여	지방주민들의 활발한 참여를 기반으로 하는 정책결정 및 집행

3. 엘리트 이론과 다원주의 이론
(1) 엘리트 이론
  ① **엘리트이론**: 사회는 정치·경제적 영향력을 가진 소수의 엘리트 계층과 그렇지 못한 다수의 일반대중 계층으로 나뉘어지며 지역사회의 권력은 엘리트가 갖고 있다.
  ② **신엘리트이론**: 고전적 다원주의를 비판하며 등장한 바흐라흐와 바라츠의 '무의사결정론'으로 엘리트 집단이 스스로에게 유리한 이슈에 대해서만 의제화하며 불리한 이슈에 대해서는 정책의제가 되지 못하도록 하는 무의사결정을 한다고 주장한다.
(2) 다원주의
  ① **다원주의**: 지역사회의 영향력은 지역사회전체에 비교적 고르게 분포되어 있으며, 일반대중으로 구성된 이익집단이 지방정부의 정책과정이나 지역사회에 영향력을 행사한다.
  ② **신다원주의**: 고전적 다원주의가 자본주의 국가의 현실에서 발생하는 기업의 특권적 지위를 제대로 고려하지 못함을 비판하며 기업이 지역사회 내에서 실제적 특권을 가지고 있고, 영향력과 지위를 이용해 지역사회를 주도해나간다고 본다.

> **더 알아보기**
>
> ● **신다원론**
>
> 지역사회의 권력구조를 설명하는 신다원론은 공공선택이론의 영향을 받아 기업과 개발관계자의 우월적 지위가 나타나는 것은 지역주민과 지방정부의 합리적 선택의 결과라고 보았다. 기업은 주민들과 정부의 선택을 받아 특별한 영향력과 지위를 이용해 지역사회를 주도해 나간다. 신다원주의는 고전적 다원주의가 자본주의 국가의 현실에서 기업집단에 대한 특권적 지위를 제대로 고려하지 못함을 비판하며, 기업집단에 대한 특권이 실제 정책과정에 나타나고 있음을 인정하였다.

3 중앙통제(Central Control) ⭐⭐

1. 의의

(1) 의의

① 국가의 지방자치단체에 대한 권력적 강제작용뿐만 아니라 지도·지원·협조·조정 등 모든 관여를 총괄하는 의미이다.

② 중앙통제는 국가와 지방자치단체가 모두 동일한 국민을 대상으로 업무를 수행하며, 국민 모두가 인간다운 생활을 누릴 수 있도록 국민의 최저수준(National Minimum)을 보장해야 하기 때문에 정당화된다.

(2) 통제의 성격

영미형 지방자치는 주민자치 성격으로 중앙통제가 약하며(간접통제), 대륙형 지방자치는 단체자치 성격으로 중앙통제가 강하다(직접통제).

2. 입법적 통제와 사법적 통제

(1) 입법적 통제: 조례 및 규칙 제정상의 제한

① 조례는 법령에 위반해서는 안 되며, 조례가 주민의 권리제한 또는 의무부과에 관한 사항이나 벌칙을 제정할 때는 법률의 위임이 있어야 한다.

> 「지방재정법」
> 제28조(조례)
> ① 지방자치단체는 법령의 범위에서 그 사무에 관하여 조례를 제정할 수 있다. 다만, 주민의 권리 제한 또는 의무 부과에 관한 사항이나 벌칙을 정할 때에는 법률의 위임이 있어야 한다.
> ② 법령에서 조례로 정하도록 위임한 사항은 그 법령의 하위 법령에서 그 위임의 내용과 범위를 제한하거나 직접 규정할 수 없다.

② 규칙은 법령 또는 조례가 위임한 범위 안의 것이어야 한다.

> 제29조(규칙) 지방자치단체의 장은 법령 또는 조례의 범위에서 그 권한에 속하는 사무에 관하여 규칙을 제정할 수 있다.

③ 시·군·자치구의 조례나 규칙은 시·도의 조례나 규칙에 위반해서는 안 된다.

> 제30조(조례와 규칙의 입법한계) 시·군 및 자치구의 조례나 규칙은 시·도의 조례나 규칙을 위반해서는 아니 된다.

④ 조례나 규칙을 제정 또는 개폐하였을 때에는 감독기관에게 보고하여야 하며, 내용이 잘못된 경우 감독기관은 재의요구 지시, 대법원 제소 지시 및 직접 제소를 할 수 있다.

제35조(보고) 조례나 규칙을 제정하거나 개정하거나 폐지할 경우 조례는 지방의회에서 이송된 날부터 5일 이내에, 규칙은 공포 예정일 15일 전에 시·도지사는 행정안전부장관에게, 시장·군수 및 자치구의 구청장은 시·도지사에게 그 전문(全文)을 첨부하여 각각 보고하여야 하며, 보고를 받은 행정안전부장관은 그 내용을 관계 중앙행정기관의 장에게 통보하여야 한다.

(2) 사법적 통제
① 법원이 위법사항에 대한 쟁송절차를 통하여 지방자치단체를 통제하는 것이다.
② 사법적 통제는 비용이 과중하고 절차가 복잡하며, 소극적 통제에 불과하여 최근에는 약화되고 있다.

3. 행정적 통제
(1) 의의
행정부가 행정절차를 통하여 지방자치단체를 통제하는 것으로, 행정의 전문성이 높아지고 규모가 확대된 현재 일반적으로 사용되는 방식이다.

(2) 행정관리적 통제
① **사무에 대한 지도와 지원**: 중앙행정기관의 장이나 시·도지사는 지방자치단체의 사무에 관하여 '조언' 또는 '권고'하거나 '지도'할 수 있으며, 이를 위하여 필요하면 지방자치단체에 자료의 제출을 요구할 수 있다.

「지방자치법」
제184조(지방자치단체의 사무에 대한 지도와 지원)
① 중앙행정기관의 장이나 시·도지사는 지방자치단체의 사무에 관하여 조언 또는 권고하거나 지도할 수 있으며, 이를 위하여 필요하면 지방자치단체에 자료 제출을 요구할 수 있다.
② 국가나 시·도는 지방자치단체가 그 지방자치단체의 사무를 처리하는 데 필요하다고 인정하면 재정지원이나 기술지원을 할 수 있다.
③ 지방자치단체의 장은 제1항의 조언·권고 또는 지도와 관련하여 중앙행정기관의 장이나 시·도지사에게 의견을 제출할 수 있다.

② **위임사무에 대한 지도와 감독**: 지방자치단체나 그 장이 위임받아 처리하는 국가사무에 관하여 시·도에서는 주무부장관의, 시·군 및 자치구에서는 1차로 시·도지사의, 2차로 주무부장관의 지도·감독을 받는다.

제185조(국가사무나 시·도 사무 처리의 지도·감독)
① 지방자치단체나 그 장이 위임받아 처리하는 국가사무에 관하여 시·도에서는 주무부장관, 시·군 및 자치구에서는 1차로 시·도지사, 2차로 주무부장관의 지도·감독을 받는다.
② 시·군 및 자치구나 그 장이 위임받아 처리하는 시·도의 사무에 관하여는 시·도지사의 지도·감독을 받는다.

③ **위법·부당한 명령·처분에 대한 시정명령 및 취소정지처분**
ⓐ 지방자치단체의 사무에 관한 그 장의 명령이나 처분이 법령에 위반되거나 현저히 부당하여 공익을 해친다고 인정되면 시·도에 대하여는 주무부장관이, 시·군 및 자치구에 대하여는 시·도지사가 기간을 정하여 서면으로 시정할 것을 명하고, 그 기간에 이행하지 아니하면 이를 취소하거나 정지할 수 있다.
ⓑ 이 경우 자치사무에 관한 명령이나 처분에 대하여는 법령을 위반하는 것에 한한다.

◇**시정명령에 대한 이의 제기**
지방자치단체의 장은 자치사무에 관한 명령이나 처분의 취소 또는 정지에 대하여 이의가 있으면 취소처분 또는 정지처분을 통보받은 날부터 15일 이내에 '대법원'에 소를 제기할 수 있다.

제188조(위법·부당한 명령이나 처분의 시정)
① 지방자치단체의 사무에 관한 지방자치단체의 장(제103조제2항에 따른 사무의 경우에는 지방의회의 의장을 말한다. 이하 이 조에서 같다)의 명령이나 처분이 법령에 위반되거나 현저히 부당하여 공익을 해친다고 인정되면 시·도에 대해서는 주무부장관이, 시·군 및 자치구에 대해서는 시·도지사가 기간을 정하여 서면으로 시정할 것을 명하고, 그 기간에 이행하지 아니하면 이를 취소하거나 정지할 수 있다.
② 주무부장관은 지방자치단체의 사무에 관한 시장·군수 및 자치구의 구청장의 명령이나 처분이 법령에 위반되거나 현저히 부당하여 공익을 해침에도 불구하고 시·도지사가 제1항에 따른 시정명령을 하지 아니하면 시·도지사에게 기간을 정하여 시정명령을 하도록 명할 수 있다.
③ 주무부장관은 시·도지사가 제2항에 따른 기간에 시정명령을 하지 아니하면 제2항에 따른 기간이 지난 날부터 7일 이내에 직접 시장·군수 및 자치구의 구청장에게 기간을 정하여 서면으로 시정할 것을 명하고, 그 기간에 이행하지 아니하면 주무부장관이 시장·군수 및 자치구의 구청장의 명령이나 처분을 취소하거나 정지할 수 있다.
④ 주무부장관은 시·도지사가 시장·군수 및 자치구의 구청장에게 제1항에 따라 시정명령을 하였으나 이를 이행하지 아니한 데 따른 취소·정지를 하지 아니하는 경우에는 시·도지사에게 기간을 정하여 시장·군수 및 자치구의 구청장의 명령이나 처분을 취소하거나 정지할 것을 명하고, 그 기간에 이행하지 아니하면 주무부장관이 이를 직접 취소하거나 정지할 수 있다.
⑤ 제1항부터 제4항까지의 규정에 따른 자치사무에 관한 명령이나 처분에 대한 주무부장관 또는 시·도지사의 시정명령, 취소 또는 정지는 법령을 위반한 것에 한정한다.
⑥ 지방자치단체의 장은 제1항, 제3항 또는 제4항에 따른 자치사무에 관한 명령이나 처분의 취소 또는 정지에 대하여 이의가 있으면 그 취소처분 또는 정지처분을 통보받은 날부터 15일 이내에 대법원에 소를 제기할 수 있다.

④ **위임사무 관리·집행에 대한 직무이행명령과 대집행**
ⓐ 지방자치단체의 장이 법령의 규정에 따라 그 의무에 속하는 국가위임사무나 시·도 위임사무의 관리와 집행을 명백히 게을리하고 있다고 인정되면 시·도에 대하여는 주무부장관이, 시·군 및 자치구에 대하여는 시·도지사가 기간을 정하여 서면으로 이행할 사항을 명령할 수 있다.
ⓑ 주무부장관이나 시·도지사는 지방자치단체의 장이 이행명령◇을 이행하지 않으면 그 지방자치단체의 비용부담으로 대집행하거나 행정상·재정상 필요한 조치를 할 수 있다.
ⓒ 기초지방자치단체장의 명령, 처분이 법령에 위반되는 경우나 기초지방자치단체장이 국가위임사무를 게을리하는 경우에, 광역지방자치단체장이 시정명령, 이행명령, 대집행 등의 권한을 행사하지 않으면 주무부장관이 직접 권한 행사 가능하다.

◇ **이행명령에 대한 이의제기**
지방자치단체의 장은 이행명령에 이의가 있으면 이행명령서를 접수한 날부터 15일 이내에 대법원에 소를 제기할 수 있고, 이행명령의 집행정지결정을 신청할 수 있다.

제189조(지방자치단체의 장에 대한 직무이행명령)
① 지방자치단체의 장이 법령에 따라 그 의무에 속하는 국가위임사무나 시·도위임사무의 관리와 집행을 명백히 게을리하고 있다고 인정되면 시·도에 대해서는 주무부장관이, 시·군 및 자치구에 대해서는 시·도지사가 기간을 정하여 서면으로 이행할 사항을 명령할 수 있다.
② 주무부장관이나 시·도지사는 해당 지방자치단체의 장이 제1항의 기간에 이행명령을 이행하지 아니하면 그 지방자치단체의 비용부담으로 대집행 또는 행정상·재정상 필요한 조치(이하 이 조에서 "대집행등"이라 한다)를 할 수 있다. 이 경우 행정대집행에 관하여는 「행정대집행법」을 준용한다.
③ 주무부장관은 시장·군수 및 자치구의 구청장이 법령에 따라 그 의무에 속하는 국가위임사무의 관리와 집행을 명백히 게을리하고 있다고 인정됨에도 불구하고 시·도지사가 제1항에 따른 이행명령을 하지 아니하는 경우 시·도지사에게 기간을 정하여 이행명령을 하도록 명할 수 있다.
④ 주무부장관은 시·도지사가 제3항에 따른 기간에 이행명령을 하지 아니하면 제3항에 따른 기간이 지난 날부터 7일 이내에 직접 시장·군수 및 자치구의 구청장에게 기간을 정하여 이행명령을 하고, 그 기간에 이행하지 아니하면 주무부장관이 직접 대집행등을 할 수 있다.
⑤ 주무부장관은 시·도지사가 시장·군수 및 자치구의 구청장에게 제1항에 따라 이행명령을 하였으나 이를 이행하지 아니한 데 따른 대집행등을 하지 아니하는 경우에는 시·도지사에게 기간을 정하여 대집행등을 하도록 명하고, 그 기간에 대집행등을 하지 아니하면 주무부장관이 직접 대집행등을 할 수 있다.
⑥ 지방자치단체의 장은 제1항 또는 제4항에 따른 이행명령에 이의가 있으면 이행명령서를 접수한 날부터 15일 이내에 대법원에 소를 제기할 수 있다. 이 경우 지방자치단체의 장은 이행명령의 집행을 정지하게 하는 집행정지결정을 신청할 수 있다.

⑤ 감독기관 및 감사원의 감사 등

    ⓐ 행정안전부장관이나 시·도지사는 지방자치단체의 자치사무에 관하여 보고를 받거나 서류·장부 또는 회계를 감사할 수 있다(자치사무에 대한 감사는 법령위반사항에 대해서만 실시).

    ⓑ 감사원은 지방자치단체에 대한 감사, 회계감사, 지방공무원의 직무감찰을 할 수 있다.

> 「지방자치법」
> 제190조(지방자치단체의 자치사무에 대한 감사)
> ① 행정안전부장관이나 시·도지사는 지방자치단체의 자치사무에 관하여 보고를 받거나 서류·장부 또는 회계를 감사할 수 있다. 이 경우 감사는 법령 위반사항에 대해서만 한다.
> ② 행정안전부장관 또는 시·도지사는 제1항에 따라 감사를 하기 전에 해당 사무의 처리가 법령에 위반되는지 등을 확인하여야 한다.
>
> 「감사원법」
> 제24조(감찰 사항)
> ① 감사원은 다음 각 호의 사항을 감찰한다.
>   1. 「정부조직법」 및 그 밖의 법률에 따라 설치된 행정기관의 사무와 그에 소속한 공무원의 직무
>   2. 지방자치단체의 사무와 그에 소속한 지방공무원의 직무
>   3. 제22조제1항제3호 및 제23조제7호에 규정된 자의 사무와 그에 소속한 임원 및 감사원의 검사대상이 되는 회계사무와 직접 또는 간접으로 관련이 있는 직원의 직무
>   4. 법령에 따라 국가 또는 지방자치단체가 위탁하거나 대행하게 한 사무와 그 밖의 법령에 따라 공무원의 신분을 가지거나 공무원에 준하는 자의 직무

⑥ 상급기관의 재의결 요구◇

    ⓐ 지방의회의 의결이 법령에 위반되거나 공익을 현저히 해친다고 판단되면 시·도에 대하여는 주무부장관이, 시·군 및 자치구에 대하여는 시·도지사가 재의를 요구하게 할 수 있다.

    ⓑ 재의요구를 받은 지방자치단체의 장은 의결사항을 이송 받은 날로부터 20일 이내에 지방의회에 이유를 붙여 재의를 요구해야 한다.

    ⓒ 기초지방의회의 의결이 법령에 위반됨에도 광역지방자치단체장이 재의를 요구하게 하지 않은 경우, 주무부 장관이 직접 기초지방자치단체장에게 재의를 요구하게 할 수 있다.

⑦ 재의결◇에 대한 통제

    ⓐ 지방자치단체의 장은 재의결된 사항이 법령에 위반된다고 판단되면 재의결된 날부터 20일 이내에 대법원에 소를 제기할 수 있고, 필요시 의결에 대한 집행정지결정을 신청할 수 있다.

    ⓑ 주무부장관이나 시·도지사는 재의결된 사항이 법령에 위반된다고 판단됨에도 불구하고 해당 지방자치단체의 장이 소를 제기하지 아니하면 그 지방자치단체의 장에게 제소를 지시하거나 직접 제소 및 집행정지결정을 신청할 수 있다.

> 「지방자치법」
> 제192조(지방의회 의결의 재의와 제소)
> ① 지방의회의 의결이 법령에 위반되거나 공익을 현저히 해친다고 판단되면 시·도에 대해서는 주무부장관이, 시·군 및 자치구에 대해서는 시·도지사가 해당 지방자치단체의 장에게 재의를 요구하게 할 수 있고, 재의 요구 지시를 받은 지방자치단체의 장은 의결사항을 이송받은 날부터 20일 이내에 지방의회에 이유를 붙여 재의를 요구하여야 한다.
> ② 시·군 및 자치구의회의 의결이 법령에 위반된다고 판단됨에도 불구하고 시·도지사가 제1항에 따라 재의를 요구하게 하지 아니한 경우 주무부장관이 직접 시장·군수 및 자치구의 구청장에게 재의를 요구하게 할 수 있고, 재의 요구 지시를 받은 시장·군수 및 자치구의 구청장은 의결사항을 이송받은 날부터 20일 이내에 지방의회에 이유를 붙여 재의를 요구하여야 한다.
> ③ 제1항 또는 제2항의 요구에 대하여 재의한 결과 재적의원 과반수의 출석과 출석의원 3분의 2 이상의 찬성으로 전과 같은 의결을 하면 그 의결사항은 확정된다.

◇ 위임사무, 재의결 요구 시 개정사항
2022년 「지방자치법」 개정으로, 기초자치단체의 장이 국가위임사무를 게을리하는 경우에 광역자치단체의 장이 권한을 행사하지 않으면 주무부장관이 직접 권한 행사를 할 수 있고, 지방의회에 의해 의결된 사항이 법령에 위반되는데도 불구하고 광역자치단체의 장이 재의결 요구를 요구하지 않으면 주무부장관이 직접 재의결 요구를 요구하게 할 수 있게 되었다.

◇ 재의결 정족수
재적의원 과반수의 출석과 출석의원 3분의 2 이상의 찬성으로 전과 같이 의결하면 조례는 확정된다.

> **기출선지**
> 「지방자치법」상 지방자치단체의 자치사무에 관한 그 장의 명령이나 처분이 법령에 위반하거나 현저히 부당하여 공익을 해친다고 인정되면 시·도에 대하여는 주무부장관이, 시·군 및 자치구에 대하여는 시·도지사가 기간을 정하여 서면으로 시정할 것을 명하고, 그 기간에 이행하지 아니하면 이를 취소하거나 정지할 수 있다. (X)
> | 14 지방 9
>
> **해설** | 자치사무의 경우에는 법령을 위반한 경우에만 한한다(제188조 위법·부당한 명령이나 처분의 시정).

④ 지방자치단체의 장은 제3항에 따라 재의결된 사항이 법령에 위반된다고 판단되면 재의결된 날부터 20일 이내에 대법원에 소를 제기할 수 있다. 이 경우 필요하다고 인정되면 그 의결의 집행을 정지하게 하는 집행정지결정을 신청할 수 있다.

⑤ 주무부장관이나 시·도지사는 재의결된 사항이 법령에 위반된다고 판단됨에도 불구하고 해당 지방자치단체의 장이 소를 제기하지 아니하면 시·도에 대해서는 주무부장관이, 시·군 및 자치구에 대해서는 시·도지사(제2항에 따라 주무부장관이 직접 재의 요구 지시를 한 경우에는 주무부장관을 말한다. 이하 이 조에서 같다)가 그 지방자치단체의 장에게 제소를 지시하거나 직접 제소 및 집행정지결정을 신청할 수 있다.

⑥ 제5항에 따른 제소의 지시는 제4항의 기간이 지난 날부터 7일 이내에 하고, 해당 지방자치단체의 장은 제소 지시를 받은 날부터 7일 이내에 제소하여야 한다.

⑦ 주무부장관이나 시·도지사는 제6항의 기간이 지난 날부터 7일 이내에 제5항에 따른 직접 제소 및 집행정지결정을 신청할 수 있다.

⑧ 제1항 또는 제2항에 따라 지방의회의 의결이 법령에 위반된다고 판단되어 주무부장관이나 시·도지사로부터 재의 요구 지시를 받은 해당 지방자치단체의 장이 재의를 요구하지 아니하는 경우(법령에 위반되는 지방의회의 의결사항이 조례안인 경우로서 재의 요구 지시를 받기 전에 그 조례안을 공포한 경우를 포함한다)에는 주무부장관이나 시·도지사는 제1항 또는 제2항에 따른 기간이 지난 날부터 7일 이내에 대법원에 직접 제소 및 집행정지 결정을 신청할 수 있다.

⑨ 제1항 또는 제2항에 따른 지방의회의 의결이나 제3항에 따라 재의결된 사항이 둘 이상의 부처와 관련되거나 주무부장관이 불분명하면 행정안전부장관이 재의 요구 또는 제소를 지시하거나 직접 제소 및 집행정지 결정을 신청할 수 있다.

(3) 조직적 측면의 통제

① 자치단체의 종류, 지방의회의 조직과 권한, 의회의원 및 자치단체의 장의 선출방법 등을 법률로 정한다.

② 행정기구의 설치와 지방공무원의 정원은 인건비 등 대통령령으로 정하는 기준에 따라 그 지방자치단체의 조례로 정한다.

> 「지방자치법」
> **제2조(지방자치단체의 종류)**
> ① 지방자치단체는 다음의 두 가지 종류로 구분한다.
>   1. 특별시, 광역시, 특별자치시, 도, 특별자치도
>   2. 시, 군, 구
> ② 지방자치단체인 구(이하 "자치구"라 한다)는 특별시와 광역시의 관할 구역의 구만을 말하며, 자치구의 자치권의 범위는 법령으로 정하는 바에 따라 시·군과 다르게 할 수 있다.
> ③ 제1항의 지방자치단체 외에 특정한 목적을 수행하기 위하여 필요하면 따로 특별지방자치단체를 설치할 수 있다. 이 경우 특별지방자치단체의 설치 등에 관하여는 제12장에서 정하는 바에 따른다.
> **제4조(지방자치단체의 기관구성 형태의 특례)**
> ① 지방자치단체의 의회(이하 "지방의회"라 한다)와 집행기관에 관한 이 법의 규정에도 불구하고 따로 법률로 정하는 바에 따라 지방자치단체의 장의 선임방법을 포함한 지방자치단체의 기관구성 형태를 달리 할 수 있다.
> ② 제1항에 따라 지방의회와 집행기관의 구성을 달리하려는 경우에는 「주민투표법」에 따른 주민투표를 거쳐야 한다.
> **제37조(의회의 설치)** 지방자치단체에 주민의 대의기관인 의회를 둔다.
> **제38조(지방의회의원의 선거)** 지방의회의원은 주민이 보통·평등·직접·비밀선거로 선출한다.
> **제125조(행정기구와 공무원)**
> ① 지방자치단체는 그 사무를 분장하기 위하여 필요한 행정기구와 지방공무원을 둔다.
> ② 제1항에 따른 행정기구의 설치와 지방공무원의 정원은 인건비 등 대통령령으로 정하는 기준에 따라 그 지방자치단체의 조례로 정한다.
> ③ 행정안전부장관은 지방자치단체의 행정기구와 지방공무원의 정원이 적절하게 운영되고 다른 지방자치단체와의 균형이 유지되도록 하기 위하여 필요한 사항을 권고할 수 있다.
> ④ 지방공무원의 임용과 시험·자격·보수·복무·신분보장·징계·교육·훈련 등에 관한 사항은 따로 법률로 정한다.
> ⑤ 지방자치단체에는 제1항에도 불구하고 법률로 정하는 바에 따라 국가공무원을 둘 수 있다.

⑥ 제5항에 규정된 국가공무원의 경우 「국가공무원법」 제32조제1항부터 제3항까지의 규정에도 불구하고 5급 이상의 국가공무원이나 고위공무원단에 속하는 공무원은 해당 지방자치단체의 장의 제청으로 소속 장관을 거쳐 대통령이 임명하고, 6급 이하의 국가공무원은 그 지방자치단체의 장의 제청으로 소속 장관이 임명한다.

(4) 인사적 측면의 통제

① 시·도의 행정부단체장은 정무직 또는 일반직 국가공무원으로서 대통령이 임명한다.

② 지방공무원의 임용과 시험·자격·보수·신분보장·징계 등을 법률로 정한다.

③ 기준인건비제 도입: 2013년 지방자치단체의 행정기구 및 정원기준 등에 관한 규정에 따라 도입된 제도로 행정안전부가 제시하는 기준인건비◇에 따라 지방자치단체가 자율적으로 정원을 조정할 수 있다.

◇ **기준인건비제**
기준인건비제에 따르면 행정안전부는 기준인건비만 제시하고 지방자치단체별 정원관리를 자치단체 자율에 맡기며 지방자치단체가 복지나 안전, 지역별 특수한 행정수요에 탄력적으로 대응할 수 있도록 인건비의 추가적인 자율범위를 1~3%까지 허용한다.

> 「지방자치법」
> **제123조(부지사·부시장·부군수·부구청장)**
> ① 특별시·광역시 및 특별자치시에 부시장, 도와 특별자치도에 부지사, 시에 부시장, 군에 부군수, 자치구에 부구청장을 두며, 그 수는 다음 각 호의 구분과 같다.
>   1. 특별시의 부시장의 수: 3명을 넘지 아니하는 범위에서 대통령령으로 정한다.
>   2. 광역시와 특별자치시의 부시장 및 도와 특별자치도의 부지사의 수: 2명(인구 800만 이상의 광역시나 도는 3명)을 넘지 아니하는 범위에서 대통령령으로 정한다.
>   3. 시의 부시장, 군의 부군수 및 자치구의 부구청장의 수: 1명으로 한다.
> ② 특별시·광역시 및 특별자치시의 부시장, 도와 특별자치도의 부지사는 대통령령으로 정하는 바에 따라 정무직 또는 일반직 국가공무원으로 보한다. 다만, 제1항제1호 및 제2호에 따라 특별시·광역시 및 특별자치시의 부시장, 도와 특별자치도의 부지사를 2명이나 3명 두는 경우에 1명은 대통령령으로 정하는 바에 따라 정무직·일반직 또는 별정직 지방공무원으로 보하되, 정무직과 별정직 지방공무원으로 보할 때의 자격기준은 해당 지방자치단체의 조례로 정한다.
> ③ 제2항의 정무직 또는 일반직 국가공무원으로 보하는 부시장·부지사는 시·도지사의 제청으로 행정안전부장관을 거쳐 대통령이 임명한다. 이 경우 제청된 사람에게 법적 결격사유가 없으면 시·도지사가 제청한 날부터 30일 이내에 임명절차를 마쳐야 한다.
> ④ 시의 부시장, 군의 부군수, 자치구의 부구청장은 일반직 지방공무원으로 보하되, 그 직급은 대통령령으로 정하며 시장·군수·구청장이 임명한다.
> ⑤ 시·도의 부시장과 부지사, 시의 부시장·부군수·부구청장은 해당 지방자치단체의 장을 보좌하여 사무를 총괄하고, 소속 직원을 지휘·감독한다.
> ⑥ 제1항제1호 및 제2호에 따라 시·도의 부시장과 부지사를 2명이나 3명 두는 경우에 그 사무 분장은 대통령령으로 정한다. 이 경우 부시장·부지사를 3명 두는 시·도에서는 그중 1명에게 특정지역의 사무를 담당하게 할 수 있다.

(5) 재정적 측면의 통제

① **중기지방재정계획**: 매년 다음 회계연도부터 5회계연도 이상의 기간에 대한 중기지방재정계획을 수립하여 예산안과 함께 지방의회에 제출하고, 회계연도 개시 30일 전까지 행정안전부장관에게 제출한다.

> 「지방재정법」
> **제33조(중기지방재정계획의 수립 등)**
> ① 지방자치단체의 장은 지방재정을 계획성 있게 운용하기 위하여 매년 다음 회계연도부터 5회계연도 이상의 기간에 대한 중기지방재정계획을 수립하여 예산안과 함께 지방의회에 제출하고, 회계연도 개시 30일 전까지 행정안전부장관에게 제출하여야 한다.
> ② 지방자치단체의 장은 제1항에 따른 중기지방재정계획(이하 "중기지방재정계획"이라 한다)을 수립할 때에는 행정안전부장관이 정하는 계획수립 절차 등에 따라 그 중기지방재정계획이 관계 법령에 따른 국가계획 및 지역계획과 연계되도록 하여야 한다.

> **참고자료**
>
> ●● **중기지방재정계획 포함사항**
>
> 1. 재정운용의 기본방향과 목표
> 2. 중장기 재정여건과 재정규모전망
> 3. 관련 국가계획 및 지역계획 중 해당 사항
> 4. 분야별 재원배분계획
> 5. 예산과 기금별 운용방향
> 6. 의무지출(법령 등에 따라 지출과 지출규모가 결정되는 지출 및 이자지출을 말하며 그 구체적인 범위는 대통령령으로 정한다. 이하 같다)의 증가율 및 산출내역과 재량지출(의무지출 외의 지출을 말한다. 이하 같다)의 증가율에 대한 분야별 전망과 근거 및 관리계획
> 7. 제59조에 따른 지역통합재정통계의 전망과 근거
> 8. 통합재정수지[일반회계, 특별회계 및 기금을 통합한 재정통계로서 순(純) 수입에서 순 지출을 뺀 금액을 말한다] 전망과 관리방안
> 9. 투자심사와 지방채 발행 대상사업
> 10. 그 밖에 대통령령으로 정하는 사항

② **재정투자심사제도**: 대통령령이 정한 일정규모 이상의 신규 재정투자사업, 채무부담행위, 보증채무부담행위 등에 대해 사업의 타당성, 재원조달능력, 사업우선순위 등을 사전검토한다.

> 「지방재정법」
> 제37조(투자심사)
> ① 지방자치단체의 장은 다음 각 호의 사항에 대해서는 대통령령으로 정하는 바에 따라 사전에 그 필요성과 타당성에 대한 심사(이하 "투자심사"라 한다)를 하여야 한다.
>   1. 재정투자사업에 관한 예산안 편성
>   2. 다음 각 목의 사항에 대한 지방의회 의결의 요청
>   가. 채무부담행위
>   나. 보증채무부담행위
>   다. 「지방자치법」 제47조제1항제8호에 따른 예산 외의 의무부담
> ② 지방자치단체의 장은 총 사업비 500억원 이상인 신규사업(제1항제2호 각 목에 따른 부담의 대상인 사업을 포함한다)에 대해서는 행정안전부장관이 정하여 고시하는 전문기관으로부터 타당성 조사를 받고 그 결과를 토대로 투자심사를 하여야 한다. 다만, 「국가재정법」 제38조에 따른 예비타당성조사를 실시한 경우 타당성 조사를 받은 것으로 본다.

③ **재정분석 및 재정진단**: 지방자치단체의 장은 대통령령으로 정하는 바에 따라 재정상황에 대한 재정보고서◇를 작성하여 행안부장관에게 제출하여야 한다. 행정안전부장관은 재정보고서를 통한 재정분석 결과, 재정의 건전성과 효율성 등이 현저히 떨어지는 자치단체 등에 대해 재정진단을 실시하며 재정진단 결과에 따라 조직개편, 채무상환 등의 조치가 이루어질 수 있다.

④ **재정위기단체와 재정주의단체 지정 및 관리**
　ⓐ **지정**: 행정안전부장관은 재정분석과 재정진단의 결과에 따라 재정위기단체와 재정주의단체를 지정할 수 있다.

재정위기단체	재정위험수준이 심각하다고 판단되는 지방자치단체
재정주의단체	재정위험수준이 심각하지는 않지만 재정의 건전성 또는 효율성이 현저하게 떨어졌다고 판단되는 지방자치단체

◇ **재정보고서**
재정보고서에는 예산, 결산, 출자, 통합부채, 우발부채, 그 밖의 재정상태에 대한 내용이 포함된다.

「지방재정법」
제55조의2(재정위기단체와 재정주의단체의 지정 및 해제)
① 행정안전부장관은 제55조제1항에 따른 재정분석 결과와 같은 조 제3항에 따른 재정진단 결과 등을 토대로 위원회의 심의를 거쳐 다음 각 호의 구분에 따라 해당 지방자치단체를 재정위기단체 또는 재정주의단체(財政注意團體)로 지정할 수 있다.
  1. 재정위기단체: 재정위험 수준이 심각하다고 판단되는 지방자치단체
  2. 재정주의단체: 재정위험 수준이 심각한 수준에 해당되지 아니하나 지방자치단체 재정의 건전성 또는 효율성 등이 현저하게 떨어졌다고 판단되는 지방자치단체
② 행정안전부장관은 제1항에 따라 지정된 재정위기단체 또는 재정주의단체의 지정사유가 해소된 경우에는 위원회의 심의를 거쳐 그 지정을 해제할 수 있다.
③ 제1항 및 제2항에 따른 재정위기단체 또는 재정주의단체의 지정 및 지정 해제의 기준·절차, 그 밖에 재정위기단체 또는 재정주의단체의 지정 및 지정 해제에 필요한 사항은 대통령령으로 정한다.

ⓑ **재정위기단체**

  ㉠ 재정건전화계획: 재정위기단체로 지정된 경우 지자체의 장은 재정건전화계획을 수립해 행정안전부 장관의 승인을 받아 지방의회의 의결을 얻어야 한다.

  ㉡ 진행상황 보고: 지자체의 장은 재정건전화계획의 이행상황을 지방의회 및 행정안전부장관에게 보고해야 한다.

  ㉢ 지방채 등의 발행 제한: 재정위기단체의 경우 재정건전화계획에 의하지 않고는 지방채의 발행, 채무의 보증, 일시차입, 채무부담행위를 할 수 없으며 대통령령으로 정하는 규모 이상의 재정투자사업에 관한 예산을 편성할 수 없다.

  ㉣ 불이익의 발생: 행정안전부장관은 재정위기단체의 재정건전화계획 수립 및 이행 결과가 현저히 부진하다고 판단하는 경우에는 교부세를 감액하거나 그 밖의 재정상의 불이익을 부여할 수 있다.

「지방재정법」
제55조의3(재정위기단체 등의 의무 등)
① 제55조의2제1항제1호에 따른 재정위기단체로 지정된 지방자치단체의 장(이하 "재정위기단체의 장"이라 한다)은 대통령령으로 정하는 바에 따라 재정건전화계획을 수립하여 행정안전부장관의 승인을 받아야 한다. 이 경우 시장·군수 및 자치구의 구청장은 시·도지사를 경유하여야 한다.
② 재정위기단체의 장은 제1항에 따른 재정건전화계획에 대하여 지방의회의 의결을 얻어야 한다.
③ 재정위기단체의 장이 예산을 편성할 때에는 제2항에 따른 재정건전화계획을 기초로 하여야 한다.
④ 재정위기단체의 장은 재정건전화계획의 이행상황을 지방의회 및 행정안전부장관에게 보고하여야 한다. 이 경우 시장·군수 및 자치구의 구청장은 시·도지사를 경유하여야 한다.
⑤ 행정안전부장관은 재정위기단체의 재정건전화계획 수립 및 이행상황에 대하여 필요한 사항을 권고하거나 지도할 수 있다.
⑥ 재정위기단체의 장은 특별한 사유가 없는 한 제5항의 권고 또는 지도에 따라야 한다.
⑦ 재정위기단체의 장은 재정건전화계획 및 이행상황을 매년 2회 이상 주민에게 공개하여야 한다.
⑧ 행정안전부장관은 제55조의2제1항제2호에 따른 재정주의단체로 지정된 지방자치단체에 대하여 위원회의 심의를 거쳐 제1항에 따른 재정건전화계획의 수립 및 이행을 권고하거나 재정건전화에 필요한 사항을 지도할 수 있다.

제55조의4(재정위기단체의 지방채 발행 제한 등)
① 재정위기단체의 장은 제11조부터 제13조까지, 제44조 및 「지방회계법」 제24조에도 불구하고 행정안전부장관의 승인과 지방의회의 의결을 얻은 재정건전화계획에 의하지 아니하고는 지방채의 발행, 채무의 보증, 일시차입, 채무부담행위를 할 수 없다.
② 재정위기단체의 장은 제37조에도 불구하고 행정안전부장관의 승인과 지방의회의 의결을 얻은 재정건전화계획에 의하지 아니하고는 대통령령으로 정하는 규모 이상의 재정투자사업에 관한 예산을 편성할 수 없다.

기출선지
행정안전부장관은 재정분석 및 재정진단 실시 후 모든 사항을 3개월 이내에 국회소관 상임위원회에 보고해야 한다. (X)   14 서울 7 지방자치론

해설 | 행정안전부 장관은 재정분석 및 재정진단 실시 후 주요 사항을 3개월 이내에 국회소관상임위원회에 보고해야 한다.

제55조의5(재정건전화 이행 부진 지방자치단체에 대한 불이익 부여)
① 행정안전부장관은 재정위기단체의 재정건전화계획 수립 및 이행 결과가 현저히 부진하다고 판단하는 경우에는 교부세를 감액하거나 그 밖의 재정상의 불이익을 부여할 수 있다.
② 행정안전부장관은 제1항의 목적을 달성하기 위하여 필요한 경우에는 관계 중앙관서의 장 및 시·도지사에게 필요한 조치 등을 취하도록 협조를 요청할 수 있다.
③ 제2항에 따라 협조를 요청받은 관계 중앙관서의 장 및 시·도지사는 특별한 사유가 없는 한 협조하여야 한다.

⑤ 긴급재정관리단체

ⓐ **지정**: 행정안전부장관은 「지방재정법」 제60조의3①의 요건에 해당해 자력으로 재정위기상황 극복이 어렵다고 판단되는 경우 해당 지방자치단체를 긴급재정관리단체로 지정할 수 있다. 이 경우 해당 지방자치단체의 장과 지방의회의 의견을 들어야 한다.

ⓑ **긴급재정관리인**: 행정안전부장관은 국가기관 소속 공무원 또는 재정관리에 관한 업무지식과 경험이 풍부한 사람을 긴급재정관리인으로 선임해 지방자치단체에 파견해야 한다.

ⓒ **긴급재정관리계획의 수립**: 긴급재정관리단체의 장은 긴급재정관리계획안을 작성하여 긴급재정관리인의 검토를 받아 지방의회의 의결을 거친 후 행정안전부장관의 승인을 받아야 한다.

ⓓ **국가의 지원**: 국가는 긴급재정관리단체가 긴급재정관리계획을 추진하는 데 필요한 행정적·재정적 사항을 지원할 수 있다.

「지방재정법」
제60조의3(긴급재정관리단체의 지정 및 해제)
① 행정안전부장관은 지방자치단체가 다음 각 호의 어느 하나에 해당하여 자력으로 그 재정위기상황을 극복하기 어렵다고 판단되는 경우에는 해당 지방자치단체를 긴급재정관리단체로 지정할 수 있다. 이 경우 행정안전부장관은 긴급재정관리단체로 지정하려는 지방자치단체의 장과 지방의회의 의견을 미리 들어야 한다.
  1. 제55조의2에 따라 재정위기단체로 지정된 지방자치단체가 제55조의3에 따른 재정건전화계획을 3년간 이행하였음에도 불구하고 재정위기단체로 지정된 때부터 3년이 지난 날 또는 그 이후의 지방자치단체의 재정위험 수준이 재정위기단체로 지정된 때보다 대통령령으로 정하는 수준 이하로 악화된 경우
  2. 소속 공무원의 인건비를 30일 이상 지급하지 못한 경우
  3. 상환일이 도래한 채무의 원금 또는 이자에 대한 상환을 60일 이상 이행하지 못한 경우
② 지방자치단체의 장은 해당 지방자치단체가 제1항 각 호의 어느 하나에 해당되거나 그에 준하는 재정위기에 직면하여 긴급재정관리가 필요하다고 판단하는 경우에는 지방의회의 의견을 들은 후 행정안전부장관에게 제1항에 따른 긴급재정관리단체의 지정을 신청할 수 있다.
③ 행정안전부장관은 제1항에 따라 긴급재정관리단체를 지정하거나 제2항에 따라 지방자치단체의 장의 신청으로 긴급재정관리단체를 지정하려면 위원회의 심의를 거쳐야 한다.
④ 제1항 또는 제2항에 따라 긴급재정관리단체로 지정된 지방자치단체(이하 "긴급재정관리단체"라 한다)의 장은 그 지정사유가 해소된 경우에는 지방의회의 의견을 들은 후 행정안전부장관에게 지정 해제를 신청할 수 있다.
⑤ 행정안전부장관은 긴급재정관리단체의 지정사유가 해소된 경우 또는 제4항에 따른 지정 해제의 신청이 있는 경우에는 위원회의 심의를 거쳐 그 지정을 해제할 수 있다.
⑥ 행정안전부장관은 시·도를 제1항 또는 제2항에 따라 긴급재정관리단체로 지정한 경우에는 지정한 날부터 60일 이내에 국무회의에 보고하여야 한다.
⑦ 제1항부터 제6항까지에서 규정한 사항 외에 긴급재정관리단체의 지정 및 해제 등에 필요한 사항은 대통령령으로 정한다.

제60조의4(긴급재정관리인의 선임 및 파견)
① 행정안전부장관은 국가기관 소속 공무원 또는 재정관리에 관한 업무 지식과 경험이 풍부한 사람을 긴급재정관리인으로 선임하여 긴급재정관리단체에 파견하여야 한다.

② 행정안전부장관은 제1항에 따라 긴급재정관리인을 선임하려면 미리 위원회의 심의·의결을 거쳐야 한다.
③ 긴급재정관리인은 다음 각 호의 업무를 수행한다.
   1. 제60조의5에 따른 긴급재정관리계획안의 작성 및 검토
   2. 제60조의6에 따른 긴급재정관리계획의 이행상황에 대한 점검 및 보고·자료제출 요구
   3. 그 밖에 긴급재정관리단체의 재정위기 극복을 위하여 필요한 업무
④ 제1항부터 제3항까지에서 규정한 사항 외에 긴급재정관리인의 선임 방법 및 절차, 긴급재정관리인의 업무 등에 필요한 사항은 대통령령으로 정한다.

제60조의5(긴급재정관리계획의 수립)
① 긴급재정관리단체의 장은 다음 각 호의 사항이 포함된 긴급재정관리계획안을 작성하여 긴급재정관리인의 검토를 받아 지방의회의 의결을 거친 후 행정안전부장관의 승인을 받아야 한다. 다만, 긴급재정관리단체의 장은 직접 긴급재정관리계획안을 작성하는 것이 적절하지 아니한 경우로서 대통령령으로 정하는 경우에는 긴급재정관리인으로 하여금 긴급재정관리계획안을 작성하게 하여야 한다.

⑥ **재정벌칙(부당교부세 시정조치)**: 행정안전부장관은 교부세 산정에 필요한 자료를 부풀리거나 거짓으로 기재하여 부당하게 교부세를 교부받거나 받으려 한 지자체에 대해 정당금액 초과부분의 반환을 명하거나 부당하게 받으려 하는 금액을 감액할 수 있다. 또한 법령을 위반하여 과도한 경비 지출 또는 징수를 게을리한 경우 교부세의 일부를 반환하도록 명령한다.

「지방교부세법」
제11조(부당 교부세의 시정 등)
① 행정안전부장관은 지방자치단체가 교부세 산정에 필요한 자료를 부풀리거나 거짓으로 기재하여 부당하게 교부세를 교부받거나 받으려 하는 경우에는 그 지방자치단체가 정당하게 받을 수 있는 금액을 초과하는 부분을 반환하도록 명하거나 부당하게 받으려 하는 금액을 감액(減額)할 수 있다.
② 행정안전부장관은 지방자치단체가 법령을 위반하여 지나치게 많은 경비를 지출하였거나 수입 확보를 위한 징수를 게을리한 경우에는 그 지방자치단체에 교부할 교부세를 감액하거나 이미 교부한 교부세의 일부를 반환하도록 명할 수 있다. 이 경우 감액하거나 반환을 명하는 교부세의 금액은 법령을 위반하여 지출하였거나 징수를 게을리하여 확보하지 못한 금액을 초과할 수 없다.
③ 행정안전부장관은 지방자치단체의 장이 제9조제4항에 따른 교부조건이나 용도를 위반하여 특별교부세를 사용한 때에는 교부조건이나 용도를 위반하여 사용한 금액의 반환을 명하거나 다음 연도에 교부할 지방교부세에서 이를 감액할 수 있다.
④ 제1항부터 제3항까지의 규정에 따라 교부세를 반환하는 경우에는 대통령령으로 정하는 바에 따라 분할하여 반환할 수 있다.

⑦ **지역통합재정통계의 작성**: 지방자치단체의 장은 지역통합재정통계를 작성하여 행정안전부장관에게 제출하여야 한다(교육비특별회계 관련 자료는 시·도지사가 교육부장관에게도 제출).

「지방재정법」
제59조(지역통합재정통계의 작성)
① 지방자치단체의 장은 회계연도마다 예산서와 결산서를 기준으로 다음 각 호의 상황을 종합적으로 나타내는 통계(이하 "지역통합재정통계"라 한다)를 작성하여야 한다. 다만, 시·도지사는 교육비특별회계에 관하여는 제2항과 제3항에 따라 교육감이 제출한 자료를 토대로 교육감과 협의하여 작성하여야 한다.
   1. 일반회계, 특별회계(교육비특별회계를 포함한다) 및 기금
   2. 지방공기업의 재정상황
   3. 지방자치단체 출자·출연기관의 재정상황
② 지방자치단체의 장은 제1항에 따라 작성한 지역통합재정통계를 행정안전부장관에게 제출하여야 하며, 시·도지사는 교육부장관에게도 제출하여야 한다.
③ 지방자치단체의 장 및 교육감은 지역통합재정통계의 작성에 필요한 정보를 관계 기관에 요청할 수 있다. 이 경우 요청을 받은 기관은 이에 따라야 한다.
④ 지역통합재정통계 작성의 방법, 기준, 절차 등은 교육부장관과 행정안전부장관이 협의하여 정한다.

기출선지
「지방재정법」상 행정안전부장관은 자력으로 재정위기 상황을 극복하는 것이 어렵다고 판단되는 지방자치단체에 대하여 해당 지방자치단체의 장과 지방의회의 의견을 듣지 않고 긴급재정관리단체로 지정할 수 있다. (X)
17 서울 7 지방자치론

해설 | 행정안전부장관이 지방자치단체를 긴급재정관리단체로 지정하는 경우 지방자치단체의 장과 지방의회의 의견을 들어야 한다.

지방자치단체의 장은 행정안전부장관이 정하는 바에 따라 매년 재정건전성관리계획을 수립하여 시행해야 한다. (O)
19 지방 7 지방자치론

⑧ **지방재정건전성 관리**: 지방자치단체의 장은 행정안전부 장관이 정하는 바에 따라 매년 재정건전성관리계획을 수립하여 시행하여야 한다.

> 「지방재정법」제87조의3(지방재정건전성의 관리)
> ① 지방자치단체의 장은 행정안전부장관이 정하는 바에 따라 매년 다음 각 호의 사항이 포함된 재정건전성관리계획을 수립하여 시행하여야 한다.
> 　1. 전전년도 및 전년도 통합부채와 우발부채의 변동 상황
> 　2. 해당 회계연도의 통합부채와 우발부채의 추정액
> 　3. 해당 회계연도부터 5회계연도 이상의 기간에 대한 통합부채와 우발부채의 변동 전망과 근거 및 관리계획
> 　4. 그 밖에 대통령령으로 정하는 사항
> ② 행정안전부장관은 지방재정건전성 관리제도의 운영에 있어서 특별한 사유가 없으면 통합부채와 우발부채를 모두 고려하여야 한다.
> ③ 행정안전부장관은 통합부채, 우발부채의 체계적 관리에 필요한 사항을 지방자치단체에 통보하여야 한다.

4 특별지방행정기관 ★★★

1. 의의와 설치목적

(1) 의의
① 특별지방행정기관은 국가의 특정한 행정부서에 소속되어 특수한 전문분야의 행정사무를 처리하는 지방행정기관(일선기관)이다.
② 사무의 전문성이나 관할구역의 특수성 등으로 인하여 '필요한 경우' 설치되는 예외적 기관으로 지방자치단체와 달리 독립적 법인격이 없는 기관으로 일반지방행정기관◇과도 구별된다.

(2) 설치목적
① 특별지방행정기관은 행정국가 시기 행정의 전문성이 강화되는 상황에서 전문분야의 행정을 효율적으로 수행하기 위하여 지방에 설치하는 기구이다.
② 우리나라의 경우 1980년대 후반 급증하였는데, 주로 광역행정의 요청과 중앙통제 및 관리감독의 편의를 위해 설치되었다.

(3) 예시: 지방경찰청(경찰청·사무소), 지방보훈청, 지방중소기업청, 지방고용노동청(지청), 지방환경청, 지방국토관리청(국토관리사무소), 지방산림청(국유림관리소), 지방통계청(통계사무소) 등

◇ **일반지방행정기관**
일반지방행정기관(보통지방행정기관)은 국가 또는 지방자치단체의 관할구역 안에서 시행되는 공공사무를 종합적으로 처리하며, 국가 또는 지방자치단체의 일반적인 지휘·감독을 받는 지방행정기관으로 도지사, (행정)시장, (행정)구청장, 읍장, 면장, 동장 등이 있다.

2. 효용과 한계

(1) 효용
① **중앙행정기관의 업무부담 경감**: 특별지방행정기관을 두어 중앙행정기관이 정책을 수립, 조정하는 기능에 전념하도록 할 수 있다.
② **지역특성에 부합**: 중앙에서 지시된 행정이 지역별 특성에 따라 집행될 수 있다.
③ **행정의 전문성과 통일성 구현**: 중앙에서 주도하는 행정을 통해 신속한 업무처리가 가능하고 전문적·통일적 기술이나 절차를 전국적으로 활용할 수 있다.
④ **광역행정 용이**: 중앙정부를 통해 이루어지는 행정으로 인접지역과의 협력이 용이해 광역행정을 구현하는 수단으로 활용될 수 있다.

기출선지
특별지방행정기관은 중앙행정기관이 소관 사무를 집행하기 위해 설치한 지방행정기관이며, 세무서와 출입국관리사무소는 특별지방행정기관에 해당한다. (O)
16 국가 9

(2) 한계
① **자치행정저해**: 지방의 행정을 중앙의 기관이 실시하는 형태로 자치행정 및 책임행정이 저해될 수 있다.
② **업무중복으로 인한 비효율성 발생**: 특별지방행정기관과 지방자치단체의 기능이 중복되는 경우 비효율성이 발생할 수 있다.
③ **종합행정저해**: 특별지방행정기관은 분야별로 별도 설치되어 있어 지방자치단체를 통해 구현되는 종합적인 행정이 저해될 수 있다.

> **참고자료**
>
> ● **특별지방행정기관 현황**
>
> | | |
> |---|---|
> | 공정거래위원회 | 지방공정거래사무소 |
> | 식품의약품안전처 | 지방식품의약품안전청-수입식품검사소 |
> | 과학기술정보통신부 | 지방우정청-우체국 |
> | 법무부 | · 지방교정청-교도소, 구치소-지소
· 소년원, 보호관찰소, 출입국관리사무소 등 |
> | 환경부 | 유역환경청, 지방환경청 |
> | 고용노동부 | 지방고용노동청-지청 |
> | 국토교통부 | · 지방국토관리청-국토관리사무소
· 지방항공청-항공관리사무소 |
> | 해양수산부 | 지방해양항만청-해양사무소 |
> | 중소벤처기업부 | 지방중소벤처기업청-지방중소벤처기업사무소 |
> | 국가보훈부 | 지방보훈청-보훈지청 |
> | 국세청 | 지방국세청-세무서-지서 |
> | 관세청 | 본부세관-세관 |
> | 조달청 | 지방조달청 |
> | 통계청 | 지방통계청-지방통계사무소 |
> | 검찰청 | 고등검찰청-지방검찰청-지청 |
> | 병무청 | 지방병무청-지청 |
> | 질병관리청 | 국립검역소 |
> | 해양경찰청 | 지방해양경찰청-해양경찰서 |
> | 산림청 | 지방산림청-국유림관리소 |
> | 기상청 | 지방기상청-기상대 |

02 정부 간 협력

1 소극적 협력: 정부 간 분쟁조정

1. 분쟁의 의의와 유형

   (1) **의의**: 갈등이 구체화하여 장애가 만들어진 상황을 분쟁이라고 한다.

(2) 분쟁의 유형

분쟁주체	지방자치단체	국가와 광역자치단체 간, 국가와 기초자치단체 간, 광역자치단체와 기초자치단체 간, 광역자치단체 상호 간, 기초자치단체 상호 간 분쟁 등
	지방자치단체장	지방자치단체장 상호 간의 분쟁
	지역주민	교통관계, 시설입지, 기업유치, 환경오염 등을 둘러싸고 지역주민 간 이해가 엇갈린 경우 등
분쟁내용	권한분쟁	• 적극적 권한쟁의: 자기의 권한이 상대방에 의하여 침해되는 경우에 권한 소유를 주장 • 소극적 권한쟁의: 자기의 권한이 아님을 주장
	이익분쟁	• 각 지방자치단체가 이익을 추구하는 과정에서 분쟁이 발생 • 적극적으로 이익을 주장하는 경우+소극적으로 상대방의 이익추구로부터 손실을 방지하고자 하는 경우
분쟁원인	기피분쟁(NIMBY)	쓰레기매립장 등 위험시설을 자기 관할구역 안에 두지 않으려는 데서 야기되는 분쟁
	유치분쟁(PIMFY)	도청·군청과 같은 기관이나 고속전철역과 같은 사회적 간접자본시설을 자기 관할구역 안에 유치하려는 데서 야기되는 분쟁

2. 분쟁의 요인과 해결방안

(1) 요인

상황적 요인	상호의존성 증가	• 광역적 행정수요가 증가하면서 지방자치단체 간의 상호의존성이 증가 • 상호의존성이 증가하면서 자원의 효율적 이용, 외부경제 효과의 분담 등에 있어 분쟁 가능
	자원의 제한	• 지방자치단체들이 제한된 자원에 공동으로 의존하면서 분쟁가능성 증대 • 중앙정부와 지방정부 간 재원 및 재원부담을 둘러싼 갈등 심화
	자율성과 능력의 불균형	자치단체의 자율성, 책임, 의무는 강화되지만 그에 부응하는 능력이 구비되지 못할 때 분쟁 발생
인식적 요인	목표의 상반성	둘 이상의 지방자치단체가 상반되는 목표를 추구할 때
	지역이기주의	국가 전체 또는 사회 공동의 이익보다 자기 지역의 이익을 우선시하는 지역이기주의에 젖어 있을 때, 시설의 입지나 계획의 추진을 둘러싼 갈등이 심화됨.
	인식의 차이	공동으로 의사결정을 해야 하는데, 인식의 차이가 있는 경우
행동적 요인		지방자치단체의 회피적 태도, 이의제기, 과격조치 등의 행동은 분쟁을 심화시킴.

(2) 분쟁의 해결방안

① **당사자 간 분쟁해결**: 분쟁 당사자들이 직접 협상을 통하여 해결하는 방법으로 가장 바람직하다.

② **제3자에 의한 분쟁해결**: 소송과 대안적 분쟁해결제도◇(ADR: Alternative Dispute Resolution)가 있다.

◇ **대안적 분쟁해결제도**
ADR은 소송 이전에 약식으로 분쟁을 해결하는 제도로 당사자 간 화해, 화해 알선, 조정, 중재(알선이나 조정이 곤란한 경우 법률적 판단으로 분쟁을 해결) 등이 있다.

3. 우리나라의 분쟁조정기구

(1) 분쟁조정위원회

① **의의**: 지방자치단체 간의 갈등을 해결하는 법률상 필수기구

　ⓐ **중앙분쟁조정위원회**: 광역지자체 간, 광역지자체와 기초지자체 간, 시·도가 다른 기초지자체 간의 분쟁을 해결하며 행정안전부에 둔다.

　ⓑ **지방분쟁조정위원회**: 같은 시·도 내 기초자치단체 간 분쟁을 해결하며 시·도에 둔다.

② 절차

　ⓐ 분쟁의 한쪽 당사자 신청에 의해 행정안전부장관 또는 시·도지사가 다른 당사자에게 통보하고 조정한다.

　ⓑ 공익을 현저히 저해하여 신속한 조정이 필요하다고 인정되는 경우 직권으로 조정할 수 있다.

　ⓒ 행정안전부 장관 또는 시·도지사가 분쟁을 조정하는 경우 그 취지를 미리 당사자에게 알려야 하며, 관계 중앙행정기관의 장과의 협의를 거쳐 분쟁조정위원회의 의결에 따라 조정하여야 한다.

「지방자치법」

제165조(지방자치단체 상호 간의 분쟁조정)

① 지방자치단체 상호 간 또는 지방자치단체의 장 상호 간에 사무를 처리할 때 의견이 달라 다툼(이하 "분쟁"이라 한다)이 생기면 다른 법률에 특별한 규정이 없으면 행정안전부장관이나 시·도지사가 당사자의 신청을 받아 조정할 수 있다. 다만, 그 분쟁이 공익을 현저히 해쳐 조속한 조정이 필요하다고 인정되면 당사자의 신청이 없어도 직권으로 조정할 수 있다.

② 제1항 단서에 따라 행정안전부장관이나 시·도지사가 분쟁을 조정하는 경우에는 그 취지를 미리 당사자에게 알려야 한다.

③ 행정안전부장관이나 시·도지사가 제1항의 분쟁을 조정하려는 경우에는 관계 중앙행정기관의 장과의 협의를 거쳐 제166조에 따른 지방자치단체중앙분쟁조정위원회나 지방자치단체지방분쟁조정위원회의 의결에 따라 조정을 결정하여야 한다.

④ 행정안전부장관이나 시·도지사는 제3항에 따라 조정을 결정하면 서면으로 지체 없이 관계 지방자치단체의 장에게 통보하여야 하며, 통보를 받은 지방자치단체의 장은 그 조정 결정 사항을 이행하여야 한다.

⑤ 제3항에 따른 조정 결정 사항 중 예산이 필요한 사항에 대해서는 관계 지방자치단체는 필요한 예산을 우선적으로 편성하여야 한다. 이 경우 연차적으로 추진하여야 할 사항은 연도별 추진계획을 행정안전부장관이나 시·도지사에게 보고하여야 한다.

⑥ 행정안전부장관이나 시·도지사는 제3항의 조정 결정에 따른 시설의 설치 또는 서비스의 제공으로 이익을 얻거나 그 원인을 일으켰다고 인정되는 지방자치단체에 대해서는 그 시설비나 운영비 등의 전부나 일부를 행정안전부장관이 정하는 기준에 따라 부담하게 할 수 있다.

⑦ 행정안전부장관이나 시·도지사는 제4항부터 제6항까지의 규정에 따른 조정 결정 사항이 성실히 이행되지 아니하면 그 지방자치단체에 대하여 제189조를 준용하여 이행하게 할 수 있다.

제166조(지방자치단체중앙분쟁조정위원회 등의 설치와 구성 등)

① 제165조제1항에 따른 분쟁의 조정과 제173조제1항에 따른 협의사항의 조정에 필요한 사항을 심의·의결하기 위하여 행정안전부에 지방자치단체중앙분쟁조정위원회(이하 "중앙분쟁조정위원회"라 한다)를, 시·도에 지방자치단체지방분쟁조정위원회(이하 "지방분쟁조정위원회"라 한다)를 둔다.

② 중앙분쟁조정위원회는 다음 각 호의 분쟁을 심의·의결한다.
　1. 시·도 간 또는 그 장 간의 분쟁
　2. 시·도를 달리하는 시·군 및 자치구 간 또는 그 장 간의 분쟁
　3. 시·도와 시·군 및 자치구 간 또는 그 장 간의 분쟁
　4. 시·도와 지방자치단체조합 간 또는 그 장 간의 분쟁
　5. 시·도를 달리하는 시·군 및 자치구와 지방자치단체조합 간 또는 그 장 간의 분쟁
　6. 시·도를 달리하는 지방자치단체조합 간 또는 그 장 간의 분쟁

③ 지방분쟁조정위원회는 제2항 각 호에 해당하지 아니하는 지방자치단체·지방자치단체조합 간 또는 그 장 간의 분쟁을 심의·의결한다.

④ 중앙분쟁조정위원회와 지방분쟁조정위원회(이하 "분쟁조정위원회"라 한다)는 각각 위원장 1명을 포함하여 11명 이내의 위원으로 구성한다.
⑤ 중앙분쟁조정위원회의 위원장과 위원 중 5명은 다음 각 호의 사람 중에서 행정안전부장관의 제청으로 대통령이 임명하거나 위촉하고, 대통령령으로 정하는 중앙행정기관 소속 공무원은 당연직위원이 된다.
  1. 대학에서 부교수 이상으로 3년 이상 재직 중이거나 재직한 사람
  2. 판사·검사 또는 변호사의 직에 6년 이상 재직 중이거나 재직한 사람
  3. 그 밖에 지방자치사무에 관한 학식과 경험이 풍부한 사람
⑥ 지방분쟁조정위원회의 위원장과 위원 중 5명은 제5항 각 호의 사람 중에서 시·도지사가 임명하거나 위촉하고, 조례로 정하는 해당 지방자치단체 소속 공무원은 당연직위원이 된다.
⑦ 공무원이 아닌 위원장 및 위원의 임기는 3년으로 하며, 연임할 수 있다. 다만, 보궐위원의 임기는 전임자 임기의 남은 기간으로 한다.

제167조(분쟁조정위원회의 운영 등)
① 분쟁조정위원회는 위원장을 포함한 위원 7명 이상의 출석으로 개의하고, 출석위원 3분의 2 이상의 찬성으로 의결한다.
② 분쟁조정위원회의 위원장은 분쟁의 조정과 관련하여 필요하다고 인정하면 관계 공무원, 지방자치단체조합의 직원 또는 관계 전문가를 출석시켜 의견을 듣거나 관계 기관이나 단체에 대하여 자료 및 의견 제출 등을 요구할 수 있다. 이 경우 분쟁의 당사자에게는 의견을 진술할 기회를 주어야 한다.
③ 이 법에서 정한 사항 외에 분쟁조정위원회의 구성과 운영 등에 필요한 사항은 대통령령으로 정한다.

③ **효력**: 협의·조정 결정사항을 이행하여야 하는 법적 구속력은 있으며, 조정사항을 이행하지 않은 경우 「지방자치법」 제189조에 따라 직무이행명령과 대집행을 할 수 있어 실질적 구속력도 가진다.

(2) 행정협의조정위원회(중앙 VS 지방)

① **의의**: 중앙행정기관과 지방자치단체 간의 갈등을 해결하는 국무총리 소속의 법률상 필수기구이다.

② **구성**
  ⓐ 위원장 1명을 포함하여 13명 이내의 위원으로 구성한다.
  ⓑ 위원은 기획재정부장관, 행정안전부장관, 국무조정실장 및 법제처장, 안건과 관련된 중앙행정기관의 장과 시·도지사 중 위원장이 지명하는 사람, 그 밖에 지방자치에 관한 학식과 경험이 풍부한 사람 중에서 국무총리가 위촉하는 사람 4명을 포함한다.
  ⓒ 위원장은 지방자치에 관한 학식과 경험이 풍부한 사람 중에서 국무총리가 위촉한다.
  ⓓ 위원장과 위촉위원의 임기는 2년이다.

③ **절차**: 분쟁 당사자 일방 또는 쌍방이 행정협의조정위원회의 위원장에게 분쟁조정을 서면으로 신청한다(시·도지사는 행정안전부장관을, 시장·군수·구청장은 시·도지사와 행정안전부장관을 거침). 이후 국무총리에게 보고 후, 행정협의조정위원회의 협의 및 조정이 이루어진다.

④ **효력**: 협의·조정 결정사항을 이행하여야 하는 법적 구속력은 있으나, 이행명령이나 대집행이 이루어질 수 없으므로 실질적 구속력은 약하다.

「지방자치법」
제187조(중앙행정기관과 지방자치단체 간 협의·조정)
① 중앙행정기관의 장과 지방자치단체의 장이 사무를 처리할 때 의견을 달리하는 경우 이를 협의·조정하기 위하여 국무총리 소속으로 행정협의조정위원회를 둔다.
② 행정협의조정위원회는 위원장 1명을 포함하여 13명 이내의 위원으로 구성한다.
③ 행정협의조정위원회의 위원은 다음 각 호의 사람이 되고, 위원장은 제3호의 위촉위원 중에서 국무총리가 위촉한다.
  1. 기획재정부장관, 행정안전부장관, 국무조정실장 및 법제처장

기출선지
「지방자치법」상 중앙행정기관의 장과 지방자치단체의 장이 사무를 처리할 때 의견을 달리하는 경우 이를 협의·조정하기 위하여 국무총리 소속으로 행정협의조정위원회를 둔다. (O)
| 13 국가 7, 14 서울 9, 15 서울 7, 17 국가 9

2. 안건과 관련된 중앙행정기관의 장과 시·도지사 중 위원장이 지명하는 사람
3. 그 밖에 지방자치에 관한 학식과 경험이 풍부한 사람 중에서 국무총리가 위촉하는 사람 4명

「지방자치법 시행령」

제105조(행정협의조정위원회 위원의 임기) 법 제187조제1항에 따른 행정협의조정위원회(이하 "행정협의조정위원회"라 한다)의 위원장과 위촉위원의 임기는 2년으로 한다. 다만, 보궐위원의 임기는 전임위원 임기의 남은 기간으로 한다.

제106조(행정협의조정위원회의 기능과 협의조정 절차)
① 행정협의조정위원회는 중앙행정기관의 장이나 지방자치단체의 장의 신청에 따라 당사자 간에 의견을 달리하는 사항에 대하여 협의·조정한다.
② 제1항에 따른 협의·조정의 신청은 당사자의 양쪽이나 어느 한쪽이 서면으로 행정협의조정위원회의 위원장에게 해야 한다.
③ 제2항에 따라 협의·조정을 신청했을 때에는 당사자가 시·도지사인 경우 행정안전부장관에게, 당사자가 시장·군수·구청장인 경우 시·도지사와 행정안전부장관에게 신청사실을 통보해야 한다.
④ 행정협의조정위원회의 위원장은 제2항에 따른 신청을 받으면 그 사실을 지체 없이 국무총리에게 보고하고 행정안전부장관, 관계 중앙행정기관의 장과 해당 지방자치단체의 장에게 통보해야 한다.
⑤ 행정협의조정위원회의 위원장은 제1항에 따른 협의·조정사항에 관한 결정을 하면 지체 없이 서면으로 국무총리에게 보고하고, 행정안전부장관, 관계 중앙행정기관의 장과 해당 지방자치단체의 장에게 통보해야 한다.
⑥ 제5항에 따른 통보를 받은 관계 중앙행정기관의 장과 해당 지방자치단체의 장은 그 협의·조정 결정사항을 이행해야 한다.

한눈에 보기

우리나라의 분쟁조정

동일 시·도내 기초자치단체 간	지방분쟁조정위원회의결 → 광역자치단체 장 조정 및 결정	구속력 O
시·도를 달리하는 기초자치단체 간, 광역자치단체와 광역자치단체 간	중앙분쟁조정위원회의결 → 행정안전부 장관 조정 및 결정	구속력 O
중앙과 지방자치단체 간	국무총리실 행정협의조정위원회의 조정 및 결정	구속력 ×

참고자료

기타 조정기구

1. **헌법재판소**: 국가기관과 자치단체 간, 자치단체 상호 간의 권한쟁의사항 심판
2. **지방자치단체장 등의 협의체**: 시·도지사 협의회, 시장·군수·구청장 협의회, 시·도의회의장 협의회, 시·군·구의회 의장협의회 등을 통해 상호 간 교류·협력 증진과 공동문제의 협의기능을 통해 분쟁조정
3. **환경분쟁조정위원회**: 환경오염의 피해로 인한 분쟁을 조정하는 기구로, 분쟁의 해결에 관한 최종적 결정이 가능한 대체적 분쟁조정기관이라는 점에서 심의의결기관인 지방자치단체 분쟁조정위원회와 차이가 존재함.

2 적극적 협력: 광역행정

1. 의의

(1) **의의**: 둘 이상의 지방자치단체의 관할구역에 걸쳐서 공동적·통일적으로 수행되는 행정을 의미한다.

(2) **배경**: 사회·경제권역의 확대, 산업·경제의 발달에 따른 지자체 간 격차 시정의 필요성, 규모의 경제 요청, 행정수준 평준화의 요청, 행정능력 향상화의 요청, 집권과 분권의 조화, 갈등해결과 협력 필요성 증가로 인해 광역행정의 수요◇가 증가하고 있다.

◇ **광역행정수요가 나타나는 사무**
① 한 자치단체의 구역 내에 한정시켜 처리하기 곤란한 사무
② 2개 이상의 자치단체에 걸치는 행정업무를 그 구역에 따라 엄격히 분리할 경우, 행정의 능률성을 저해하거나 행정목표를 효과적으로 달성할 수 없는 사무
③ 국가 전체에 큰 영향을 미치는 사무
④ 비용부담자와 편익수혜자가 일치하지 않는 외부효과가 발생하는 사무
⑤ 전국적인 통일을 기함으로써 효율성이 증가하여 규모의 경제를 실현시키는 사무

기출선지
광역행정의 촉진요인으로는 사회·경제권의 확대, 정책의 지역적 실험, 산업·경제의 고도성장, 규모의 경제 요청 등이 있다. (X) 14 서울 7 지방자치론

해설 | 광역행정의 촉진요인에 정책의 지역적 실험 확대는 해당하지 않는다.

> **기출선지**
> 광역행정은 기존의 행정구역을 초월해 더 넓은 지역을 대상으로 행정을 수행한다. (O)
> | 19 지방 9

2. 효용과 한계

(1) 효용
① 광역적 사무를 능률적으로 처리하면서도 지역행정의 특수성을 도모하므로 중앙집권과 지방분권을 조화시킬 수 있다.
② 교통·통신의 발달로 생활권이 확대되어 발생한 행정구역과의 불일치 현상을 해결할 수 있다.
③ 보다 대량으로 공공서비스를 공급하므로 규모의 경제를 실현한다.
④ 자치단체의 재정적·기술적 능력을 벗어나는 문제를 해결한다.
⑤ 자치단체 간의 행정·재정 격차를 완화하고 평준화된 행정서비스를 공급할 수 있다.
⑥ 자치단체 간 협력이 강화되므로 자치단체 간 할거주의·지역이기주의적 행태를 개선할 수 있다.

(2) 한계
① 기초자치단체의 다양한 행정수요를 경시할 가능성이 있다.
② 자치권을 침해하고 주민의 자치의식을 약화시킬 우려가 있다.
③ 의사결정이 집권화되어 지방분권화에 저해될 수 있다.

3. 광역행정의 방식

(1) 공동처리
① 의의: 둘 이상의 지방자치단체가 협력관계를 형성하여 광역적 행정사무를 공동으로 처리하는 방식이다.

② 유형

행정협의회	• 자치단체들이 사무의 일부를 공동으로 처리하기 위하여 규약을 정하고 설치하는 협의기관 • 기존 자치단체의 변화 없이 사무처리를 할 수 있어 효율적이나, 법인격이 없어 사무처리의 효과가 협의회가 아닌 자치단체에 귀속 예 우리나라의 행정협의회
일부사무 조합	• 복수의 자치단체가 그 사무의 일부를 공동처리하기 위하여 합의하여 규약을 정하고 새로운 법인인 조합을 설치 • 법인이므로 사무처리의 효과가 조합에 귀속되고 협력의 효과가 협의회보다 크지만, 책임소재가 불분명한 단점이 존재
공동기관	복수의 자치단체가 그 기관의 간소화, 전문직원 확보, 재정절약 등을 위하여 계약에 의하여 부속기관, 직원 등을 공동으로 두는 방식
사무위탁	다른 자치단체에게 특정한 사무의 관리를 위탁하는 방식으로 사무처리 비용을 절감할 수 있으나, 위탁처리비용의 산정이 쉽지 않아 자치단체간 합의가 곤란함.
연락회의	일정한 광역적 행정단위에 각 자치단체 대표들로 구성되는 연락회의를 두는 방식

(2) 연합
① 의의: 복수의 자치단체가 독립적인 법인격을 유지하면서 상부조직인 연합단체(Federation)를 신설하여 광역행정사무를 처리하는 방식이다.

② 유형

지방자치단체 연합체	복수의 자치단체가 법인격을 유지하면서 특별자치단체적 성격을 가진 연합단체를 신설하여 광역행정사무를 처리 예 일본의 광역연합, 캐나다의 토론토 도시연합

도시공동체	대도시권의 시(기초지방자치단체) 등이 광역적 자치단체 또는 행정단위를 구성
복합사무조합	일부사무조합의 문제(책임성 약화, 비효율성 등)를 해결하기 위해 복수의 사무를 별도법인인 조합에서 처리하도록 하는 방식

(3) 통합
① 의의: 일정한 광역권 내에 여러 자치단체를 포괄하는 단일의 정부를 설립하여 그 정부의 주도로 광역사무를 처리하게 하는 방식으로 통합정부가 광역사무에 관하여 주도적으로 계획하고 집행하는 면에서 연합과 구별된다.

② 유형

합병	2개 이상의 기존 자치단체를 통·폐합하여 하나의 법인격을 지닌 자치단체를 신설
흡수통합	하급지방자치단체의 권한이나 지위를 흡수·통합
전부사무조합	복수의 자치단체가 계약에 의하여 모든 사무를 종합적으로 처리할 조합을 설치하는 방식으로서, 조합의 구성과 함께 기존의 각 자치단체를 사실상 소멸시키는 방식

(4) 특별구역지정방식
① 의의: 특수한 광역행정사무를 처리하기 위하여 일반행정구역이나 자치구역과는 별도의 구역을 지정하는 방식으로 미국의 학교구, 영국 런던의 수도경찰구나 상수도특별구 등이 있다.

② 특징: 일부사무조합 방식도 특별구역을 설치하는 것이지만 이는 둘 이상의 지방자치단체 사이의 협력방식임에 반해 특별구역방식은 법령 등에 의하여 지방자치구역을 정하는 방식이라는 점에서 차이가 있다.

4. 우리나라의 광역행정

(1) 의의
① 과거 우리나라는 자치단체의 구역이 광역적이며 중앙집권체제가 발전한 점, 지자체 간 협력 문화가 미흡했던 점 등으로 인해 광역행정이 발달하지 않았다.
② 환경의 변화로 광역행정의 수요가 증가하며, 「지방자치법」은 제164조에서 "다른 지방자치단체로부터 사무의 공동처리에 관한 요청이나 사무처리에 관한 협의·조정·승인 또는 지원의 요청을 받으면 법령의 범위에서 협력하여야 한다."는 규정을 두고 있다.

(2) 「지방자치법」상 광역행정방식
① 행정협의회

의의	• 가장 일반적인 광역행정방식으로 2개 이상의 자치단체에 관련된 사무의 일부를 공동으로 처리하기 위하여 관계 자치단체 간의 행정협의회를 구성◇ • 법인격이 없으므로 과세권, 집행권 등이 없음.
설립	협회의 설립에 있어 시·도가 구성원이면 행정안전부 장관과 관계 중앙행정기관의 장에게, 시·군·자치구가 구성원이면 시·도지사에게 보고해야 함.
규약 고시	관계 지방자치단체 간의 협의에 따라 규약을 정하여 관계 지방의회에 각각 보고한 다음에 고시해야 함.
협의회 조직	• 협의회는 회장과 위원으로 구성함. • 회장과 위원은 규약으로 정하는 바에 따라 관계 지방자치단체의 직원 중에서 선임함.
협의회 규약	협의회의 규약에는 ① 명칭, ② 구성하는 지방자치단체, ③ 협의회의 사무, ④ 조직과 회장 및 위원의 선임방법, ⑤ 운영과 사무처리에 필요한 경비의 부담이나 지출방법, ⑥ 그 밖의 구성과 운영에 필요한 사항을 포함해야 함.

◇ **행정협의회 구성**
시·도의 경우 행정안전부장관과 관계 중앙행정기관의 장에게, 시·군·구의 경우 시·도지사에게 보고하여야 하며 자치단체는 협의회 구성 시 관계 자치단체 간의 협의에 따라 규약을 정하여 지방의회 보고를 각각 거친 다음 이를 고시한다.

◇ **행정협의회 구성 방식의 간소화**
종전에 행정협의회 설립시에는 지방의회의 의결을 필요로 했으나, 22년 「지방자치법」 전면개정을 통해 설립절차를 의회의 '의결'형식이 아닌 의회'보고'형식으로 간소화 하였다.

◇ **행정협의회 의사 조정**
협의회에서 합의가 안 된 사항에 대하여 관계 자치단체장이 조정을 요청하면, 시·도 간의 경우 행정안전부장관이, 시·군·구의 경우 시·도지사가 조정한다. 행정안전부장관 또는 시·도지사가 조정을 하고자 할 때에는 관계 중앙행정기관의 장과의 협의를 거쳐 분쟁조정위원회의 의결에 따라 조정하며 시·군·구가 2개 이상의 시·도에 걸치는 경우에는 행정안전부장관이 조정한다.

사무처리 효력	• 협의회가 결정한 사항이 있는 경우 이에 따라 사무를 처리 • 협의회 자체는 집행권한과 강제이행권한이 없으며 집행권한과 강제이행권한은 각 자치단체가 행사

「지방자치법」
제169조(행정협의회의 구성)
① 지방자치단체는 2개 이상의 지방자치단체에 관련된 사무의 일부를 공동으로 처리하기 위하여 관계 지방자치단체 간의 행정협의회(이하 "협의회"라 한다)를 구성할 수 있다. 이 경우 지방자치단체의 장은 시·도가 구성원이면 행정안전부장관과 관계 중앙행정기관의 장에게, 시·군 또는 자치구가 구성원이면 시·도지사에게 이를 보고하여야 한다.
② 지방자치단체는 협의회를 구성하려면 관계 지방자치단체 간의 협의에 따라 규약을 정하여 관계 지방의회에 각각 보고한 다음 고시하여야 한다.
③ 행정안전부장관이나 시·도지사는 공익상 필요하면 관계 지방자치단체에 대하여 협의회를 구성하도록 권고할 수 있다.

제170조(협의회의 조직)
① 협의회는 회장과 위원으로 구성한다.
② 회장과 위원은 규약으로 정하는 바에 따라 관계 지방자치단체의 직원 중에서 선임한다.
③ 회장은 협의회를 대표하며 회의를 소집하고 협의회의 사무를 총괄한다.

제171조(협의회의 규약) 협의회의 규약에는 다음 각 호의 사항이 포함되어야 한다.
 1. 협의회의 명칭
 2. 협의회를 구성하는 지방자치단체
 3. 협의회가 처리하는 사무
 4. 협의회의 조직과 회장 및 위원의 선임방법
 5. 협의회의 운영과 사무처리에 필요한 경비의 부담이나 지출방법
 6. 그 밖에 협의회의 구성과 운영에 필요한 사항

제173조(협의사항의 조정)
① 협의회에서 합의가 이루어지지 아니한 사항에 대하여 관계 지방자치단체의 장이 조정을 요청하면 시·도 간의 협의사항에 대해서는 행정안전부장관이, 시·군 및 자치구 간의 협의사항에 대해서는 시·도지사가 조정할 수 있다. 다만, 관계되는 시·군 및 자치구가 2개 이상의 시·도에 걸쳐 있는 경우에는 행정안전부장관이 조정할 수 있다.
② 행정안전부장관이나 시·도지사가 제1항에 따라 조정을 하려면 관계 중앙행정기관의 장과의 협의를 거쳐 분쟁조정위원회의 의결에 따라 조정하여야 한다.

제174조(협의회의 협의 및 사무처리의 효력)
① 협의회를 구성한 관계 지방자치단체는 협의회가 결정한 사항이 있으면 그 결정에 따라 사무를 처리하여야 한다.
② 제173조제1항에 따라 행정안전부장관이나 시·도지사가 조정한 사항에 관하여는 제165조제3항부터 제6항까지의 규정을 준용한다.
③ 협의회가 관계 지방자치단체나 그 장의 명의로 한 사무의 처리는 관계 지방자치단체나 그 장이 한 것으로 본다.

◇ **지방자치단체조합과 특별지방자치단체**
본래 이론상으로 일반지방자치단체와 독립된 특별지방자치단체의 형태로 자치단체조합을 보는 견해가 보편적이었으나 2022년 지방자치법 개정으로 자치단체조합과 특별지방자치단체를 별개의 기구로 구분해서 보고 있다. 두 단체 모두 일반지방자치단체와 별도의 법인격을 갖고 있으나 특별지방자치단체의 경우 조례 제정권이 있으며 이에 대한 주민의 참여가 가능하다.

기출선지
2개 이상의 시·군 및 자치구가 하나 또는 둘 이상의 사무를 공동으로 처리할 필요가 있을 때에는 규약을 정하여 그 지방의회의 의결을 거쳐 행정안전부 장관의 승인을 받아 지방자치단체조합을 설립할 수 있다. (X) | 19 서울 7 지방자치론

해설 | 2개 이상의 시·군 및 자치구가 자치단체조합을 만드는 경우 지방의회의 의결을 거쳐 시·도지사의 승인을 받아 설립할 수 있다.

지방자치단체 조합은 법인격을 가진다. (O) | 18 지방 7 지방자치론

② **지방자치단체조합**◇

의의	2개 이상의 자치단체가 하나 또는 둘 이상의 사무를 공동으로 처리하기 위하여 협의하여 설립하는 법인격을 갖는 것으로, 조합의 명의로 사무를 처리하고 효과도 조합에 귀속됨. 예 (구) 수도권광역교통조합, (구) 자치정보화조합 등
설립	규약을 정하고 당해 지방의회의 의결을 거쳐 시·도는 행정안전부장관, 시·군 및 자치구는 시·도지사의 승인을 받아 설치(단, 시·군 및 자치구가 2개 이상의 시·도에 걸치는 지방자치단체조합은 행정안전부장관의 승인 필요)
기능	• 지방자치단체조합은 의결기관인 조합회의와 집행기관인 조합장 및 사무직원을 둘 수 있음. • 지방채를 발행하고 독자적 재산권을 행사할 수 있음(주민에 대한 과세권은 없음)

지도·감독	· 시·도 조합은 행정안전부장관의, 시·군 및 자치구 조합은 1차로 시·도지사, 2차로 행정안전부장관의 지도·감독을 받으며, 시·군 및 자치구 조합이 2개 이상의 시·도에 걸치는 때에는 행정안전부장관의 지도·감독을 받음. · 행정안전부장관은 공익상 필요한 때에는 지방자치단체조합의 설립·해산 또는 규약변경을 할 수 있음.

「지방자치법」

제176조(지방자치단체조합의 설립)
① 2개 이상의 지방자치단체가 하나 또는 둘 이상의 사무를 공동으로 처리할 필요가 있을 때에는 규약을 정하여 지방의회의 의결을 거쳐 시·도는 행정안전부장관의 승인, 시·군 및 자치구는 시·도지사의 승인을 받아 지방자치단체조합을 설립할 수 있다. 다만, 지방자치단체조합의 구성원인 시·군 및 자치구가 2개 이상의 시·도에 걸쳐 있는 지방자치단체조합은 행정안전부장관의 승인을 받아야 한다.
② 지방자치단체조합은 법인으로 한다.

제177조(지방자치단체조합의 조직)
① 지방자치단체조합에는 지방자치단체조합회의와 지방자치단체조합장 및 사무직원을 둔다.
② 지방자치단체조합회의의 위원과 지방자치단체조합장 및 사무직원은 지방자치단체조합규약으로 정하는 바에 따라 선임한다.
③ 관계 지방의회의원과 관계 지방자치단체의 장은 제43조제1항과 제109조제1항에도 불구하고 지방자치단체조합회의의 위원이나 지방자치단체조합장을 겸할 수 있다.

제178조(지방자치단체조합회의와 지방자치단체조합장의 권한)
① 지방자치단체조합회의는 지방자치단체조합의 규약으로 정하는 바에 따라 지방자치단체조합의 중요 사무를 심의·의결한다.
② 지방자치단체조합회의는 지방자치단체조합이 제공하는 서비스에 대한 사용료·수수료 또는 분담금을 제156조제1항에 따른 조례로 정한 범위에서 정할 수 있다.
③ 지방자치단체조합장은 지방자치단체조합을 대표하며 지방자치단체조합의 사무를 총괄한다.

더 알아보기

● 지방자치단체조합과 특별지방자치단체

1. 공통점: 법인격이 있음
2. 차이점

지방자치단체조합	· 2개 이상의 자치단체가 구성원이 되어 공동사무를 처리 · 조례제정권 없음 · 의결기관은 조합회의 형태 · 설치 시 시·도지사 혹은 행정안전부 장관의 승인 필요 · 주민참여제도 없음	지역상생발전기금조합, 지리산권관광개발조합, 부산진해경제자유구역조합 등
특별 지방자치단체	· 2개 이상의 지방자치단체가 광역적 사무를 처리 · 조례제정권 있음 · 의결기관은 특별지방자치단체의회 · 설치 시 행정안전부 장관 승인 필요 · 조례 제·개정 시 주민참여 · 국가 또는 시·도 사무 위임 수행 가능	2022.1.13.부터 시행되어 제도로 구체화

◇ **사무위탁**
종전에는 사무위탁에 대한 사항(시행, 변경, 해지)을 상급기관에게 보고하도록 했었으나 2022년 「지방자치법」의 개정을 통해 보고 규정을 삭제하여 관련 절차를 간소화하였다.

③ 사무위탁◇

의의	• 지방자치단체나 그 장이 소관사무의 일부를 다른 지방자치단체나 그 장에게 위탁하여 처리하는 것 • 행정응원의 방식으로 많이 사용되어 오던 방식임.
운영	• 규약: 지방자치단체나 그 장은 관계 지방자치단체와의 협의에 따라 규약을 정하고 이를 고시하여야 함 • 변경 및 해지: 사무위탁을 변경하거나 해지하려면 관계 지방자치단체나 그 장과 협의하여 그 사실을 다르게 고시해야 함 • 사무가 위탁된 경우 위탁된 사무의 관리와 처리에 관한 조례나 규칙은 규약에 다르게 정해진 경우 외에는 사무를 위탁받은 지방자치단체에 대해서도 적용됨

「지방자치법」제168조(사무의 위탁)
① 지방자치단체나 그 장은 소관 사무의 일부를 다른 지방자치단체나 그 장에게 위탁하여 처리하게 할 수 있다.
② 지방자치단체나 그 장은 제1항에 따라 사무를 위탁하려면 관계 지방자치단체와의 협의에 따라 규약을 정하여 고시하여야 한다.
③ 제2항의 사무위탁에 관한 규약에는 다음 각 호의 사항이 포함되어야 한다.
　1. 사무를 위탁하는 지방자치단체와 사무를 위탁받는 지방자치단체
　2. 위탁사무의 내용과 범위
　3. 위탁사무의 관리와 처리방법
　4. 위탁사무의 관리와 처리에 드는 경비의 부담과 지출방법
　5. 그 밖에 사무위탁에 필요한 사항
④ 지방자치단체나 그 장은 사무위탁을 변경하거나 해지하려면 관계 지방자치단체나 그 장과 협의하여 그 사실을 고시하여야 한다.
⑤ 사무가 위탁된 경우 위탁된 사무의 관리와 처리에 관한 조례나 규칙은 규약에 다르게 정해진 경우 외에는 사무를 위탁받은 지방자치단체에 대해서도 적용한다.

④ 자치단체장 등의 협의체

의의	자치단체장 또는 지방의회의장은 상호 간의 교류와 협력을 증진하고, 공동의 문제를 협의하기 위하여 각각 전국적 협의체를 설립할 수 있음.
설립	• 협의체를 설립한 때에는 당해 협의체의 대표자는 이를 지체 없이 행정안전부장관에게 신고하여야 함. • 협의체는 시·도지사, 시·도의회의 의장, 시장·군수·자치구의 구청장, 시·군·자치구의회의 의장 등으로 구성됨.

「지방자치법」제182조(지방자치단체의 장 등의 협의체)
① 지방자치단체의 장이나 지방의회의 의장은 상호 간의 교류와 협력을 증진하고, 공동의 문제를 협의하기 위하여 다음 각 호의 구분에 따라 각각 전국적 협의체를 설립할 수 있다.
　1. 시·도지사
　2. 시·도의회의 의장
　3. 시장·군수 및 자치구의 구청장
　4. 시·군 및 자치구의회의 의장
② 제1항 각 호의 전국적 협의체는 그들 모두가 참가하는 지방자치단체 연합체를 설립할 수 있다.
③ 제1항에 따른 협의체나 제2항에 따른 연합체를 설립하였을 때에는 그 협의체·연합체의 대표자는 지체 없이 행정안전부장관에게 신고하여야 한다.
④ 제1항에 따른 협의체나 제2항에 따른 연합체는 지방자치에 직접적인 영향을 미치는 법령 등에 관한 의견을 행정안전부장관에게 제출할 수 있으며, 행정안전부장관은 제출된 의견을 관계 중앙행정기관의 장에게 통보하여야 한다.

기출선지
지방자치단체가 계약에 의해 자기사무의 일부를 다른 지방자치단체에게 위탁해 처리하는 사무위탁제도를 도입해 운영 중이다. (O)　| 17 지방 7 지방자치론

지방자치단체나 그 장이 소관 사무의 일부를 위탁하려면 관계 지방자치단체와의 협약에 따라 규약을 정하여 고시해야 한다. (O)　| 20 지방 7 지방자치론

⑤ 관계 중앙행정기관의 장은 제4항에 따라 통보된 내용에 대하여 통보를 받은 날부터 2개월 이내에 타당성을 검토하여 행정안전부장관에게 결과를 통보하여야 하고, 행정안전부장관은 통보받은 검토 결과를 해당 협의체나 연합체에 지체 없이 통보하여야 한다. 이 경우 관계 중앙행정기관의 장은 검토 결과 타당성이 없다고 인정하면 구체적인 사유 및 내용을 밝혀 통보하여야 하며, 타당하다고 인정하면 관계 법령에 그 내용이 반영될 수 있도록 적극 협력하여야 한다.

⑥ 제1항에 따른 협의체나 제2항에 따른 연합체는 지방자치와 관련된 법률의 제정·개정 또는 폐지가 필요하다고 인정하는 경우에는 국회에 서면으로 의견을 제출할 수 있다.

⑦ 제1항에 따른 협의체나 제2항에 따른 연합체의 설립신고와 운영, 그 밖에 필요한 사항은 대통령령으로 정한다.

> **기출선지**
> 지방자치단체의 장이나 지방의회의장의 전국적 협의체는 지방자치와 관련된 법률의 제정·개정 또는 폐지가 필요하다고 인정하는 경우 국회에 서면으로 의견을 제출할 수 있다. (O)
> | 18 서울 7 지방자치론

참고자료

●● 기타 광역행정방식

1. **지위흡수**: 상급단체가 하급단체의 지위를 흡수한다. 예 제주도의 기초지자체 흡수◇
2. **구역확장(편입)**: 도시권에서 도시구역의 확장을 통해 주변지역을 도시권에 편입함으로써 광역행정문제를 처리하는 방식으로, 부분적 합병에 해당한다.
3. **시·군 통합**: 1990년대 중심시와 주변의 농촌자치단체인 군을 통합하여 '통합시'를 만드는 것 등이다.
4. **연락회의 및 직원파견**: 수시로 행해질 수 있는 광역행정의 방식으로 관계 지방자치단체 사이에 이루어지는 연락회의 또는 직원 파견을 들 수 있다.

◇**제주도의 기초자치단체 흡수**
제주특별자치도의 경우 기존 4개(제주시, 서귀포시, 북제주군, 남제주군)의 지방자치단체를 제주특별자치도로 흡수편입하였다.

(3) 중앙지방협력회의

① **의의**: 중앙지방협력회의는 22년 도입된 기구로 국가와 지방자치단체의 대등하고 협력적인 관계를 바탕으로 지방자치 발전과 지역 간 균형발전 정책의 효과를 제고하는 것을 목적으로 한다.

② **구성**
  ⓐ **구성**: 협력회의는 대통령, 국무총리, 기획재정부장관, 교육부장관, 행정안전부장관, 국무조정실장, 법제처장, 특별시장·광역시장·특별자치시장·도지사·특별자치도지사, 전국적 협의체의 대표자 및 그 밖에 대통령령으로 정하는 사람으로 구성한다.
  ⓑ **의장**: 의장은 대통령, 부의장은 국무총리와 시·도 협의체의 대표자가 공동으로 된다.

③ **심의 대상**
  ⓐ 국가와 지방자치단체 간 협력에 관한 사항
  ⓑ 국가와 지방자치단체의 권한, 사무 및 재원의 배분에 관한 사항
  ⓒ 지역 간 균형발전에 관한 사항
  ⓓ 지방자치단체의 재정 및 세제에 영향을 미치는 국가 정책에 관한 사항
  ⓔ 그 밖에 지방자치 발전에 관한 사항

「중앙지방협력회의의 구성 및 운영에 관한 법률」
제1조(목적) 이 법은 「지방자치법」 제186조에 따른 중앙지방협력회의의 구성과 운영 등에 필요한 사항을 정함으로써 국가와 지방자치단체의 대등하고 협력적인 관계를 바탕으로 지방자치 발전과 지역 간 균형발전 정책의 효과를 제고하는 것을 목적으로 한다.
제2조(중앙지방협력회의의 기능) 중앙지방협력회의(이하 "협력회의"라 한다)는 다음 각 호의 사항을 심의한다.
  1. 국가와 지방자치단체 간 협력에 관한 사항
  2. 국가와 지방자치단체의 권한, 사무 및 재원의 배분에 관한 사항
  3. 지역 간 균형발전에 관한 사항

4. 지방자치단체의 재정 및 세제에 영향을 미치는 국가 정책에 관한 사항
5. 그 밖에 지방자치 발전에 관한 사항

제3조(구성 및 운영)

① 협력회의는 대통령, 국무총리, 기획재정부장관, 교육부장관, 행정안전부장관, 국무조정실장, 법제처장, 특별시장·광역시장·특별자치시장·도지사·특별자치도지사(이하 "시·도지사"라 한다), 「지방자치법」 제182조제1항제2호부터 제4호까지의 규정에 따른 전국적 협의체의 대표자 및 그 밖에 대통령령으로 정하는 사람으로 구성한다.

② 협력회의의 의장(이하 "의장"이라 한다)은 대통령이 된다.

③ 협력회의의 부의장(이하 "부의장"이라 한다)은 국무총리와 「지방자치법」 제182조제1항제1호에 따라 설립된 시·도지사 협의체의 대표자(이하 "시·도지사협의회장"이라 한다)가 공동으로 된다.

④ 의장은 협력회의를 소집하고 이를 주재한다.

⑤ 부의장은 의장에게 회의 소집을 요청할 수 있으며, 의장이 협력회의에 출석하지 못하는 경우에는 국무총리, 시·도지사협의회장의 순으로 그 직무를 대행한다.

⑥ 제1항에 따른 협력회의의 구성원은 협력회의에 심의할 안건을 제출할 수 있다.

⑦ 의장은 제6항에 따라 제출된 안건의 심의를 위하여 필요한 경우에는 안건과 관련된 중앙행정기관의 장, 지방자치단체의 장, 관계 공무원 또는 해당 분야의 민간전문가를 협력회의에 참석하게 하여 의견을 들을 수 있다.

⑧ 제1항부터 제7항까지에서 규정한 사항 외에 협력회의의 개최 및 운영에 필요한 사항은 대통령령으로 정한다.

CHAPTER 04 지방자치단체의 재정

> **영희쌤 Talk**
> 지방재정은 행정학 개론의 재무행정과는 내용의 초점이 다릅니다. 재무행정이 예산 과정과 원칙의 총체적 이론과 절차를 정리한다면 지방재정은 지방재원의 조달방식을 주로 다룹니다. 지방재원을 분류하는 방식만 체계적으로 익힌다면 쉽게 정리할 수 있는 영역입니다.

01 지방재정의 기초

1 지방재정의 의의

1. 의의와 특성

(1) **의의**: 지방재정이란 지방정부의 재정활동으로 예산결산회계 및 기타 재물에 관한 활동의 총체로 지방정부가 재원을 조달하고 관리하는 모든 활동을 의미한다.

(2) **특성**
① 자치단체에 따라 재정의 규모 차이가 크고, 조세수입 외에 지방교부세 또는 국고보조금 등 다원적 수입이 많다.
② 응능주의°보다 사용료·수수료·부담금 등 수익자 부담의 원리에 입각한 응익주의°의 성격이 강하다.
③ 지방재정의 특성

양입제출성	지방재정은 세입이 충분하지 않아 세입을 먼저 계산하여 지출을 계획
외부효과성	지방재정은 일정구역을 배경으로 재정활동효과가 구역을 넘어서는 외부효과성을 지님.
집행적 성격	지방재정은 전략적 집행기능을 수행
준공공재	공공재의 성격이 상대적으로 약한 상하수도·도로·교육 등의 준공공재를 공급함.
다양한 수입	지방재정은 세외수입 의존도가 높고 준공공재의 공급을 통해 가격원리에 기반한 수익을 창출함.
자원배분	지방재정은 자원배분기능을 중점적으로 수행함.

> ◇ **응능주의**
> 응능주의는 세금 따위를 낼 때 많이 가진 자는 많이, 적게 가진 자는 적게 내는 원칙으로 주로 중앙정부의 재정에서 사용되는 방식이다. 서비스를 이용한 만큼 지불해야 한다는 응익주의와 비교된다.
>
> ◇ **응익주의**
> 조세 부담을 공평하게 하기 위하여 과세의 표준을 각 개인이 국가나 지방 공공 단체로부터 받는 이익에 두어야 한다는 주장으로 주로 지방정부의 재정에서 사용되는 방식이다.

🔍 더 알아보기

● **지방의 공공재 공급에 관한 대립적 견해**

1. **지방정부에 의한 공공재 공급**

(1) **티부가설(Tiebout Hypothesis)**
① 의의: 자유롭게 지방정부를 선택할 수 있는 주민들이 스스로 거주할 지방정부를 선택하는 발로 하는 투표(vote by foot)를 통해 지방정부 간 자유로운 경쟁을 통한 지방공공재의 적정 규모가 결정된다는 이론이다.
② 전제조건: 완전경쟁시장 → 완전한 이동성, 완전한 정보, 다수의 공급자, 외부효과의 배제, 최적규모의 생산추구, 규모 수익, 고정적 생산요소 존재, 공공재 공급 비용으로서의 재산세
③ 결론: 주민들의 지방정부로의 전입과 전출 자체가 선호를 표시하는 행위로 이를 통해 보다 적정한 공공재의 공급이 이루어질 수 있다. 시장에서 기업이 경쟁하면 서비스의 품질이 상승하고 가격이 떨어지는 것처럼 지방자치단체 간의 경쟁이 공공재의 질 향상과 민주적 행정을 가능하게 한다고 보며 지방분권체제를 옹호한다.

(2) **오츠의 분권화 정리(Oates' Decentralization Theorem)**
① 의의: 오츠는 각 행정구역에 소비될 공공재의 공급비용이 중앙정부와 해당 지방정부에서 동일하다면 중앙정부가 모든 구역에 획일적으로 공공재를 공급하는 것보다 지방정부가 해당 지역에서 파레토 효율 수준의 공공재를 공급하는 것이 더 효율적이라고 주장한다.
② 내용: 집권화를 통해 규모의 경제를 기대할 수 없는 경우 분권화된 공급체제가 더 바람직한 방식이며, 공공재를 누가 공급하더라도 아무런 차이가 없다면 각 행정구역 간의 효율적인 산출물 수준이 다양할수록 분권화 유인은 더욱 증가한다.

> 2. 중앙정부에 의한 공공재 공급
> (1) 새뮤얼슨(P. A. Samuelson)의 공공재 공급 이론
> ① 의의: 지방정부에 의한 공공재 공급을 주장하는 티부가설과 대비되는 이론으로 주민들이 공공재에 대한 선호를 표출하지 않기 때문에 사익 추구에 기반을 둔 시장매커니즘에 의해서는 공공재의 효율적인 공급이 어렵다. 따라서 중앙정부가 직접 공공재를 공급해야 한다고 주장한다.
> ② 내용: 공공재의 공급은 국민의 선호와 관계없이 정부의 개입이 필요하고 정치적 과정을 통해 중앙정부 차원의 공급이 이루어져야 한다.

2. 지방재정의 운용원칙

(1) 의의: 우리나라의 「지방자치법」 제137조와 「지방재정법」 제3조에서 지방자치재정 운용에 있어서의 원칙을 명시하고 지방자치단체의 의무와 책임을 명시하고 있다.

(2) 원칙
① 건전재정의 원칙
  ⓐ 지방재정을 건전하게 운용하여야 한다는 원칙으로 지방재정수지에 적자가 생기지 않도록 해야 한다.◇
  ⓑ 최소의 경비로써 최대의 서비스를 공급할 수 있도록 재정을 보다 합리적이고 능률적으로 운용해야 한다.
② 국가재정준수의 원칙
  ⓐ 지방자치단체는 국가정책에 반한 재정운용을 해서는 안 된다는 원칙으로 지방재정을 공정하게 운용해야 한다는 원칙이다.
  ⓑ 지방자치단체는 국가 시책의 구현을 위해 노력하며, 지방재정을 국가정책과 조화롭게 운용해야 한다.
③ 재정질서 유지의 원칙
  ⓐ 지방자치단체는 국가 또는 다른 지방자치단체에 부당한 영향을 미치는 재정운영을 해서는 안 된다는 원칙이다.
  ⓑ 한 지방자치단체의 부당한 재정운용이 국가 또는 다른 지방자치단체의 경비를 증가하게 하거나 수입의 감소를 초래해서는 안 된다.
④ 장기적 재정안정의 원칙: 재정은 장기적인 재정안정을 고려하여 운용해야 한다는 원칙이다.
⑤ 재정자주성의 원칙: 국가는 지방재정의 자주성과 건전한 운영을 조장해야 하며, 국가의 부담을 지방자치단체에게 전가해서는 안 된다는 원칙이다.
⑥ 양성평등의 원칙: 「지방재정법」 제53조의2에 따라 국가예산과 마찬가지로 성인지 예·결산서 작성을 의무화해 예산이 여성과 남성에게 미치는 영향을 분석하여 양성평등을 제고해야 한다.

2 지방자치예산

1. 지방자치예산의 의의

(1) 지방자치예산의 의의
① 의의: 지방자치예산이란 지방자치단체의 1회계연도의 수입과 지출에 대한 예정 계획서를 말한다.

◇ 지방재정수지 적자 해소 방안
지방자치단체의 세출을 지방채 이외의 재원으로 충당하고, 일시차입금을 해당 회계연도의 수입으로 상환하여야 한다.

② **회계연도**: 중앙정부와 마찬가지로 지방자치단체의 회계연도는 매년 1월 1일에 시작하여 그 해 12월 31일에 끝난다.

(2) 지방자치예산의 구조

① 회계의 구분

ⓐ **일반회계**: 지방자치단체의 전형적인 재정활동에 관한 예산으로 다양한 세입으로 일반적인 세출을 충당하기 위한 회계이다.

ⓑ **특별회계**: 지방자치단체가 특정한 사업을 운영하거나 특정한 자금을 보유하여 운영하거나 특정한 세입으로 특정한 세출을 충당함으로써 일반회계와 구분해서 계리할 필요가 있을 때 법률이나 조례로 설치되는 예산이다.

공기업특별회계	「지방공기업법」에 따라 설립된 모든 지방직영기업 → 주택사업, 택지개발, 상하수도 등
교육비특별회계	지방교육세를 재원으로 하여 교육비 세출을 충당
기타특별회계	도시개발 특별회계, 공단조성 특별회계 등

> 「지방재정법」 제9조(회계의 구분)
> ① 지방자치단체의 회계는 일반회계와 특별회계로 구분한다.
> ② 특별회계는 「지방공기업법」에 따른 지방직영기업이나 그 밖의 특정사업을 운영할 때 또는 특정자금이나 특정세입·세출로서 일반세입·세출과 구분하여 회계처리할 필요가 있을 때에만 법률이나 조례로 설치할 수 있다. 다만, 목적세에 따른 세입·세출은 다른 법률에 특별한 규정이 있는 경우를 제외하고는 특별회계를 설치·운용하여야 한다.
> ③ 지방자치단체가 특별회계를 설치하려면 5년 이내의 범위에서 특별회계의 존속기한을 해당 조례에 명시하여야 한다. 다만, 법률에 따라 의무적으로 설치·운용되는 특별회계는 그러하지 아니하다.
> ④ 지방자치단체의 장은 특별회계를 신설하거나 그 존속기한을 연장하려면 해당 조례안을 입법예고하기 전에 제33조제9항에 따른 지방재정계획심의위원회의 심의를 거쳐야 한다. 다만, 법률에 따라 의무적으로 설치·운용되는 특별회계는 그러하지 아니하다.

② 예산의 유형

ⓐ **본예산**: 1회계연도를 단위로 편성해 정례적 절차에 의해 편성, 심의되는 최초의 예산이다.

ⓑ **수정예산(안)**: 예산이 의회를 통과해 확정되기 이전에 생긴 사유로 인해 추가변경된 예산안으로 의회의 예산심의기간 동안 사회적, 경제적으로 예산을 수정할 필요가 있을 때 작성된다.

ⓒ **추가경정예산**: 예산 성립 이후 발생한 사유로 인해 이미 확정된 예산을 변경하는 것으로 주로 증액하거나 예산이 추가되는 경우에 발생하며 의회의 의결을 받아 성립, 집행한다.

> 「지방재정법」 제45조(추가경정예산의 편성 등)
> 지방자치단체의 장은 이미 성립된 예산을 변경할 필요가 있을 때에는 추가경정예산을 편성할 수 있다. 다만, 다음 각 호의 경비는 추가경정예산의 성립 전에 사용할 수 있으며, 이는 같은 회계연도의 차기 추가경정예산에 계상하여야 한다.
> 1. 시·도의 경우 국가로부터, 시·군 및 자치구의 경우 국가 또는 시·도로부터 그 용도가 지정되고 소요 전액이 교부된 경비
> 2. 시·도의 경우 국가로부터, 시·군 및 자치구의 경우 국가 또는 시·도로부터 재난구호 및 복구와 관련하여 복구계획이 확정·통보된 경우 그 소요 경비

ⓓ **준예산**: 회계연도 개시일까지 예산이 성립되지 않을 때 예산안 의결 시까지 일부 목적을 위한 경비를 전년도 예산에 준하여 집행할 수 있는 예산이다.

기출선지
우리나라 지방자치단체의 특별회계는 지방자치단체의 조례로만 설치할 수 있다. (X) | 14 서울 7 지방자치론

해설 | 지방자치단체의 특별회계는 조례나 법률로서 설치할 수 있다.

◇ **지방자치단체의 특별회계**
중앙정부의 특별회계는 법률로만 설치되는 데 반해 지방자치단체의 특별회계는 법률이나 조례에 의해 설치할 수 있다.

> **「지방자치법」 제146조(예산이 성립하지 아니할 때의 예산 집행)**
> 지방의회에서 새로운 회계연도가 시작될 때까지 예산안이 의결되지 못하면 지방자치단체의 장은 지방의회에서 예산안이 의결될 때까지 다음 각 호의 목적을 위한 경비를 전년도 예산에 준하여 집행할 수 있다.
> 1. 법령이나 조례에 따라 설치된 기관이나 시설의 유지·운영
> 2. 법령상 또는 조례상 지출의무의 이행
> 3. 이미 예산으로 승인된 사업의 계속

2. 지방자치단체 예산 과정

(1) 예산안 내용

① **예산총칙**: 세입과 세출예산, 계속비, 채무부담행위 및 명시이월비에 관한 총괄적인 규정과 지방채 및 일시차입금의 한도액, 그 밖에 예산 집행에 필요한 사항을 정한다.

② **세입·세출예산**: 예산의 가장 핵심적인 부분으로 세입과 세출을 성질과 기능, 사업에 따라 구분해서 금액으로 표시한 것이다.

세입예산	그 내용의 성질과 기능을 고려해 장, 관, 항으로 구분
세출예산	그 내용의 기능별·사업별 또는 성질별로 주요항목 및 세부항목으로 구분 → 주요항목: 분야·부문·정책사업, 세부항목: 단위사업·세부사업·목

③ **계속비**: 완성에 수년이 필요한 공사나 제조 및 연구개발사업에 있어 그 경비의 총액과 연부액을 정하여 미리 지방의회의 의결을 얻은 범위 안에서 여러 해에 걸쳐 지출할 수 있도록 한 것이다.

④ **채무부담행위**: 법령이나 조례에 따른 것과 세출예산·명시이월비 또는 계속비 총액 범위의 것을 제외한 채무를 부담하는 행위에 대해 미리 예산으로 지방의회의 의결을 얻은 것이다.

⑤ **명시이월비**: 세출예산 중 경비의 성질상 연도 내 지출을 끝내지 못할 것이 예측될 때에 그 취지를 명시해 미리 지방의회의 의결을 얻어 다음 연도로 이월하여 사용하는 경비이다.

> **「지방재정법」**
> **제40조(예산의 내용)**
> ① 예산은 예산총칙, 세입·세출예산, 계속비, 채무부담행위 및 명시이월비(明示移越費)를 총칭한다.
> ② 예산총칙에는 세입·세출예산, 계속비, 채무부담행위 및 명시이월비에 관한 총괄적 규정과 지방채 및 일시차입금의 한도액, 그 밖에 예산 집행에 필요한 사항을 정하여야 한다.
> **제41조(예산의 과목 구분)**
> ① 지방자치단체의 세입예산은 그 내용의 성질과 기능을 고려하여 장(章)·관(款)·항(項)으로 구분한다.
> ② 지방자치단체의 세출예산은 그 내용의 기능별·사업별 또는 성질별로 주요항목 및 세부항목으로 구분한다. 이 경우 주요항목은 분야·부문·정책사업으로 구분하고, 세부항목은 단위사업·세부사업·목으로 구분한다.
> ③ 제1항 및 제2항에 따른 각 과목의 구분과 설정 등 지방자치단체의 예산 과목 운용에 필요한 사항은 대통령령으로 정한다.
> **제42조(계속비 등)**
> ① 지방자치단체의 장은 공사나 제조, 그 밖의 사업으로서 그 완성에 수년을 요하는 것은 필요한 경비의 총액과 연도별 금액에 대하여 지방의회의 의결을 얻어 계속비로서 여러 해에 걸쳐 지출할 수 있다.
> ② 제1항에 따라 계속비로 지출할 수 있는 연한(年限)은 그 회계연도부터 5년 이내로 한다. 다만, 필요하다고 인정될 때에는 지방의회의 의결을 거쳐 다시 그 연한을 연장할 수 있다.
> ③ 지방자치단체는 완성하기까지 여러 해가 걸리는 공사 중 다음 각 호의 어느 하나에 해당하는 사업의 예산은 특별한 사유가 없으면 계속비로 편성하여야 한다.
>   1. 시급하게 추진하여야 하는 사업으로서 「재난 및 안전관리 기본법」 제3조제1호의 재난(이하 "재난"이라 한다) 복구사업

2. 중단 없이 이행하여야 하는 사업

제44조(채무부담행위)

① 지방자치단체의 장은 다음 각 호의 어느 하나에 해당하는 것을 제외하고는 지방자치단체에 채무부담의 원인이 될 계약의 체결이나 그 밖의 행위를 할 때에는 미리 예산으로 지방의회의 의결을 얻어야 한다. 이 경우 제11조제2항에 따른 지방채 발행 한도액 산정 시에는 채무부담행위에 의한 채무가 포함되어야 한다.
 1. 법령이나 조례에 따른 것
 2. 세출예산·명시이월비 또는 계속비 총액 범위의 것
② 지방자치단체의 장은 제1항에도 불구하고 지방의회를 소집할 시간적 여유가 없을 때에는 재난 복구를 위하여 시급히 추진할 필요가 있는 사업으로서 지방자치단체의 채무부담의 원인이 될 계약 중 총사업비가 10억원 이하의 범위에서 조례로 정하는 금액 이하인 계약을 지방의회의 의결을 거치지 아니하고 체결할 수 있다.
③ 지방자치단체의 장은 제2항에 따라 지방의회의 의결을 거치지 아니하고 계약을 체결하였을 때에는 즉시 지방의회에 보고하여야 한다.
④ 제1항부터 제3항까지의 규정에 따라 채무부담이 되는 행위를 하였을 때에는 늦어도 다음다음 회계연도 세출예산에 반드시 계상하여야 하며, 그 밖의 회계연도 세출예산에는 계상할 수 없다.
⑤ 제1항부터 제3항까지의 규정에 따른 채무부담행위의 경우에는 해당 회계연도와 다음 회계연도에 걸쳐 지출하여야 할 지출원인행위를 할 수 있다.

> **기출선지**
> 국가재정법 및 지방자치법 상 정부는 회계연도 개시 120일, 광역지방자치단체는 회계연도 개시 50일, 기초지방자치단체는 회계연도 개시 40일 전까지 예산안을 제출해야 한다. (O) | 18 국가 7
>
> 지방자치단체의 예비비는 예측할 수 없는 예산 외의 지출을 충당하기 위해 예산에 계상한다. (O) | 21 지방 9

더 알아보기

● 예비비

지방자치단체는 예측할 수 없는 예산 외의 지출 또는 예산 초과지출을 충당하기 위해 일반회계와 교육비특별회계는 각 예산총액의 100분의 1 이내의 금액을 예비비로 계상하여야 하고, 그 밖의 특별회계의 경우 각 예산총액의 100분의 1 이내의 금액을 예비비로 계상할 수 있다.

「지방재정법」 제43조(예비비)

① 지방자치단체는 예측할 수 없는 예산 외의 지출 또는 예산 초과 지출에 충당하기 위하여 일반회계와 교육비특별회계의 경우에는 각 예산 총액의 100분의 1 이내의 금액을 예비비로 예산에 계상하여야 하고, 그 밖의 특별회계의 경우에는 각 예산 총액의 100분의 1 이내의 금액을 예비비로 예산에 계상할 수 있다.
② 제1항에도 불구하고 재해·재난 관련 목적 예비비는 별도로 예산에 계상할 수 있다.
③ 지방자치단체의 장은 지방의회의 예산안 심의 결과 폐지되거나 감액된 지출항목에 대해서는 예비비를 사용할 수 없다.
④ 지방자치단체의 장은 예비비로 사용한 금액의 명세서를 「지방자치법」 제150조제1항에 따라 지방의회의 승인을 받아야 한다.

(2) 예산 과정

① **예산안 편성**

ⓐ **편성주체**: 예산안의 편성권은 지방자치단체의 장에게만 있다.

ⓑ **예산안 제출 시기**: 광역자치단체의 경우 회계연도 개시 50일 전, 기초자치단체의 경우 회계연도 개시 40일 전까지 지방의회에 예산을 제출해야 한다.

② **예산안 심의**

ⓐ **의의**: 지방의회가 예산안을 심사하여 의결로써 확정하는 과정이다.

ⓑ **예산안 심의 기한**: 광역자치단체의 경우 회계연도 개시 15일 전, 기초자치단체의 경우 10일 전까지 의결하여야 한다.

> **기출선지**
> 지방의회의 예산안 심의 결과 감액된 지출항목에 대해 예비비를 사용할 수 있다. (X) | 21 지방 9
>
> **해설** | 지방자치단체의 장은 지방의회의 예산안 심의 결과 폐지되거나 감액된 지출항목에 대해서는 예비비를 사용할 수 없다.

> **기출선지**
> 지방자치단체의 장은 지방자치단체의 기구·직제 또는 정원에 관한 법령이나 조례의 제정·개정 또는 폐지로 인하여 관계기관 사이의 직무권한이 변동되었을 때 지방의회의 의결을 거쳐 그 예산을 상호 이체하여야 한다. (X)
> | 21 지방 7 지방자치론
>
> **해설 |** 이체시 지방의회의 의결은 필요하지 않다.

> **「지방자치법」제142조(예산의 편성 및 의결)**
> ① 지방자치단체의 장은 회계연도마다 예산안을 편성하여 시·도는 회계연도 시작 50일 전까지, 시·군 및 자치구는 회계연도 시작 40일 전까지 지방의회에 제출하여야 한다.
> ② 시·도의회는 제1항의 예산안을 회계연도 시작 15일 전까지, 시·군 및 자치구의회는 회계연도 시작 10일 전까지 의결하여야 한다.
> ③ 지방의회는 지방자치단체의 장의 동의 없이 지출예산 각 항의 금액을 증가시키거나 새로운 비용항목을 설치할 수 없다.
> ④ 지방자치단체의 장은 제1항의 예산안을 제출한 후 부득이한 사유로 그 내용의 일부를 수정하려면 수정예산안을 작성하여 지방의회에 다시 제출할 수 있다.

③ 예산의 집행
  ⓐ 의의: 지방의회의 의결로써 확정된 예산에 따라 집행기관이 그 수입과 지출을 실행하는 모든 재정활동이다.
  ⓑ 집행과정의 통제방안

예산의 배정	지방자치단체의 장은 각 일선부처에게 예산을 월별 또는 분기별로 배정해야 함.
예비비 지출	지방자치단체의 장은 예비비로 사용한 금액 명세서를 지방의회 승인을 받아야 함.

  ⓒ 집행과정의 신축성 유지방안

이용	세출예산에서 정한 정책사업 간에 상호융통해서 사용하는 것으로 지방의회의 의결을 거쳐 이용할 수 있음.
전용	지방자치단체의 장은 필요에 따라 각 정책사업 내의 예산액 범위에서 각 단위사업 또는 목의 금액을 다시 조정할 수 있음.
이체	지방자치단체의 기구·직제 또는 정원에 관한 법령이나 조례의 개정 또는 개폐로 인해 관계기관 사이에 직무권한이나 그 밖의 사항이 변동되었을 때에는 그 예산을 상호 이체할 수 있음.
이월	당해 회계연도 예산의 일정액을 다음 회계연도에 사용하는 제도로 명시이월과 사고이월로 구분함.
계속비	지방자치단체 장은 그 완성에 수년을 요하는 사업에 소용되는 경비의 총액과 연도별 금액에 대하여 지방의회의 의결을 얻은 계속비를 5년의 한도 안에서 여러 해에 걸쳐 지출 가능.

④ 예산의 결산
  ⓐ 의의: 결산은 1회계연도의 지방자치단체의 수입과 지출의 실적을 확정적 계수로서 표시하는 행위이다.
  ⓑ 과정: 지방자치단체의 결산은 결산서의 작성, 결산검사 및 결산승인의 과정으로 이루어진다.

> **「지방자치법」제150조(결산)**
> ① 지방자치단체의 장은 출납 폐쇄 후 80일 이내에 결산서와 증명서류를 작성하고 지방의회가 선임한 검사위원의 검사의견서를 첨부하여 다음 해 지방의회의 승인을 받아야 한다. 결산의 심사 결과 위법하거나 부당한 사항이 있는 경우에 지방의회는 본회의 의결 후 지방자치단체 또는 해당 기관에 변상 및 징계 조치 등 그 시정을 요구하고, 지방자치단체 또는 해당 기관은 시정 요구를 받은 사항을 지체 없이 처리하여 그 결과를 지방의회에 보고하여야 한다.
> ② 지방자치단체의 장은 제1항에 따른 승인을 받으면 그날부터 5일 이내에 시·도에서는 행정안전부장관에게, 시·군 및 자치구에서는 시·도지사에게 각각 보고하고, 그 내용을 고시하여야 한다.
> ③ 제1항에 따른 검사위원의 선임과 운영에 필요한 사항은 대통령령으로 정한다.

3. 지방예산 과정에서의 주민 참여

(1) 주민참여예산제도

① **의의**: 주민이 직접 예산편성 단계에 참여하는 제도로 재정민주주의를 가장 잘 구현한 제도이다.

② **연혁**

ⓐ 브라질의 포르투 알레그레시에서 1989년 세계최초로 시행되었다.

ⓑ 우리나라의 경우 2004년 8월 광주광역시 북구청이 공청회 등의 논의를 통해 2004년 전국 예산감시네트워크 표준조례안을 모델로 최초의 주민참여예산조례를 제정하였고, 이후 2005년 「지방재정법」 개정으로 주민참여예산제도의 시행의 명시적 법적 근거를 마련하였다. 2011년 9월부터는 의무 규정으로 개편되어 전면시행되고 있다.

> **「지방재정법」 제39조(지방예산 편성 등 예산과정의 주민 참여)**
> ① 지방자치단체의 장은 대통령령으로 정하는 바에 따라 지방예산 편성 등 예산과정(「지방자치법」 제47조에 따른 지방의회의 의결사항은 제외한다. 이하 이 조에서 같다)에 주민이 참여할 수 있는 제도(이하 이 조에서 "주민참여예산제도"라 한다)를 마련하여 시행하여야 한다.
> ② 지방예산 편성 등 예산과정의 주민 참여와 관련되는 다음 각 호의 사항을 심의하기 위하여 지방자치단체의 장 소속으로 주민참여예산위원회 등 주민참여예산기구(이하 "주민참여예산기구"라 한다)를 둘 수 있다.
>   1. 주민참여예산제도의 운영에 관한 사항
>   2. 제3항에 따라 지방의회에 제출하는 예산안에 첨부하여야 하는 의견서의 내용에 관한 사항
>   3. 그 밖에 지방자치단체의 장이 주민참여예산제도의 운영에 필요하다고 인정하는 사항
> ③ 지방자치단체의 장은 주민참여예산제도를 통하여 수렴한 주민의 의견서를 지방의회에 제출하는 예산안에 첨부하여야 한다.
> ④ 행정안전부장관은 지방자치단체의 재정적·지역적 여건 등을 고려하여 대통령령으로 정하는 바에 따라 지방자치단체별 주민참여예산제도의 운영에 대하여 평가를 실시할 수 있다.
> ⑤ 주민참여예산기구의 구성·운영과 그 밖에 필요한 사항은 해당 지방자치단체의 조례로 정한다.

(2) 주민감시 및 예산성과금 제도

① **주민감시**: 예산이나 기금의 불법지출 및 낭비에 대해 주민이 직접 감시할 수 있다.

② **예산성과금제도**: 지방자치단체의 장은 세출예산의 집행방법, 제도의 개선 등으로 예산이 절약되거나 수입이 증대된 경우, 그 절약 예산 또는 증대된 수입의 일부를 이에 기여한 자에게 성과금으로 지급할 수 있으며 이를 다른 사업에도 사용할 수 있다.

> **「지방재정법」**
> **제48조(예산 절약에 따른 성과금의 지급 등)**
> ① 지방자치단체의 장은 예산의 집행 방법이나 제도의 개선 등으로 예산이 절약되거나 수입이 늘어난 경우에는 절약한 예산 또는 늘어난 수입의 일부를 이에 기여한 자에게 성과금으로 지급하거나 다른 사업에 사용할 수 있다.
> ② 지방자치단체의 장은 제1항에 따른 성과금을 지급하거나 다른 사업에 사용하려면 예산성과금 심사위원회의 심사를 거쳐야 한다.
> ③ 제1항에 따른 성과금의 지급과 다른 사업에의 사용, 제2항에 따른 예산성과금 심사위원회의 구성 및 운영 등에 필요한 사항은 대통령령으로 정한다.
> **제48조의2(예산·기금의 불법지출·낭비에 대한 주민감시)**
> ① 지방자치단체의 예산 또는 기금을 집행하는 자, 재정지원을 받는 자, 지방자치단체의 장 또는 기금관리주체(법령 또는 조례에 따라 기금을 관리·운영하는 자를 말한다. 다만, 「국가재정법」 제9조제4항에 따른 기금관리주체는 제외한다. 이하 같다)와 계약 또는 그 밖의 거래를 하는 자가 법령을 위반함으로써 지방자치단체에 손해를 가하였음이 명백한 때에는 누구든지 집행에 책임이 있는 지방자치단체의 장 또는 기금관리주체에게 불법지출에 대한 증거를 제출하고 시정을 요구할 수 있다.

기출선지

지방자치단체의 장은 주민참여예산제도를 통하여 수렴한 주민의 의견서를 지방의회에 제출하는 예산안에 첨부하여야 한다. (O) | 20 지방 7 지방자치론

주민참여예산기구의 구성 및 운영과 그 밖에 필요한 사항은 해당 지방자치단체의 조례로 한다. (O) | 20 국회 8

② 지방자치단체의 예산절약 또는 수입증대와 관련한 의견이 있는 자는 해당 지방자치단체의 장 또는 기금관리주체에게 그 의견을 제안할 수 있다.
③ 제1항 및 제2항에 따라 시정요구 또는 제안을 받은 지방자치단체의 장 또는 기금관리주체는 대통령령으로 정하는 바에 따라 그 처리결과를 행정안전부장관에게 제출하고 시정요구 또는 제안을 한 자에게 통지하여야 한다.
④ 지방자치단체의 장 또는 기금관리주체는 제1항의 시정요구에 대한 처리결과에 따라 수입이 증대되거나 지출이 절약된 때에는 시정요구를 한 자에게 제48조에 따른 성과금을 지급할 수 있다.

3 지방재원의 분류 ⭐⭐

1. 수입결정주체

(1) **자주재원**: 지방자치단체가 자주적으로 결정하고 거두어들이는 재원이다.
   - 예) 지방세, 세외수입 등

(2) **의존재원**: 상급자치단체나 국가에 의해 결정되고 이전되는 재원이다.
   - 예) 교부세, 국고보조금, 재정보전금, 조정교부금 등

2. 사용용도

(1) **일반재원**: 지방자치단체가 특정한 목적에 구애되지 않고 자유롭게 지출할 수 있는 재원이다.
   - 예) 지방세, 보통교부세 등

(2) **특정재원**: 지출의 목적이 한정되어 있는 재원이다.
   - 예) 국고보조금, 특별교부세 등

3. 수입의 안정성

(1) **경상재원**: 회계연도마다 규칙적으로 확보할 수 있는 재원이다.
   - 예) 지방세, 수수료, 보통교부세, 국고보조금 등

(2) **임시재원**: 불규칙하게 확보되는 재원이다.
   - 예) 분담금, 전입금, 부담금, 재산매각수입 등

4. 지방재원의 구성

자주재원	지방세	보통세	정해진 지출목적이 없이 세입으로 세출을 충당하는 세금 예) 취득세, 주민세, 자동차세, 담배소비세, 레저세, 지방소비세, 지방소득세, 등록면허세, 재산세
		목적세	특정한 세입으로 특정한 세출을 충당하는 세금 예) 지방교육세, 지역자원시설세
	세외수입	경상세외수입	지방세 외의 규칙적 수입 예) 사용료, 수수료, 재산임대수입
		임시세외수입	지방세 외의 불규칙한 수입
의존재원	지방교부세	보통교부세	재정이 부족한 자치단체에 부족한 재원만큼을 산정해 교부하는 일반재원
		특별교부세	특별한 수요(재해복구 등) 발생 시 특정 용도로 금액을 교부하는 특정재원
		부동산교부세	종합부동산세의 전액을 자치단체에 교부하는 것으로 일반재원
		소방안전교부세	소방 및 안전시설 확충을 위하여 광역자치단체에 교부하는 특정재원
	국고보조금	장려적 보조금	국가시책과 관련된 지방사무(자치사무)에 대한 경비지원
		교부금	기관위임사무에 대하여 지불하는 비용
		부담금	단체위임사무에 대한 보조금

> **기출선지**
> 지방자치단체의 세입재원은 크게 자주재원과 의존재원으로 나눌 수 있는데, 자주재원에는 지방세와 세외수입이 있고, 의존재원에는 국고보조금과 지방교부세 등이 있다. (O) | 17 서울 9

의존재원	조정교부금	시·군	광역시, 도가 기초자치단체인 시·군의 재정을 고려하여 교부하는 금액
		자치구	광역시, 특별시가 기초자치단체인 자치구의 재정을 고려하여 교부하는 금액
	지방채		재정수입 부족액을 마련하기 위하여 과세권을 담보로 증권발행

4 우리나라의 지방재정

1. 우리나라의 자치재정권

(1) 조세법률주의

우리나라는 「헌법」상 조세법률주의를 채택하고 있으므로, 지방자치단체는 법률로 정하는 바에 따라 지방세를 부과·징수할 수 있다.

「헌법」 제59조 조세의 종목과 세율은 법률로 정한다.

(2) 탄력세율제도◇의 도입

① 탄력세율제도: 세법으로 기본세율이나 표준세율을 정하고 대통령령 등의 명령이나 자치단체의 조례를 통해 세율을 가감하도록 하는 제도로 우리나라는 1991년부터 도입해서 사용하고 있다.

② 적용분야

대통령령 규정사항	자동차세(자동차 주행에 대한 자동차세), 담배소비세
조례 규정사항	① 등록면허세(등록에 대한 등록면허세: 부동산 등기에만 적용), ② 주민세, ③ 재산세, ④ 지방소득세, ⑤ 자동차세(자동차 소유에 대한 자동차세), ⑥ 취득세, ⑦ 지역자원시설세, ⑧ 지방교육세 등의 8개 세목

◇ **탄력세율제도 적용**
현재 지방재정의 신축성과 자율성을 제고하기 위해 등록면허세, 주민세, 재산세, 지방소득세, 자동차세, 취득세, 지역자원시설세, 지방교육세는 조례를 통해 세율을 조정할 수 있다.

(3) 사용료·수수료·분담금의 징수

지방자치단체는 공공시설의 이용 또는 재산의 사용에 대해서는 법령에 규정된 것을 제외한 사용료·수수료·분담금 등을 징수할 수 있다.

(4) 재산의 보유 및 기금의 설치·운용

지방자치단체는 지방자치단체의 재산 보유 및 기금 설치·운용에 관하여 필요한 사항은 조례로 정할 수 있다.

(5) 지방채의 발행

지방자치단체의 장이나 지방자치단체조합의 장은 따로 법률이 정하는 바에 따라 지방채를 발행할 수 있다.

2. 중기지방재정계획 및 재정투자사업 투자심사제도

(1) 중기지방재정계획

① 지방정부의 중기지방재정계획은 중앙정부의 국가재정운용계획과 같은 기능을 한다.
② 지방자치단체의 장은 지방재정을 계획성 있게 운용하기 위하여 매년 다음 회계연도부터 5회계연도 이상의 기간에 대한 중기지방재정계획을 수립하여 예산안과 함께 지방의회에 제출하고, 회계연도 개시 30일 전까지 행정안전부장관에게 제출하여야 한다.

> 「지방재정법」 제33조(중기지방재정계획의 수립 등)
> ① 지방자치단체의 장은 지방재정을 계획성 있게 운용하기 위하여 매년 다음 회계연도부터 5회계연도 이상의 기간에 대한 중기지방재정계획을 수립하여 예산안과 함께 지방의회에 제출하고, 회계연도 개시 30일 전까지 행정안전부장관에게 제출하여야 한다.
> ② 지방자치단체의 장은 제1항에 따른 중기지방재정계획(이하 "중기지방재정계획"이라 한다)을 수립할 때에는 행정안전부장관이 정하는 계획수립 절차 등에 따라 그 중기지방재정계획이 관계 법령에 따른 국가계획 및 지역계획과 연계되도록 하여야 한다.
> ③ 중기지방재정계획에는 다음 각 호의 사항이 포함되어야 한다.
>   1. 재정운용의 기본방향과 목표
>   2. 중장기 재정여건과 재정규모전망
>   3. 관련 국가계획 및 지역계획 중 해당 사항
>   4. 분야별 재원배분계획
>   5. 예산과 기금별 운용방향
>   6. 의무지출(법령 등에 따라 지출과 지출규모가 결정되는 지출 및 이자지출을 말하며 그 구체적인 범위는 대통령령으로 정한다. 이하 같다)의 증가율 및 산출내역과 재량지출(의무지출 외의 지출을 말한다. 이하 같다)의 증가율에 대한 분야별 전망과 근거 및 관리계획
>   7. 제59조에 따른 지역통합재정통계의 전망과 근거
>   8. 통합재정수지[일반회계, 특별회계 및 기금을 통합한 재정통계로서 순(純) 수입에서 순 지출을 뺀 금액을 말한다] 전망과 관리방안
>   9. 투자심사와 지방채 발행 대상사업
>   10. 그 밖에 대통령령으로 정하는 사항
> ④ 행정안전부장관은 매년 중기지방재정계획의 수립에 필요한 다음 각 호의 사항이 포함된 지침을 지방자치단체에 통보할 수 있다.
>   1. 국가의 재정운용방향
>   2. 관련 국가계획 및 지역계획
>   3. 중기지방재정계획의 수립에 필요한 그 밖의 정보
>   4. 중기지방재정계획 수립의 기준
> ⑤ 행정안전부장관은 관계 중앙관서의 장에게 제4항에 따른 지침의 작성에 필요한 정보를 제공하도록 요청할 수 있다. 이 경우 요청을 받은 관계 중앙관서의 장은 이에 협조하여야 한다.
> ⑥ 행정안전부장관은 제1항에 따른 각 지방자치단체의 중기지방재정계획을 기초로 매년 종합적인 중기지방재정계획을 수립하고, 국무회의에 보고하여야 한다. 이 경우 행정안전부장관은 지방자치단체의 의견을 최대한 반영하도록 노력하여야 한다.
> ⑦ 행정안전부장관은 제6항에 따라 종합적인 중기지방재정계획을 수립할 때에는 「국가재정법」에 따른 국가재정운용계획과의 연계성을 높일 수 있도록 관계 중앙관서의 장과 협의하여야 한다.
> ⑧ 중기지방재정계획을 변경하는 경우에는 제1항·제2항·제6항 및 제7항을 준용한다.
> ⑨ 중기지방재정계획의 수립에 관한 지방자치단체의 장의 자문에 응하도록 하기 위하여 각 지방자치단체에 지방재정계획심의위원회를 둔다.
> ⑩ 제9항에 따른 지방재정계획심의위원회의 구성 및 운영 등에 필요한 사항은 해당 지방자치단체의 조례로 정한다.
> ⑪ 지방자치단체의 장은 중기지방재정계획에 반영되지 아니한 사업에 대해서는 제37조에 따른 투자심사나 지방채 발행의 대상으로 해서는 아니 된다. 다만, 중기지방재정계획을 수립할 때에 반영하지 못할 불가피한 사유가 있는 경우는 예외로 한다.

(2) 재정투자사업 투자심사제도

① 지방자치단체장은 재정투자사업에 관한 예산안을 편성할 때, 대통령령으로 정하는 바에 따라 사전에 그 필요성과 타당성에 대한 투자심사를 해야 한다.

② 중기지방재정계획에 반영되지 않은 재정투자사업은 투자심사나 지방채 발행의 대상이 될 수 없다.

③ 투자심사를 받지 않은 재정투자사업은 예산안에 반영될 수 없다.

「지방재정법」 제37조(투자심사)

① 지방자치단체의 장은 다음 각 호의 사항에 대해서는 미리 그 필요성과 타당성에 대한 심사(이하 "투자심사"라 한다)를 직접 하거나 행정안전부장관 또는 시·도지사에게 의뢰하여 투자심사를 받아야 한다.
  1. 재정투자사업에 관한 예산안 편성
  2. 다음 각 목의 사항에 대한 지방의회 의결의 요청
      가. 채무부담행위
      나. 보증채무부담행위
      다. 「지방자치법」 제47조제1항제8호에 따른 예산 외의 의무부담
② 제1항에 따른 투자심사 실시 주체별 투자심사 대상 사업의 범위는 지방자치단체의 종류, 총사업비, 사업의 유형 및 성격 등을 고려하여 대통령령으로 정한다.
③ 제1항에도 불구하고 다음 각 호의 사업은 투자심사 대상에서 제외한다.
  1. 재해복구 등 원상복구를 목적으로 하는 사업
  2. 「국가유산수리 등에 관한 법률」 제2조제1호의 국가유산수리 사업
  3. 「지방공기업법」 제49조에 따른 지방공사 및 같은 법 제76조에 따른 지방공단 설립 사업
  4. 「지역보건법」 제10조에 따른 보건소 및 「소방기본법」 제3조제1항에 따른 소방기관의 건축 사업
  5. 그 밖에 재난예방·안전 사업, 다른 법률에 따라 투자심사와 유사한 심사를 거친 사업 등 대통령령으로 정하는 사업
④ 제1항에 따른 투자심사 결과는 적정, 조건부 추진, 재검토 및 부적정으로 구분한다.
⑤ 지방자치단체의 장은 투자심사 결과가 재검토 또는 부적정인 경우에는 예산을 편성하여서는 아니 된다.
⑥ 투자심사의 기준 및 절차, 투자심사의 사후평가 등 투자심사에 관하여 그 밖에 필요한 사항은 행정안전부령으로 정한다.

3. 지방재정관리위원회와 지방재정투자심사위원회

(1) 지방재정관리위원회

① 의의: 지방자치단체의 재정부담 및 재정위기관리에 관한 다음 각 호의 사항을 심의하기 위하여 행정안전부장관 소속으로 지방재정관리위원회◇를 둔다.

② 심의안건

  ⓐ 지방자치단체의 재정부담을 수반하는 사항 중 주요 경비에 관한 사항
  ⓑ 국가와 지방자치단체 간 세목 조정 사항 중 지방재정상 부담이 되는 중요 사항
  ⓒ 국고보조사업 중 국가와 지방자치단체 간, 시·도와 시·군·자치구 간 재원분담 비율 조정에 관한 사항
  ⓓ 지방자치단체의 재원분담과 관련된 법령 또는 정책 입안 사항 중 행정안전부장관이 필요하다고 인정하여 부의하는 사항
  ⓔ 지방세 특례 및 세율 조정 등 지방세 수입에 중대한 영향을 미치는 지방세 관계 법령의 제정·개정·폐지에 관한 사항 중 행정안전부장관이 필요하다고 인정하여 부의하는 사항
  ⓕ 그 밖에 지방자치단체의 재정부담에 관한 사항으로 행정안전부장관이 필요하다고 인정하여 부의하는 사항

③ 위원회의 구성

  ⓐ 위원회는 위원장·부위원장을 포함하여 15명 이내의 위원으로 구성하되, 성별을 고려하여야 한다.
  ⓑ 위원회의 위원장은 행정안전부장관이 되고, 부위원장은 행정안전부차관과 민간위원으로 하되, 민간위원인 부위원장은 위원회에서 호선하여 선정한다.

◇ **지방재정관리위원회**
23년 지방재정법이 개정되며 지방재정부담심의위원회가 지방재정관리위원회로 개편된 것으로 재정부담에 대한 사항을 심의하는 기능과 더불어 재정위기관리에 대한 내용을 심의하는 것으로 그 권한이 확대되었다.

「지방재정법」 제27조의2(지방재정관리위원회)
① 지방자치단체의 재정부담 및 재정위기관리에 관한 다음 각 호의 사항을 심의하기 위하여 행정안전부장관 소속으로 지방재정관리위원회(이하 "위원회"라 한다)를 둔다.
  1. 지방자치단체의 재정부담에 관한 다음 각 목의 사항
    가. 제26조에 따라 지방자치단체의 재정부담을 수반하는 사항 중 주요 경비에 관한 사항
    나. 국가와 지방자치단체 간 세목 조정 사항 중 지방재정상 부담이 되는 중요 사항
    다. 국고보조사업 중 국가와 지방자치단체 간, 시·도와 시·군·자치구 간 재원분담 비율 조정에 관한 사항
    라. 지방자치단체의 재원분담과 관련된 법령 또는 정책 입안 사항 중 행정안전부장관이 필요하다고 인정하여 부의하는 사항
    마. 지방세 특례 및 세율 조정 등 지방세 수입에 중대한 영향을 미치는 지방세 관계 법령의 제정·개정·폐지에 관한 사항 중 행정안전부장관이 필요하다고 인정하여 부의하는 사항
    바. 그 밖에 지방자치단체의 재정부담에 관한 사항으로 행정안전부장관이 필요하다고 인정하여 부의하는 사항
  2. 지방자치단체의 재정위기관리에 관한 다음 각 목의 사항
    가. 제55조제3항에 따른 재정진단에 관한 사항
    나. 제55조의2제1항 및 제2항에 따른 재정위기단체 또는 재정주의단체의 지정 및 지정 해제에 관한 사항
    다. 제55조의3제8항에 따른 재정건전화계획의 수립 및 이행 권고에 관한 사항
    라. 제60조의3에 따른 긴급재정관리단체의 지정 및 지정 해제에 관한 사항
    마. 제60조의4에 따른 긴급재정관리인의 선임에 관한 사항
    바. 제60조의5에 따른 긴급재정관리계획의 승인 및 변경승인에 관한 사항
    사. 제60조의6제4항에 따른 긴급재정관리계획의 이행상황 평가 및 권고에 관한 사항
    아. 그 밖에 지방자치단체의 재정위기관리에 관한 사항으로 행정안전부장관이 필요하다고 인정하여 부의하는 사항
② 위원회는 위원장·부위원장을 포함하여 15명 이내의 위원으로 구성하되, 성별을 고려하여야 한다.
③ 위원회의 위원장은 행정안전부장관이 되고, 부위원장은 행정안전부차관과 민간위원으로 하되, 민간위원인 부위원장은 위원회에서 호선하여 선정한다.
④ 위원회의 위원은 다음 각 호의 사람이 된다.
  1. 기획재정부, 국무조정실 등 대통령령으로 정하는 관계 중앙관서의 차관·차장 또는 이에 준하는 직위에 재직 중인 공무원
  2. 전국시도지사협의회·전국시장군수구청장협의회·전국시도의회의장협의회·전국시군구의회의장협의회에서 추천하는 각 1명. 이 경우 전국시도지사협의회 및 전국시장군수구청장협의회는 해당 협의회에 소속된 지방자치단체의 장 중에서 1명을 각각 추천하여야 한다.
  3. 그 밖에 지방재정에 대한 학식과 전문지식이 있는 사람으로서 행정안전부장관이 위촉하는 사람

(2) 지방재정투자심사위원회

① **의의**: 지방재정이 투입되는 투자심사에 관한 지방자치단체의 장의 자문에 응하기 위해 두는 지방자치단체의 장 소속위원회이다.

② **구성**
  ⓐ 위원장 1명을 포함한 15명 이내의 위원으로 구성하되, 성별을 고려하여야 한다.
  ⓑ 위원장은 민간위원 중에서 호선한다.

③ **예외**: 지방재정투자심사위원회의 기능을 담당하기에 적합한 다른 위원회가 있고 그 위원회의 위원이 지방재정 또는 투자심사에 관한 학식이나 전문성을 갖춘 경우에는 조례로 정하는 바에 따라 그 위원회가 지방재정투자심사위원회의 기능을 대신할 수 있다.

> 「지방재정법」 제37조의3(지방재정투자심사위원회)
> ① 투자심사에 관한 지방자치단체의 장의 자문에 응하기 위하여 지방자치단체의 장 소속으로 지방재정투자심사위원회를 둔다. 다만, 지방재정투자심사위원회의 기능을 담당하기에 적합한 다른 위원회가 있고 그 위원회의 위원이 지방재정 또는 투자심사에 관한 학식이나 전문성을 갖춘 경우에는 조례로 정하는 바에 따라 그 위원회가 지방재정투자심사위원회의 기능을 대신할 수 있다.
> ② 제1항에 따른 지방재정투자심사위원회는 위원장 1명을 포함한 15명 이내의 위원으로 구성하되, 성별을 고려하여야 한다.
> ③ 제2항에 따른 위원은 민간위원(「고등교육법」에 따른 국공립학교의 교원을 포함한다)과 공무원(「지방공무원법」 제2조제2항제1호의 일반직공무원을 의미한다)으로 임명 또는 위촉하되, 공무원인 위원이 전체의 4분의 1을 초과하여서는 아니 된다.
> ④ 위원장은 민간위원 중에서 호선한다.
> ⑤ 민간위원의 임기는 3년 이내에서 조례로 정하며, 한 차례만 연임할 수 있다.

02 자주재원

1 지방세 ★★★

1. **의의**: 자치단체가 주민들에게 직접적인 반대급부 없이 강제적으로 징수하는 돈이다.

2. **지방세 징수의 원칙**

 (1) 재정수입 측면

보편성의 원칙	세원은 각 자치단체에 치우치지 않고 고르게 분포되어야 한다.
안정성의 원칙	세수는 연도별로 안정적으로 확보되어야 한다.
신축성의 원칙	지방세는 자치단체 특성에 따라 탄력적으로 세목변경 등을 할 수 있어야 한다.
충분성의 원칙	자치단체의 행정수요를 충족시키기에 충분한 세수가 확보되어야 한다.
신장성의 원칙	세수는 행정수요 증가에 대응할 수 있어야 한다.

 (2) 주민부담 측면

응익성의 원칙	납부자가 누린 수익의 정도에 비례하여 세금이 부과되어야 한다.
분담성의 원칙 (부담분임의 원칙)	가급적 많은 주민들이 그 자치단체의 소요경비를 분담하여야 한다.
형평성의 원칙	납부자에게 공평하게 과세하여야 하며, 조세감면의 폭이 너무 넓어서는 안 된다.

 (3) 징세행정 측면

국지성의 원칙	세원의 과세지역에서 조세회피를 위한 세원이동이 없어야 한다.
자주성의 원칙	자치단체의 독자적 과세권이 확립되어 있어야 한다.

◇ 광역시의 군(郡)지역
광역시의 군지역(인천광역시 강화군, 부산광역시 기장군 등)은 도세를 광역시세로 한다.

◇ 종합부동산세
2005년 1월 지방세 항목이었던 종합토지세(지방세)를 폐지한 대신 내국세로 신설한 종합부동산세는 지방자치단체에 교부되는 부동산교부세 재원으로 전액 사용되고 있다.

◇ 레저세
과거 경주·마권세가 2002년에 경륜·경정에 대한 세금이 포함되면서 레저세로 확대·변경되었다.

◇ 지방소비세
2010년 종합부동산에 축소개편에 따른 지방재정 손실을 보전할 목적으로 도입되어 2012년까지는 납부액의 5%를 지방정부로 이전했지만 2022년부터는 25.3%를 지방정부에 이전하고 있다.

◇ 서울시의 재산세 공동과세 제도
특별시의 관할구역 안에 있는 자치구의 재산세는 2008년 1월부터 특별시 및 구세(공동과세)로 전환되었다. 자치구 세목인 재산세를 특별시세(50%)와 자치구세(50%)로 공동과세하여 특별시세 해당분을 25개 자치구에 균등 배분해 자치구 간의 재정불균형을 해소하고자 한 것이다.

3. 세목 체계

(1) 국세와 지방세의 종류

		광역자치단체		기초자치단체	
		특별시·광역시세	도세	자치구세	시·군세
지방세	보통세	취득세, 주민세, 자동차세, 담배소비세, 레저세, 지방소비세, 지방소득세	취득세, 등록면허세, 레저세, 지방소비세	등록면허세, 재산세	주민세, 재산세, 자동차세, 담배소비세, 지방소득세
	목적세	지방교육세, 지역자원시설세			
국세	내국세	직접세	소득세, 법인세, 상속증여세, 종합부동산세		
		간접세	부가가치세, 개별소비세, 주세, 인지세, 증권거래세		
	목적세	교통·에너지·환경세, 농어촌특별세			

(2) 지방세 항목별 내용

보통세	취득세	부동산(토지, 건축물), 차량, 기계장비, 항공기, 골프회원권, 승마회원권, 요트회원권 등의 취득자에게 부과한다.
	등록면허세	부동산, 선박, 자동차, 건설기계, 항공기, 광업권, 어업권, 저작권 등의 등기 및 등록에 대해 과세한다.
	레저세	경륜, 경정, 경마 등의 사업을 하는 자 또는 사업장에 부과한다.
	담배소비세	담배제조자와 수입판매업자에게 담배의 개비수, 중량 또는 니코틴의 용량으로 정해진 과세표준에 따라 부과한다.
	지방소비세	국세인 부가가치세의 일부를 지방세로 전환한 세금으로 사업자가 행하는 재화 또는 용역의 공급, 재화의 수입 등에 대해 주소지 또는 소재지의 자치단체가 부과한다.
	주민세	자치단체에 주소를 둔 개인과 법인에 대해 균등하게 부과하며, 사업주에 대해서는 사업소 연면적으로 부과한다. · 균등분: 주민이면 모두 같은 금액을 납부하는 것 · 사업소분: 사업소의 연면적(면적기준)에 따라 다르게 납부 · 종업원분: 종업원의 급여총액을 과세표준으로 하여 부과
	지방소득세	소득세 및 법인세 납세의무자(소득분)와 사업주(종업원분)의 양도소득, 법인소득 등에 대해 과세한다.
	재산세	토지, 건축물, 주택, 요트, 크루저 등의 재산을 소유한 사람 또는 법인에 대해 과세한다.
	자동차세	자동차를 소유한 사람이나 법인을 대상으로 기초자치단체가 부과한다.
목적세	지역자원시설세	발전용수, 지하수, 지하자원, 컨테이너 및 원자력발전, 화력발전, 소방시설, 오물처리시설, 수리시설 등의 사업자나 이용자에게 부과한다.
	지방교육세	지방교육재정 확충재원을 확보하기 위하여 광역자치단체세(취득세, 등록면허세, 레저세, 담배소비세, 주민세, 재산세, 자동차세)의 일정금액을 징수한다.

4. 지방세의 문제점

① **부족한 재원**: 국세에 비하여 지방세의 비율이 낮고 세원이 부족하여 자치단체가 필요로 하는 재정을 확보하기 곤란하다.
② **지방자치단체 간의 세원 편차**: 지방자치단체 간 세원이 고르지 않고 편차가 크다.
③ **자산 중심 과세**: 지방세는 취득세, 지방소득세, 재산세, 등록면허세 등 자산에 대한 과세(재

산과세)가 일반적이어서 소비세나 소득세와 달리 안정적이지 못하며 경기변동의 영향을 크게 받는다.
④ **광범위한 감면제도**: 조세감면제도가 중앙정부에 비해 다양하여 세수액이 부족하다.
⑤ **경직적 조세**: 조세법률주의로 인하여 지방자치단체가 자율적으로 세목을 설정하거나 과세표준을 산정하기 어렵다.

◇ **재산과세**
재산과세는 보유하고 있는 재산의 가격에 비례하여 부과하는 재산보유에 대한 과세(재산세)와 거래하는 재산의 가격에 비례하여 부과하는 재산거래에 대한 과세방식(취득세, 등록면허세)으로 구분되며 보통 소득에 비례하여 부과하는 소득과세에 비해 경기변동의 영향을 크게 받는다. 현재 우리나라의 경우 지방세는 재산보유에 대한 과세보다 재산거래에 대한 과세의 비중이 상대적으로 높고, 특히 시·군세에 비하여 도세는 거래과세 비중이 높다.

참고자료
● **세원에 따른 과세 구분**

자산과세	토지와 건물, 그리고 주택 등 부동산을 보유하고 있는 개인이나 법인에게 부과하는 과세 → 재산세 등
소득과세	소득에 근거하여 부과하는 과세로 소득에 비례하는 경향이 큰 만큼 경기 변화에 대한 탄력성이 크고, 담세능력에 따른 형평성을 기할 수 있음.
소비과세	특정재화의 소비에 대해 부과하는 과세로, 담배와 술 등 사회적으로 권장하기 힘든 소비재나 사치성 제품에는 높은 세율을 부과함.

2 세외수입

1. 의의
① **정의**: 광의로는 지방세를 제외한 지방자치단체의 수입을 말하며 협의로는 공기업 수입과 지방채 수입을 제외한 일반회계 세외수입을 말한다.
② **분류**
  ⓐ **광의**: 자주재원-지방세
  ⓑ **협의**: 자주재원-(지방세+지방채+공기업 수입)

2. 구분
(1) 일반회계
① 회계연도마다 수입이 규칙적으로 확보되는 경상적 세외수입과 불규칙하게 확보되는 임시적 세외수입으로 구분된다.
② 구분

경상적 세외수입	사용료	일반주민이 자치단체의 공공시설 또는 공공재산을 사용하기 위해 납부하는 공과금 예 공공시설 이용료
	수수료	자치단체의 사무처리 서비스를 사용한 특정인으로부터 서비스에 대한 반대급부로 징수하는 공과금 예 신고·허가, 증명서 발급 등에 따른 인지수입
	재산임대수입	자치단체가 소유한 재산을 임대하여 얻는 수입
	징수교부금	하급자치단체가 상급자치단체의 지방세 징수업무를 위임받아 처리하는 경우에, 위임기관이 세입 징수에 소요되는 경비를 징수대가로 수입기관에게 교부
	사업장수입	골재 채취, 관광지 개발, 주차장 운영 등 자치단체가 공공목적을 위하여 공공부존자원을 효율적으로 활용하여 얻은 수익
	이자수입	예금 등에 대한 경상적 이자수입
임시적 세외수입	기부금	민간의 자발적 의사에 따라 자치단체에 납입되는 금품

기출선지
지역자원시설세와 지방교육세는 목적세이다. (O) | 15 서울 9, 16 서울 7

등록면허세는 「지방세 기본법」상 특별시·광역시의 세원이다. (X) | 16 지방 9

해설 | 등록면허세는 도세이자 자치구 세원이다.

자동차를 소유하고 있는 충청북도 제천시 주민인 오모씨에게 부과된 자동차세는 충청북도에 납부될 것이다. (X)
| 21 지방 7 지방자치론

해설 | 자동차세는 시·군세로 충청북도가 아닌 제천시에 납부하게 된다.

임시적 세외수입	과징금	행정법상 의무를 위반한 사업자 또는 개인에 대하여 그 사업 또는 면허의 취소·정치처분에 갈음하여 부과함으로써 간접적으로 의무이행을 확보하는 금전적 제재
	부담금◇	상급자치단체가 토목 및 그 밖의 건설사업 등 특정사업을 함으로써 그 이익을 얻게 되는 하급자치단체로부터 사업비용의 일부를 부담하게 하는 경비
	분담금	• 자치단체의 재산 또는 공공시설의 설치로 인하여 주민의 일부가 특히 이익을 얻은 경우에 징수하는 공과금(조세와 사용료 및 수수료의 중간적 성질) • 수익자부담금(공익사업으로 이익을 얻은 자가 경비의 일부를 부담), 원인자부담금(사업을 필요하게 만든 자에게 부담), 손괴자부담금(손해를 유발한 자에게 부담), 오염자부담금(환경을 오염시킨 자에게 부담)
	복권수입	복권위원회가 발행하는 복권 수입금 중 자치단체에게 법정비율에 따라 배분하는 금액
	재산매각수입	자치단체 소유의 재산을 매각함으로써 얻는 수입
	이월금	전년도에 발생한 잉여금 가운데 현 연도로 이월된 금액
	전입금	다른 회계 또는 기금으로부터 자금이 이동하여 생기는 회계상 수입
	잡수입	기타 수입

> **기출선지**
> 사용료·수수료 또는 분담금의 징수에 관한 사항은 「지방재정법」으로 한다. (X)
> | 18 서울 7 지방자치론
>
> **해설** | 사용료·수수료 또는 분담금의 징수에 관한 사항은 조례로 한다.

> **◇ 부담금과 분담금**
> 지방자치단체의 세외수입 중 부담금은 국가와 각급 지방자치단체 사이에 어느 한 쪽이 상대방에게 이익을 주는 일을 하였을 때 그 이익의 범위 안에서 그 일의 처리에 필요한 경비를 부담시켜 받는 금액을 의미하는 것이 일반적이다. 분담금은 도로와 같이 지방자치단체의 재산 또는 공공시설로 인하여 주민의 일부가 특히 이익을 받았을 때 그 이익을 받은 자에 대하여 징수하는 공과금이다. 따라서 분담금은 세금과 사용료·수수료의 중간적 성질과 수익자부담 성격을 띠고 있어서 수익자부담금 등은 부담금이라 불리지만 개념상 분담금으로 분류된다. 법률상으로도 부담금과 분담금을 혼용해서 쓰기 때문에 단어만으로 구분할 수는 없고 문맥상 의미 파악을 할 수 있으면 충분하다.

(2) 특별회계
① **사업수입**: 「지방공기업법」에 의거해 특별회계를 설치해 직접 운영해서 발생하는 수입으로 상수도사업, 하수도사업, 지하철, 주택사업, 공영개발사업, 기타특별회계가 이에 해당한다.
② **사업 외 수입**: 특별회계의 사업 외 수입은 일반회계의 임시적 수입과 같이 전년도 결산결과 발생한 잉여금, 융자금 회수 수입, 전입금, 잡수입 등의 수입이다.

03 의존재원

1 지방교부세 ☆☆

1. 의의
(1) 의의
① 국가가 지방자치단체 간의 재정적 불균형을 해소하기 위하여 내국세 및 담배개별소비세의 일정비율, 종합부동산세 전액을 교부하는 금액이다.
② 자치단체 간의 지역 간 불균형을 시정하기 위한 수평적 재정조정제도이자, 국가와 지방자치단체 간의 수직적 조정재원으로서 기능한다.
③ 일부 특정재원이 있지만, 대부분 용도나 조건이 정해지지 않은 일반재원으로 분류된다.

(2) 재원과 교부시기
① **재원**: 해당 연도 내국세의 19.24%에 해당하는 금액 및 정산액, 종합부동산세 총액 및 정산액, 담배에 부과되는 개별소비세 총액의 45%에 해당하는 금액 및 정산액을 재원으로 한다.
② **교부시기**: 지방교부세는 1년을 4기로 나누어서 교부한다. 단 특별 교부세는 예외로 할 수 있다.

> 「지방교부세법」
> 제3조(교부세의 종류) 지방교부세(이하 "교부세"라 한다)의 종류는 보통교부세·특별교부세·부동산교부세 및 소방안전교부세로 구분한다.

> **기출선지**
> 지방재정의 지역 간 불균형 시정은 의존재원의 기능이다. (O)
> | 18 국가 7, 21 지방 9

제4조(교부세의 재원)
① 교부세의 재원은 다음 각 호로 한다.
  1. 해당 연도의 내국세(목적세 및 종합부동산세, 담배에 부과하는 개별소비세 총액의 100분의 45 및 다른 법률에 따라 특별회계의 재원으로 사용되는 세목의 해당 금액은 제외한다. 이하 같다) 총액의 1만분의 1,924에 해당하는 금액
  2. 「종합부동산세법」에 따른 종합부동산세 총액
  3. 「개별소비세법」에 따라 담배에 부과하는 개별소비세 총액의 100분의 45에 해당하는 금액
  4. 제5조제3항에 따라 같은 항 제1호의 차액을 정산한 금액
  5. 제5조제3항에 따라 같은 항 제2호의 차액을 정산한 금액
  6. 제5조제3항에 따라 같은 항 제3호의 차액을 정산한 금액
② 교부세의 종류별 재원은 다음 각 호와 같다.
  1. 보통교부세: (제1항제1호의 금액 + 제1항제4호의 정산액) ×100분의 97
  2. 특별교부세: (제1항제1호의 금액 + 제1항제4호의 정산액) ×100분의 3
  3. 삭제 <2014. 12. 31.>
  4. 부동산교부세: 제1항제2호의 금액 + 제1항제5호의 정산액
  5. 소방안전교부세: 제1항제3호의 금액 + 제1항제6호의 정산액

제5조(예산 계상)
① 국가는 해마다 이 법에 따른 교부세를 국가예산에 계상하여야 한다.
② 추가경정예산에 의하여 교부세의 재원인 국세(國稅)가 늘거나 줄면 교부세도 함께 조절하여야 한다. 다만, 국세가 줄어드는 경우에는 지방재정 여건 등을 고려하여 다음 다음 연도까지 교부세를 조절할 수 있다.
③ 다음 각 호의 교부세 차액은 늦어도 다음 다음 연도의 국가예산에 계상하여 정산하여야 한다.
  1. 내국세 예산액과 그 결산액의 차액으로 인한 교부세의 차액
  2. 종합부동산세 예산액과 그 결산액의 차액으로 인한 교부세의 차액
  3. 「개별소비세법」에 따라 담배에 부과되는 개별소비세 총액의 100분의 45에 해당하는 예산액과 그 결산액의 차액으로 인한 교부세의 차액

제10조(교부 시기) 교부세는 1년을 4기(期)로 나누어 교부한다. 다만, 특별교부세는 예외로 할 수 있다.

> **기출선지**
> 지방교부세의 재원에는 내국세 총액의 19.24%, 종합부동산세 총액, 담배에 부과되는 개별소비세 총액의 45%가 포함된다. (O)
> | 21 국회8
>
> 지방교부세는 1년을 4기로 나누어 교부한다. 다만, 특별교부세는 예외로 할 수 있다. (O)
> | 19 서울 7 추가채용 지방자치론

2. 종류

(1) 보통교부세

① **의의**: 재정력지수가 1 이하인 자치단체에 교부하는 일반재원

② **교부기준**: 기준재정수입액이 기준재정수요액에 못미치는 지방자치단체(재정력 지수가 1 이하인 지방자치단체)에 그 미달액을 기초로 교부한다. 다만, 자치구◇의 경우에는 보통교부세의 직접 교부대상에서 제외한다.

③ **재원**: 내국세 총액의 19.24% 중 (내국세 총액의 1만분의 1,924에 해당하는 금액+정산액)의 97%

> **기출선지**
> 자치구는 보통교부세의 직접 교부대상에서 제외된다. (O)
> | 13 지방 7 지방자치론

> ◇ **자치구에 대한 보통교부세**
> 자치구의 경우에는 기준재정수요액과 기준재정수입액을 각각 해당 특별시 또는 광역시의 기준재정수요액 및 기준재정수입액과 합산하여 산정한 후, 그 특별시 또는 광역시에 교부한다.

더 알아보기

● **기준재정수요액과 기준재정수입액**

1. **기준재정수요액**
   지방자치단체가 기본행정 수행을 위한 기본적인 경비로 기초수요액에 보정수요액 등을 합산한 금액이다.

2. **기준재정수입액**
   각 지방자치단체의 재정수입을 합리적으로 측정하기 위해 산정한 금액으로 기초수입액(「지방세법」상 표준세율로서 산정한 보통세 수입액의 80%에 상당한 금액), 보정수입액 등을 반영하여 계산한다.

「지방교부세법」
제7조(기준재정수요액)
① 기준재정수요액은 각 측정항목별로 측정단위의 수치를 해당 단위비용에 곱하여 얻은 금액을 합산한 금액으로 한다.

② 측정항목 및 측정단위는 대통령령으로 정하고, 단위비용은 대통령령으로 정하는 기준 이내에서 물가변동 등을 고려하여 행정안전부령으로 정한다.
③ 제1항과 제2항에 따라 기준재정수요액을 산정할 때에 다음 각 호의 어느 하나에 해당하는 경우에는 단위비용을 조정하거나 기준재정수요액을 보정(補正)하여야 한다.
  1. 대통령령으로 정하는 섬이나 외딴곳의 특수성을 고려할 필요가 있는 경우
  2. 대통령령으로 정하는 낙후지역의 개발 등 지역 간의 균형 잡힌 발전을 촉진하기 위하여 필요한 경우
  3. 단위비용의 획일적 적용 또는 그 밖의 사유로 각 지방자치단체의 기준재정수요액이 매우 불합리하게 책정된 경우

제8조(기준재정수입액)
① 기준재정수입액은 기준세율로 산정한 해당 지방자치단체의 보통세 수입액으로 한다.
② 제1항의 기준세율은 「지방세법」에 규정된 표준세율의 100분의 80에 해당하는 세율로 한다.
③ 제1항과 제2항의 기준세율로 산정한 각 지방자치단체의 기준재정수입액이 매우 불합리한 경우에는 이를 보정하여야 한다.

(2) 특별교부세

① **의의**: 재해복구 등 특별한 재정수요를 위해 조건·용도를 정해 교부하는 **특정재원**

② **교부기준**
  ⓐ 자치단체장이 특별교부세의 교부신청을 하는 경우 행정안전부 장관이 이를 심사하여 교부하거나, 교부신청이 없는 경우에는 행정안전부 장관이 필요하다고 인정하는 경우에 일정한 기준을 정하여 교부 가능하다.
  ⓑ 행정안전부 장관은 민간에 지원하는 보조사업에 대해서는 특별교부세를 교부할 수 없다.

③ **재원**: 내국세 총액의 19.24% 중 3%

④ **교부**: 행정안전부 장관이 사유발생시 일정 기준에 의해 지급한다.

> **더 알아보기**
>
> ● **특별교부세 교부기준**
>
> 1. 행정안전부장관은 지방자치단체의 장이 다음 사유에 의하여 특별교부세의 교부를 신청하는 경우에 이를 심사하여 특별교부세를 수시로 교부한다.
>   ① 기준재정수요액의 산정방법으로는 파악할 수 없는 지역 현안에 대한 특별한 재정수요가 있는 경우: 특별교부세 재원의 100분의 40에 해당하는 금액
>   ② 보통교부세의 산정기일 후에 발생한 재난을 복구하거나 재난 및 안전관리를 위한 특별한 재정수요가 생기거나 재정수입이 감소한 경우: 특별교부세 재원의 100분의 50에 해당하는 금액
>   ③ 국가적 장려사업, 국가와 지방자치단체 간에 시급한 협력이 필요한 사업, 지역 역점시책 또는 지방행정 및 재정운용 실적이 우수한 지방자치단체에 재정 지원 등 특별한 재정수요가 있을 경우: 특별교부세 재원의 100분의 10에 해당하는 금액(운영 필요사항은 대통령령으로 정함)
>
> 2. 행정안전부장관이 필요하다고 인정하는 경우에는 신청이 없는 경우에도 일정한 기준을 정하여 특별교부세를 교부할 수 있다.
>
> **「지방교부세법」 제9조(특별교부세의 교부)**
> ① 특별교부세는 다음 각 호의 구분에 따라 교부한다.
>   1. 기준재정수요액의 산정방법으로는 파악할 수 없는 지역 현안에 대한 특별한 재정수요가 있는 경우: 특별교부세 재원의 100분의 40에 해당하는 금액

◇ **특별교부세**
특별교부세는 용도를 지정한 특정재원으로 행정안전부장관은 특별교부세의 사용에 관하여 조건을 붙이거나 용도를 제한할 수 있으며 지방자치단체의 장이 특별교부세의 사용에 관한 교부조건의 변경이 필요하거나 용도를 변경하여 특별교부세를 사용하고자 하는 때에는 미리 행정안전부장관의 승인을 받아야 한다.

◇ **특별교부세의 교부**
특별교부세는 신청에 의해 심사·교부하는 것이 원칙이지만 신청이 없는 경우에도 지급 가능하다.

기출선지
행정안전부장관이 필요하다고 인정하는 경우에는 신청이 없는 경우에도 일정한 기준을 정하여 특별교부세를 교부할 수 있다. (O)
| 19 서울 7 추가채용 지방자치론

> 2. 보통교부세의 산정기일 후에 발생한 재난을 복구하거나 재난 및 안전관리를 위한 특별한 재정수요가 생기거나 재정수입이 감소한 경우: 특별교부세 재원의 100분의 50에 해당하는 금액
> 3. 국가적 장려사업, 국가와 지방자치단체 간에 시급한 협력이 필요한 사업, 지역 역점시책 또는 지방행정 및 재정운용 실적이 우수한 지방자치단체에 재정 지원 등 특별한 재정수요가 있을 경우: 특별교부세 재원의 100분의 10에 해당하는 금액
>
> ② 행정안전부장관은 지방자치단체의 장이 제1항 각 호에 따른 특별교부세의 교부를 신청하는 경우에는 이를 심사하여 특별교부세를 교부한다. 다만, 행정안전부장관이 필요하다고 인정하는 경우에는 신청이 없는 경우에도 일정한 기준을 정하여 특별교부세를 교부할 수 있다.
> ④ 행정안전부장관은 제1항에 따른 특별교부세의 사용에 관하여 조건을 붙이거나 용도를 제한할 수 있다.
> ⑤ 지방자치단체의 장은 제4항에 따른 교부조건의 변경이 필요하거나 용도를 변경하여 특별교부세를 사용하고자 하는 때에는 미리 행정안전부장관의 승인을 받아야 한다.
> ⑥ 행정안전부장관은 제1항에 따른 특별교부세를 교부하는 경우 민간에 지원하는 보조사업에 대하여는 교부할 수 없다.
> ⑦ 제1항제3호에 따른 우수한 지방자치단체의 선정기준 등 특별교부세의 운영에 필요한 사항은 대통령령으로 정한다.

(3) 소방안전교부세

① **의의**: 소방 및 안전시설 확충과 안전관리 강화 등을 위해 사용하는 특정재원이다.
② **교부기준**: 행정안전부장관은 지방자치단체의 소방 및 안전시설 확충, 안전관리 강화 등을 위하여 소방안전교부세를 지방자치단체에 전액 교부한다.
③ **재원**◇: 담배에 부과되는 개별소비세 총액의 45%
④ **교부대상**: 소방업무를 관장하게 되어 있는 광역자치단체와 인구 100만 이상의 대도시를 교부대상으로 한다.

(4) 부동산교부세

① **의의**: 종합부동산세를 재원으로 하여 자치단체의 재정여건 및 지방세 운영상황 등을 고려하여 지급하는 일반재원으로 부동산 관련 조세정책을 국가차원에서 원활하게 추진하기 위한 교부세이다.
② **교부기준**: 지방자치단체에 종합부동산세 전액을 교부하되 지방자치단체의 재정여건이나 지방세 운영상황 등을 고려하여 대통령령으로 정한다.
③ **재원**: 종합부동산세 전액

3. 한계

① 보통교부세는 재정이 부족한 자치단체에 대해 무조건 지원하므로 자치단체의 도덕적 해이를 야기할 수 있다.
② 교부세율이 낮아 지방정부 간 재정형평성을 구현하기에 충분하지 않다.
③ 대부분의 지방교부세가 인건비 등의 경상경비에 충당된다.

2 국고보조금 ☆

1. 의의와 특징

(1) 의의
① 국가가 시책상 또는 자치단체의 재정 사정상 필요하다고 인정될 때에 예산의 범위 안에서

◇ **소방안전교부세 재원**
지방소방공무원의 국가소방공무원 전환에 따른 소방인력 충원을 지원하기 위해 소방안전교부세의 재원을 담배에 부과되는 개별소비세 총액의 100분의 20에 해당하는 금액에서 100분의 45에 해당하는 금액으로 인상하고 소방안전교부세의 목적에 지방자치단체의 소방인력운용을 추가하며, 소방안전교부세 중 담배에 부과하는 개별소비세 총액의 100분의 20을 초과하는 부분은 소방 인력의 인건비로 우선 충당하도록 한다.

기출선지
국고보조금은 대부분 용도와 수행조건 등을 특정하지 않고 교부한다. (X)
20 지방 7 지방자치론

해설 | 국고보조금은 특정재원으로 용도와 수행조건을 특정해 교부한다.

행정수행 경비의 일부 또는 전부를 충당하기 위하여 용도를 지정해 교부하는 자금이다.

② 국가와 지방자치단체 간의 수직적 재정격차를 조정하며 특정재원·경상재원·무상재원의 성격을 지닌다.

(2) 특징

① 행정의 통일성을 유지하고 공공재를 공급하며 특정 재정수요에 대응할 수 있다.

② 지방정부의 도덕적 해이가 우려되고 과도한 행정비용이 소요될 수 있다.

2. 종류

(1) 보조금: 국가가 특정한 자치사무를 장려하기 위하여 교부하는 장려적 성격의 보조금이다.

(2) 부담금: 단체위임사무처럼 국가와 지방자치단체가 모두 관여하는 사무에 대하여 국가가 경비의 전부 또는 일부를 부담하는 자금이다. 국가가 대통령령으로 지정한 부담경비의 종목 및 부담비율에 따라 지출하나 실제로는 재정정책 방향에 따라 대상과 부담비율이 정해지는 경우가 많다.

(3) 교부금: 기관위임사무처럼 지방자치단체를 하위기관으로 위임하여 업무를 수행하는 경우에 이에 대한 반대급부로 전액 교부하는 자금이다.

3. 국고보조금의 관리

(1) 국가보조사무

① 지방재정부담심의위원회의 설치

ⓐ 지방재정 부담에 관한 사항 중 중요안건을 심의하기 위해 국무총리 소속의 지방재정부담금 심의위원회를 둔다.

ⓑ 위원회는 위원장·부위원장을 포함해 15인 이내의 위원으로 구성하며 위원장은 국무총리가 된다.

② 국고보조사무가 지방자치단체에 이양된 경우 중앙관서의 장은 해당 사무 수행에 대해 지방자치단체의 재정운용의 자율성을 해치거나 부당한 영향을 미치는 조치를 해서는 안 된다.

「지방재정법」

제27조의2(지방재정부담심의위원회)

① 다음 각 호의 지방재정 부담에 관한 사항 중 주요 안건을 심의하기 위하여 국무총리 소속으로 지방재정부담심의위원회(이하 "위원회"라 한다)를 둔다.
  1. 제26조에 따른 지방자치단체의 부담을 수반하는 주요 경비에 관한 사항
  1의2. 국가와 지방자치단체 간 세목 조정 중 지방재정상 부담이 되는 중요 사항
  2. 국고보조사업의 국가와 지방자치단체 간, 시·도와 시·군·자치구 간 재원분담 비율 조정에 관한 사항
  3. 지방자치단체 재원분담에 관련된 법령 또는 정책 입안 사항 중 행정안전부장관의 요청에 따라 국무총리가 부의하는 사항
  4. 지방세 특례 및 세율조정 등 지방세 수입에 중대한 영향을 미치는 지방세 관계 법령의 제정·개정에 관한 사항 중 행정안전부장관의 요청에 따라 국무총리가 부의하는 사항
  5. 그 밖에 지방자치단체의 재원분담에 관한 사항으로 행정안전부장관의 요청에 따라 국무총리가 필요하다고 인정하여 부의하는 사항

② 위원회는 위원장·부위원장을 포함한 15명 이내의 위원으로 구성한다.

③ 위원회의 위원장은 국무총리가 되고, 부위원장은 행정안전부장관과 민간위원으로 하되, 민간위원인 부위원장은 위원회에서 호선하여 선정한다.

④ 위원회의 위원은 다음 각 호의 사람이 된다.

◇ **세외수입의 부담금과 국고보조금의 부담금**

세외수입 중 부담금은 「부담금관리 기본법」에서 규정하고 있는데 앞에서 설명한 것처럼 분담금이라고 하지만 부담금으로 분류되는 경우가 있고, 부담금이라고 하지만 분담금이라고 분류되는 경우도 있다. 국고보조금의 부담금은 「보조금 관리에 관한 법률」에서 규정하고 있는 것으로 단체위임사무에 대해 국가가 그 경비의 일부를 지급하는 것이다. 동일한 용어의 의미가 다르게 사용될 수 있으므로 한 가지 의미로 단정하지 않도록 유의해야 한다.

◇ **보조금의 부담비율**

사업별 보조율은 일률적으로 50%가 아니라 매년 예산으로 정해지며 다만, 지방자치단체에 대한 기준보조율은 20~100% 범위 내에서 대통령령으로 정하도록 되어 있으며 중앙관서의 장은 보조사업을 수행하려는 자로부터 신청 받은 보조금의 명세 및 금액을 조정하여 기획재정부 장관에게 보조금 예산을 요구하여야 한다(「보조금 관리에 관한 법률」 제6조).

기출선지

지방재정부담에 관한 사항 중 주요안건을 심의하기 위하여 행정안전부장관 소속으로 지방재정부담위원회를 둔다. (X)

| 18 지방 7 지방자치론

해설 | 지방재정부담에 관한 사항 중 주요 안건을 심의하기 위하여 행정안전부장관 소속이 아닌 국무총리 소속으로 지방재정부담위원회를 둔다.

1. 기획재정부장관, 대통령령으로 정하는 관계 중앙관서의 장
2. 전국시도지사협의회·전국시장군수구청장협의회·전국시도의회의장협의회·전국시군구의회의장협의회에서 추천하는 각 1명. 이 경우 전국시도지사협의회 및 전국시장군수구청장협의회는 해당 협의회에 소속된 지방자치단체의 장 중에서 1명을 각각 추천하여야 한다.
3. 그 밖에 지방재정에 대한 학식과 전문지식이 있는 사람으로서 행정안전부장관의 제청으로 국무총리가 위촉하는 사람

제27조의7(국고보조사무의 지방이양에 따른 사무 수행) 국고보조사무가 지방자치단체에 이양된 경우 중앙관서의 장은 해당 사무 수행에 대하여 지방자치단체 재정운용의 자율성을 해치거나 지방재정에 부당한 영향을 미치는 조치를 하여서는 아니 된다.

(2) 보조사업 수행 시 예산계상 신청

① 보조사업 수행 시 중앙관서의 장은 신청받은 보조금의 명세 및 금액을 조정해 기획재정부 장관에게 보조금 예산을 요구한다.

② 보조금이 지급되는 대상 사업, 경비의 종목, 국고 보조율(기준 보조율) 및 금액은 매년 예산으로 정한다.

③ 기획재정부장관은 해당 지방자치단체의 재정 사정을 고려해 기준보조율에서 일정비율을 더하거나 빼는 차등보조율을 적용할 수 있다.

「보조금 관리에 관한 법률」
제4조(보조사업을 수행하려는 자의 예산 계상 신청 등)
① 보조사업을 수행하려는 자는 매년 중앙관서의 장에게 보조금의 예산 계상(計上)을 신청하여야 한다.
② 제1항에 따른 신청을 할 때에는 보조사업의 목적과 내용, 보조사업에 드는 경비, 그 밖에 필요한 사항을 적은 신청서와 첨부서류를 제출하여야 한다.
③ 제1항 및 제2항의 경우 보조사업을 수행하려는 자가 시장·군수인 경우에는 그 시장·군수에 대한 보조금은 관할 도지사(광역시의 군인 경우에는 광역시장을 말한다. 이하 같다)가 종합하여 일괄신청할 수 있다.
④ 제1항부터 제3항까지의 규정에 따른 신청에 필요한 신청서 서식, 첨부서류, 제출일 등 필요한 사항은 중앙관서의 장이 정한다. 이 경우 제출일은 해당 회계연도의 전년도 4월 30일 이전으로 하여야 한다.
제5조(예산 계상 신청이 없는 보조사업에 대한 예외조치) 국가는 제4조에 따른 보조금의 예산 계상 신청이 없는 보조사업의 경우에도 국가시책 수행상 부득이하여 대통령령으로 정하는 경우에는 필요한 보조금을 예산에 계상할 수 있다.
제6조(중앙관서의 장의 보조금 예산 요구)
① 중앙관서의 장은 보조사업을 수행하려는 자로부터 신청받은 보조금의 명세 및 금액을 조정하여 기획재정부장관에게 보조금 예산을 요구하여야 한다. 이 경우 제5조에 따른 보조사업의 경우에는 보조금의 예산 계상 신청이 없더라도 그 보조금 예산을 요구할 수 있다.
② 제1항의 경우 지방자치단체에 대한 보조사업 중 대부분의 지방자치단체와 관련된 보조사업에 대하여는 지방자치단체별 명세 없이 총액으로 보조금 예산을 요구할 수 있다.
③ 중앙관서의 장이 보조금 예산을 요구할 때 기획재정부장관이 관계 자료를 제출할 것을 요구한 보조사업에 대하여는 보조사업을 수행하려는 자의 예산 계상 신청내용과 중앙관서의 장의 조정내용 및 그 밖에 필요한 자료를 첨부하여 제출하여야 한다.
제9조(보조금의 대상 사업 및 기준보조율 등)
① 보조금이 지급되는 대상 사업, 경비의 종목, 국고 보조율 및 금액은 매년 예산으로 정한다. 다만, 지방자치단체에 대한 보조금의 경우 다음 각 호에 해당하는 사항은 대통령령으로 정한다.
1. 보조금이 지급되는 대상 사업의 범위
2. 보조금의 예산 계상 신청 및 예산 편성 시 보조사업별로 적용하는 기준이 되는 국고 보조율(이하 "기준보조율"이라 한다)
② 국가는 지방자치단체가 수행하는 국고보조사업의 기준보조율을 변경하여 보조금 예산을 편성할 경우에는 사전에 지방자치단체에 통보하여야 한다.

기출선지
「보조금 관리에 관한 법률」에 따라 중앙관서의 장은 보조사업을 수행하려는 자로부터 신청받은 보조금의 명세 및 금액을 조정하여 행정안전부장관에게 보조금 예산을 요구하여야 한다. (X)
| 17 국가 7

해설 | 행정안전부장관이 아닌 기획재정부장관에게 요구해야 한다.

> **기출선지**
> 지방교부세는 중앙정부가 국가 사무를 지방정부에 위임하거나 지방정부가 추진하는 사업 경비의 전부 또는 일부를 보조하거나 지원하기 위한 제도이다. (X) | 21 지방 7
>
> **해설** | 중앙정부가 국가 사무를 지방정부에 위임하거나 지방정부가 추진하는 사업 경비의 전부 또는 일부를 보조하거나 지원하기 위한 제도는 지방교부세가 아니라 국고보조금이다.

제10조(차등보조율의 적용)
① 기획재정부장관은 매년 지방자치단체에 대한 보조금 예산을 편성할 때에 필요하다고 인정되는 보조사업에 대하여는 해당 지방자치단체의 재정 사정을 고려하여 기준보조율에서 일정 비율을 더하거나 빼는 차등보조율을 적용할 수 있다. 이 경우 기준보조율에서 일정 비율을 빼는 차등보조율은 「지방교부세법」에 따른 보통교부세를 교부받지 아니하는 지방자치단체에 대하여만 적용할 수 있다.
③ 기획재정부장관은 제2항의 차등보조율의 적용으로 인한 국고보조금의 추가적인 소요예산과 관련된 사항을 국회에 보고하여야 한다.

더 알아보기

● 지방교부세와 국고보조금 비교

구분	지방교부세	국고보조금
근거법률	「지방교부세법」	「보조금 관리에 관한 법률」
주무부처	행정안전부	기획재정부
용도	일반재원	특정재원
재원	내국세·종합부동산세·담배개별소비세	중앙정부 일반회계+특별회계
기능	재정의 형평성 보전	효율적 자원배분
조정	수직적·수평적 조정	수직적 조정
지방부담	없음: 정액보조	있음: 정률보조
재량	큼.	적음.
중앙통제	약함.	강함.

4. 효용과 한계

(1) 효용
① 지방정부 수준에서 국가적 시책을 통일적으로 수행할 수 있다.
② 특수한 재정수요에 대응하기 용이하다.
③ 행정서비스의 구역 외 확산에 대해 보전할 수 있다.

(2) 한계
① 국가의 감독·통제는 많은 반면, 자치단체의 자율성은 약하고 국가의 재량권이 크게 작용한다.
② 자치단체 간의 재정조정과 무관한 재원으로, 자치단체 간의 재정격차가 심화될 수 있다.
③ 국고보조에 따른 지방비부담액이 과중하여 지방재정이 압박되어 경직적 재정운용◇이 될 수 있다.
④ 국고보조금을 받기 위한 절차가 복잡해서 행정비용이 과도하게 발생할 수 있다.

> ◇ **경직적 재정운용**
> 최근 국고보조사업에 대한 지방비 부담비중이 점차 높아지고 있다. 또한 보조금을 지급받는 국고보조사업에 대해 자치단체장은 지방비 부담액을 다른 사업에 우선하여 예산에 계상하여야 한다.

3 조정교부금

1. 의의
국가가 아닌 광역자치단체가 기초자치단체에게 재정을 조정해주는 제도로, 모두 일반재원으로 활용된다.

2. 유형
   ① 시·군 조정교부금
     ⓐ 개념: 광역시나 도가 관내 시·군에 대하여 행하는 재정조정제도로서 광역시세·도세 수입의 일부를 일정한 기준에 따라 시·군에 배분하는 제도이다.
     ⓑ 재원: 시·군에서 징수하는 광역시세·도세의 총액의 27퍼센트(인구 50만 이상의 시와 자치구가 아닌 구가 설치되어 있는 시의 경우에는 47퍼센트)에 해당하는 금액
     ⓒ 종류 및 배분

	일반조정교부금	특별조정교부금
개념	시·군의 행정운영에 필요한 재원을 보전하는 등 일반적 재정수요에 충당하기 위한 교부금	시·군의 지역개발사업 등 시책을 추진하는 등 특정한 재정수요에 충당하기 위한 교부금
배분	시·군 조정교부금 총액의 90%	시·군 조정교부금 총액 10%

   ② 자치구 조정교부금
     ⓐ 개념: 특별시나 광역시가 관내 자치구에 대하여 행하는 재정조정제도로서 시세(보통세) 수입 중 일정액을 확보하여 관내 자치구 상호 간의 재원을 조정하는 제도이다.
     ⓑ 재원: 특별시·광역시의 세금으로 대통령령으로 정하는 보통세 수입의 일정액
     ⓒ 종류 및 배분

	자치구 일반조정교부금	자치구 특별조정교부금
개념	일반적 재정수요에 충당하기 위한 교부금	특정한 재정수요에 충당하기 위한 교부금
배분	자치구 조정교부금 총액의 90%	자치구 조정교부금 총액의 10%

> **기출선지**
> 조정교부금은 전국적 최소한 동일 행정서비스 수준 보장을 위해 중앙정부가 내국세의 일정비율을 자치단체에 배분하는 것이다. (X) | 21 지방 7
>
> **해설** | 조정교부금은 광역자치단체가 기초자치단체에게 배분하는 것이다.

04 지방채와 지방재정력 평가

1 지방채 ☆

1. 의의와 특징
  (1) 의의
    ① 의의: 지방채는 자치단체(특별시, 광역시, 도, 시·군·자치구, 지방자치단체조합)가 **부족한 재원을 충당**하기 위해 **과세권을 담보로 조달하는 차입자금**이다.
    ② 특징: **세대 간 공평한 부담 배분**과 **공공시설 투자에 필요한 재원**을 장기간에 걸쳐 확보한다.
  (2) 특징
    ① 공공시설 투자재원을 확보하기 위하여 2년 이상에 걸쳐 상환이 예상되는 항만, 도로 등 내구연한이 긴 시설의 투자비에 충당한다.
    ② 지방채는 재정수입액이 부족하여 발행하는 경우가 많으며 지방의회에 의해 엄격하게 통제된다.

기출선지
지방자치단체조합의 장은 지방채를 발행할 수 없다. (X)	18 국가 7

해설 | 지방자치단체의 장이나 자치단체조합은 지방채를 발행할 수 있다.

2. 발행방식

모집공채	· 불특정 다수인을 대상으로 공모방식을 통하여 자금을 조달 · 공채를 매입하고자 하는 사람들을 모집하여 현금을 받고 발행하는 채권
매출공채	· 자치단체로부터 특정 행정서비스를 제공받은 주민 또는 법인을 대상으로 이미 발행한 지방채증권을 매입하게 하는 방식(준조세의 성격) · 차량이나 주택구입 및 인·허가자에게 '강제로' 구입하도록 하는 채권
교부공채	· 지방자치단체가 채무를 이행하는 방식으로 지방채증권을 교부 · 지방자치단체가 공사·토지대금 등을 현금 대신 지급하기 위해 발행하는 채권

3. 발행조건

(1) 발행주체: 지방자치단체의 장이나 자치단체조합은 따로 법률이 정하는 바에 따라 지방채를 발행할 수 있다.

◇ **지방채 발행**
지방채를 자치단체의 장이나 자치단체조합이 발행하는 경우 법률에 의하지 않고는 발행할 수 없다.

> 「지방자치법」 제139조(지방채무 및 지방채권의 관리)
> ① 지방자치단체의 장이나 지방자치단체조합은 따로 법률로 정하는 바에 따라 지방채를 발행할 수 있다.
> ② 지방자치단체의 장은 따로 법률로 정하는 바에 따라 지방자치단체의 채무부담의 원인이 될 계약의 체결이나 그 밖의 행위를 할 수 있다.
> ③ 지방자치단체의 장은 공익을 위하여 필요하다고 인정하면 미리 지방의회의 의결을 받아 보증채무부담행위를 할 수 있다.
> ④ 지방자치단체는 조례나 계약에 의하지 아니하고는 채무의 이행을 지체할 수 없다.
> ⑤ 지방자치단체는 법령이나 조례의 규정에 따르거나 지방의회의 의결을 받지 아니하고는 채권에 관하여 채무를 면제하거나 그 효력을 변경할 수 없다.

(2) 발행사유
① 공유재산의 조성 등 소관 재정투자사업과 그에 직접적으로 수반되는 경비의 충당, 재해예방 및 복구사업, 천재지변으로 발생한 예측불가의 세입결함 보전, 지방채의 차환 등을 위해 지방채를 발행할 수 있다.
② 지방채는「지방재정법」이 아닌 경우 특정 법률이 정하는 경우에만 발행할 수 있다.

◇ **지방채 발행승인 제한사유**
지방채원리금의 상환이 연체된 경우, 지방채원리금의 상환부담이 과중하여 재정상태가 어려운 경우, 사실과 다른 신청으로 지방채 발행승인을 얻었거나 승인을 얻지 않고 지방채를 발행한 사실이 있는 경우 등

> 「지방재정법」
> 제11조(지방채의 발행)
> ① 지방자치단체의 장은 다음 각 호를 위한 자금 조달에 필요할 때에는 지방채를 발행할 수 있다. 다만, 제5호 및 제6호는 교육감이 발행하는 경우에 한한다.
>   1. 공유재산의 조성 등 소관 재정투자사업과 그에 직접적으로 수반되는 경비의 충당
>   2. 재해예방 및 복구사업
>   3. 천재지변으로 발생한 예측할 수 없었던 세입결함의 보전
>   4. 지방채의 차환
>   5.「지방교육재정교부금법」 제9조 제3항에 따른 교부금 차액의 보전
>   6. 명예퇴직(「교육공무원법」 제36조 및 「사립학교법」 제60조의 3에 따른 명예퇴직을 말한다. 이하 같다) 신청자가 직전 3개 연도 평균 명예퇴직자의 100분의 120을 초과하는 경우 추가로 발생하는 명예퇴직 비용의 충당
> 제11조의2 (지방채 발행의 제한) 지방채는 이 법과 다음 각 호의 법률에 의하지 아니하고는 발행할 수 없다.
>   1.「2011 대구세계육상선수권대회, 2013 충주세계조정선수권대회, 2014 인천아시아경기대회, 2014 인천장애인아시아경기대회 및 2015 광주하계유니버시아드대회 지원법」
>   2.「2015 경북문경세계군인체육대회 지원법」
>   3.「2018 평창 동계올림픽대회 및 동계패럴림픽대회 지원 등에 관한 특별법」
>   4.「혁신도시 조성 및 발전에 관한 특별법」
>   5.「국제경기대회 지원법」
>   6.「국토의 계획 및 이용에 관한 법률」

7. 「기업도시개발 특별법」
8. 「도시철도법」
9. 「도청이전을 위한 도시건설 및 지원에 관한 특별법」
10. 「공항시설법」
11. 「신항만건설 촉진법」
12. 「어촌특화발전 지원 특별법」
13. 「역세권의 개발 및 이용에 관한 법률」
14. 「재해위험 개선사업 및 이주대책에 관한 특별법」
15. 「제주특별자치도 설치 및 국제자유도시 조성을 위한 특별법」
16. 「지방공기업법」
17. 「지방자치단체 기금관리기본법」
18. 「중소기업진흥에 관한 법률」
19. 「택지개발촉진법」
20. 「폐광지역 개발 지원에 관한 특별법」
21. 「포뮬러원 국제자동차경주대회 지원법」

> **기출선지**
> 지방자치단체의 장은 국회의 승인을 얻는 경우에는 그 승인받은 범위에서 지방의회의 의결을 얻어 지방채발행 한도액의 범위를 초과하여 지방채를 발행할 수 있다. (X) | 19 서울 7 추가채용 지방자치론
>
> **해설 |** 지방자치단체의 장은 행정안전부장관의 승인을 얻은 후 승인받은 범위 내에서 지방의회의 의결을 받아 한도액을 초과해서 지방채를 발행할 수 있다.

4. 지방채 발행절차

(1) **지방자치단체장의 지방채 발행**

① **원칙(지방의회 의결)**: 지방자치단체의 장은 지방채를 발행하려면 재정 상황 및 재무 규모 등을 고려하여 대통령령으로 정하는 지방채 발행 한도액의 범위에서 지방의회의 의결을 얻어야 한다.

② 지방채의 발행, 원금의 상환, 이자의 지급, 증권에 관한 사무절차 및 사무 취급기관은 대통령령으로 정한다.

> 「지방재정법」 제12조(지방채 발행의 절차)
> ① 제11조에 따른 지방채의 발행, 원금의 상환, 이자의 지급, 증권에 관한 사무절차 및 사무 취급기관은 대통령령으로 정한다.

② **예외(행안부장관의 승인 후 지방의회 의결)**

ⓐ **외채 발행**: 지방채 발행 한도액 범위이더라도 외채를 발행하는 경우에는 지방의회의 의결을 거치기 전에 행정안전부장관의 승인을 받아야 한다.

ⓑ **한도액 초과 발행**: 초과하는 범위에 따라 행정안전부장관과 협의하거나 승인을 받은 후 지방의회의 의결을 얻어 발행할 수 있다.

> 「지방재정법」 제11조(지방채의 발행)
> ② 지방자치단체의 장은 제1항에 따라 지방채를 발행하려면 재정 상황 및 채무 규모 등을 고려하여 대통령령으로 정하는 지방채 발행 한도액의 범위에서 지방의회의 의결을 얻어야 한다. 다만, 지방채 발행 한도액 범위더라도 외채를 발행하는 경우에는 지방의회의 의결을 거치기 전에 행정안전부장관의 승인을 받아야 한다.
> ③ 지방자치단체의 장은 제2항에도 불구하고 대통령령으로 정하는 바에 따라 행정안전부장관과 협의한 경우에는 그 협의한 범위에서 지방의회의 의결을 얻어 제2항에 따른 지방채 발행 한도액의 범위를 초과하여 지방채를 발행할 수 있다. 다만, 재정책임성 강화를 위하여 재정위험수준, 재정 상황 및 채무 규모 등을 고려하여 대통령령으로 정하는 범위를 초과하는 지방채를 발행하는 경우에는 행정안전부장관의 승인을 받은 후 지방의회의 의결을 받아야 한다.

(2) **지방자치단체조합의 지방채 발행**: 행안부장관의 승인 및 지방의회의 의결

① 지방자치단체조합의 장은 그 조합의 항구적 이익이 되거나 긴급한 재난복구 등의 필요가 있는 때 또는 지방자치단체에 대부할 필요가 있는 때에는 지방채를 발행할 수 있다.

② 행정안전부장관의 승인을 얻은 범위 안에서 조합의 구성원인 각 지방자치단체의 지방의회의 의결을 얻어야 한다.

> 「지방재정법」 제11조(지방채의 발행)
> ④ 「지방자치법」 제176조에 따른 지방자치단체조합(이하 "조합"이라 한다)의 장은 그 조합의 투자사업과 긴급한 재난복구 등을 위한 경비를 조달할 필요가 있을 때 또는 투자사업이나 재난복구사업을 지원할 목적으로 지방자치단체에 대부할 필요가 있을 때에는 지방채를 발행할 수 있다. 이 경우 행정안전부장관의 승인을 받은 범위에서 조합의 구성원인 각 지방자치단체 지방의회의 의결을 얻어야 한다.

> **더 알아보기**
>
> ● **제주특별자치도의 지방채발행 특례**
> 제주특별자치도지사는 제주특별자치도의 발전과 관계가 있는 사업을 위하여 필요하면 도의회의결을 마친 후 외채 발행과 지방채 발행 한도액의 범위를 초과한 지방채 발행을 할 수 있다.
>
> 「제주특별법」
> 제126조(지방채 등의 발행 특례) 도지사는 제주자치도의 발전과 관계가 있는 사업을 위하여 필요하면 「지방재정법」 제11조에도 불구하고 도의회의 의결을 마친 후 외채 발행과 지방채 발행 한도액의 범위를 초과한 지방채 발행을 할 수 있다. 이 경우 「지방재정법」 제11조제2항에서 대통령령으로 정하는 지방채 발행 한도액을 초과하여 지방채를 발행하려면 도의회 재적의원 과반수가 출석하고 출석의원 3분의 2 이상의 찬성을 받아야 한다.

5. 효용과 한계

(1) 효용
① **탄력적 재정운용**: 한정되어 있는 지방예산에 대해 지방채를 통해서 재정부담을 조정하고 계획적으로 운영을 가능하게 한다.
② **재원조달 수단**: 대규모 사업을 위한 재원조달의 수단으로 작용한다.
③ **세대 간 재정부담의 공평화**◇: 대규모 투자사업의 편익은 장기간에 미치므로 지방채를 통해 세대 간 부담을 공평하게 하는 기능을 수행한다.
④ **지역경제 활성화**: 대규모의 재정투자 등을 통해 지역경제 활성화와 함께 경제위기 시 타개책으로 활용한다.

(2) 한계
① **민간 채권시장 위축**: 지방채 발행은 민간 채권시장의 위축을 불러일으킬 수 있다.
② **다음 세대의 부담 강요**: 후세 주민들에게 일방적이고 과도한 재정부담을 강요한다.
③ **지방재정 건전성 약화**: 과도한 지방채 남발은 지방자치단체의 건전성을 약화시킨다.
④ **경기조절효과의 미흡**: 통화정책◇에 활용되는 국채에 비해 거시경제적 대책기능이 미흡하다.

2 지방재정력 평가 ⭐

1. **지방재정력**: 지방자치단체가 관할구역의 공공서비스를 공급하는 데 필요한 재원을 자주적으로 조달할 수 있는 능력

2. **평가지표 유형**

(1) 재정규모(총재정규모)
① **의의**: 자치단체의 총재정규모로 자주재원, 의존재원, 지방채의 합으로 구한다.

◇ **재정부담의 공평화**
지방채는 수익자부담주의의 원칙에 따라 편익을 보는 미래의 주민이 재정을 부담하게 만들어 세대 간 형평성을 제고할 수 있다.

◇ **통화정책**
통화 정책은 중앙은행이 국공채의 발행, 시중 통화량과 이자율을 조절하는 정책으로 거시경제의 여러 가지 문제를 해결하기 위한 역할을 수행한다.

② **특징**: 양적 지표로 총세출의 규모를 파악하기 용이하나 질적 지표인 실질적 재정 상태에 대해서는 알기 어렵다.

(2) 재정자립도
① **의의**: 전체 재원 중에 자주재원(지방세+세외수입)이 차지하는 비율이다.
② **특징**
  ⓐ 세입 중심의 개념으로 세출의 질에 대해서는 고려하지 않는다.
  ⓑ 의존재원이 많은 경우 일반회계 총액의 크기가 커지기 때문에 재정력이 강화됨에도 불구하고 재정자립도가 낮아진다.
  ⓒ 경상수지비율 등의 세출 구조를 고려하지 못한다.

(3) 재정자주도
① **의의**: 일반회계 총세입에서 자주재원과 지방교부세를 합한 일반재원의 비중이다.
② **활용**
  ⓐ 자치단체 보조율 및 기준부담률 적용기준으로 활용한다.
  ⓑ 차등보조율을 적용하는 기준으로 활용한다.

(4) 재정력 지수
① **의의**: 기초적 재정수요에 대한 해결능력을 추정하는 지표로 '기준재정 수입액/기준재정 수요액'으로 계산한다.
② **활용**: 보통교부세 지급 결정 판단기준으로 활용하며 재정력 지수가 1 이하인 지방자치단체의 경우 보통교부세의 교부대상이 된다.

> **참고자료**
>
> ●● **기타 재정력 지표**
>
> | 건전재정지수 | · 세출총액 중 안정적 수입이 차지하는 비율
· (지방세액+지방교부세+세외수입)/세출총액 |
> |---|---|
> | 책임재정지수 | · 경상경비(필요 최소한의 비용) 충당 능력
· (지방세액+세외수입)/경상경비 |

◇ **재정자립도**
재정자립도는 자주재원/(자주+의존재원)의 비율을 의미하는 개념으로 분모와 분자에 모두 자주재원이 포함됨으로 인해 결국 재정자립도를 결정하는 실질적이고 중요한 요인은 분모에만 있는 의존재원이라고 볼 수 있다. 즉, 자주재원을 늘리는 것보다 의존재원을 줄이는 것이 재정자립도를 향상시키는 실질적인 방안이라고 볼 수 있다.

◇ **재정자립도 계산**

$$재정자립도 = \frac{자주재원}{일반회계세입총액} \times 100$$

◇ **재정자주도 계산**

$$재정자주도 = \frac{일반재원}{일반회계세입총액} \times 100$$

◇ **일반재원**
지방정부가 스스로 용도를 결정할 수 있는 재원으로 지방세수입+세외수입+지방교부세(보통교부세, 부동산교부세)+조정교부금을 합해서 계산한다.

기출선지
재정자주도는 지방정부 일반회계 세입에서 자주재원과 지방교부세를 합한 일반재원의 비중이다. (O) | 13 서울 9

다른 조건이 변화하지 않는다면, 지방교부세 자원을 확대하면 재정자립도는 높아진다. (X)
18 서울 7 추가채용 지방자치론
해설 | 지방교부세를 확대하면 재정자립도는 낮아진다.

05 지방정부의 공공서비스 공급

1 시장을 활용한 공공서비스의 공급

1. 민간위탁(Contracting-out)

(1) 의의

◇ **provide(=arrange)**
provide는 공급 또는 결정, arrange는 주선 또는 알선이라고 번역된다. 공공서비스 생산에 있어 정책결정, 생산자의 결정, 서비스에 대한 감독 및 최종 책임 등은 생산에 있어 주도적 결정권을 행사하는 주체를 의미한다.

◇ **produce(=product)**
produce(=product)는 주로 생산 또는 공급으로 번역되며 서비스의 구체적인 전달이나 집행 등을 말한다. provide 또는 arrange된 내용에 따라 직접적인 생산활동을 진행하는 것을 의미한다.

◇ **바우처의 분류**
Savas는 바우처를 민간 생산, 민간 공급(배열)으로 분류했으나, 최근 민간 생산·정부 배열로 보는 견해(권기헌)도 있다.

구분		공급(Provide)·배열(Arrange)	
		정부	민간
생산(Produce)	정부	• 직접 공급 • 정부 간 협약	정부판매
	민간	• 민간계약(위탁) • 면허(license) • 보조금(Subsidy)	• 시장(Market) • 바우처(Voucher) • 자기생산(Self-help) • 자원봉사(Voluntary Service)

① **의의**: 민간이 공공서비스를 생산함으로써 공급의 효율성을 높이고 책임은 정부가 담당하는 방식으로 정부실패 이후 능률성을 강조하는 신공공관리론(NPM)에서 강조되었다.

② **도입배경**: 민간위탁은 우리나라에서 1997년 이후부터 활성화된 방식으로 각종 법률에 규정된 행정기관의 사무 중 일부를 지방자치단체가 아닌 법인 단체 또는 그 기관이나 개인에게 맡겨 계약을 통해 그에 대한 책임을 행사하도록 하는 것이다.

③ **목적**

정치적 관점	경제적 관점	사회정책적 관점
• 관료제 조직의 이익확대 • 퇴직 이후의 일자리 창출	경쟁수단을 활용하여 공공부문 비효율을 개선, 예산 절감	사회문제를 해결하기 위하여 전문적이고 유연한 대응 필요

◇ **민간위탁의 활용범위**
국민의 권리·의무와 직접 관계되지 않은 단순 사실행위, 공익성보다 능률성이 요청되는 사무, 특수한 전문지식 및 기술이 필요한 사무, 그 밖에 국민생활과 직결된 단순 행정사무에 한하여 민간위탁을 활용할 수 있다.

◇ **계약과 면허의 차이점**
서비스 사용료를 정부에 내는지(계약), 공급자에게 직접 내는지(면허)이다.

◇ **독점적 허가와 면허**
본래 면허제는 면허(license)와 독점적 허가(franchise)의 방식으로 구분된다. 면허와 독점적 허가 모두 민간조직에게 일정구역 내에서 공공서비스를 제공할 수 있는 권리를 인정하는 것으로 소비자가 공공서비스에 대한 비용을 부담하며 민간이 운영을 하지만 공급에 대해서는 정부가 책임을 진다. 독점적 허가(franchise)가 독점적 허가방식이라면 면허(license)는 경쟁적 허가방식으로 구분하지만 최근에는 모두 넓은 의미의 면허의 방식으로 본다.

◇ **보조금과 바우처의 차이점**
공급자에 대한 지원은 보조금, 수요자에 대한 지원은 바우처이다.

◇ **바우처의 유형**
바우처에는 쿠폰, 카드 등의 명시적 바우처와 쿠폰 지급 없이 정부가 사후에 서비스 제공자에게 비용을 지불하는 묵시적 바우처, 소비자가 영수증을 제출하면 환급하는 환급형 바우처가 있다. 전자바우처는 관리비용을 감소하고 투명성을 높일 수 있으며 한국에서는 2007년부터 보건복지부에서 바우처를 도입하여 시행하였다.

(2) 민간위탁의 형태(Savas) – 공급방식에 따른 분류

① **계약(협의의 민간위탁)**: 경쟁입찰을 통해 서비스를 생산할 민간업체를 선정하여 계약을 체결하는 방식으로, 정부가 서비스를 공급하기 위해 조직을 형성하지 않아도 되므로 정부부담이 경감된다. 예 지방자치단체의 폐기물 처리, 학교급식

② **면허(license)**: 정부가 민간에게 서비스를 공급할 권리를 부여하는 방식으로 독점적 허가와 면허방식으로 구분된다. 서비스를 이용한 시민들은 기업에게 이용료를 지불하는 방식으로 서비스의 공급자 간 경쟁을 통해 서비스의 질을 제고하려 한다. 예 자동차 견인, 구급차 서비스

③ **보조금(Subsidy)**: 공공서비스의 공급자에게 현금이나 현물을 지원하는 것으로, 공공서비스 요건을 구체적으로 명시하기 곤란하거나 서비스가 기술적으로 복잡한 경우에 활용한다. 예 어린이집 보조

④ **바우처(Voucher)**: 공공서비스의 수요자(구매자)에게 상품을 구매할 수 있는 증서를 지급하는 것으로, 수요자의 선택권을 보장하고 공급자 간의 경쟁을 유도하며 소비 형태에 관한 통제 및 소비자의 수요제고를 통해 민간시장을 활성화할 수 있는 방법이다. 예 보육바우처, 장애인활동 보조지원사업 바우처

⑤ **자원봉사(Voluntary Service)**: 보수를 받지 않고 공공서비스를 제공하는 것으로, 신축적 인력운영이 가능하나 공공서비스의 책임성이 약화될 수 있다. 예 올림픽 자원봉사

⑥ **자조활동(Self-help)**: 공공서비스의 공급자와 수혜자가 동일집단에 소속되어 상부상조하는 방식을 말한다. **예** 이웃감시, 주민순찰 등

◇**자원봉사와 자조활동의 차이점**
자원봉사는 동일그룹에 속해 있지 않은 경우에 이루어지지만, 자조활동은 동일그룹에서 이루어진다.

2. 민간투자

(1) 의의

① **의의**: 민간이 정부를 대신하여 지하철, 기숙사, 하숙시설 등의 사회간접자본(사회기반시설사업)에 투자하여 건설 및 운영하는 것을 말한다.

② **특징**: 정부의 재정건전성을 유지하고 민간의 창의성과 효율성을 활용할 수 있으나, 민간에 대한 통제가 어려우므로 요금인상이나 서비스의 질 저하와 같은 문제가 발생할 수 있다.

(2) 종류

① 수익형 민간투자(Operate형)

ⓐ **의의**: 수익형 사업에 대하여 민간이 투자하고 직접 운영해 투자비용을 회수하는 방식이다.

ⓑ **특징**: 투자기업이 수요위험(투자시설의 수요가 적어 수익이 줄어들 가능성)을 부담한다. 수요위험으로 인해 민간수익이 적어질 것을 우려하여 정부가 그 적자분을 세금으로 보전해주는 최소운영수입 제도◇를 운영한 바 있다.

ⓒ **유형**: 보통 투자업체가 정부에 시설물의 소유권을 이전하는 시점에 따라 BTO와 BOT로 구분하며, 소유권을 넘기지 않고 운영을 통해 투자자본을 회수하는 BOO도 있다.

◇**최소운영수입보장제도(MRG)**
최소운영수입보장제도(MRG: minimum revenue guarantee)는 민간자본으로 건설한 사회기반 시설의 실제 수입이 예상보다 적을 경우, 약정된 최소 수입을 보장해주는 제도로 보통 수익형 민간투자형 사업에 주로 사용되었지만 부작용으로 인해 2006년에 폐지되었다.

BTO	• Build-Transfer-Operate • 민간자본으로 건설(Build)하고, 준공과 동시에 해당 시설의 소유권이 정부에게 귀속되며(Transfer) 사업시행자에게 일정기간의 시설관리운영권(Operate)을 인정
BOT	• Build-Operate-Transfer • 민간이 건설(Build)하고, 소유권을 보유한 상태로 약정기간 동안 시설관리운영권(Operate)을 통해 투자비를 회수하고, 약정기간 만료 시 소유권과 운영권은 정부에 귀속(Transfer)
BOO	• Build-Own-Operate • 민간자본으로 건설(Build)하고, 해당 시설의 소유권(Own) 및 운영권(Operate)을 사업시행자가 가지는 방식

② 임대형 민간투자(Lease형)

ⓐ **의의**: 비수익사업에 대해 민간이 투자하여 건설하고 정부에게 이를 임대한 후 정부로부터 받는 임대료를 통해 투자비를 회수하는 방식이다.

ⓑ **특징**: 정부가 수요위험(투자시설의 수요가 적어 수익이 줄어들 가능성)을 부담하기 때문에 민간이 선호하는 방식이다.

ⓒ **유형**: 투자업체가 정부에 시설물의 소유권을 이전하는 시점에 따라 BTL과 BLT로 구분한다.

BTL	• Build-Transfer-Lease • 민간이 투자하여 지은 사회기반시설의 준공(Build)과 동시에 시설의 소유권이 국가에 귀속(Transfer), 사업시행자에게 일정기간의 시설관리운영권(사용권)을 인정하되, 그 시설관리운영권을 국가 또는 지방자치단체 등이 협약에서 정한 기간 동안 임차(Lease)하여 사용·수익
BLT	• Build-Lease-Transfer • 민간이 건설(Build)하고 소유권을 보유(Own)한 상태로 약정기간 동안 시설관리운영권을 임대(Lease)하여 투자비를 회수하고, 약정기간 만료 시 시설물을 정부에 귀속(Transfer)

기출선지
BTL은 민간투자사업자가 사회기반시설 준공과 동시에 해당 시설 소유권을 정부로 이전하는 대가로 시설관리운영권을 획득하고, 정부는 해당 시설을 임차 사용하여 약정기간 임대료를 민간에게 지급하는 방식이다. (O) | 20 지방 9

> **더 알아보기**
>
> ● **BTL 방식의 관리운영권 설정내용 및 권리귀속주체**
>
> | 구분 | 법적 근거 | 권리 귀속주체·권한주체 |
> |---|---|---|
> | 소유권 | 준공과 동시에 소유권이 정부에 귀속됨. | 국가 또는 지방자치단체 |
> | 관리운영권 | 주무관청이 사업시행자에게 시설의 관리운영권을 설정하고, 사업시행자는 시설의 유지 및 관리책임을 짐. | 사업시행자 |
> | 시설이용권한 | 국가 또는 지방자치단체가 관리운영권자(사업시행자)로부터 해당 시설을 임차하여 이용 | 국가 또는 지방자치단체 |

2 지방공기업

1. 의의

(1) **개념**: 지방자치단체가 주민의 복지증진과 사업의 효율적 수행을 위하여 직접 설치·경영하거나 법인을 설립해서 운영하는 기업을 지방공기업이라고 한다.

(2) **특징**: 지방공기업은 지방자치단체가 경영하는 공기업으로 주민의 복리증진을 위한 공공성을 지니며 사용자가 수익을 부담하는 방식의 기업적 성질을 갖는다.

2. 목적과 적용범위

(1) **목적**: 지방자치단체가 운영하는 기업들의 경영합리화를 통해 지방자치의 발전과 주민의 복리를 증진한다.

(2) **지방직영기업의 적용범위**: 수도사업(마을 상수도사업 제외), 공업용 수도사업, 궤도사업(도시철도사업 포함), 자동차운송사업, 지방도로사업(유료도로사업만 해당), 하수도사업, 주택사업, 토지개발사업으로 해당 분야의 사업에 대해 지방자치단체가 직접 설치·경영하는 사업으로 대통령령으로 정하는 기준 이상의 사업을 수행하는 지방공기업을 지방직영기업으로 우선 지정할 수 있다.

> 「지방공기업법」 제2조(적용 범위)
> ① 이 법은 다음 각 호의 어느 하나에 해당하는 사업(그에 부대되는 사업을 포함한다. 이하 같다) 중 제5조에 따라 지방자치단체가 직접 설치·경영하는 사업으로서 대통령령으로 정하는 기준 이상의 사업(이하 "지방직영기업"이라 한다)과 제3장 및 제4장에 따라 설립된 지방공사와 지방공단이 경영하는 사업에 대하여 각각 적용한다.
>   1. 수도사업(마을상수도사업은 제외한다)
>   2. 공업용수도사업
>   3. 궤도사업(도시철도사업을 포함한다)
>   4. 자동차운송사업
>   5. 지방도로사업(유료도로사업만 해당한다)
>   6. 하수도사업
>   7. 주택사업
>   8. 토지개발사업
>   9. 주택(대통령령으로 정하는 공공복리시설을 포함한다)·토지 또는 공용·공공용건축물의 관리 등의 수탁
>   10. 「도시 및 주거환경정비법」 제2조제2호에 따른 공공재개발사업 및 공공재건축사업

◇ **지방공기업 현황**
2023년 12월 31일 기준으로 우리나라의 지방공기업 총수는 414개이다. 광역자치단체인 서울특별시의 지방직영기업으로 서울특별시상수도, 서울특별시하수도가 있다. 서울시에서 운영하는 대표적인 공사로는 서울교통공사, 서울주택도시공사가 있고, 대표적인 공단으로는 서울시설공단 등이 있다.

◇ **지방공기업의 적용범위**
민간인의 경영참여가 어려운 사업으로서 주민복리의 증진에 이바지할 수 있고 지역경제의 활성화나 지역개발의 촉진에 이바지할 수 있다고 인정되는 사업, 지방직영기업 우선 대상 사업 중 지방직영기업으로 수행하기에 적절하지 않은 사업, 체육시설업, 관광사업 중 경상경비의 50% 이상을 경상수입으로 충당할 수 있는 사업에 대해 지방직영기업, 지방공사, 지방공단을 설립하여 운영할 수 있다.

기출선지
지방자치단체는 주민의 복지증진과 사업의 효율적 수행을 위하여 지방공기업을 설치·운영할 수 있다. (O) | 21 국가 9

② 지방자치단체는 다음 각 호의 어느 하나에 해당하는 사업 중 경상경비의 50퍼센트 이상을 경상수입으로 충당할 수 있는 사업을 지방직영기업, 지방공사 또는 지방공단이 경영하는 경우에는 조례로 정하는 바에 따라 이 법을 적용할 수 있다.
1. 민간인의 경영 참여가 어려운 사업으로서 주민복리의 증진에 이바지할 수 있고, 지역경제의 활성화나 지역개발의 촉진에 이바지할 수 있다고 인정되는 사업
2. 제1항 각 호의 어느 하나에 해당하는 사업 중 같은 항 각 호 외의 부분에 따라 대통령령으로 정하는 기준에 미달하는 사업
3. 「체육시설의 설치·이용에 관한 법률」에 따른 체육시설업
4. 「관광진흥법」에 따른 관광사업(여행업 및 카지노업은 제외한다)

「지방공기업법 시행령」 제2조(사업범위)
① 「지방공기업법」(이하 "법"이라 한다) 제2조제1항에서 "대통령령으로 정하는 기준 이상의 사업"이란 다음 각호의 기준에 해당하는 사업을 말한다.
  1. 수도사업 : 1일 생산능력 1만톤 이상
  2. 공업용수도사업 : 1일생산능력 1만톤이상
  3. 궤도사업 : 보유차량 50량이상
  4. 자동차운송사업 : 보유차량 30대이상
  5. 지방도로사업 : 도로관리연장 50킬로미터이상 또는 유료터널·교량 3개소이상
  6. 하수도사업 : 1일 처리능력 1만톤 이상
  7. 주택사업 : 주택관리 연면적 또는 주택건설 면적 10만평방미터이상
  8. 토지개발사업 : 조성면적 10만평방미터이상
② 법 제2조제1항제9호에서 "대통령령으로 정하는 공공복리시설"이란 수탁 대상 주택의 기능발휘와 이용을 위하여 필요한 부대시설과 편익시설로서 다음 각 호의 시설을 말한다.
  1. 공원·녹지·주차장·어린이놀이터·노인정·관리시설·사회복지시설과 그 부대시설
  2. 문화·체육·업무 시설 등 거주자의 생활복리를 위하여 필요한 시설
③ 지방자치단체는 법 제2조제1항 각호에 규정된 사업으로서 제1항 각호의 기준에 새로이 도달하게 된 사업에 대하여는 그 기준에 도달한 날부터 6월이내에 그 사업에 대한 법적용을 위하여 필요한 사항을 조례로 정하여야 한다.

3. 유형

(1) 지방직영기업

의의	지방자치단체가 직접 지방자치단체의 직원, 조직, 예산을 통해 경영 → 법인격 X
경영주체	각 지방자치단체 및 자치단체조합
설치	설치 및 운영의 기본사항을 조례로 정함
직원	직원: 일반공무원, 관리자: 일반공무원 중 지방자치단체의 장이 임명
회계	특별회계설치(발생주의 회계)
재무	독립채산제: 해당 기업의 경비는 해당 기업의 수입으로 충당
경영평가	경영평가를 매년 실시하되, 지방직영기업의 경우 행정안전부 장관이 따로 정할 수 있다.

「지방공기업법」
제5조(지방직영기업의 설치)
지방자치단체는 지방직영기업을 설치·경영하려는 경우에는 그 설치·운영의 기본사항을 조례로 정하여야 한다.
제7조(관리자)
① 지방자치단체는 지방직영기업의 업무를 관리·집행하게 하기 위하여 사업마다 관리자를 둔다. 다만, 조례로 정하는 바에 따라 성질이 같거나 유사한 둘 이상의 사업에 대하여는 관리자를 1명만 둘 수 있다.
② 관리자는 대통령령으로 정하는 바에 따라 해당 지방자치단체의 공무원으로서 지방직영기업의 경영에 관하여 지식과 경험이 풍부한 사람 중에서 지방자치단체의 장이 임명하며, 임기제로 할 수 있다.

제13조(특별회계)
지방자치단체는 제2조에 해당하는 사업마다 특별회계를 설치하여야 한다. 다만, 제7조제1항 단서에 따라 둘 이상의 사업에 대하여 관리자를 1명만 두는 경우에는 둘 이상의 사업에 대하여 하나의 특별회계를 둘 수 있다.

제14조(독립채산)
① 지방직영기업의 특별회계에서 해당 기업의 경비는 해당 기업의 수입으로 충당하여야 한다. 다만, 다음 각 호의 어느 하나에 해당하는 지방직영기업의 경비로서 대통령령으로 정하는 경비는 해당 지방자치단체의 일반회계나 다른 특별회계가 부담금이나 그 밖의 방법으로 부담한다.
  1. 경비의 성질상 지방직영기업의 수입으로 충당하는 것이 적당하지 아니한 경비
  2. 지방직영기업의 성질상 그 경영으로 생기는 수입만으로 충당하는 것이 객관적으로 곤란하다고 인정되는 경비
② 지방직영기업의 특별회계는 재해복구 또는 그 밖의 특별한 사유로 인하여 필요한 경우에는 예산에서 정하는 바에 따라 해당 지방자치단체의 일반회계나 다른 특별회계로부터 재정적 지원을 받을 수 있다.

제16조(회계처리의 원칙)
① 지방직영기업의 특별회계는 경영 성과 및 재무 상태를 명확히 하기 위하여 재산의 증감 및 변동(이하 "회계거래"라 한다)을 발생 사실에 따라 회계처리한다.
② 지방직영기업의 회계거래는 대통령령으로 정하는 바에 따라 회계연도 소속을 구분한다.
③ 지방직영기업의 특별회계는 대차대조표 계정인 자산, 부채 및 자본 계정과 손익계산서 계정인 수익 및 비용 계정을 설정하여 회계처리한다.

(2) 지방공단

의의	지방자치단체가 설립한 법인으로 자본금의 주식배분이 허용되지 않고 원칙적으로 지방자치단체가 위탁한 기능만 처리 → 법인격O
경영주체	지방자치단체가 전액 출자하여 설립(설립시 상급기관과 협의)
설립	설치 및 운영의 기본사항을 조례로 정함
직원	임원: 이사장과 이사◇ 및 감사 → 임기 3년, 이사장과 감사는 지방자치단체의 장이 임면
재무	발생주의 회계, 독립채산제, 5회계연도 이상의 중장기 재무관리계획 수립

◇ **지방공단의 이사 임면**
상임이사의 경우 이사장이, 비상임이사의 경우 지방자치단체의 장이 임면한다.

(3) 지방공사

의의	지방자치단체가 설립한 법인으로 필요한 경우 자본금의 주식배분이 허용되며, 지방정부의 위탁과 관계없이 업무의 영역을 확장해나갈 수 있는 지방공기업 → 법인격O
경영주체	지방자치단체가 전액 출자하여 설립(설립 시 상급기관과 협의), 예외적으로 민간부문이 경영주체에 포함될 수 있음
설립	① 원칙: 지방자치단체가 전액 출자 ② 예외: 자본금의 1/2 초과하지 않는 범위 내에서 설립단체 이외의 자로 하여금 출자 가능(외국인, 외국법인 포함)
직원	임원: 사장, 이사◇, 감사 → 임기 3년, 사장과 감사는 지방자치단체의 장이 임면
재무	지방공단과 동일: 발생주의 회계, 독립채산제, 5회계연도 이상의 중장기 재무관리계획 수립

◇ **지방공사의 이사 임면**
상임이사의 경우 사장이, 비상임이사의 경우 지방자치단체의 장이 임면한다.

「지방공기업법」
제49조(설립)
① 지방자치단체는 제2조에 따른 사업을 효율적으로 수행하기 위하여 필요한 경우에는 지방공사(이하 "공사"라 한다)를 설립할 수 있다. 이 경우 공사를 설립하기 전에 특별시장, 광역시장, 특별자치시장, 도지사 및 특별자치도지사(이하 "시·도지사"라 한다)는 행정안전부장관과, 시장·군수·구청장(자치구의 구청장을 말한다)은 관할 특별시장·광역시장 및 도지사와 협의하여야 한다.

② 지방자치단체는 공사를 설립하는 경우 그 설립, 업무 및 운영에 관한 기본적인 사항을 조례로 정하여야 한다.

제51조(법인격) 공사는 법인으로 한다.

제53조(출자)
① 공사의 자본금은 그 전액을 지방자치단체가 현금 또는 현물로 출자한다.
② 제1항에도 불구하고 공사의 운영을 위하여 필요한 경우에는 자본금의 2분의 1을 넘지 아니하는 범위에서 지방자치단체 외의 자(외국인 및 외국법인을 포함한다)로 하여금 공사에 출자하게 할 수 있다. 증자(增資)의 경우에도 또한 같다.
③ 제2항의 경우에는 공사의 자본금은 주식으로 분할하여 발행한다. 이 경우에 발행하는 주식의 종류, 1주의 금액, 주식 발행의 시기, 발행 주식의 총수와 주금(株金)의 납입시기 및 납입방법은 조례로 정한다.

(4) 제3섹터(민관공동출자)방식

① **개념**: 지방자치단체(제1섹터)와 민간(제2섹터)이 공동으로 자금을 출자하여 경영하는 기업체로 지방자치단체가 자본금의 50% 미만을 출자 또는 출연한 상법상의 주식회사(출자법인) 또는 민법상의 재단법인(출연법인)이다.

② **설립배경**: 공공부문의 자금부족, 민관협조 영역의 확대, 공공영역의 기업화 경영으로 나타났으며 공공부문에서 재정난의 타개, 지역 민간사업 활성화, 민간경영 효율성을 기대할 수 있다.

③ **근거**: 현재 「지방자치단체 출자·출연 기관의 운영에 관한 법률」에 별도 내용을 규정하고 있다.

4. 성과관리

(1) 행정안전부장관은 지방공기업의 경영기본원칙을 고려하여 대통령령으로 정하는 바에 따라 지방공기업에 대한 경영평가를 한다.

(2) 행정안전부 장관이 필요하다고 인정하는 경우 지방자치단체의 장이 경영평가◇를 실시할 수 있다.

◇ **지방공기업의 경영평가**
경영평가를 위해 지방공기업 평가원을 두고 있으며, 경영평가에는 지방공기업의 경영목표의 달성도, 업무의 능률성, 공익성 및 고객서비스 등에 관한 평가가 포함되어야 한다. 또한 행정안전부장관이 필요하다고 인정하는 경우에는 지방자치단체의 장으로 하여금 경영평가를 실시하게 할 수도 있다. 아울러 행정안전부장관은 경영평가 결과를 토대로 영업수익 등이 현저히 감소한 지방공기업 등에 대하여 경영진단을 실시하고 그 결과를 공개할 수 있다.

「지방공기업법」 제78조(경영평가 및 지도)
① 행정안전부장관은 제3조에 따른 지방공기업의 경영 기본원칙을 고려하여 대통령령으로 정하는 바에 따라 지방공기업에 대한 경영평가를 하고, 그 결과에 따라 필요한 조치를 하여야 한다. 다만, 행정안전부장관이 필요하다고 인정하는 경우에는 지방자치단체의 장으로 하여금 경영평가를 하게 할 수 있다.
② 제1항에 따른 경영평가에는 지방공기업의 경영목표의 달성도, 업무의 능률성, 공익성, 고객서비스 등에 관한 평가가 포함되어야 한다.
③ 행정안전부장관은 제1항에 따른 경영평가를 위하여 필요한 경우 지방공기업에 고객 명부 등 관련 자료의 제출을 요청할 수 있다. 이 경우 요청을 받은 지방공기업은 정당한 사유가 없는 한 이에 따라야 한다.
④ 행정안전부장관은 대통령령으로 정하는 바에 따라 제1항 및 제2항에 따른 경영평가와는 별도로 사장에 대하여 업무성과 평가를 할 수 있다. 이 경우 공익성이 고려되어야 한다.
⑤ 행정안전부장관 또는 시·도지사(특별자치시장 및 특별자치도지사는 제외한다. 이하 이 항에서 같다)는 지방공기업(시·도지사의 경우에는 시·군·자치구의 지방공기업으로 한정한다)의 효율적인 경영을 위하여 필요한 지도, 조언 또는 권고를 할 수 있다.
⑥ 행정안전부장관은 지방공기업이 다음 각 호의 어느 하나에 해당하는 경우에는 제1항에 따른 경영평가 결과를 조정하고, 해당 지방공기업에 대한 주의·경고 등의 조치를 하거나 지방자치단체의 장에게 해당 지방공기업의 평가급 조정을 요청할 수 있다. 이 경우 제78조의5에 따른 지방공기업정책위원회의 심의를 거쳐야 한다. <신설 2022. 1. 11.>
  1. 제3항에 따른 경영평가에 필요한 자료를 제출하지 아니하거나 거짓으로 작성·제출한 경우
  2. 불공정한 인사운영, 비리 등으로 윤리경영을 저해한 경우로서 대통령령으로 정하는 경우

⑦ 제6항에 따른 요청을 받은 지방자치단체의 장은 특별한 사정이 없으면 해당 지방공기업의 평가급을 조정하여야 하고, 필요한 경우 해당 공사의 사장 또는 공단의 이사장에게 관련자에 대한 인사상의 조치 등을 요구할 수 있다.

> **참고자료**
>
> ● **지방공기업별 운영세부사항**
>
> **1. 지방직영기업**
> - 지방자체단체는 지방직영기업을 설치·경영하려는 경우 그 설치·운영의 기본사항을 조례로 정하여야 한다.
> - 지방직영기업 운영을 전문화하기 위하여 필요한 경우에는 「지방공무원법」에서 정하는 바에 따라 지방직영기업 소속 공무원에 대한 전문직렬을 둘 수 있다.
> - 지방직영기업이 수행하는 사업마다 특별회계를 설치하여야 한다.
> - 지방직영기업의 특별회계에서 해당 기업의 경비는 해당 기업의 수입으로 충당하여야 한다.
> - 재해복구 또는 그 밖의 특별한 사유로 인하여 필요한 경우에는 예산에서 정하는 바에 따라 해당 지방자치단체의 일반회계나 다른 특별회계로부터 재정적 지원을 받을 수 있다.
> - 지방자치단체의 일반회계나 다른 특별회계는 지방직영기업의 특별회계에 필요한 출자(出資)를 할 수 있다.
> - 지방자치단체는 필요시 해당 지방직영기업의 특별회계의 부담으로 지방채를 발행할 수 있다.
> - 지방자치단체는 지방직영기업의 급부에 대하여 조례로 정하는 바에 따라 요금을 징수할 수 있으며, 요금의 징수에 관하여는 지방세 징수의 예에 따른다.
>
> **2. 지방공사**
> - 지방공사의 설립 전 시·도지사는 행정안전부장관과 시장·군수·구청장은 특별시장·광역시장 및 도지사와 협의하여야 한다.
> - 공사를 설립하는 경우 그 설립, 업무 및 운영에 관한 기본적인 사항을 조례로 정한다.
> - 지방자치단체는 행정안전부장관이 고시한 기관에 의뢰하여 주민복리 및 지역경제에 미치는 효과, 사업성 등 지방공기업으로서의 타당성을 미리 검토하고 그 결과를 공개하여야 한다.
> - 지방자치단체는 상호 규약을 정하여 다른 지방자치단체로와 공동으로 공사를 설립할 수 있다.
> - 지방공사는 법인으로 한다.
> - 공사의 자본금은 그 전액을 지방자치단체가 현금 또는 현물로 출자하되, 필요한 경우에는 자본금의 2분의 1을 넘지 아니하는 범위에서 지방자치단체 외의 자(외국인 및 외국법인을 포함한다)로 하여금 공사에 출자하게 할 수 있다. 증자(增資)의 경우에도 또한 같다.
> - 공사는 사업의 효율적 수행을 위하여 지방자치단체 외의 다른 법인에도 출자할 수 있다.
> - 공사의 직원은 정관으로 정하는 바에 따라 사장이 임면한다.
>
> **3. 지방공단**
> - 공단은 지방자치단체의 장의 승인을 받아 해당 사업의 수익자로 하여금 사업에 필요한 비용을 부담하게 할 수 있다.
> - 공단의 운영규정은 지방공사와 같다.

CHAPTER 05 지방자치와 주민참여

01 주민참여의 의의

1 주민참여

1. 의의와 기능

(1) 의의
① 주민: 지방자치단체 구역 안에 주소를 가진 자로 선거권, 수익권, 쟁송권을 가진다.
② 주민참여: 정책결정 및 집행과정에서 주민이 영향력을 행사하는 일련의 과정이다.

(2) 기능
① 순기능
  ⓐ 대의민주주의의 결함을 보완한다.
  ⓑ 정책에 대한 주민들의 공감과 지지를 확보할 수 있다.
  ⓒ 주민들의 참여를 통해 정책순응을 확보해 정책집행이 용이해진다.
  ⓓ 지역 특성을 반영한 정책 결정이 이루어진다.
② 역기능
  ⓐ 주민들의 참여로 정책결정의 시간과 비용이 증가한다.
  ⓑ 참여자들에 대한 대표성과 공정성 확보가 어렵다.
  ⓒ 참여자들의 전문성과 책임성이 결여될 수 있다.
  ⓓ 참여자들이 특수이익에 집착하는 경향을 보일 경우 공익이 훼손된다.

2. 우리나라의 주민참여제도

(1) 참여방식
① 의의: 참여방식은 간접참여제도와 직접참여제도로 구분되며, 최근에는 직접참여제도가 확대◇되고 있다.
② 유형

간접 참여	자문위원회, 도시계획위원회, 환경연합회, 주민협의회 등
직접 참여	조례 개정 및 개폐청구, 주민감사청구, 주민투표, 주민소송, 주민소환, 주민참여예산

(2) 최근 경향
① 직접참여제도의 제도적 도입: 우리나라는 지방차지제도가 본격적으로 실시되면서 '조례제정개폐청구제도 및 주민감사청구제도 ⇨ 주민투표제도 ⇨ 주민소송제도 ⇨ 주민소환제도'의 순으로 주민참여제도를 도입하여 왔다.
② 외국인의 참여 허용: 우리나라는 대한민국 국적을 취득하지 않아도 대통령령이 정하는 일정한 요건을 갖춘 외국인의 정치참여를 허용하고 있다.
  ⓐ 지방선거권: 18세 이상◇으로 영주의 체류자격 취득일 후 3년이 경과한 외국인으로서 해당 지방자치단체의 외국인등록대장에 올라 있는 사람
  ⓑ 주민투표권: 18세 이상으로 출입국관리 관계 법령에 따라 대한민국에 계속 거주할 수 있는 자격을 갖춘 외국인으로서 지방자치단체의 조례로 정한 사람

> **영희쌤 Talk**
> 지방자치와 주민참여는 2022년 지방자치법 개정으로 내용변화가 가장 많이 나타난 주제입니다. 주민소환을 제외한 모든 제도는 지방자치법 개정에 따른 후속개정으로 2024년 4월 현재 내용이 전면 개정되었으나 주민소환제는 아직 개정이 이루어지지 않았습니다. 이후 주민소환제의 후속 개정 역시 이루어질 수 있으니 시험 직전에 개정사항 꼭 확인해 주세요.

◇ **직접참여제도의 확대**
최근 지방의회를 통한 간접민주주의가 한계를 드러내자 직접 민주주의에 의한 주민들의 직접참정이 강조되고 있다.

◇ **18세 이상**
2019년 「공직선거법」의 선거권 연령 개정, 2022년 「지방자치법」의 개정으로 지방자치에 참여할 수 있는 주민의 연령이 18세로 하향조정되며 외국인의 지방자치 참여 연령 역시 18세로 조정되었다.

◇ **시민고충처리위원회 제도의 한계**
시민고충처리위원회 제도는 제도상 자율성의 정도가 낮아 실질적인 감시 역할이 미흡하다는 지적을 받고 있다.

③ 시민고충처리위원회 제도: 시민고충처리위원회제도는 일종의 주민옴부즈만 제도로 지방정부에 시민고충처리위원회를 두어 주민들의 의견에 따라 행정활동을 감시할 수 있는 제도이다.

2 주민참여의 단계: 아른스타인(S. Arnstein)의 분류

1. **의의**: 아른스타인은 주민의 참여수준에 따라 주민 참여의 단계를 비참여의 단계, 명목적(형식적) 참여의 단계, 주민이 주도적으로 행정을 처리하는 시민권력(주민권력)의 단계로 나누고 있다.

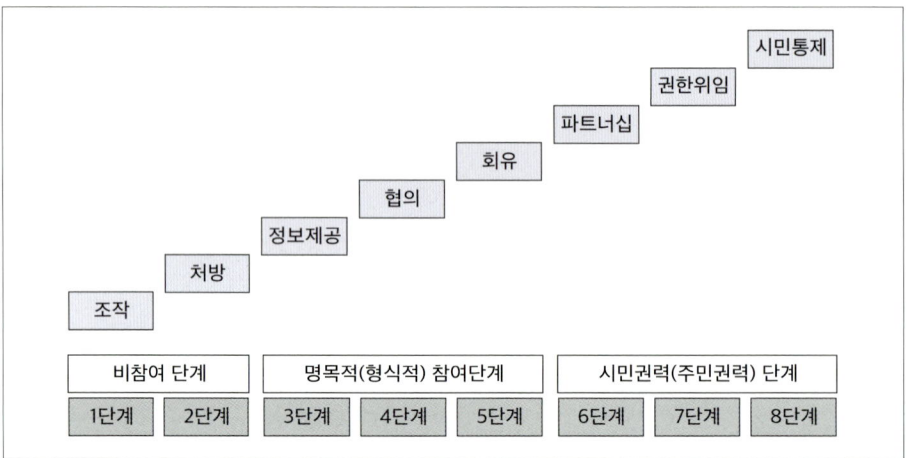

2. **유형**

(1) **비참여**: 참여가 아닌 단계

1	조작 (Manipulation)	정부가 주도적으로 주민을 접촉하여 교육하거나 지시하고, 주민은 이에 수동적으로 응한다.
2	처방 (Therapy, 임시치료)	정부가 명목을 위해 주민들을 심의회 등에 참여시켜 주민들의 태도나 행태를 교정하려 하며, 주민의 의견은 실제 정책결정에 영향을 미치지 못하는 단계이다.

(2) **명목적(형식적) 참여**: 지방정부로부터 주민들에게 일방향적인 정보가 제공된다.

3	정보제공 (Informing)	지방정부가 지역주민에게 일방적으로 정보를 제공하는 단계로, 주민들과의 소통을 통한 협상이나 타협은 없다.
4	협의 (Consultation, 상담)	주민이 공청회나 설문 등을 통해 의견을 발언하지만 실질적인 영향력을 미치지 못하고, 정부는 참여제도를 운영하는 것에 의의를 둔다.
5	회유 (Placation)	주민이 위원회 등에서 의견을 제시하지만 정부의 의사결정에 영향을 미치지 못한다.

(3) **시민권력적(주민권력적) 참여**: 지방정부와 주민 사이 쌍방향적인 참여이다.

6	파트너십 (Partnership, 대등협력)	정부가 최종적인 정책결정권을 가지나 주민도 정책결정에 대한 영향력을 가지고 있다.
7	권한위임 (Delegate Power)	주민이 정부보다 정책결정에 대한 영향력이 커서 주도적으로 정책을 결정하고, 정부는 주민을 협상으로 유도한다.
8	시민통제 (Citizen Control)	주민이 위원회 등을 통해 정부를 통제하고 완전한 자치를 실현한다.

기출선지
아른슈타인은 시민참여를 8단계로 제시하면서, '형식적 참여-실질적 참여-제도적 참여'의 단계로 나누어 설명하였다. (X) | 12 지방 7 지방자치론

해설 | 아른슈타인은 시민참여를 8단계로 제시하면서, '비참여-형식적 참여-실질적 참여'의 단계로 나누어 설명하였다.

아른스타인의 주민참여 8단계에서 회유(placation)는 비참여에 해당한다. (X) | 20 지방 7 지방자치론

해설 | 회유는 형식적 참여에 해당한다.

02 우리나라의 주민참여

1 지방선거

1. 선거의 의의와 기능

① **지방선거의 의의**: 선거는 국민이 주권을 행사하는 가장 기본적인 수단이며 국민이 정치에 참여하는 가장 중 한 과정으로 국민은 선거를 통해 국가를 운영할 대표자를 선출하고, 국민의 의사와 이익을 정치에 반영한다. 지방선거는 지방자치단체의 기관이 되는 의원이나 단체장을 주민이 직접 선정하는 제도이다.

② **선거의 기능**

ⓐ **대표자 선출**: 오늘날 인구가 증가하고 사회가 전문화되고 복잡해지면서 국민이 직접 정치에 참여하는 것이 현실적으로 어렵게 되었다. 따라서 대부분의 국가에서는 선거를 통해 대표자를 뽑아 국정을 맡기고 있다.

ⓑ **정치권력 정당성 부여**: 선거를 통해 부여받은 정치권력은 국민의 동의와 지지를 기초로 하므로 민주적 정당성을 얻는다. 쿠데타와 같이 비민주적 방법으로 창출된 정치권력이 국민의 저항을 받는 것은 정당성과 합법성을 갖지 못하였기 때문이다.

ⓒ **정치권력 통제**: 국민은 선거를 통해 대표자를 평가할 수 있다. 그러므로 선거는 잘못된 정치권력의 행사를 견제하고 민주 사회에서 책임 있는 정치가 이루어지도록 한다.

ⓓ **국가와 국민의 연결 통로**: 선거는 국민의 다양한 의사나 요구를 정치 과정에 투입하여 이를 정책 결정에 이르게 함으로써 국가와 국민을 연결하는 통로 역할을 한다.

2. 선거의 원칙과 내용

(1) 선거원칙

① **보통 선거(↔ 제한 선거)**: 일정한 나이에 달한 국민이라면 누구에게나 선거권을 부여해야 한다는 원칙이다(투표 기회의 평등). 따라서 재산이나 수입, 성별 등을 이유로 선거권을 제한해서는 안 된다.

② **평등 선거(↔ 차등 선거)**: 모든 유권자의 투표 가치는 동등해야 한다는 선거 원칙이다(투표 가치의 평등). 따라서 사회적 신분이나 재산 등에 상관없이 누구에게나 똑같은 표를 주어 투표 가치의 차등이 존재하지 않도록 해야 한다.

③ **직접 선거(↔ 간접 선거)**: 선거인이 대리인을 거치지 않고 자신이 직접 투표소에 가서 대표자를 선출하는 선거 원칙이다.

④ **비밀 선거(↔ 공개 선거)**: 선거권자가 누구에게 투표하였는지 다른 사람이 알지 못하게 투표해야 한다는 선거 원칙이다. 이는 공개 선거와 대비되는 제도이다.

기출선지
기초의원선거는 소선거구제를 적용하고 있다. (X)
| 13 서울 7 지방자치론

해설 | 기초의원선거는 한 선거구에서 복수의 당선자를 내는 중선거구제이다.

제주특별자치도는 비례대표의원 정수를 지역구 의원 정수의 100분의 30 이상으로 하도록 하고 있다. (X)
| 20 지방 7 지방자치론

해설 | 비례대표의원 정수를 지역구 의원 정수의 100분의 20 이상으로 하도록 하고 있다.

(2) 선거구제

① 소선거구제와 중-대선거구제

	소선거구제	중-대선거구제
의의	선거구 크기가 작고, 한 명의 대표자만 선출	선거구 크기가 크고, 두 명 이상의 대표자를 선출
장점	· 거대 정당 후보자의 당선과 정국의 안정 · 적은 선거 비용과 선거 관리의 용이성 · 유권자의 쉬운 후보자 파악	· 지역주의의 완화 · 정책 선거에 유리 · 사표의 감소 · 득표율과 의석률의 차이 감소
단점	· 많은 사표의 발생 · 정치 신인 등장 제약 · 연고주의의 폐단 · 엄청난 득표율과 의석률의 차이	· 많은 선거 비용과 선거 관리의 어려움 · 군소 정당의 난립과 정국의 불안정 · 유권자의 후보 파악의 어려움 · 한 선거구 내 투표가치 차등 문제 발생

② 우리나라 지방의회 선거구제

ⓐ 광역의회

지역의원	· 선거구는 '인구·행정구역·지세·교통, 그 밖의 조건'을 고려하여 기초지방정부를 구역으로 하거나 이를 분할해서 획정함. · 1선거구에서 1명의 당선자를 내는 소선거구제를 채택한다. · 총정수는 관할구역 안의 자치구·시·군 수의 2배수로 하되 20% 범위에서 조정 가능하다.
비례의원	비례의원의 정수는 각 광역지방의회 지역구 의원 정수의 10분의 1로 정함.
의원정수	22명 이상(지역구 최소 정수 19명, 비례 최소 정수 3명) (세종시는 예외: 20명(18+2))

ⓑ 기초의회

지역의원	· 선거구는 '시·군·자치구의 인구와 지역대표성'을 고려하여 정함. · 1선거구에서 2-4명의 당선자를 내는 중선거구제를 채택한다. · 정해진 시·도별 총정수 범위 내에서 각 시·도의 자치구·시·군의원선거구획정위원회가 중앙선거관리위원회규칙에 따라 정한다.
비례의원	비례의원의 정수는 각 기초지방의회 지역구 의원 정수의 10분의 1로 정함.
의원정수	8명 이상(지역구 최소 정수 7명, 비례 최소 정수 1명)

「공직선거법」
제22조(시·도의회의 의원정수)
① 시·도별 지역구시·도의원의 총정수는 그 관할구역 안의 자치구·시·군(하나의 자치구·시·군이 2 이상의 국회의원지역구로 된 경우에는 국회의원지역구를 말하며, 행정구역의 변경으로 국회의원지역구와 행정구역이 합치되지 아니하게 된 때에는 행정구역을 말한다)수의 2배수로 하되, 인구·행정구역·지세·교통, 그 밖의 조건을 고려하여 100분의 20의 범위에서 조정할 수 있다. 다만, 인구가 5만명 미만인 자치구·시·군의 지역구시·도의원정수는 최소 1명으로 하고, 인구가 5만명 이상인 자치구·시·군의 지역구시·도의원정수는 최소 2명으로 한다.
② 제1항에도 불구하고 「지방자치법」 제10조제2항에 따라 시와 군을 통합하여 도농복합형태의 시로 한 경우에는 시·군 통합 후 최초로 실시하는 임기만료에 의한 시·도의회의원선거에 한하여 해당 시를 관할하는 도의회의원의 정수 및 해당 시의 도의회의원의 정수는 통합 전의 수를 고려하여 이를 정한다.

③ 제1항 및 제2항의 기준에 의하여 산정된 의원정수가 19명 미만이 되는 광역시 및 도는 그 정수를 19명으로 한다.
④ 비례대표시·도의원정수는 제1항 내지 제3항의 규정에 의하여 산정된 지역구시·도의원정수의 100분의 10으로 한다. 이 경우 단수는 1로 본다. 다만, 산정된 비례대표시·도의원정수가 3인 미만인 때에는 3인으로 한다.

제23조(자치구·시·군의회의 의원정수)
① 시·도별 자치구·시·군의회 의원의 총정수는 별표 3과 같이 하며, 자치구·시·군의회의 의원정수는 당해 시·도의 총정수 범위 내에서 제24조의3의 규정에 따른 당해 시·도의 자치구·시·군의원선거구획정위원회가 자치구·시·군의 인구와 지역대표성을 고려하여 중앙선거관리위원회규칙이 정하는 기준에 따라 정한다.
② 자치구·시·군의회의 최소정수는 7인으로 한다.
③ 비례대표자치구·시·군의원정수는 자치구·시·군의원 정수의 100분의 10으로 한다. 이 경우 단수는 1로 본다.

> **더 알아보기**
>
> ● **광역의회 의원 정수에 관한 특례**
>
> 1. 제주특별자치도의 도의원 정수 특례
> · 제주특별자치도의회의원의 정수는 45명 이내에서 도의회의원 선거구 획정위원회가 정하는 바에 따라 도조례로 정함
> · 도의회의 비례대표의원정수: 의원정수의 100분의 20 이상으로 하고, 도의회 선거구 획정위원회가 정하는 바에 따라 도조례로 정함
> 2. 세종특별자치시의 시의회 의원 정수 특례
> · 지역선거구시의회의원의 정수는 「공직선거법」 제22조제1항 및 제3항에도 불구하고 18명으로 한다.
> · 시의회의 비례대표의원 정수는 「공직선거법」 제22조제4항에도 불구하고 제2항에 따른 지역구시의원 정수의 100분의 10으로 한다. 이 경우 단수는 1로 본다.

3. 우리나라의 선거제도

(1) 선거권과 피선거권

① 선거권

국적	대한민국 국민에게 선거권이 있으며, 일정한 요건을 갖춘 외국인에게도 선거권이 부여됨
연령	선거일 현재 18세 이상이어야 함
거주자격	선거인명부 작성 기준일 현재 해당자치단체의 관할구역 안에 주민등록이 되어 있어야 함(다만, 외국인의 경우 영주권 취득·거주 3년 경과·외국인등록대장 등재의 조건을 갖추어야 함).

② 피선거권

국적	대한민국 국민(외국인에게는 피선거권이 인정되지 않음)
연령	선거일 현재 18세 이상이어야 함

(2) 선거공영제

① 의의: 국가가 선거를 관리하고 선거 비용의 일부를 국가가 지원하는 제도이다.

② 내용

ⓐ 선거의 관리(관리 공영제): 선거의 관리를 국가 기관(선거 관리 위원회)에 맡겨 두어 선거 운동의 과열을 방지하고 선거의 공정성을 확보할 수 있다.

ⓑ 선거의 비용(비용 공영제): 국가에서 선거 비용을 일부 제공함으로써 경제력의 차이로

기출선지
지방의회 의원의 피선거권 연령 요건은 25세 이상, 지자체장의 피선거권 연령 요건은 30세 이상이다. (X)
19 서울 7 지방자치론

해설 | 지방의회의원과 지방자치단체의 장 피선거권 연령은 모두 18세이다.

인한 입후보 기회의 불균등을 방지할 수 있다.

③ 단점과 보완 방법
  ⓐ **단점**: 관리와 비용을 국가에서 부담함으로 인해 후보자가 난립할 수 있고, 국민의 조세 부담이 증가한다.
  ⓑ **보완 방법**: 이러한 부작용을 보완하기 위해 우리나라에서는 후보자가 지출한 선거 비용을 득표율에 따라 전액을 보전해 주거나 득표율이 낮은 경우에는 일부만을 보전해 준다. 또한 입후보 시 후보자가 기탁금을 내도록 하는 기탁금 제도◇를 운영하고 있다. 이를 통해 당선 가능성이 높은 후보자만이 신중하게 선거에 입후보하도록 유도하고 있다.

(3) 양성평등제도
  ① **지역구 후보**: 정당이 후보자를 추천할 때 전국 지역구 총수의 30%를 여성후보자로 추천하도록 노력해야 한다.
  ② **비례대표제 여성할당제**: 각 정당의 비례후보자의 50%를 여성으로 하여야 하되, 그 후보자 명부 순위의 매 홀수에 여성을 추천해야 한다.

◇ **기탁금 반환 기준**
기탁금의 전액 반환은 정당 또는 후보자가 당선되거나 사망한 때, 유효투표총수의 15% 이상일 때이다. 선거 후보자의 득표 수가 유효 투표 총수의 10%~15% 미만인 경우에는 50%를 반환한다. 위의 경우에 해당되지 않으면 기탁금은 국고에 귀속된다.

> **더 알아보기**
>
> ● **교육감 선거**
>
> 1. 의의
> ① 우리나라는 「지방교육자치에 관한 법률」에 따라 교육감을 선출하고 있다.
> ② 2006년 「지방교육자치에 관한 법률」의 개정 이후 주민 직선으로 교육감을 선출하고 있으며, 2010년 지방선거와 동시에 치러진다.
>
> 2. 정당공천제의 배제
> ① 교육의 정치적 중립 의무에 따라 우리나라는 교육감 선거에 있어 정당공천제를 배제한다.
> ② 교육감 후보자는 특정 정당을 지지·반대하거나 특정 정당으로부터 지지·추천받고 있음을 표방해서는 안 된다.
>
> 3. 선거관리
> ① 교육감 선거구사무를 수행할 선거관리위원회는 「선거관리위원회법」에 따른 시·도 선거관리위원회로 한다.
> ② 교육감 후보자가 되려는 공무원은 선거일 전 90일 까지 그 직을 그만두어야 한다. 단, 교육감 선거에서 해당 지방자치단체의 교육감이 그 직을 가지고 입후보하는 경우에는 제외한다.
>
>> 「지방교육자치에 관한 법률」
>> 제43조(선출) 교육감은 주민의 보통·평등·직접·비밀선거에 따라 선출한다.
>> 제44조(선거구선거관리)
>> ① 교육감선거에 관한 사무 중 선거구선거사무를 수행할 선거관리위원회(이하 "선거구선거관리위원회"라 한다)는 「선거관리위원회법」에 따른 시·도선거관리위원회로 한다.
>> 제45조(선거구) 교육감은 시·도를 단위로 하여 선출한다.
>> 제46조(정당의 선거관여행위 금지 등)
>> ① 정당은 교육감선거에 후보자를 추천할 수 없다.
>> ② 정당의 대표자·간부(「정당법」 제12조부터 제14조까지의 규정에 따라 등록된 대표자·간부를 말한다) 및 유급사무직원은 특정 후보자(후보자가 되려는 사람을 포함한다. 이하 이 조에서 같다)를 지지·반대하는 등 선거에 영향을 미치게 하기 위하여 선거에 관여하는 행위(이하 이 항에서 "선거관여행위"라 한다)를 할 수 없으며, 그 밖의 당원은 소속 정당의 명칭을 밝히거나 추정할 수 있는 방법으로 선거관여행위를 할 수 없다.
>> ③ 후보자는 특정 정당을 지지·반대하거나 특정 정당으로부터 지지·추천받고 있음을 표방(당원경력의 표시를 포함한다)하여서는 아니 된다.

> 제47조(공무원 등의 입후보)
> ① 「공직선거법」 제53조제1항 각 호의 어느 하나에 해당하는 사람 중 후보자가 되려는 사람은 선거일 전 90일(제49조제1항에서 준용되는 「공직선거법」 제35조제4항의 보궐선거등의 경우에는 후보자 등록신청 전을 말한다)까지 그 직을 그만두어야 한다. 다만, 교육감선거에서 해당 지방자치단체의 교육감이 그 직을 가지고 입후보하는 경우에는 그러하지 아니하다.

2 조례개폐청구(1999년 도입) ★

1. 의의
① 주민발안의 일종으로 지역주민들이 지방의회에 직접 조례 제정, 개정·폐지를 청구하는 제도이다(주민발안제도).
② 18세 이상의 주민은 지방자치단체의 조례로 정하는 주민 수 이상의 연서로 해당 지방의회에게 조례를 제정하거나 개정하거나 폐지할 것을 청구할 수 있다.

2. 주요내용

(1) 청구요건과 제외대상
① 청구요건
 ⓐ 18세 이상의 주민은 다음 구분에 따른 기준 이내에서 조례로 정하는 청구권자 수 이상이 연대서명하여 조례의 제정 및 개폐를 청구할 수 있다.
 ⓑ 청구권자 범위 기준

특별시 및 인구 800만 명 이상의 광역시·도	18세 이상 주민 총수의 1/200 이내
인구 100만 명 이상 800만 명 미만의 시·광역시·도	18세 이상 주민 총수의 1/150 이내
인구 50만 명 이상 100만 명 미만의 시·군·자치구	18세 이상 주민 총수의 1/100 이내
인구 10만 명 이상 50만 명 미만의 시·군·자치구	18세 이상 주민 총수의 1/70 이내
인구 5만 명 이상 10만 명 미만의 시·군·자치구	18세 이상 주민 총수의 1/50 이내
인구 5만 명 미만의 시·군·자치구	18세 이상 주민 총수의 1/20 이내

② 제외대상: 법령위반, 지방세·사용료·수수료·부담금의 부과·징수 또는 감면, 행정기구의 설치·변경, 공공시설의 설치를 반대하는 사항

> 「주민조례발안에 관한 법률」 제4조(주민조례청구 제외 대상)
> 다음 각 호의 사항은 주민조례청구 대상에서 제외한다.
> 1. 법령을 위반하는 사항
> 2. 지방세·사용료·수수료·부담금을 부과·징수 또는 감면하는 사항
> 3. 행정기구를 설치하거나 변경하는 사항
> 4. 공공시설의 설치를 반대하는 사항

(2) 절차
① **주민청구조례안 제출**: 주민조례청구를 하려는 경우 청구인의 대표자를 선정하여야 하며, 청구인의 대표자는 조례의 제정안·개정안·폐지안을 첨부하여 지방의회의 의장에게 대표자증명서 발급을 신청하여야 한다.
② **공표 및 비치 열람, 이의신청**: 지방의회 의장은 청구인명부를 제출받거나 청구인명부의 활용을 요청받은 날로부터 5일 이내에 청구인명부의 내용을 공표해야 하며, 공표한 날로부터

◇ **주민발안의 유형**
주민발안에는 주민이 직접 발안하고 바로 표결에 붙이는 직접발안과 지방자치단체의 장 또는 지방의회를 거쳐 발안하는 간접발안이 있다

◇ **청구 상대방**
과거 조례개폐청구권의 청구 상대방은 지방자치단체의 장이었으나 2022년 「지방자치법」의 개정으로 청구 상대방이 지방의회로 바뀌었다.

기출선지
조례의 제정과 개폐 청구는 해당 지방자치단체의 의회에 할 수 있다. (O)
15 지방 7 지방자치론

10일간 청구인명부나 그 사본을 공개된 장소에 갖추어두어 열람할 수 있도록 하여야 한다.

③ **주민청구조례안의 수리 및 각하**: 지방의회 의장은 요건에 적합한 경우에는 주민조례청구를 수리하고, 요건에 적합하지 않으면 주민조례청구를 각하하여야 한다.

④ **주민청구조례안의 심사 절차**: 지방의회는 주민청구 조례안이 수리된 날로부터 1년 이내에 주민청구조례안을 의결하여야 한다.

「주민조례발안에 관한 법률」
제6조(대표자 증명서 발급 등)
① 청구권자가 주민조례청구를 하려는 경우에는 청구인의 대표자(이하 "대표자"라 한다)를 선정하여야 하며, 선정된 대표자는 다음 각 호의 서류를 첨부하여 지방의회의 의장에게 대표자 증명서 발급을 신청하여야 한다. 이 경우 대표자는 그 발급을 신청할 때 제7조제4항에 따른 전자서명의 요청에 필요한 제3조제2항에 따른 정보시스템(이하 "정보시스템"이라 한다)의 이용을 함께 신청할 수 있다.
  1. 주민조례청구의 취지·이유 등을 내용으로 하는 조례의 제정·개정·폐지 청구서(이하 "청구서"라 한다)
  2. 조례의 제정안·개정안·폐지안(이하 "주민청구조례안"이라 한다)

제10조(청구인명부의 제출 등)
① 대표자는 청구인명부에 서명(전자서명을 포함한다. 이하 같다)한 청구권자의 수가 제5조제1항에 따른 해당 지방자치단체의 조례로 정하는 청구권자 수 이상이 되면 제8조제1항에 따른 서명요청 기간이 지난 날부터 시·도의 경우에는 10일 이내에, 시·군 및 자치구의 경우에는 5일 이내에 지방의회의 의장에게 청구인명부를 제출하여야 한다. 다만, 전자서명의 경우에는 대표자가 지방의회의 의장에게 정보시스템에 생성된 청구인명부를 직접 활용하도록 요청하여야 한다.
② 지방의회의 의장은 제1항에 따라 청구인명부를 제출받거나 청구인명부의 활용을 요청받은 날부터 5일 이내에 청구인명부의 내용을 공표하여야 하며, 공표한 날부터 10일간 청구인명부나 그 사본을 공개된 장소에 갖추어 두어 열람할 수 있도록 하여야 한다.

제12조(청구의 수리 및 각하)
① 지방의회의 의장은 다음 각 호의 어느 하나에 해당하는 경우로서 제4조, 제5조 및 제10조제1항(제11조제5항에서 준용하는 경우를 포함한다)에 따른 요건에 적합한 경우에는 주민조례청구를 수리하고, 요건에 적합하지 아니한 경우에는 주민조례청구를 각하하여야 한다. 이 경우 수리 또는 각하 사실을 대표자에게 알려야 한다.
  1. 제11조제2항(같은 조 제5항에 따라 준용되는 경우를 포함하며, 이하 같다)에 따른 이의신청이 없는 경우
  2. 제11조제2항에 따라 제기된 모든 이의신청에 대하여 같은 조 제3항(같은 조 제5항에 따라 준용되는 경우를 포함한다)에 따른 결정이 끝난 경우
② 지방의회의 의장은 제1항에 따라 주민조례청구를 각하하려면 대표자에게 의견을 제출할 기회를 주어야 한다.
③ 지방의회의 의장은 「지방자치법」 제76조제1항에도 불구하고 이 조 제1항에 따라 주민조례청구를 수리한 날부터 30일 이내에 지방의회의 의장 명의로 주민청구조례안을 발의하여야 한다.

> **더 알아보기**
>
> ● **규칙 개폐 의견제출제도**
>
> - 의의: 주민이 주민의 권리·의무와 직접 관련되는 사항에 대한 규칙의 제정, 개정 또는 폐지와 관련된 의견을 해당 지방자치단체의 장에게 제출할 수 있는 제도로 2022년 지방자치법 개정으로 신설된 제도이다.
>
> 「지방자치법」제20조(규칙의 제정과 개정·폐지 의견 제출)
> ① 주민은 제29조에 따른 규칙(권리·의무와 직접 관련되는 사항으로 한정한다)의 제정, 개정 또는 폐지와 관련된 의견을 해당 지방자치단체의 장에게 제출할 수 있다.
> ② 법령이나 조례를 위반하거나 법령이나 조례에서 위임한 범위를 벗어나는 사항은 제1항에 따른 의견 제출 대상에서 제외한다.
> ③ 지방자치단체의 장은 제1항에 따라 제출된 의견에 대하여 의견이 제출된 날부터 30일 이내에 검토 결과를 그 의견을 제출한 주민에게 통보하여야 한다.

기출선지
행정기구를 설치하거나 변경하는 것에 관한 사항은 「지방자치법」상 주민에 의한 조례의 제정 및 개폐 청구대상에 포함된다. (X)
| 16 국가 7, 19 국가 9, 19 지방 7

해설 | 행정기구를 설치·변경하는 것이나 공공시설 설치를 반대, 법률상 수수료를 감면하는 사항은 조례의 제정 및 개폐대상에 포함되지 않는다.

2 주민감사청구(1999년 도입) ★★★

1. 의의
① 주민이 자치단체와 그 장의 권한에 속하는 사무처리가 법령에 위반되거나 공익을 현저히 해친다고 인정되는 경우, 상급자치단체의 장이나 중앙행정기관의 장에게 감사를 청구하는 제도이다.
② 시·도에서는 주무부장관, 시·군 및 자치구에서는 시·도지사에게 청구한다.

2. 주요내용
① **요건**: 18세 이상의 주민은 광역단체는 300명, 인구 50만 명 이상 대도시는 200명, 기타 시·군 및 자치구는 150명 이내에서 조례로 정하는 수 이상의 연서를 모아 광역단체는 주무부장관에게, 기초단체는 시·도지사에게 신청한다.
② **제외대상**: 수사 또는 재판에 관여하는 사항, 개인 사생활의 침해 우려가 있는 사항, 타 기관에서 감사하였거나 감사 중인 사항, 동일한 사항에 대한 소송이 진행 중이거나 그 판결이 확정된 사항은 감사청구에서 제외한다.

> **「지방자치법」 제21조(주민의 감사청구)**
> ① 지방자치단체의 18세 이상의 주민으로서 다음 각 호의 어느 하나에 해당하는 사람(「공직선거법」 제18조에 따른 선거권이 없는 사람은 제외한다. 이하 이 조에서 "18세 이상의 주민"이라 한다)은 시·도는 300명, 제198조에 따른 인구 50만 이상 대도시는 200명, 그 밖의 시·군 및 자치구는 150명 이내에서 그 지방자치단체의 조례로 정하는 수 이상의 18세 이상의 주민이 연대 서명하여 그 지방자치단체와 그 장의 권한에 속하는 사무의 처리가 법령에 위반되거나 공익을 현저히 해친다고 인정되면 시·도의 경우에는 주무부장관에게, 시·군 및 자치구의 경우에는 시·도지사에게 감사를 청구할 수 있다.
> 　1. 해당 지방자치단체의 관할 구역에 주민등록이 되어 있는 사람
> 　2. 「출입국관리법」 제10조에 따른 영주(永住)할 수 있는 체류자격 취득일 후 3년이 경과한 외국인으로서 같은 법 제34조에 따라 해당 지방자치단체의 외국인등록대장에 올라 있는 사람
> ② 다음 각 호의 사항은 감사청구의 대상에서 제외한다.
> 　1. 수사나 재판에 관여하게 되는 사항
> 　2. 개인의 사생활을 침해할 우려가 있는 사항
> 　3. 다른 기관에서 감사하였거나 감사중인 사항. 다만, 다른 기관에서 감사한 사항이라도 새로운 사항이 발견되거나 중요 사항이 감사에서 누락된 경우와 제22조1항에 따라 주민소송의 대상이 되는 경우에는 그러하지 아니하다.
> 　4. 동일한 사항에 대하여 제22조2항 각 호의 어느 하나에 해당하는 소송이 진행 중이거나 그 판결이 확정된 사항
> ③ 제1항에 따른 청구는 사무처리가 있었던 날이나 끝난 날부터 3년이 지나면 제기할 수 없다.

③ **청구 시한**: 사무처리가 있었던 날이나 끝난 날부터 3년이 지나면 감사청구를 제기할 수 없다.
④ **절차**: 주민의 감사청구 이후 상급자치단체의 장 또는 중앙행정기관의 장은 감사청구를 수리한 날부터 60일 이내 감사청구된 사항에 대하여 감사를 종료해야 한다. 감사결과는 청구인의 대표자와 해당 지방자치단체의 장에게 서면으로 통지하고 공표해야 한다.

> **「지방자치법」 제21조(주민의 감사청구)**
> ⑤ 주무부장관이나 시·도지사는 제1항에 따른 청구를 받으면 청구를 받은 날부터 5일 이내에 그 내용을 공표하여야 하며, 청구를 공표한 날부터 10일간 청구인명부나 그 사본을 공개된 장소에 갖추어 두어 열람할 수 있도록 하여야 한다.
> ⑥ 청구인명부의 서명에 관하여 이의가 있는 사람은 제5항에 따른 열람기간에 해당 주무부장관이나 시·도지사에게 이의를 신청할 수 있다.
> ⑦ 주무부장관이나 시·도지사는 제6항에 따른 이의신청을 받으면 제5항에 따른 열람기간이 끝난 날부터 14일 이내에 심사·결정하되, 그 신청이 이유 있다고 결정한 경우에는 청구인명부를 수정하고, 그 사실을 이의신청을 한 사람과 제4항에 따른 청구인의 대표자에게 알려야 하며, 그 이의신청이 이유 없다고 결정한 경우에는 그 사실을 즉시 이의신청을 한 사람에게 알려야 한다.

기출선지
주민은 해당 지방자치단체와 그 장의 권한에 속하는 사무의 처리가 법령에 위반되거나 공익을 현저히 해친다고 인정되면 감사를 청구할 수 있다. (O)
| 15 서울 9, 16 지방 9, 19 국가 9

◇ **타기관 감사사항**
타기관에서 감사한 사항이거나 감사 중인 사항의 경우 감사청구 대상에서 제외되지만 다른 기관에서 감사한 사항이라도 새로운 사항이 발견되거나 중요 사항이 감사에서 누락된 경우는 감사청구의 대상이 될 수 있다.

◇ **3년의 청구 시한**
2022년의 「지방자치법」 개정으로 인해 2년에서 3년으로 청구시한이 연장되었다.

기출선지
주무부장관이나 시·도지사는 감사청구를 수리한 날부터 60일 이내에 감사청구된 사항에 대하여 감사를 끝내는 것을 원칙으로 한다. (O) | 18 지방 9

주민감사청구는 사무처리가 있었던 날이나 끝난 날로부터 2년이 지나면 제기할 수 없다. (X) | 14 지방 7

해설 | 주민감사청구는 사무처리가 있었던 날이나 끝난 날로부터 3년이 지나면 제기할 수 없다.

⑧ 주무부장관이나 시·도지사는 제6항에 따른 이의신청이 없는 경우 또는 제6항에 따라 제기된 모든 이의신청에 대하여 제7항에 따른 결정이 끝난 경우로서 제1항부터 제3항까지의 규정에 따른 요건을 갖춘 경우에는 청구를 수리하고, 그러하지 아니한 경우에는 청구를 각하하되, 수리 또는 각하 사실을 청구인의 대표자에게 알려야 한다.

⑨ 주무부장관이나 시·도지사는 감사 청구를 수리한 날부터 60일 이내에 감사 청구된 사항에 대하여 감사를 끝내야 하며, 감사 결과를 청구인의 대표자와 해당 지방자치단체의 장에게 서면으로 알리고, 공표하여야 한다. 다만, 그 기간에 감사를 끝내기가 어려운 정당한 사유가 있으면 그 기간을 연장할 수 있으며, 기간을 연장할 때에는 미리 청구인의 대표자와 해당 지방자치단체의 장에게 알리고, 공표하여야 한다.

3 주민소송(2005년 도입)

1. 의의

① **의의**: 재무행위의 위법사항을 감사청구한 주민(18세 이상)은 감사청구 사항과 관련 있는 위법한 행위나 업무를 게을리한 사실에 대해 해당 지방자치단체의 장을 상대방으로 하여 관할 행정법원에 재판을 청구하는 제도이다.

② **성격**: 시민대표소송, 납세자 소송, 공익소송의 성격◇으로 재정민주주의를 실현하고 주민감사청구를 보완한다.

2. 주요내용

(1) 요건

① **주민감사청구 전치주의**
ⓐ 전심절차로서 주민감사청구를 거친 재무행위 관련 사항이어야 한다.
ⓑ 감사에 불복하거나 지방자치단체장이 감사결과 이행조치를 실행하지 않거나 미흡하게 한 경우 소송을 제기한다.

② **연서 불요**: 이미 감사청구할 때 연서하였기 때문에 추가 연서는 필요하지 않다.

③ **대상**: 공금의 지출에 관한 사항, 재산의 취득·관리·처분에 관한 사항, 해당 지방자치단체를 당사자로 하는 매매·임차·도급 계약이나 그 밖의 계약의 체결·이행에 관한 사항 또는 지방세·사용료·수수료·과태료 등 공금의 부과·징수를 게을리한 사항

> 「지방자치법」 제22조(주민소송)
> ① 제21조1항에 따라 공금의 지출에 관한 사항, 재산의 취득·관리·처분에 관한 사항, 해당 지방자치단체를 당사자로 하는 매매·임차·도급 계약이나 그 밖의 계약의 체결·이행에 관한 사항 또는 지방세·사용료·수수료·과태료 등 공금의 부과·징수를 게을리한 사항을 감사청구한 주민은 다음 각 호의 어느 하나에 해당하는 경우에 그 감사청구한 상황과 관련이 있는 위법한 행위나 업무를 게을리한 사실에 대하여 해당 지방자치단체의 장(해당 사항의 사무처리에 관한 권한을 소속 기관의 장에게 위임한 경우에는 그 소속 기관의 장)을 상대방으로 하여 소송을 제기할 수 있다.
> 1. 주무부장관이나 시·도지사가 감사 청구를 수리한 날부터 60일이 지나도 감사를 끝내지 아니한 경우
> 2. 제21조9항 및 제10항에 따른 감사 결과 또는 제21조12항에 따른 조치 요구에 불복하는 경우
> 3. 제21조12항에 따른 주무부장관이나 시·도지사의 조치 요구를 지방자치단체의 장이 이행하지 아니한 경우
> 4. 제21조12항에 따른 지방자치단체의 장의 이행 조치에 불복하는 경우

(2) 절차

① **소 제기기간**: 감사기간이 끝난 날, 조치결과 등의 통지를 받은 날 등으로부터 90일 이내에 제기한다.

② **소송제한**: 소송의 남발을 막기 위해 소송 제기 및 소송 포기에 제한을 가함

기출선지
주민소송은 주민이 감사청구한 모든 사항에 대하여 해당 지방자치단체의 장을 상대로 제기할 수 있다. (X)
| 15 지방 7 지방자치론

해설 | 주민소송은 재무행정에 대한 감사 결과에 대해서만 제기할 수 있다.

주민소송은 다수 주민의 연서를 필요로 하지 않는다. (O) | 19 경간

◇ **주민소송의 성격**
주민소송은 청구인(당사자)의 권익보호를 위한 당사자소송이라기보다는 자치단체의 적법·공정한 재무행위를 확보하기 위한 객관적 소송으로서 민중소송·공익소송·대표소송의 성격이 강하다.

기출선지
주민소송 중에도 법원의 허가없이 소를 취하하거나 화해 등의 방법으로 청구를 포기할 수 있다. (X) | 14 서울 7 지방자치론

해설 | 소송의 당사자는 법원의 허가없이 소의 취하, 화해, 청구를 포기할 수 없다.

- ⓐ **소송의 남발 방지**: 주민소송이 계속 중인 때에는 동일한 사항에 대해 다른 주민이 별도의 소송을 제기하지 못하며, 소송을 제기한 주민이 사망하거나 주민의 자격을 상실한 때에는 소송절차가 중단된다. 이 때 다른 주민들이 이 사실을 안 날로부터 6월 이내에 소송절차를 수계(受繼)◇할 수 있다.
- ⓑ **소송포기 금지**: 소송 중에는 당사자가 법원의 허가없이 소의 취하, 소의 화해, 청구의 포기를 할 수 없다.

◇ **수계(受繼)**
이어서 계속하는 것을 의미한다. 소송절차를 수계하지 않을 경우 그 소송절차는 종료된다.

> **더 알아보기**
>
> ● **주민소송의 절차적 요건**
> 1. **원고**: 감사를 청구한 주민(개인 가능)이 원고가 된다.
> 2. **피고**: 지방자치단체의 장이 피고가 된다.
> 3. **법원**: 관할 행정법원에 소를 제기하며 「지방자치법」에 규정된 사안 외의 내용에 대해서는 「행정소송법」에 따른다.
> 4. **소송비용**: 소송을 제기한 주민은 승소(일부 승소 포함)한 경우 그 지방자치단체에 대하여 변호사 보수 등의 소송비용, 감사청구절차의 진행 등을 위하여 사용된 여비, 그 밖에 실제로 든 비용을 보상할 것을 청구할 수 있다. 이 경우 지방자치단체는 청구된 금액의 범위에서 그 소송을 진행하는 데에 객관적으로 사용된 것으로 인정되는 금액을 지급하여야 한다.
> 5. **부당이득반환청구**: 지방자치단체의 장은 소송에 대하여 손해배상청구나 부당이득반환청구를 명하는 판결이 확정되면 그 판결이 확정된 날부터 60일 이내를 기한으로 하여 당사자에게 그 판결에 따라 결정된 손해배상금이나 부당이득반환금의 지불을 청구하여야 한다.

4 주민투표(2004년 도입)◇ ★★

1. 의의
① 개별적 정책에 대한 주민의 의사를 투표토록 하여 결정에 반영하는 제도로, 지방의회를 견제하면서 직접 민주주의를 실현한다.
② 지방자치단체의 중요한 사안에 대하여 주민이 직접 결정권을 행사하는 제도로, 일반적으로 개별적인 정책에 대한 찬반의사를 묻는 형식을 취한다.

◇ **주민투표의 도입**
2005년에 이루어진 제주도 행정구역 개편은 우리나라에서 시행된 주민투표의 첫 사례이다. 주민투표에 대한 조항이 「지방자치법」에 들어온 것은 1994년이지만 2004년에 「주민투표법」이 제정되면서 비로소 주민투표가 가능하게 되었다.

2. 주요내용

(1) 청구요건
① 18세 이상의 주민, 지방의회, 중앙행정기관의 장은 지자체의 장에게 투표를 요구할 수 있다.

주민	주민투표 청구권자의 20분의 1 이상 5분의 1 이하의 범위 안에서 조례로 정하는 수 이상의 서명
지방의회	재적의원 과반수 출석과 출석의원 3분의 2 이상의 찬성
지방행정기관의 장	지방의회의 동의를 얻어 직권으로 주민투표 실시 가능
중앙행정기관의 장	행안부장관과 협의하여 지방자치단체의 폐치분합이나 국가정책수립에 관한 주민의견이 필요할 경우 주민투표 실시 요구 가능

② 지자체의 장은 직권으로 주민투표를 실시(발의◇)할 수 있지만 반드시 사전에 지방의회의 동의를 얻어야 한다.

(2) 투표 대상과 제외 대상
① **투표 대상**: 주민에게 과도한 부담을 주거나 중대한 영향을 미치는 지방자치단체의 주요 결정사항

◇ **주민투표의 발의와 형식**
주민투표는 자치단체장만이 발의 할 수 있다. 발의란 투표요지를 공표하고, 관할선관위에 이를 통지하는 것이다. 아울러 주민투표는 특정한 사항에 대하여 찬성 또는 반대의 의사표시를 하거나 두 가지 사항 중 하나를 선택하는 형식으로 실시하여야 한다.

기출선지
지방의회는 재적의원 과반수의 출석과 출석의원 3분의 2 이상의 찬성으로 지방자치단체 장에게 주민투표를 청구할 수 있다. (O) | 15 지방 7 지방자치론

중앙행정기관의 장은 주민투표 청구권을 갖지 못한다. (X) | 14 서울 7 지방자치론

해설 | 중앙행정기관의 장은 주민투표 청구권을 갖는다.

> 「주민투표법」 제7조
> (주민투표의 대상)
> ① 주민에게 과도한 부담을 주거나 중대한 영향을 미치는 지방자치단체의 주요결정사항은 주민투표에 부칠 수 있다.
> 제8조(국가정책에 관한 주민투표)
> ① 중앙행정기관의 장은 지방자치단체를 폐지하거나 설치하거나 나누거나 합치는 경우 또는 지방자치단체의 구역을 변경하거나 주요시설을 설치하는 등 국가정책의 수립에 관하여 주민의 의견을 듣기 위하여 필요하다고 인정하는 때에는 주민투표의 실시구역을 정하여 관계 지방자치단체의 장에게 주민투표의 실시를 요구할 수 있다. 이 경우 중앙행정기관의 장은 미리 행정안전부장관과 협의하여야 한다.

② **제외 대상**: 법령 위반이나 재판 중인 사항, 지방자치단체의 인사·예산·조직 등과 관련한 사항 등에 대해서는 주민투표가 불가하다.

> 「주민투표법」 제7조(주민투표의 대상)
> ② 제1항에도 불구하고 다음 각 호의 어느 하나에 해당하는 사항은 주민투표에 부칠 수 없다.
>   1. 법령에 위반되거나 재판중인 사항
>   2. 국가 또는 다른 지방자치단체의 권한 또는 사무에 속하는 사항
>   3. 지방자치단체가 수행하는 다음 각 목의 어느 하나에 해당하는 사무의 처리에 관한 사항
>   가. 예산 편성·의결 및 집행
>   나. 회계·계약 및 재산관리
>   3의2. 지방세·사용료·수수료·분담금 등 각종 공과금의 부과 또는 감면에 관한 사항
>   4. 행정기구의 설치·변경에 관한 사항과 공무원의 인사·정원 등 신분과 보수에 관한 사항
>   5. 다른 법률에 의하여 주민대표가 직접 의사결정주체로서 참여할 수 있는 공공시설의 설치에 관한 사항. 다만, 제9조제5항의 규정에 의하여 지방의회가 주민투표의 실시를 청구하는 경우에는 그러하지 아니하다.
>   6. 동일한 사항(그 사항과 취지가 동일한 경우를 포함한다)에 대하여 주민투표가 실시된 후 2년이 경과되지 아니한 사항

기출선지
주민투표제도는 주민에게 과도한 부담을 주거나 중대한 영향을 미치는 지방자치단체의 주요 결정사항 등을 주민이 직접 결정하는 제도이다. (O)
| 14 지방 7, 15 서울 9, 19 국가 9 변형

◇ **투표가능연령의 조정**
2022년 「지방자치법」 개정에 대한 후속조치로 2022년 4월 「주민투표법」이 개정되면서 주민투표가능연령이 '19세 이상'에서 '18세 이상'으로 조정되었다.

(3) 투표 관련 규정

① 「지방자치법」에서 주민투표의 근거를 두고, 「주민투표법」에서 구체적 내용을 규정한다.

> 「지방자치법」 제18조(주민투표)
> ① 지방자치단체의 장은 주민에게 과도한 부담을 주거나 중대한 영향을 미치는 지방자치단체의 주요 결정사항 등에 대하여 주민투표에 부칠 수 있다.
> ② 주민투표의 대상·발의자·발의요건, 그 밖에 투표절차 등에 관한 사항은 따로 법률로 정한다.

② **투표권자**: 18세 이상의 주민◇ 등으로 주민투표청구권자 총수는 전년도 12월 31일 현재의 주민등록표 및 외국인등록표에 따라 산정한다.

> 「주민투표법」 제5조(주민투표권)
> ① 18세 이상의 주민 중 제6조1항에 따른 투표인명부 작성기준일 현재 다음 각 호의 어느 하나에 해당하는 사람에게는 주민투표권이 있다. 다만, 「공직선거법」 제18조에 따라 선거권이 없는 사람에게는 주민투표권이 없다.
>   1. 그 지방자치단체의 관할 구역에 주민등록이 되어 있는 사람
>   2. 출입국관리 관계 법령에 따라 대한민국에 계속 거주할 수 있는 자격(체류자격변경허가 또는 체류기간연장허가를 통하여 계속 거주할 수 있는 경우를 포함한다)을 갖춘 외국인으로서 지방자치단체의 조례로 정한 사람
> ② 주민투표권자의 연령은 투표일 현재를 기준으로 산정한다.

③ **주민투표의 발의**: 지방자치단체의 장은 주민투표를 발의하고자 하는 때에는 공표일로부터 7일 이내 투표일과 주민투표안을 공고하여야 한다.

「주민투표법」 제13조(주민투표의 발의)
② 지방자치단체의 장은 제1항에 따라 공표한 날부터 7일 이내(제3항에 따라 주민투표의 발의가 금지되는 기간은 산입하지 아니한다)에 투표일과 주민투표안을 공고함으로써 주민투표를 발의한다. 다만, 지방자치단체의 장 또는 지방의회가 주민투표청구의 목적을 수용하는 결정을 한 때에는 주민투표를 발의하지 아니한다.
③ 지방자치단체의 관할구역의 전부 또는 일부에 대하여 「공직선거법」의 규정에 의한 선거가 실시되는 때에는 그 선거의 선거일전 60일부터 선거일까지의 기간 동안에는 주민투표를 발의할 수 없다.

④ **주민투표일**: 주민투표의 투표일은 주민투표 발의일부터 23일 이후 첫 번째 수요일로 한다.

「주민투표법」 제14조(주민투표의 투표일)
① 주민투표의 투표일은 제13조제2항에 따른 주민투표발의일부터 23일(제3항에 따라 투표일을 정할 수 없는 기간은 산입하지 아니한다) 이후 첫 번째 수요일로 한다.

⑤ **투표형식 및 관련 규정**: 찬성과 반대 의사를 표시하며, 해당 지방자치단체의 구역을 관할하는 선거관리위원회가 관리한다.

「주민투표법」 제15조(주민투표의 형식) 주민투표는 특정한 사항에 대하여 찬성 또는 반대의 의사표시를 하거나 두 가지 사항중 하나를 선택하는 형식으로 실시하여야 한다.

⑥ **투표결과의 확정**
ⓐ **4분의 1 이상의 투표**와 **유효투표수 과반수의 득표** 시 확정된다.
ⓑ 지방자치단체의 장과 지방의회는 확정된 내용에 따라 행정·재정상의 조치를 하여야 한다.
ⓒ 국가정책에 대한 주민투표의 경우 결과는 구속력이 없는 권고적 효력이다.

「주민투표법」 제24조(주민투표결과의 확정)
① 주민투표에 부쳐진 사항은 주민투표권자 총수의 4분의 1 이상의 투표와 유효투표수 과반수의 득표로 확정된다. 다만, 다음 각 호의 어느 하나에 해당하는 경우에는 찬성과 반대 양자를 모두 수용하지 아니하거나, 양자택일의 대상이 되는 사항 모두를 선택하지 아니하기로 확정된 것으로 본다.
  1. 전체 투표수가 주민투표권자 총수의 4분의 1에 미달되는 경우
  2. 주민투표에 부쳐진 사항에 관한 유효득표수가 동수인 경우
② 삭제
③ 관할선거관리위원회는 개표가 끝나면 지체 없이 그 결과를 공표한 후 지방자치단체의 장에게 통지하여야 한다.
④ 지방자치단체의 장은 제3항의 규정에 의하여 주민투표결과를 통지받은 때에는 지체없이 이를 지방의회에 보고하여야 하며, 제8조의 규정에 의한 국가정책에 관한 주민투표인 때에는 관계 중앙행정기관의 장에게 주민투표결과를 통지하여야 한다.
⑤ 지방자치단체의 장 및 지방의회는 주민투표결과 확정된 내용대로 행정·재정상의 필요한 조치를 하여야 한다.
⑥ 지방자치단체의 장 및 지방의회는 주민투표결과 확정된 사항에 대하여 2년 이내에는 이를 변경하거나 새로운 결정을 할 수 없다. 다만, 제1항 단서의 규정에 의하여 찬성과 반대 양자를 모두 수용하지 아니하거나 양자택일의 대상이 되는 사항 모두를 선택하지 아니하기로 확정된 때에는 그러하지 아니하다.

⑦ **불복**: 주민투표의 효력에 관하여 이의가 있는 주민투표권자는 주민투표권자 총수의 100분의 1 이상의 서명으로 투표결과가 공표된 날로부터 14일 이내에 관할 선거관리위원회 위원장을 피소청인으로 하여 선거관리위원회에 소청할 수 있다.

⑧ **주민투표의 관리 및 경비**
ⓐ 주민투표사무는 해당 지방자치단체의 구역을 관할하는 선거관리위원회가 관리한다.
ⓑ 주민투표의 관리에 관한 경비는 해당 지방자치단체가 부담한다. 다만, 국가정책에 관한 주민투표인 경우 국가가 부담한다.

◇ **주민투표 확정요건 개정**
과거 1/3 이상의 투표와 유효투표수의 과반수의 찬성으로 주민투표가 확정되었으나 22년 주민투표법의 개정으로 1/4 이상의 투표와 유효투표수의 과반수의 찬성으로 확정된다. 또한 과거 1/3 미만 투표 시 개표가 진행되지 않았으나 22년 개정으로 1/4 미만 투표 시에도 개표를 실시한다.

⑨ **주민투표 운동**: 주민투표에 관한 운동은 누구나 자유롭게 할 수 있지만, 공무원은 주민투표에 관한 운동을 할 수 없다. 예외적으로 그 지방의회의원은 주민투표에 관한 운동을 할 수 있다.

> 「주민투표법」
> 제20조(투표운동의 원칙)
> ① 이 법에서 "투표운동"이라 함은 주민투표에 부쳐진 사항에 관하여 찬성 또는 반대하게 하거나 주민투표에 부쳐진 두 가지 사항중 하나를 지지하게 하는 행위를 말한다. 다만, 주민투표에 부쳐진 사항에 관한 단순한 의견개진 및 의사표시는 투표운동으로 보지 아니한다.
> ② 이 법 또는 다른 법률의 규정에 의하여 금지 또는 제한되는 경우를 제외하고는 누구든지 자유롭게 투표운동을 할 수 있다.
> 제21조(투표운동기간 및 투표운동을 할 수 없는 자)
> ① 투표운동기간은 주민투표일 전 21일부터 주민투표일 전날까지로 한다.
> ② 다음 각 호의 어느 하나에 해당하는 자는 투표운동을 할 수 없다.
>   1. 주민투표권이 없는 자
>   2. 공무원(그 지방의회의 의원을 제외한다)
>   3. 각급 선거관리위원회의 위원
>   4. 방송법에 의한 방송사업(방송채널사용사업은 보도에 관한 전문편성을 행하는 방송채널사용사업에 한한다)을 경영하거나 이에 상시 고용되어 편집·제작·취재·집필 또는 보도의 업무에 종사하는 자
>   5. 「신문 등의 진흥에 관한 법률」제9조에 따라 등록하여야 하는 신문, 인터넷신문 또는 인터넷뉴스서비스와 「잡지 등 정기간행물의 진흥에 관한 법률」제15조 또는 제16조에 따라 등록 또는 신고하여야 하는 정기간행물(분기별 1회 이하 발행되거나 학보 그 밖에 전문분야에 관한 순수한 학술 및 정보지 등 정치에 관한 보도·논평 그 밖에 여론형성의 목적없이 발행되는 신문, 인터넷신문, 인터넷뉴스서비스 또는 정기간행물은 제외한다)을 발행 또는 경영하거나 이에 상시 고용되어 편집·취재·집필 또는 보도의 업무에 종사하는 자
>   6. 통·리·반의 장

5 주민소환(2006년 도입)

1. 의의

① 유권자 일정 수 이상의 연서에 의해 지방자치단체의 장, 의회의원, 기타 일정한 주요 간부 공무원의 해직이나 의회의 해산 등을 임기 만료 전에 청구하여 주민투표 또는 의회의 동의로서 결정하는 제도이다.

② 간접민주주의를 보완하는 직접민주주의의 수단으로, 주민의 직접참여를 확대하고 지방행정의 민주성과 책임성을 제고한다.

2. 주요내용

(1) 투표권자 및 대상

① **투표권자**: 19세 이상의 주민으로 당해 지방자치단체 관할 구역에 주민등록이 된 자, 19세 이상의 외국인으로 체류자격을 취득 한 후 3년이 경과한 자로 당해 지방자치단체 관할 구역에 외국인등록대장에 등재된 자는 주민소환 투표에 참여할 수 있다.

② **소환대상**: 자치단체장 및 선출한 지방의회의원으로 비례대표는 제외된다.

> 「주민소환에 관한 법률」제7조(주민소환투표의 청구)
> ① 전년도 12월 31일 현재 주민등록표 및 외국인등록표에 등록된 제3조1항1호 및 제2호에 해당하는 자(주민소환투표청구권자)는 해당 지방자치단체의 장 및 지방의회의원(비례대표선거구 시·도의회의원 및 비례대표선거구 자치구·시·군의회의원은 제외하며, 이하 "선출직 지방공직자"라 한다)에 대하여 다음 각 호에 해당하는 주민의 서명으로 그 소환사유를 서면에 구체적으로 명시하여 관할 선거관리위원회에 주민소환투표의 실시를 청구할 수 있다.

◇ **주민소환의 도입**
「지방자치법」에 주민소환 규정이 생기고 「주민소환법」이 제정된 것은 2006년이지만 「주민소환법」이 시행된 것은 2007년이다. 2007년 하남시에서 최초로 시의원에 대한 주민소환이 이루어졌다.

◇ **19세 기준**
주민참여 관련 다른 법률들과 달리 주민소환제도에서는 2024년 4월까지 아직 18세로 개정되지 않았다. 하지만 시기의 문제일 뿐 조만간 18세로 개정될 가능성이 높다.

◇ **주민소환 대상**
주민이 선출하는 교육감도 주민소환의 대상이다(「지방교육자치에 관한 법률」제24조의2).

(2) 절차

① 명확한 소환사유◇(제한 없음)를 서면에 구체적으로 명시하고 일정 수 이상 주민의 서명◇을 받아 관할 선거관리위원회에 청구한다.

> 「주민소환에 관한 법률」 제7조(주민소환투표의 청구)
> ① 전년도 12월 31일 현재 주민등록표 및 외국인 등록표에 등록된 제3조1항1호 및 제2호에 해당하는 자는 해당 지방자치단체의 장 및 지방의회의원에 대하여 다음 각 호에 해당하는 주민의 서명으로 그 소환사유를 서면에 구체적으로 명시하여 관할 선거관리위원회에 주민소환투표의 실시를 청구할 수 있다.
> 1. 특별시장·광역시장·도지사: 당해 지방자치단체의 주민소환투표청구권자 총수의 100분의 10 이상
> 2. 시장·군수·자치구의 구청장: 당해 지방자치단체의 주민소환투표청구권자 총수의 100분의 15 이상
> 3. 지역선거구 시·도의회의원 및 지역선거구 자치구·시·군의회의원: 당해 지방의회의원의 선거구 안의 주민소환투표청구권자 총수의 100분의 20 이상
> ② 제1항의 규정에 의하여 시·도지사에 대한 주민소환투표를 청구함에 있어서 당해 지방자치단체 관할 구역 안의 시·군·자치구 전체의 수가 3개 이상인 경우에는 3분의 1 이상의 시·군·자치구에서 각각 주민소환투표청구권자 총수의 1만분의 5 이상 1천분의 10 이하의 범위 안에서 대통령령이 정하는 수 이상의 서명을 받아야 한다. 다만, 당해 지방자치단체 관할구역 안의 시·군·자치구 전체의 수가 2개인 경우에는 각각 주민소환투표청구권자 총수의 100분의 1 이상의 서명을 받아야 한다.
> ③ 제1항의 규정에 의하여 시장·군수·자치구의 구청장 및 지역구지방의회의원(지역구시·도의원과 지역구자치구·시·군의원을 말한다. 이하 같다)에 대한 주민소환투표를 청구함에 있어서 당해 시장·군수·자치구의 구청장 및 당해 지역구지방의회의원 선거구 안의 읍·면·동 전체의 수가 3개 이상인 경우에는 3분의 1 이상의 읍·면·동에서 각각 주민소환투표청구권자 총수의 1만분의 5 이상 1천분의 10 이하의 범위 안에서 대통령령이 정하는 수 이상의 서명을 받아야 한다. 다만, 당해 시장·군수·자치구의 구청장 및 당해 지역구지방의회의원 선거구 안의 읍·면·동 전체의 수가 2개인 경우에는 각각 주민소환투표청구권자 총수의 100분의 1 이상의 서명을 받아야 한다.

② **소환청구제한**: 선출직 지방공직자의 임기개시일부터 1년이 경과하지 아니한 때, 선출직 지방공직자의 임기만료일부터 1년 미만일 때, 해당 선출직 지방공직자에 대한 주민소환투표를 실시한 날부터 1년 이내인 때 소환할 수 없다.

> 「주민소환에 관한 법률」 제8조(주민소환투표의 청구제한기간)
> 제7조 제1항 내지 제3항의 규정에 불구하고, 다음 각 호의 어느 하나에 해당하는 때에는 주민소환투표의 실시를 청구할 수 없다.
> 1. 선출직 지방공직자의 임기개시일부터 1년이 경과하지 아니한 때
> 2. 선출직 지방공직자의 임기만료일부터 1년 미만일 때
> 3. 해당 선출직 지방공직자에 대한 주민소환투표를 실시한 날부터 1년 이내인 때

③ **소환결정 및 효력**: 소환투표권자 3분의 1 이상 투표와 유효투표 총수의 과반수의 찬성으로 소환된다. 주민소환투표대상자는 그 결과가 공표된 시점부터 그 직을 상실하며, 보궐선거에 출마할 수 없다.

> 「주민소환에 관한 법률」
> 제22조(주민소환투표결과의 확정)
> ① 주민소환은 제3조의 규정에 의한 주민소환투표권자 총수의 3분의 1 이상의 투표와 유효투표 총수 과반수의 찬성으로 확정된다.
> ② 전체 주민소환투표자의 수가 주민소환투표권자 총수의 3분의 1에 미달하는 때에는 개표를 하지 아니한다.◇
> ③ 관할 선거관리위원회는 개표가 끝난 때에는 지체 없이 그 결과를 공표한 후 소환청구인대표자, 주민소환투표대상자, 관계 중앙행정기관의 장, 당해 지방자치단체의 장 및 당해 지방의회의 의장에게 통지하여야 한다. 제2항의 규정에 의하여 개표를 하지 아니한 때에도 또한 같다.
> 제23조(주민소환투표의 효력)
> ① 제22조 제1항의 규정에 의하여 주민소환이 확정된 때에는 주민소환투표대상자는 그 결과가 공표된 시점부터 그 직을 상실한다.

◇ **소환사유**
주민소환제의 경우 소환사유가 법정화되어 있지 않아 위법·부당한 행위는 물론, 정치적·정책적 비리(정치적무능, 직무유기, 독단적 행정운영 등) 등에 대해서도 책임을 물을 수 있지만 그로 인하여 소환이 남발될 위험성이 있다.

◇ **주민서명**
시·도지사 소환 청구의 경우 해당 지자체의 주민소환투표청구권자 총수의 10% 이상, 시장·군수·구청장의 소환 청구의 경우 15% 이상, 지방의원 소환 청구의 경우 20% 이상의 서명이 필요하다.

> **기출선지**
> 주민소환제도를 통해 주민은 그 지방자치단체의 장 및 모든 지방의회의원을 소환할 수 있다. (X)
> | 16 지방 9, 18 서울 7, 19 국가 9, 19 지방 7, 21 국가 9
>
> **해설** | 주민은 그 지방자치단체의 장 및 '비례대표를 제외한' 지방의회의원을 소환할 권리를 가진다. 따라서 모든 지방의회의원의 소환은 불가능하다.
>
> 선출직 지방공직자의 임기개시일부터 1년이 경과하지 아니한 때나 임기 만료일부터 1년 미만일 때에는 주민소환투표의 실시를 청구할 수 있다. (X)
> | 21 지방 7 지방자치론
>
> **해설** | 임기개시일부터 1년이 경과하지 아니한 때나 임기 만료일부터 1년 미만일 때에는 주민소환투표의 실시를 청구할 수 없다.
>
> 주민소환투표대상자는 주민소환투표안을 공고한 때부터 주민소환투표결과를 공표할 때까지 권한행사가 정지된다. (O)
> | 12 지방 7 지방자치론
>
> 주민소환에 의해 그 직을 상실한 자는 「헌법」에 보장된 참정권에 따라 해당 보궐선거에 입후보할 수 있다. (X)
> | 13 서울 7 지방자치론
>
> **해설** | 주민소환에 의해 그 직을 상실한 자는 해당 보궐선거에 입후보할 수 없다.

◇ **3분의 1 미개표 규정**
「주민투표법」이 22년 4월 개정되면서 유효투표 요건이 4분의 1로 낮아지고 미개표 조항이 삭제된 것과 달리, 「주민소환법」에서는 1/3 미개표 조항이 남아 있다.

② 제1항의 규정에 의하여 그 직을 상실한 자는 그로 인하여 실시하는 이 법 또는 「공직선거법」에 의한 해당 보궐선거에 후보자로 등록할 수 없다.

④ 불복
ⓐ 소청: 소환대상자 또는 소환투표권자는 투표권자 총수의 100분의 1 이상의 서명으로 투표결과가 공표된 날부터 14일 이내에 관할 선거관리위원회 위원장을 피소청인으로 하여 그 직근(直近) 상급 선거관리위원회에 소청을 제기할 수 있다.
ⓑ 소송: 소청에 대한 결정에 관하여 불복이 있는 소처인은 관할 선거관리위원회 위원장을 피고로 하여 결정서를 받은 날부터 10일 이내에 관할 선거관리위원장을 피고로 하여 법원에 소송을 제기할 수 있다.

> 「주민소환에 관한 법률」 제24조(주민소환투표소송 등)
> ① 주민소환투표의 효력에 관하여 이의가 있는 해당 주민소환투표대상자 또는 주민소환투표권자(주민소환투표권자 총수의 100분의 1 이상의 서명을 받아야 한다)는 제22조3항의 규정에 의하여 주민소환투표결과가 공표된 날부터 14일 이내에 관할 선거관리위원회 위원장을 피소청인으로 하여 지역구시·도의원, 지역구자치구·시·군의원 또는 시장·군수·자치구 구청장을 대상으로 한 주민소환투표에 있어서는 특별시·광역시·도선거관리위원회에, 시·도지사를 대상으로 한 주민소환투표에 있어서는 중앙선거관리위원회에 소청할 수 있다.
> ② 제1항의 규정에 따른 소청에 대한 결정에 관하여 불복이 있는 소청인은 관할 선거관리위원회 위원장을 피고로 하여 그 결정서를 받은 날(결정서를 받지 못한 때에는 「공직선거법」 제220조1항의 규정에 의한 결정기간이 종료된 날을 말한다)부터 10일 이내에 지역구시·도의원, 지역구자치구·시·군의원 또는 시장·군수·자치구의 구청장을 대상으로 한 주민소환투표에 있어서는 그 선거구를 관할하는 고등법원에, 시·도지사를 대상으로 한 주민소환투표에 있어서는 대법원에 소를 제기할 수 있다.

3. 효용과 한계

(1) 효용
① 공직자의 윤리의식을 확보할 수 있다.
② 지방행정에 대한 민주성과 책임성을 확보할 수 있다.
③ 직접민주주의 참여방식으로 간접민주주의의 한계를 보완◇할 수 있다.

(2) 한계
① 공직자에 대한 심리적 위축 효과로 능률적인 지방행정운영이 저해될 수 있다.
② 주민소환제가 남용될 경우 지방자치가 파행될 수 있다.

◇ 간접민주주의의 한계 보완
간접민주주의의 한계를 보완하기 위해 실시되는 주민소환제도는 우리나라의 경우 2007년 경기도 하남시장에 대한 주민소환투표가 최초 실시된 이래 지금까지 8차례 실시되었으며 이를 통해 지방의회의원 2건은 가결, 지방자치단체장 6건은 모두 부결되었다.

MEMO

최영희행정학
지방자치론

내용문의 영희쌤의 행정학 연구소 cafe.naver.com/sociocyh

온라인 강의 gong.conects.com
카카오톡 플러스 친구 [gongdangi]
오프라인 강의 공단기고시학원 TEL. 02-812-6521

편저자 최영희
발행일 2024년 6월 3일
발행처 에이치북스
도서문의 서울특별시 동작구 노량진로 14길 9 2층
TEL. 010-8220-1310

ISBN 979-11-92659-57-2 (13350)
정가 28,000원

본 교재의 독창적인 내용에 대한 무단 전재, 모방은 법률로 금지되어 있습니다.
파본은 교환해 드립니다.

2024

최영희 행정학
지방자치론

최영희 편저

법령집

Hbooks

최영희 행정학
지방자치론

― 법령집 ―

목차

지방자치법	4
지방재정법	49
대한민국헌법	79
지방자치분권 및 지역균형발전에 관한 특별법	79
중앙지방협력회의의 구성 및 운영에 관한 법률	81
서울특별시 행정특례에 관한 법률	82
제주특별자치도 설치 및 국제자유도시 조성을 위한 특별법	83
세종특별자치시 설치 등에 관한 특별법	91
지방공무원법	93
지방공무원 임용령	97

지방교육자치에 관한 법률	98
국가경찰과 자치경찰의 조직 및 운영에 관한 법률	101
감사원법	104
지방공기업법	105
지방교부세법	109
보조금 관리에 관한 법률	112
공직선거법	113
주민조례발안에 관한 법률	117
주민투표법	119
주민소환에 관한 법률	122

지방자치법

[시행 2024. 5. 17.] [법률 제19951호, 2024. 1. 9., 타법개정]

제1장 총강(總綱)

제1절 총칙

제1조(목적) 이 법은 지방자치단체의 종류와 조직 및 운영, 주민의 지방자치행정 참여에 관한 사항과 국가와 지방자치단체 사이의 기본적인 관계를 정함으로써 지방자치행정을 민주적이고 능률적으로 수행하고, 지방을 균형 있게 발전시키며, 대한민국을 민주적으로 발전시키려는 것을 목적으로 한다.

제2조(지방자치단체의 종류)
① 지방자치단체는 다음의 두 가지 종류로 구분한다.
  1. 특별시, 광역시, 특별자치시, 도, 특별자치도
  2. 시, 군, 구
② 지방자치단체인 구(이하 "자치구"라 한다)는 특별시와 광역시의 관할 구역의 구만을 말하며, 자치구의 자치권의 범위는 법령으로 정하는 바에 따라 시·군과 다르게 할 수 있다.
③ 제1항의 지방자치단체 외에 특정한 목적을 수행하기 위하여 필요하면 따로 특별지방자치단체를 설치할 수 있다. 이 경우 특별지방자치단체의 설치 등에 관하여는 제12장에서 정하는 바에 따른다.

제3조(지방자치단체의 법인격과 관할)
① 지방자치단체는 법인으로 한다.
② 특별시, 광역시, 특별자치시, 도, 특별자치도(이하 "시·도"라 한다)는 정부의 직할(直轄)로 두고, 시는 도 또는 특별자치도의 관할 구역 안에, 군은 광역시·도 또는 특별자치도의 관할 구역 안에 두며, 자치구는 특별시와 광역시의 관할 구역 안에 둔다. 다만, 특별자치도의 경우에는 법률이 정하는 바에 따라 관할 구역 안에 시 또는 군을 두지 아니할 수 있다. <개정 2023. 6. 7.>
③ 특별시·광역시 또는 특별자치시가 아닌 인구 50만 이상의 시에는 자치구가 아닌 구를 둘 수 있고, 군에는 읍·면을 두며, 시와 구(자치구를 포함한다)에는 동을, 읍·면에는 리를 둔다.
④ 제10조제2항에 따라 설치된 시에는 도시의 형태를 갖춘 지역에는 동을, 그 밖의 지역에는 읍·면을 두되, 자치구가 아닌 구를 둘 경우에는 그 구에 읍·면·동을 둘 수 있다.
⑤ 특별자치시와 관할 구역 안에 시 또는 군을 두지 아니하는 특별자치도의 하부행정기관에 관한 사항은 따로 법률로 정한다. <개정 2023. 6. 7.>

제4조(지방자치단체의 기관구성 형태의 특례)
① 지방자치단체의 의회(이하 "지방의회"라 한다)와 집행기관에 관한 이 법의 규정에도 불구하고 따로 법률로 정하는 바에 따라 지방자치단체의 장의 선임방법을 포함한 지방자치단체의 기관구성 형태를 달리 할 수 있다.
② 제1항에 따라 지방의회와 집행기관의 구성을 달리하려는 경우에는 「주민투표법」에 따른 주민투표를 거쳐야 한다.

제2절 지방자치단체의 관할 구역

제5조(지방자치단체의 명칭과 구역)

① 지방자치단체의 명칭과 구역은 종전과 같이 하고, 명칭과 구역을 바꾸거나 지방자치단체를 폐지하거나 설치하거나 나누거나 합칠 때에는 법률로 정한다.

② 제1항에도 불구하고 지방자치단체의 구역변경 중 관할 구역 경계변경(이하 "경계변경"이라 한다)과 지방자치단체의 한자 명칭의 변경은 대통령령으로 정한다. 이 경우 경계변경의 절차는 제6조에서 정한 절차에 따른다.

③ 다음 각 호의 어느 하나에 해당할 때에는 관계 지방의회의 의견을 들어야 한다. 다만, 「주민투표법」 제8조에 따라 주민투표를 한 경우에는 그러하지 아니하다.
  1. 지방자치단체를 폐지하거나 설치하거나 나누거나 합칠 때
  2. 지방자치단체의 구역을 변경할 때(경계변경을 할 때는 제외한다)
  3. 지방자치단체의 명칭을 변경할 때(한자 명칭을 변경할 때를 포함한다)

④ 제1항 및 제2항에도 불구하고 다음 각 호의 지역이 속할 지방자치단체는 제5항부터 제8항까지의 규정에 따라 행정안전부장관이 결정한다.
  1. 「공유수면 관리 및 매립에 관한 법률」에 따른 매립지
  2. 「공간정보의 구축 및 관리 등에 관한 법률」 제2조제19호의 지적공부(이하 "지적공부"라 한다)에 등록이 누락된 토지

⑤ 제4항제1호의 경우에는 「공유수면 관리 및 매립에 관한 법률」 제28조에 따른 매립면허관청(이하 이 조에서 "면허관청"이라 한다) 또는 관련 지방자치단체의 장이 같은 법 제45조에 따른 준공검사를 하기 전에, 제4항제2호의 경우에는 「공간정보의 구축 및 관리 등에 관한 법률」 제2조제18호에 따른 지적소관청(이하 이 조에서 "지적소관청"이라 한다)이 지적공부에 등록하기 전에 각각 해당 지역의 위치, 귀속희망 지방자치단체(복수인 경우를 포함한다) 등을 명시하여 행정안전부장관에게 그 지역이 속할 지방자치단체의 결정을 신청하여야 한다. 이 경우 제4항제1호에 따른 매립지의 매립면허를 받은 자는 면허관청에 해당 매립지가 속할 지방자치단체의 결정 신청을 요구할 수 있다.

⑥ 행정안전부장관은 제5항에 따른 신청을 받은 후 지체 없이 제5항에 따른 신청내용을 20일 이상 관보나 인터넷 홈페이지에 게재하는 등의 방법으로 널리 알려야 한다. 이 경우 알리는 방법, 의견 제출 등에 관하여는 「행정절차법」 제42조·제44조 및 제45조를 준용한다.

⑦ 행정안전부장관은 제6항에 따른 기간이 끝나면 다음 각 호에서 정하는 바에 따라 결정하고, 그 결과를 면허관청이나 지적소관청, 관계 지방자치단체의 장 등에게 통보하고 공고하여야 한다.
  1. 제6항에 따른 기간 내에 신청내용에 대하여 이의가 제기된 경우: 제166조에 따른 지방자치단체중앙분쟁조정위원회(이하 이 조 및 제6조에서 "위원회"라 한다)의 심의·의결에 따라 제4항 각 호의 지역이 속할 지방자치단체를 결정
  2. 제6항에 따른 기간 내에 신청내용에 대하여 이의가 제기되지 아니한 경우: 위원회의 심의·의결을 거치지 아니하고 신청내용에 따라 제4항 각 호의 지역이 속할 지방자치단체를 결정

⑧ 위원회의 위원장은 제7항제1호에 따른 심의과정에서 필요하다고 인정되면 관계 중앙행정기관 및 지방자치단체의 공무원 또는 관련 전문가를 출석시켜 의견을 듣거나 관계 기관이나 단체에 자료 및 의견 제출 등을 요구할 수 있다. 이 경우 관계 지방자치단체의 장에게는 의견을 진술할 기회를 주어야 한다.

⑨ 관계 지방자치단체의 장은 제4항부터 제7항까지의 규정에 따른 행정안전부장관의 결정에 이의가 있으면 그 결과를 통보받은 날부터 15일 이내에 대법원에 소송을 제기할 수 있다.

⑩ 행정안전부장관은 제9항에 따른 소송 결과 대법원의 인용결정이 있으면 그 취지에 따라 다시 결정하여야 한다.

⑪ 행정안전부장관은 제4항 각 호의 지역이 속할 지방자치단체 결정과 관련하여 제7항제1호에 따라 위원회의 심의를

할 때 같은 시·도 안에 있는 관계 시·군 및 자치구 상호 간 매립지 조성 비용 및 관리 비용 부담 등에 관한 조정(調整)이 필요한 경우 제165조제1항부터 제3항까지의 규정에도 불구하고 당사자의 신청 또는 직권으로 위원회의 심의·의결에 따라 조정할 수 있다. 이 경우 그 조정 결과의 통보 및 조정 결정 사항의 이행은 제165조제4항부터 제7항까지의 규정에 따른다.

제6조(지방자치단체의 관할 구역 경계변경 등)

① 지방자치단체의 장은 관할 구역과 생활권과의 불일치 등으로 인하여 주민생활에 불편이 큰 경우 등 대통령령으로 정하는 사유가 있는 경우에는 행정안전부장관에게 경계변경이 필요한 지역 등을 명시하여 경계변경에 대한 조정을 신청할 수 있다. 이 경우 지방자치단체의 장은 지방의회 재적의원 과반수의 출석과 출석의원 3분의 2 이상의 동의를 받아야 한다.
② 관계 중앙행정기관의 장 또는 둘 이상의 지방자치단체에 걸친 개발사업 등의 시행자는 대통령령으로 정하는 바에 따라 관계 지방자치단체의 장에게 제1항에 따른 경계변경에 대한 조정을 신청하여 줄 것을 요구할 수 있다.
③ 행정안전부장관은 제1항에 따른 경계변경에 대한 조정 신청을 받으면 지체 없이 그 신청 내용을 관계 지방자치단체의 장에게 통지하고, 20일 이상 관보나 인터넷 홈페이지에 게재하는 등의 방법으로 널리 알려야 한다. 이 경우 알리는 방법, 의견의 제출 등에 관하여는 「행정절차법」 제42조·제44조 및 제45조를 준용한다.
④ 행정안전부장관은 제3항에 따른 기간이 끝난 후 지체 없이 대통령령으로 정하는 바에 따라 관계 지방자치단체 등 당사자 간 경계변경에 관한 사항을 효율적으로 협의할 수 있도록 경계변경자율협의체(이하 이 조에서 "협의체"라 한다)를 구성·운영할 것을 관계 지방자치단체의 장에게 요청하여야 한다.
⑤ 관계 지방자치단체는 제4항에 따른 협의체 구성·운영 요청을 받은 후 지체 없이 협의체를 구성하고, 경계변경 여부 및 대상 등에 대하여 같은 항에 따른 행정안전부장관의 요청을 받은 날부터 120일 이내에 협의를 하여야 한다. 다만, 대통령령으로 정하는 부득이한 사유가 있는 경우에는 30일의 범위에서 그 기간을 연장할 수 있다.
⑥ 제5항에 따라 협의체를 구성한 지방자치단체의 장은 같은 항에 따른 협의 기간 이내에 협의체의 협의 결과를 행정안전부장관에게 알려야 한다.
⑦ 행정안전부장관은 다음 각 호의 어느 하나에 해당하는 경우에는 위원회의 심의·의결을 거쳐 경계변경에 대하여 조정할 수 있다.
 1. 관계 지방자치단체가 제4항에 따른 행정안전부장관의 요청을 받은 날부터 120일 이내에 협의체를 구성하지 못한 경우
 2. 관계 지방자치단체가 제5항에 따른 협의 기간 이내에 경계변경 여부 및 대상 등에 대하여 합의를 하지 못한 경우
⑧ 위원회는 제7항에 따라 경계변경에 대한 사항을 심의할 때에는 관계 지방의회의 의견을 들어야 하며, 관련 전문가 및 지방자치단체의 장의 의견 청취 등에 관하여는 제5조제8항을 준용한다.
⑨ 행정안전부장관은 다음 각 호의 어느 하나에 해당하는 경우 지체 없이 그 내용을 검토한 후 이를 반영하여 경계변경에 관한 대통령령안을 입안하여야 한다.
 1. 제5항에 따른 협의체의 협의 결과 관계 지방자치단체 간 경계변경에 합의를 하고, 관계 지방자치단체의 장이 제6항에 따라 그 내용을 각각 알린 경우
 2. 위원회가 제7항에 따른 심의 결과 경계변경이 필요하다고 의결한 경우
⑩ 행정안전부장관은 경계변경의 조정과 관련하여 제7항에 따라 위원회의 심의를 할 때 같은 시·도 안에 있는 관계 시·군 및 자치구 상호 간 경계변경에 관련된 비용 부담, 행정적·재정적 사항 등에 관하여 조정이 필요한 경우 제165조제1항부터 제3항까지의 규정에도 불구하고 당사자의 신청 또는 직권으로 위원회의 심의·의결에 따라 조정할 수 있다. 이 경우 그 조정 결과의 통보 및 조정 결정 사항의 이행은 제165조제4항부터 제7항까지의 규정에 따른다.

제7조(자치구가 아닌 구와 읍·면·동 등의 명칭과 구역)

① 자치구가 아닌 구와 읍·면·동의 명칭과 구역은 종전과 같이 하고, 자치구가 아닌 구와 읍·면·동을 폐지하거나 설치하거나 나누거나 합칠 때에는 행정안전부장관의 승인을 받아 그 지방자치단체의 조례로 정한다. 다만, 명칭과 구역의 변경은 그 지방자치단체의 조례로 정하고, 그 결과를 특별시장·광역시장·도지사에게 보고하여야 한다.
② 리의 구역은 자연 촌락을 기준으로 하되, 그 명칭과 구역은 종전과 같이 하고, 명칭과 구역을 변경하거나 리를 폐지하거나 설치하거나 나누거나 합칠 때에는 그 지방자치단체의 조례로 정한다.
③ 인구 감소 등 행정여건 변화로 인하여 필요한 경우 그 지방자치단체의 조례로 정하는 바에 따라 2개 이상의 면을 하나의 면으로 운영하는 등 행정 운영상 면[이하 "행정면"(行政面)이라 한다]을 따로 둘 수 있다.
④ 동·리에서는 행정 능률과 주민의 편의를 위하여 그 지방자치단체의 조례로 정하는 바에 따라 하나의 동·리를 2개 이상의 동·리로 운영하거나 2개 이상의 동·리를 하나의 동·리로 운영하는 등 행정 운영상 동(이하 "행정동"이라 한다)·리(이하 "행정리"라 한다)를 따로 둘 수 있다. <개정 2021. 4. 20.>
⑤ 행정동에 그 지방자치단체의 조례로 정하는 바에 따라 통 등 하부 조직을 둘 수 있다. <개정 2021. 4. 20.>
⑥ 행정리에 그 지방자치단체의 조례로 정하는 바에 따라 하부 조직을 둘 수 있다. <신설 2021. 4. 20.>

제8조(구역의 변경 또는 폐지·설치·분리·합병 시의 사무와 재산의 승계)

① 지방자치단체의 구역을 변경하거나 지방자치단체를 폐지하거나 설치하거나 나누거나 합칠 때에는 새로 그 지역을 관할하게 된 지방자치단체가 그 사무와 재산을 승계한다.
② 제1항의 경우에 지역으로 지방자치단체의 사무와 재산을 구분하기 곤란하면 시·도에서는 행정안전부장관이, 시·군 및 자치구에서는 특별시장·광역시장·특별자치시장·도지사·특별자치도지사(이하 "시·도지사"라 한다)가 그 사무와 재산의 한계 및 승계할 지방자치단체를 지정한다.

제9조(사무소의 소재지)

① 지방자치단체의 사무소 소재지와 자치구가 아닌 구 및 읍·면·동의 사무소 소재지는 종전과 같이 하고, 이를 변경하거나 새로 설정하려면 지방자치단체의 조례로 정한다. 이 경우 면·동은 행정면·행정동(行政洞)을 말한다.
② 제1항의 사항을 조례로 정할 때에는 그 지방의회의 재적의원 과반수의 찬성이 있어야 한다.

제10조(시·읍의 설치기준 등)

① 시는 그 대부분이 도시의 형태를 갖추고 인구 5만 이상이 되어야 한다.
② 다음 각 호의 어느 하나에 해당하는 지역은 도농(都農) 복합형태의 시로 할 수 있다.
 1. 제1항에 따라 설치된 시와 군을 통합한 지역
 2. 인구 5만 이상의 도시 형태를 갖춘 지역이 있는 군
 3. 인구 2만 이상의 도시 형태를 갖춘 2개 이상의 지역 인구가 5만 이상인 군. 이 경우 군의 인구는 15만 이상으로서 대통령령으로 정하는 요건을 갖추어야 한다.
 4. 국가의 정책으로 인하여 도시가 형성되고, 제128조에 따라 도의 출장소가 설치된 지역으로서 그 지역의 인구가 3만 이상이며, 인구 15만 이상의 도농 복합형태의 시의 일부인 지역
③ 읍은 그 대부분이 도시의 형태를 갖추고 인구 2만 이상이 되어야 한다. 다만, 다음 각 호의 어느 하나에 해당하면 인구 2만 미만인 경우에도 읍으로 할 수 있다.
 1. 군사무소 소재지의 면
 2. 읍이 없는 도농 복합형태의 시에서 그 시에 있는 면 중 1개 면
④ 시·읍의 설치에 관한 세부기준은 대통령령으로 정한다.

제3절 지방자치단체의 기능과 사무

제11조(사무배분의 기본원칙)

① 국가는 지방자치단체가 사무를 종합적·자율적으로 수행할 수 있도록 국가와 지방자치단체 간 또는 지방자치단체 상호 간의 사무를 주민의 편익증진, 집행의 효과 등을 고려하여 서로 중복되지 아니하도록 배분하여야 한다.
② 국가는 제1항에 따라 사무를 배분하는 경우 지역주민생활과 밀접한 관련이 있는 사무는 원칙적으로 시·군 및 자치구의 사무로, 시·군 및 자치구가 처리하기 어려운 사무는 시·도의 사무로, 시·도가 처리하기 어려운 사무는 국가의 사무로 각각 배분하여야 한다.
③ 국가가 지방자치단체에 사무를 배분하거나 지방자치단체가 사무를 다른 지방자치단체에 재배분할 때에는 사무를 배분받거나 재배분받는 지방자치단체가 그 사무를 자기의 책임하에 종합적으로 처리할 수 있도록 관련 사무를 포괄적으로 배분하여야 한다.

제12조(사무처리의 기본원칙)

① 지방자치단체는 사무를 처리할 때 주민의 편의와 복리증진을 위하여 노력하여야 한다.
② 지방자치단체는 조직과 운영을 합리적으로 하고 규모를 적절하게 유지하여야 한다.
③ 지방자치단체는 법령을 위반하여 사무를 처리할 수 없으며, 시·군 및 자치구는 해당 구역을 관할하는 시·도의 조례를 위반하여 사무를 처리할 수 없다.

제13조(지방자치단체의 사무 범위)

① 지방자치단체는 관할 구역의 자치사무와 법령에 따라 지방자치단체에 속하는 사무를 처리한다.
② 제1항에 따른 지방자치단체의 사무를 예시하면 다음 각 호와 같다. 다만, 법률에 이와 다른 규정이 있으면 그러하지 아니하다. <개정 2023. 8. 8., 2024. 1. 9.>
 1. 지방자치단체의 구역, 조직, 행정관리 등
  가. 관할 구역 안 행정구역의 명칭·위치 및 구역의 조정
  나. 조례·규칙의 제정·개정·폐지 및 그 운영·관리
  다. 산하(傘下) 행정기관의 조직관리
  라. 산하 행정기관 및 단체의 지도·감독
  마. 소속 공무원의 인사·후생복지 및 교육
  바. 지방세 및 지방세 외 수입의 부과 및 징수
  사. 예산의 편성·집행 및 회계감사와 재산관리
  아. 행정장비관리, 행정전산화 및 행정관리개선
  자. 공유재산(公有財産) 관리
  차. 주민등록 관리
  카. 지방자치단체에 필요한 각종 조사 및 통계의 작성
 2. 주민의 복지증진
  가. 주민복지에 관한 사업
  나. 사회복지시설의 설치·운영 및 관리
  다. 생활이 어려운 사람의 보호 및 지원
  라. 노인·아동·장애인·청소년 및 여성의 보호와 복지증진
  마. 공공보건의료기관의 설립·운영
  바. 감염병과 그 밖의 질병의 예방과 방역

사. 묘지·화장장(火葬場) 및 봉안당의 운영·관리
　　아. 공중접객업소의 위생을 개선하기 위한 지도
　　자. 청소, 생활폐기물의 수거 및 처리
　　차. 지방공기업의 설치 및 운영
3. 농림·수산·상공업 등 산업 진흥
　　가. 못·늪지·보(洑) 등 농업용수시설의 설치 및 관리
　　나. 농산물·임산물·축산물·수산물의 생산 및 유통 지원
　　다. 농업자재의 관리
　　라. 복합영농의 운영·지도
　　마. 농업 외 소득사업의 육성·지도
　　바. 농가 부업의 장려
　　사. 공유림 관리
　　아. 소규모 축산 개발사업 및 낙농 진흥사업
　　자. 가축전염병 예방
　　차. 지역산업의 육성·지원
　　카. 소비자 보호 및 저축 장려
　　타. 중소기업의 육성
　　파. 지역특화산업의 개발과 육성·지원
　　하. 우수지역특산품 개발과 관광민예품 개발
4. 지역개발과 자연환경보전 및 생활환경시설의 설치·관리
　　가. 지역개발사업
　　나. 지방 토목·건설사업의 시행
　　다. 도시·군계획사업의 시행
　　라. 지방도(地方道), 시도(市道)·군도(郡道)·구도(區道)의 신설·개선·보수 및 유지
　　마. 주거생활환경 개선의 장려 및 지원
　　바. 농어촌주택 개량 및 취락구조 개선
　　사. 자연보호활동
　　아. 지방하천 및 소하천의 관리
　　자. 상수도·하수도의 설치 및 관리
　　차. 소규모급수시설의 설치 및 관리
　　카. 도립공원, 광역시립공원, 군립공원, 시립공원 및 구립공원 등의 지정 및 관리
　　타. 도시공원 및 공원시설, 녹지, 유원지 등과 그 휴양시설의 설치 및 관리
　　파. 관광지, 관광단지 및 관광시설의 설치 및 관리
　　하. 지방 궤도사업의 경영
　　거. 주차장·교통표지 등 교통편의시설의 설치 및 관리
　　너. 재해대책의 수립 및 집행
　　더. 지역경제의 육성 및 지원
5. 교육·체육·문화·예술의 진흥
　　가. 어린이집·유치원·초등학교·중학교·고등학교 및 이에 준하는 각종 학교의 설치·운영·지도
　　나. 도서관·운동장·광장·체육관·박물관·공연장·미술관·음악당 등 공공교육·체육·문화시설의 설치 및 관리
　　다. 시·도유산의 지정·등록·보존 및 관리

라. 지방문화・예술의 진흥
마. 지방문화・예술단체의 육성
6. 지역민방위 및 지방소방
가. 지역 및 직장 민방위조직(의용소방대를 포함한다)의 편성과 운영 및 지도・감독
나. 지역의 화재예방・경계・진압・조사 및 구조・구급
7. 국제교류 및 협력
가. 국제기구・행사・대회의 유치・지원
나. 외국 지방자치단체와의 교류・협력

제14조(지방자치단체의 종류별 사무배분기준)

① 제13조에 따른 지방자치단체의 사무를 지방자치단체의 종류별로 배분하는 기준은 다음 각 호와 같다. 다만, 제13조제2항제1호의 사무는 각 지방자치단체에 공통된 사무로 한다.
1. 시・도
가. 행정처리 결과가 2개 이상의 시・군 및 자치구에 미치는 광역적 사무
나. 시・도 단위로 동일한 기준에 따라 처리되어야 할 성질의 사무
다. 지역적 특성을 살리면서 시・도 단위로 통일성을 유지할 필요가 있는 사무
라. 국가와 시・군 및 자치구 사이의 연락・조정 등의 사무
마. 시・군 및 자치구가 독자적으로 처리하기 어려운 사무
바. 2개 이상의 시・군 및 자치구가 공동으로 설치하는 것이 적당하다고 인정되는 규모의 시설을 설치하고 관리하는 사무
2. 시・군 및 자치구
제1호에서 시・도가 처리하는 것으로 되어 있는 사무를 제외한 사무. 다만, 인구 50만 이상의 시에 대해서는 도가 처리하는 사무의 일부를 직접 처리하게 할 수 있다.
② 제1항의 배분기준에 따른 지방자치단체의 종류별 사무는 대통령령으로 정한다.
③ 시・도와 시・군 및 자치구는 사무를 처리할 때 서로 겹치지 아니하도록 하여야 하며, 사무가 서로 겹치면 시・군 및 자치구에서 먼저 처리한다.

제15조(국가사무의 처리 제한)
지방자치단체는 다음 각 호의 국가사무를 처리할 수 없다. 다만, 법률에 이와 다른 규정이 있는 경우에는 국가사무를 처리할 수 있다.
1. 외교, 국방, 사법(司法), 국세 등 국가의 존립에 필요한 사무
2. 물가정책, 금융정책, 수출입정책 등 전국적으로 통일적 처리를 할 필요가 있는 사무
3. 농산물・임산물・축산물・수산물 및 양곡의 수급조절과 수출입 등 전국적 규모의 사무
4. 국가종합경제개발계획, 국가하천, 국유림, 국토종합개발계획, 지정항만, 고속국도・일반국도, 국립공원 등 전국적 규모나 이와 비슷한 규모의 사무
5. 근로기준, 측량단위 등 전국적으로 기준을 통일하고 조정하여야 할 필요가 있는 사무
6. 우편, 철도 등 전국적 규모나 이와 비슷한 규모의 사무
7. 고도의 기술이 필요한 검사・시험・연구, 항공관리, 기상행정, 원자력개발 등 지방자치단체의 기술과 재정능력으로 감당하기 어려운 사무

제2장 주민

제16조(주민의 자격) 지방자치단체의 구역에 주소를 가진 자는 그 지방자치단체의 주민이 된다.

제17조(주민의 권리)

① 주민은 법령으로 정하는 바에 따라 주민생활에 영향을 미치는 지방자치단체의 정책의 결정 및 집행 과정에 참여할 권리를 가진다.
② 주민은 법령으로 정하는 바에 따라 소속 지방자치단체의 재산과 공공시설을 이용할 권리와 그 지방자치단체로부터 균등하게 행정의 혜택을 받을 권리를 가진다.
③ 주민은 법령으로 정하는 바에 따라 그 지방자치단체에서 실시하는 지방의회의원과 지방자치단체의 장의 선거(이하 "지방선거"라 한다)에 참여할 권리를 가진다.

제18조(주민투표)

① 지방자치단체의 장은 주민에게 과도한 부담을 주거나 중대한 영향을 미치는 지방자치단체의 주요 결정사항 등에 대하여 주민투표에 부칠 수 있다.
② 주민투표의 대상·발의자·발의요건, 그 밖에 투표절차 등에 관한 사항은 따로 법률로 정한다.

제19조(조례의 제정과 개정·폐지 청구)

① 주민은 지방자치단체의 조례를 제정하거나 개정하거나 폐지할 것을 청구할 수 있다.
② 조례의 제정·개정 또는 폐지 청구의 청구권자·청구대상·청구요건 및 절차 등에 관한 사항은 따로 법률로 정한다.

제20조(규칙의 제정과 개정·폐지 의견 제출)

① 주민은 제29조에 따른 규칙(권리·의무와 직접 관련되는 사항으로 한정한다)의 제정, 개정 또는 폐지와 관련된 의견을 해당 지방자치단체의 장에게 제출할 수 있다.
② 법령이나 조례를 위반하거나 법령이나 조례에서 위임한 범위를 벗어나는 사항은 제1항에 따른 의견 제출 대상에서 제외한다.
③ 지방자치단체의 장은 제1항에 따라 제출된 의견에 대하여 의견이 제출된 날부터 30일 이내에 검토 결과를 그 의견을 제출한 주민에게 통보하여야 한다.
④ 제1항에 따른 의견 제출, 제3항에 따른 의견의 검토와 결과 통보의 방법 및 절차는 해당 지방자치단체의 조례로 정한다.

제21조(주민의 감사 청구)

① 지방자치단체의 18세 이상의 주민으로서 다음 각 호의 어느 하나에 해당하는 사람(「공직선거법」 제18조에 따른 선거권이 없는 사람은 제외한다. 이하 이 조에서 "18세 이상의 주민"이라 한다)은 시·도는 300명, 제198조에 따른 인구 50만 이상 대도시는 200명, 그 밖의 시·군 및 자치구는 150명 이내에서 그 지방자치단체의 조례로 정하는 수 이상의 18세 이상의 주민이 연대 서명하여 그 지방자치단체와 그 장의 권한에 속하는 사무의 처리가 법령에 위반되거나 공익을 현저히 해친다고 인정되면 시·도의 경우에는 주무부장관에게, 시·군 및 자치구의 경우에는 시·도지사에게 감사를 청구할 수 있다.
  1. 해당 지방자치단체의 관할 구역에 주민등록이 되어 있는 사람
  2. 「출입국관리법」 제10조에 따른 영주(永住)할 수 있는 체류자격 취득일 후 3년이 경과한 외국인으로서 같은 법 제34조에 따라 해당 지방자치단체의 외국인등록대장에 올라 있는 사람

② 다음 각 호의 사항은 감사 청구의 대상에서 제외한다.
  1. 수사나 재판에 관여하게 되는 사항
  2. 개인의 사생활을 침해할 우려가 있는 사항
  3. 다른 기관에서 감사하였거나 감사 중인 사항. 다만, 다른 기관에서 감사한 사항이라도 새로운 사항이 발견되거나 중요 사항이 감사에서 누락된 경우와 제22조제1항에 따라 주민소송의 대상이 되는 경우에는 그러하지 아니하다.
  4. 동일한 사항에 대하여 제22조제2항 각 호의 어느 하나에 해당하는 소송이 진행 중이거나 그 판결이 확정된 사항
③ 제1항에 따른 청구는 사무처리가 있었던 날이나 끝난 날부터 3년이 지나면 제기할 수 없다.
④ 지방자치단체의 18세 이상의 주민이 제1항에 따라 감사를 청구하려면 청구인의 대표자를 선정하여 청구인명부에 적어야 하며, 청구인의 대표자는 감사청구서를 작성하여 주무부장관 또는 시·도지사에게 제출하여야 한다.
⑤ 주무부장관이나 시·도지사는 제1항에 따른 청구를 받으면 청구를 받은 날부터 5일 이내에 그 내용을 공표하여야 하며, 청구를 공표한 날부터 10일간 청구인명부나 그 사본을 공개된 장소에 갖추어 두어 열람할 수 있도록 하여야 한다.
⑥ 청구인명부의 서명에 관하여 이의가 있는 사람은 제5항에 따른 열람기간에 해당 주무부장관이나 시·도지사에게 이의를 신청할 수 있다.
⑦ 주무부장관이나 시·도지사는 제6항에 따른 이의신청을 받으면 제5항에 따른 열람기간이 끝난 날부터 14일 이내에 심사·결정하되, 그 신청이 이유 있다고 결정한 경우에는 청구인명부를 수정하고, 그 사실을 이의신청을 한 사람과 제4항에 따른 청구인의 대표자에게 알려야 하며, 그 이의신청이 이유 없다고 결정한 경우에는 그 사실을 즉시 이의신청을 한 사람에게 알려야 한다.
⑧ 주무부장관이나 시·도지사는 제6항에 따른 이의신청이 없는 경우 또는 제6항에 따라 제기된 모든 이의신청에 대하여 제7항에 따른 결정이 끝난 경우로서 제1항부터 제3항까지의 규정에 따른 요건을 갖춘 경우에는 청구를 수리하고, 그러하지 아니한 경우에는 청구를 각하하되, 수리 또는 각하 사실을 청구인의 대표자에게 알려야 한다.
⑨ 주무부장관이나 시·도지사는 감사 청구를 수리한 날부터 60일 이내에 감사 청구된 사항에 대하여 감사를 끝내야 하며, 감사 결과를 청구인의 대표자와 해당 지방자치단체의 장에게 서면으로 알리고, 공표하여야 한다. 다만, 그 기간에 감사를 끝내기가 어려운 정당한 사유가 있으면 그 기간을 연장할 수 있으며, 기간을 연장할 때에는 미리 청구인의 대표자와 해당 지방자치단체의 장에게 알리고, 공표하여야 한다.
⑩ 주무부장관이나 시·도지사는 주민이 감사를 청구한 사항이 다른 기관에서 이미 감사한 사항이거나 감사 중인 사항이면 그 기관에서 한 감사 결과 또는 감사 중인 사실과 감사가 끝난 후 그 결과를 알리겠다는 사실을 청구인의 대표자와 해당 기관에 지체 없이 알려야 한다.
⑪ 주무부장관이나 시·도지사는 주민 감사 청구를 처리(각하를 포함한다)할 때 청구인의 대표자에게 반드시 증거 제출 및 의견 진술의 기회를 주어야 한다.
⑫ 주무부장관이나 시·도지사는 제9항에 따른 감사 결과에 따라 기간을 정하여 해당 지방자치단체의 장에게 필요한 조치를 요구할 수 있다. 이 경우 그 지방자치단체의 장은 이를 성실히 이행하여야 하고, 그 조치 결과를 지방의회와 주무부장관 또는 시·도지사에게 보고하여야 한다.
⑬ 주무부장관이나 시·도지사는 제12항에 따른 조치 요구 내용과 지방자치단체의 장의 조치 결과를 청구인의 대표자에게 서면으로 알리고, 공표하여야 한다.
⑭ 제1항부터 제13항까지에서 규정한 사항 외에 18세 이상의 주민의 감사 청구에 필요한 사항은 대통령령으로 정한다.

제22조(주민소송)

① 제21조제1항에 따라 공금의 지출에 관한 사항, 재산의 취득·관리·처분에 관한 사항, 해당 지방자치단체를 당사자로 하는 매매·임차·도급 계약이나 그 밖의 계약의 체결·이행에 관한 사항 또는 지방세·사용료·수수료·과태료 등

공금의 부과·징수를 게을리한 사항을 감사 청구한 주민은 다음 각 호의 어느 하나에 해당하는 경우에 그 감사 청구한 사항과 관련이 있는 위법한 행위나 업무를 게을리한 사실에 대하여 해당 지방자치단체의 장(해당 사항의 사무처리에 관한 권한을 소속 기관의 장에게 위임한 경우에는 그 소속 기관의 장을 말한다. 이하 이 조에서 같다)을 상대방으로 하여 소송을 제기할 수 있다.
  1. 주무부장관이나 시·도지사가 감사 청구를 수리한 날부터 60일(제21조제9항 단서에 따라 감사기간이 연장된 경우에는 연장된 기간이 끝난 날을 말한다)이 지나도 감사를 끝내지 아니한 경우
  2. 제21조제9항 및 제10항에 따른 감사 결과 또는 같은 조 제12항에 따른 조치 요구에 불복하는 경우
  3. 제21조제12항에 따른 주무부장관이나 시·도지사의 조치 요구를 지방자치단체의 장이 이행하지 아니한 경우
  4. 제21조제12항에 따른 지방자치단체의 장의 이행 조치에 불복하는 경우
② 제1항에 따라 주민이 제기할 수 있는 소송은 다음 각 호와 같다.
  1. 해당 행위를 계속하면 회복하기 어려운 손해를 발생시킬 우려가 있는 경우에는 그 행위의 전부나 일부를 중지할 것을 요구하는 소송
  2. 행정처분인 해당 행위의 취소 또는 변경을 요구하거나 그 행위의 효력 유무 또는 존재 여부의 확인을 요구하는 소송
  3. 게을리한 사실의 위법 확인을 요구하는 소송
  4. 해당 지방자치단체의 장 및 직원, 지방의회의원, 해당 행위와 관련이 있는 상대방에게 손해배상청구 또는 부당이득반환청구를 할 것을 요구하는 소송. 다만, 그 지방자치단체의 직원이 「회계관계직원 등의 책임에 관한 법률」 제4조에 따른 변상책임을 져야 하는 경우에는 변상명령을 할 것을 요구하는 소송을 말한다.
③ 제2항제1호의 중지청구소송은 해당 행위를 중지할 경우 생명이나 신체에 중대한 위해가 생길 우려가 있거나 그 밖에 공공복리를 현저하게 해칠 우려가 있으면 제기할 수 없다.
④ 제2항에 따른 소송은 다음 각 호의 구분에 따른 날부터 90일 이내에 제기하여야 한다.
  1. 제1항제1호: 해당 60일이 끝난 날(제21조제9항 단서에 따라 감사기간이 연장된 경우에는 연장기간이 끝난 날을 말한다)
  2. 제1항제2호: 해당 감사 결과나 조치 요구 내용에 대한 통지를 받은 날
  3. 제1항제3호: 해당 조치를 요구할 때에 지정한 처리기간이 끝난 날
  4. 제1항제4호: 해당 이행 조치 결과에 대한 통지를 받은 날
⑤ 제2항 각 호의 소송이 진행 중이면 다른 주민은 같은 사항에 대하여 별도의 소송을 제기할 수 없다.
⑥ 소송의 계속(繫屬) 중에 소송을 제기한 주민이 사망하거나 제16조에 따른 주민의 자격을 잃으면 소송절차는 중단된다. 소송대리인이 있는 경우에도 또한 같다.
⑦ 감사 청구에 연대 서명한 다른 주민은 제6항에 따른 사유가 발생한 사실을 안 날부터 6개월 이내에 소송절차를 수계(受繼)할 수 있다. 이 기간에 수계절차가 이루어지지 아니할 경우 그 소송절차는 종료된다.
⑧ 법원은 제6항에 따라 소송이 중단되면 감사 청구에 연대 서명한 다른 주민에게 소송절차를 중단한 사유와 소송절차 수계방법을 지체 없이 알려야 한다. 이 경우 법원은 감사 청구에 적힌 주소로 통지서를 우편으로 보낼 수 있고, 우편물이 통상 도달할 수 있을 때에 감사 청구에 연대 서명한 다른 주민은 제6항의 사유가 발생한 사실을 안 것으로 본다.
⑨ 제2항에 따른 소송은 해당 지방자치단체의 사무소 소재지를 관할하는 행정법원(행정법원이 설치되지 아니한 지역에서는 행정법원의 권한에 속하는 사건을 관할하는 지방법원 본원을 말한다)의 관할로 한다.
⑩ 해당 지방자치단체의 장은 제2항제1호부터 제3호까지의 규정에 따른 소송이 제기된 경우 그 소송 결과에 따라 권리나 이익의 침해를 받을 제3자가 있으면 그 제3자에 대하여, 제2항제4호에 따른 소송이 제기된 경우 그 직원, 지방의회의원 또는 상대방에 대하여 소송고지를 해 줄 것을 법원에 신청하여야 한다.
⑪ 제2항제4호에 따른 소송이 제기된 경우에 지방자치단체의 장이 한 소송고지신청은 그 소송에 관한 손해배상청구

권 또는 부당이득반환청구권의 시효중단에 관하여 「민법」 제168조제1호에 따른 청구로 본다.
⑫ 제11항에 따른 시효중단의 효력은 그 소송이 끝난 날부터 6개월 이내에 재판상 청구, 파산절차참가, 압류 또는 가압류, 가처분을 하지 아니하면 효력이 생기지 아니한다.
⑬ 국가, 상급 지방자치단체 및 감사 청구에 연대 서명한 다른 주민과 제10항에 따라 소송고지를 받은 자는 법원에서 계속 중인 소송에 참가할 수 있다.
⑭ 제2항에 따른 소송에서 당사자는 법원의 허가를 받지 아니하고는 소의 취하, 소송의 화해 또는 청구의 포기를 할 수 없다.
⑮ 법원은 제14항에 따른 허가를 하기 전에 감사 청구에 연대 서명한 다른 주민에게 그 사실을 알려야 하며, 알린 때부터 1개월 이내에 허가 여부를 결정하여야 한다. 이 경우 통지방법 등에 관하여는 제8항 후단을 준용한다.
⑯ 제2항에 따른 소송은 「민사소송 등 인지법」 제2조제4항에 따른 비재산권을 목적으로 하는 소송으로 본다.
⑰ 소송을 제기한 주민은 승소(일부 승소를 포함한다)한 경우 그 지방자치단체에 대하여 변호사 보수 등의 소송비용, 감사 청구절차의 진행 등을 위하여 사용된 여비, 그 밖에 실제로 든 비용을 보상할 것을 청구할 수 있다. 이 경우 지방자치단체는 청구된 금액의 범위에서 그 소송을 진행하는 데 객관적으로 사용된 것으로 인정되는 금액을 지급하여야 한다.
⑱ 제1항에 따른 소송에 관하여 이 법에 규정된 것 외에는 「행정소송법」에 따른다.

제23조(손해배상금 등의 지급청구 등)

① 지방자치단체의 장(해당 사항의 사무처리에 관한 권한을 소속 기관의 장에게 위임한 경우에는 그 소속 기관의 장을 말한다. 이하 이 조에서 같다)은 제22조제2항제4호 본문에 따른 소송에 대하여 손해배상청구나 부당이득반환청구를 명하는 판결이 확정되면 판결이 확정된 날부터 60일 이내를 기한으로 하여 당사자에게 그 판결에 따라 결정된 손해배상금이나 부당이득반환금의 지급을 청구하여야 한다. 다만, 손해배상금이나 부당이득반환금을 지급하여야 할 당사자가 지방자치단체의 장이면 지방의회의 의장이 지급을 청구하여야 한다.
② 지방자치단체는 제1항에 따라 지급청구를 받은 자가 같은 항의 기한까지 손해배상금이나 부당이득반환금을 지급하지 아니하면 손해배상·부당이득반환의 청구를 목적으로 하는 소송을 제기하여야 한다. 이 경우 그 소송의 상대방이 지방자치단체의 장이면 그 지방의회의 의장이 그 지방자치단체를 대표한다.

제24조(변상명령 등)

① 지방자치단체의 장은 제22조제2항제4호 단서에 따른 소송에 대하여 변상할 것을 명하는 판결이 확정되면 판결이 확정된 날부터 60일 이내를 기한으로 하여 당사자에게 그 판결에 따라 결정된 금액을 변상할 것을 명령하여야 한다.
② 제1항에 따라 변상할 것을 명령받은 자가 같은 항의 기한까지 변상금을 지급하지 아니하면 지방세 체납처분의 예에 따라 징수할 수 있다. <개정 2021. 10. 19.>
③ 제1항에 따라 변상할 것을 명령받은 자는 그 명령에 불복하는 경우 행정소송을 제기할 수 있다. 다만, 「행정심판법」에 따른 행정심판청구는 제기할 수 없다.

제25조(주민소환)

① 주민은 그 지방자치단체의 장 및 지방의회의원(비례대표 지방의회의원은 제외한다)을 소환할 권리를 가진다.
② 주민소환의 투표 청구권자·청구요건·절차 및 효력 등에 관한 사항은 따로 법률로 정한다.

제26조(주민에 대한 정보공개)

① 지방자치단체는 사무처리의 투명성을 높이기 위하여 「공공기관의 정보공개에 관한 법률」에서 정하는 바에 따라

지방의회의 의정활동, 집행기관의 조직, 재무 등 지방자치에 관한 정보(이하 "지방자치정보"라 한다)를 주민에게 공개하여야 한다.

② 행정안전부장관은 주민의 지방자치정보에 대한 접근성을 높이기 위하여 이 법 또는 다른 법령에 따라 공개된 지방자치정보를 체계적으로 수집하고 주민에게 제공하기 위한 정보공개시스템을 구축·운영할 수 있다.

제27조(주민의 의무) 주민은 법령으로 정하는 바에 따라 소속 지방자치단체의 비용을 분담하여야 하는 의무를 진다.

제3장 조례와 규칙

제28조(조례)

① 지방자치단체는 법령의 범위에서 그 사무에 관하여 조례를 제정할 수 있다. 다만, 주민의 권리 제한 또는 의무 부과에 관한 사항이나 벌칙을 정할 때에는 법률의 위임이 있어야 한다.

② 법령에서 조례로 정하도록 위임한 사항은 그 법령의 하위 법령에서 그 위임의 내용과 범위를 제한하거나 직접 규정할 수 없다.

제29조(규칙) 지방자치단체의 장은 법령 또는 조례의 범위에서 그 권한에 속하는 사무에 관하여 규칙을 제정할 수 있다.

제30조(조례와 규칙의 입법한계) 시·군 및 자치구의 조례나 규칙은 시·도의 조례나 규칙을 위반해서는 아니 된다.

제31조(지방자치단체를 신설하거나 격을 변경할 때의 조례·규칙 시행) 지방자치단체를 나누거나 합하여 새로운 지방자치단체가 설치되거나 지방자치단체의 격이 변경되면 그 지방자치단체의 장은 필요한 사항에 관하여 새로운 조례나 규칙이 제정·시행될 때까지 종래 그 지역에 시행되던 조례나 규칙을 계속 시행할 수 있다.

제32조(조례와 규칙의 제정 절차 등)

① 조례안이 지방의회에서 의결되면 지방의회의 의장은 의결된 날부터 5일 이내에 그 지방자치단체의 장에게 이송하여야 한다.

② 지방자치단체의 장은 제1항의 조례안을 이송받으면 20일 이내에 공포하여야 한다.

③ 지방자치단체의 장은 이송받은 조례안에 대하여 이의가 있으면 제2항의 기간에 이유를 붙여 지방의회로 환부(還付)하고, 재의(再議)를 요구할 수 있다. 이 경우 지방자치단체의 장은 조례안의 일부에 대하여 또는 조례안을 수정하여 재의를 요구할 수 없다.

④ 지방의회는 제3항에 따라 재의 요구를 받으면 조례안을 재의에 부치고 재적의원 과반수의 출석과 출석의원 3분의 2 이상의 찬성으로 전(前)과 같은 의결을 하면 그 조례안은 조례로서 확정된다.

⑤ 지방자치단체의 장이 제2항의 기간에 공포하지 아니하거나 재의 요구를 하지 아니하더라도 그 조례안은 조례로서 확정된다.

⑥ 지방자치단체의 장은 제4항 또는 제5항에 따라 확정된 조례를 지체 없이 공포하여야 한다. 이 경우 제5항에 따라 조례가 확정된 후 또는 제4항에 따라 확정된 조례가 지방자치단체의 장에게 이송된 후 5일 이내에 지방자치단체의 장이 공포하지 아니하면 지방의회의 의장이 공포한다.

⑦ 제2항 및 제6항 전단에 따라 지방자치단체의 장이 조례를 공포하였을 때에는 즉시 해당 지방의회의 의장에게 통지하여야 하며, 제6항 후단에 따라 지방의회의 의장이 조례를 공포하였을 때에는 그 사실을 즉시 해당 지방자치단체의 장에게 통지하여야 한다.

⑧ 조례와 규칙은 특별한 규정이 없으면 공포한 날부터 20일이 지나면 효력을 발생한다.

제33조(조례와 규칙의 공포 방법 등)

① 조례와 규칙의 공포는 해당 지방자치단체의 공보에 게재하는 방법으로 한다. 다만, 제32조제6항 후단에 따라 지방의회의 의장이 조례를 공포하는 경우에는 공보나 일간신문에 게재하거나 게시판에 게시한다.
② 제1항에 따른 공보는 종이로 발행되는 공보(이하 이 조에서 "종이공보"라 한다) 또는 전자적인 형태로 발행되는 공보(이하 이 조에서 "전자공보"라 한다)로 운영한다.
③ 공보의 내용 해석 및 적용 시기 등에 대하여 종이공보와 전자공보는 동일한 효력을 가진다.
④ 조례와 규칙의 공포에 관하여 그 밖에 필요한 사항은 대통령령으로 정한다.

제34조(조례 위반에 대한 과태료)

① 지방자치단체는 조례를 위반한 행위에 대하여 조례로써 1천만원 이하의 과태료를 정할 수 있다.
② 제1항에 따른 과태료는 해당 지방자치단체의 장이나 그 관할 구역의 지방자치단체의 장이 부과·징수한다.

제35조(보고) 조례나 규칙을 제정하거나 개정하거나 폐지할 경우 조례는 지방의회에서 이송된 날부터 5일 이내에, 규칙은 공포 예정일 15일 전에 시·도지사는 행정안전부장관에게, 시장·군수 및 자치구의 구청장은 시·도지사에게 그 전문(全文)을 첨부하여 각각 보고하여야 하며, 보고를 받은 행정안전부장관은 그 내용을 관계 중앙행정기관의 장에게 통보하여야 한다.

제4장 선거

제36조(지방선거에 관한 법률의 제정) 지방선거에 관하여 이 법에서 정한 것 외에 필요한 사항은 따로 법률로 정한다.

제5장 지방의회

제1절 조직

제37조(의회의 설치) 지방자치단체에 주민의 대의기관인 의회를 둔다.

제38조(지방의회의원의 선거) 지방의회의원은 주민이 보통·평등·직접·비밀선거로 선출한다.

제2절 지방의회의원

제39조(의원의 임기) 지방의회의원의 임기는 4년으로 한다.

제40조(의원의 의정활동비 등)

① 지방의회의원에게는 다음 각 호의 비용을 지급한다.
  1. 의정(議政) 자료를 수집하고 연구하거나 이를 위한 보조 활동에 사용되는 비용을 보전(補塡)하기 위하여 매월 지급하는 의정활동비
  2. 지방의회의원의 직무활동에 대하여 지급하는 월정수당
  3. 본회의 의결, 위원회 의결 또는 지방의회의 의장의 명에 따라 공무로 여행할 때 지급하는 여비
② 제1항 각 호에 규정된 비용은 대통령령으로 정하는 기준을 고려하여 해당 지방자치단체의 의정비심의위원회에서 결정하는 금액 이내에서 지방자치단체의 조례로 정한다. 다만, 제1항제3호에 따른 비용은 의정비심의위원회 결정 대상에서 제외한다.

③ 의정비심의위원회의 구성·운영 등에 필요한 사항은 대통령령으로 정한다.

제41조(의원의 정책지원 전문인력)

① 지방의회의원의 의정활동을 지원하기 위하여 지방의회의원 정수의 2분의 1 범위에서 해당 지방자치단체의 조례로 정하는 바에 따라 지방의회에 정책지원 전문인력을 둘 수 있다.
② 정책지원 전문인력은 지방공무원으로 보하며, 직급·직무 및 임용절차 등 운영에 필요한 사항은 대통령령으로 정한다.

제42조(상해·사망 등의 보상)

① 지방의회의원이 직무로 인하여 신체에 상해를 입거나 사망한 경우와 그 상해나 직무로 인한 질병으로 사망한 경우에는 보상금을 지급할 수 있다.
② 제1항의 보상금의 지급기준은 대통령령으로 정하는 범위에서 해당 지방자치단체의 조례로 정한다.

제43조(겸직 등 금지)

① 지방의회의원은 다음 각 호의 어느 하나에 해당하는 직(職)을 겸할 수 없다.
  1. 국회의원, 다른 지방의회의원
  2. 헌법재판소 재판관, 각급 선거관리위원회 위원
  3. 「국가공무원법」 제2조에 따른 국가공무원과 「지방공무원법」 제2조에 따른 지방공무원(「정당법」 제22조에 따라 정당의 당원이 될 수 있는 교원은 제외한다)
  4. 「공공기관의 운영에 관한 법률」 제4조에 따른 공공기관(한국방송공사, 한국교육방송공사 및 한국은행을 포함한다)의 임직원
  5. 「지방공기업법」 제2조에 따른 지방공사와 지방공단의 임직원
  6. 농업협동조합, 수산업협동조합, 산림조합, 엽연초생산협동조합, 신용협동조합, 새마을금고(이들 조합·금고의 중앙회와 연합회를 포함한다)의 임직원과 이들 조합·금고의 중앙회장이나 연합회장
  7. 「정당법」 제22조에 따라 정당의 당원이 될 수 없는 교원
  8. 다른 법령에 따라 공무원의 신분을 가지는 직
  9. 그 밖에 다른 법률에서 겸임할 수 없도록 정하는 직
② 「정당법」 제22조에 따라 정당의 당원이 될 수 있는 교원이 지방의회의원으로 당선되면 임기 중 그 교원의 직은 휴직된다.
③ 지방의회의원이 당선 전부터 제1항 각 호의 직을 제외한 다른 직을 가진 경우에는 임기 개시 후 1개월 이내에, 임기 중 그 다른 직에 취임한 경우에는 취임 후 15일 이내에 지방의회의 의장에게 서면으로 신고하여야 하며, 그 방법과 절차는 해당 지방자치단체의 조례로 정한다.
④ 지방의회의 의장은 제3항에 따라 지방의회의원의 겸직신고를 받으면 그 내용을 연 1회 이상 해당 지방의회의 인터넷 홈페이지에 게시하거나 지방자치단체의 조례로 정하는 방법에 따라 공개하여야 한다.
⑤ 지방의회의원이 다음 각 호의 기관·단체 및 그 기관·단체가 설립·운영하는 시설의 대표, 임원, 상근직원 또는 그 소속 위원회(자문위원회는 제외한다)의 위원이 된 경우에는 그 겸한 직을 사임하여야 한다.
  1. 해당 지방자치단체가 출자·출연(재출자·재출연을 포함한다)한 기관·단체
  2. 해당 지방자치단체의 사무를 위탁받아 수행하고 있는 기관·단체
  3. 해당 지방자치단체로부터 운영비, 사업비 등을 지원받고 있는 기관·단체
  4. 법령에 따라 해당 지방자치단체의 장의 인가를 받아 설립된 조합(조합설립을 위한 추진위원회 등 준비단체를 포함한다)의 임직원

⑥ 지방의회의 의장은 지방의회의원이 다음 각 호의 어느 하나에 해당하는 경우에는 그 겸한 직을 사임할 것을 권고하여야 한다. 이 경우 지방의회의 의장은 제66조에 따른 윤리심사자문위원회의 의견을 들어야 하며 그 의견을 존중하여야 한다.
  1. 제5항에 해당하는 데도 불구하고 겸한 직을 사임하지 아니할 때
  2. 다른 직을 겸하는 것이 제44조제2항에 위반된다고 인정될 때
⑦ 지방의회의 의장은 지방의회의원의 행위 또는 양수인이나 관리인의 지위가 제5항 또는 제6항에 따라 제한되는지와 관련하여 제66조에 따른 윤리심사자문위원회의 의견을 들을 수 있다.

제44조(의원의 의무)

① 지방의회의원은 공공의 이익을 우선하여 양심에 따라 그 직무를 성실히 수행하여야 한다.
② 지방의회의원은 청렴의 의무를 지며, 지방의회의원으로서의 품위를 유지하여야 한다.
③ 지방의회의원은 지위를 남용하여 재산상의 권리·이익 또는 직위를 취득하거나 다른 사람을 위하여 그 취득을 알선해서는 아니 된다.
④ 지방의회의원은 해당 지방자치단체, 제43조제5항 각 호의 어느 하나에 해당하는 기관·단체 및 그 기관·단체가 설립·운영하는 시설과 영리를 목적으로 하는 거래를 하여서는 아니 된다.
⑤ 지방의회의원은 소관 상임위원회의 직무와 관련된 영리행위를 할 수 없으며, 그 범위는 해당 지방자치단체의 조례로 정한다.

제45조(의원체포 및 확정판결의 통지)

① 수사기관의 장은 체포되거나 구금된 지방의회의원이 있으면 지체 없이 해당 지방의회의 의장에게 영장의 사본을 첨부하여 그 사실을 알려야 한다.
② 각급 법원장은 지방의회의원이 형사사건으로 공소(公訴)가 제기되어 판결이 확정되면 지체 없이 해당 지방의회의 의장에게 그 사실을 알려야 한다.

제46조(지방의회의 의무 등)

① 지방의회는 지방의회의원이 준수하여야 할 지방의회의원의 윤리강령과 윤리실천규범을 조례로 정하여야 한다.
② 지방의회는 소속 의원(「공직선거법」 제190조 및 제190조의2에 따라 지방의회의원당선인으로 결정된 사람을 포함한다)들이 의정활동에 필요한 전문성을 확보하도록 노력하여야 한다. <개정 2023. 9. 14.>

제3절 권한

제47조(지방의회의 의결사항)

① 지방의회는 다음 각 호의 사항을 의결한다.
  1. 조례의 제정·개정 및 폐지
  2. 예산의 심의·확정
  3. 결산의 승인
  4. 법령에 규정된 것을 제외한 사용료·수수료·분담금·지방세 또는 가입금의 부과와 징수
  5. 기금의 설치·운용
  6. 대통령령으로 정하는 중요 재산의 취득·처분
  7. 대통령령으로 정하는 공공시설의 설치·처분
  8. 법령과 조례에 규정된 것을 제외한 예산 외의 의무부담이나 권리의 포기

9. 청원의 수리와 처리
  10. 외국 지방자치단체와의 교류·협력
  11. 그 밖에 법령에 따라 그 권한에 속하는 사항
② 지방자치단체는 제1항 각 호의 사항 외에 조례로 정하는 바에 따라 지방의회에서 의결되어야 할 사항을 따로 정할 수 있다.

제47조의2(인사청문회)

① 지방자치단체의 장은 다음 각 호의 어느 하나에 해당하는 직위 중 조례로 정하는 직위의 후보자에 대하여 지방의회에 인사청문을 요청할 수 있다.
  1. 제123조제2항에 따라 정무직 국가공무원으로 보하는 부시장·부지사
  2. 「제주특별자치도 설치 및 국제자유도시 조성을 위한 특별법」 제11조에 따른 행정시장
  3. 「지방공기업법」 제49조에 따른 지방공사의 사장과 같은 법 제76조에 따른 지방공단의 이사장
  4. 「지방자치단체 출자·출연 기관의 운영에 관한 법률」 제2조제1항 전단에 따른 출자·출연 기관의 기관장
② 지방의회의 의장은 제1항에 따른 인사청문 요청이 있는 경우 인사청문회를 실시한 후 그 경과를 지방자치단체의 장에게 송부하여야 한다.
③ 그 밖에 인사청문회의 절차 및 운영 등에 필요한 사항은 조례로 정한다.
  [본조신설 2023. 3. 21.]

제48조(서류제출 요구)

① 본회의나 위원회는 그 의결로 안건의 심의와 직접 관련된 서류의 제출을 해당 지방자치단체의 장에게 요구할 수 있다.
② 위원회가 제1항의 요구를 할 때에는 지방의회의 의장에게 그 사실을 보고하여야 한다.
③ 제1항에도 불구하고 폐회 중에는 지방의회의 의장이 서류의 제출을 해당 지방자치단체의 장에게 요구할 수 있다.
④ 제1항 또는 제3항에 따라 서류제출을 요구할 때에는 서면, 전자문서 또는 컴퓨터의 자기테이프·자기디스크, 그 밖에 이와 유사한 매체에 기록된 상태 등 제출 형식을 지정할 수 있다.

제49조(행정사무 감사권 및 조사권)

① 지방의회는 매년 1회 그 지방자치단체의 사무에 대하여 시·도에서는 14일의 범위에서, 시·군 및 자치구에서는 9일의 범위에서 감사를 실시하고, 지방자치단체의 사무 중 특정 사안에 관하여 본회의 의결로 본회의나 위원회에서 조사하게 할 수 있다.
② 제1항의 조사를 발의할 때에는 이유를 밝힌 서면으로 하여야 하며, 재적의원 3분의 1 이상의 찬성이 있어야 한다.
③ 지방자치단체 및 그 장이 위임받아 처리하는 국가사무와 시·도의 사무에 대하여 국회와 시·도의회가 직접 감사하기로 한 사무 외에는 그 감사를 각각 해당 시·도의회와 시·군 및 자치구의회가 할 수 있다. 이 경우 국회와 시·도의회는 그 감사 결과에 대하여 그 지방의회에 필요한 자료를 요구할 수 있다.
④ 제1항의 감사 또는 조사와 제3항의 감사를 위하여 필요하면 현지확인을 하거나 서류제출을 요구할 수 있으며, 지방자치단체의 장 또는 관계 공무원이나 그 사무에 관계되는 사람을 출석하게 하여 증인으로서 선서한 후 증언하게 하거나 참고인으로서 의견을 진술하도록 요구할 수 있다.
⑤ 제4항에 따른 증언에서 거짓증언을 한 사람은 고발할 수 있으며, 제4항에 따라 서류제출을 요구받은 자가 정당한 사유 없이 서류를 정해진 기한까지 제출하지 아니한 경우, 같은 항에 따라 출석요구를 받은 증인이 정당한 사유 없이 출석하지 아니하거나 선서 또는 증언을 거부한 경우에는 500만원 이하의 과태료를 부과할 수 있다.
⑥ 제5항에 따른 과태료 부과절차는 제34조를 따른다.

⑦ 제1항의 감사 또는 조사와 제3항의 감사를 위하여 필요한 사항은 「국정감사 및 조사에 관한 법률」에 준하여 대통령령으로 정하고, 제4항과 제5항의 선서·증언·감정 등에 관한 절차는 「국회에서의 증언·감정 등에 관한 법률」에 준하여 대통령령으로 정한다.

제50조(행정사무 감사 또는 조사 보고의 처리)
① 지방의회는 본회의의 의결로 감사 또는 조사 결과를 처리한다.
② 지방의회는 감사 또는 조사 결과 해당 지방자치단체나 기관의 시정이 필요한 사유가 있을 때에는 시정을 요구하고, 지방자치단체나 기관에서 처리함이 타당하다고 인정되는 사항은 그 지방자치단체나 기관으로 이송한다.
③ 지방자치단체나 기관은 제2항에 따라 시정 요구를 받거나 이송받은 사항을 지체 없이 처리하고 그 결과를 지방의회에 보고하여야 한다.

제51조(행정사무처리상황의 보고와 질의응답)
① 지방자치단체의 장이나 관계 공무원은 지방의회나 그 위원회에 출석하여 행정사무의 처리상황을 보고하거나 의견을 진술하고 질문에 답변할 수 있다.
② 지방자치단체의 장이나 관계 공무원은 지방의회나 그 위원회가 요구하면 출석·답변하여야 한다. 다만, 특별한 이유가 있으면 지방자치단체의 장은 관계 공무원에게 출석·답변하게 할 수 있다.
③ 제1항이나 제2항에 따라 지방의회나 그 위원회에 출석하여 답변할 수 있는 관계 공무원은 조례로 정한다.

제52조(의회규칙) 지방의회는 내부운영에 관하여 이 법에서 정한 것 외에 필요한 사항을 규칙으로 정할 수 있다.

제4절 소집과 회기

제53조(정례회)
① 지방의회는 매년 2회 정례회를 개최한다.
② 정례회의 집회일, 그 밖에 정례회 운영에 필요한 사항은 해당 지방자치단체의 조례로 정한다.

제54조(임시회)
① 지방의회의원 총선거 후 최초로 집회되는 임시회는 지방의회 사무처장·사무국장·사무과장이 지방의회의원 임기 개시일부터 25일 이내에 소집한다.
② 지방자치단체를 폐지하거나 설치하거나 나누거나 합쳐 새로운 지방자치단체가 설치된 경우에 최초의 임시회는 지방의회 사무처장·사무국장·사무과장이 해당 지방자치단체가 설치되는 날에 소집한다.
③ 지방의회의 의장은 지방자치단체의 장이나 조례로 정하는 수 이상의 지방의회의원이 요구하면 15일 이내에 임시회를 소집하여야 한다. 다만, 지방의회의 의장과 부의장이 부득이한 사유로 임시회를 소집할 수 없을 때에는 지방의회의원 중 최다선의원이, 최다선의원이 2명 이상인 경우에는 그 중 연장자의 순으로 소집할 수 있다.
④ 임시회 소집은 집회일 3일 전에 공고하여야 한다. 다만, 긴급할 때에는 그러하지 아니하다.

제55조(제출안건의 공고) 지방자치단체의 장이 지방의회에 제출할 안건은 지방자치단체의 장이 미리 공고하여야 한다. 다만, 회의 중 긴급한 안건을 제출할 때에는 그러하지 아니하다. <개정 2021. 10. 19.>
　　[제목개정 2021. 10. 19.]

제56조(개회·휴회·폐회와 회의일수)

① 지방의회의 개회·휴회·폐회와 회기는 지방의회가 의결로 정한다.
② 연간 회의 총일수와 정례회 및 임시회의 회기는 해당 지방자치단체의 조례로 정한다.

제5절 의장과 부의장

제57조(의장·부의장의 선거와 임기)

① 지방의회는 지방의회의원 중에서 시·도의 경우 의장 1명과 부의장 2명을, 시·군 및 자치구의 경우 의장과 부의장 각 1명을 무기명투표로 선출하여야 한다.
② 지방의회의원 총선거 후 처음으로 선출하는 의장·부의장 선거는 최초집회일에 실시한다.
③ 의장과 부의장의 임기는 2년으로 한다.

제58조(의장의 직무) 지방의회의 의장은 의회를 대표하고 의사(議事)를 정리하며, 회의장 내의 질서를 유지하고 의회의 사무를 감독한다.

제59조(의장 직무대리) 지방의회의 의장이 부득이한 사유로 직무를 수행할 수 없을 때에는 부의장이 그 직무를 대리한다.

제60조(임시의장) 지방의회의 의장과 부의장이 모두 부득이한 사유로 직무를 수행할 수 없을 때에는 임시의장을 선출하여 의장의 직무를 대행하게 한다.

제61조(보궐선거)

① 지방의회의 의장이나 부의장이 궐위(闕位)된 경우에는 보궐선거를 실시한다.
② 보궐선거로 당선된 의장이나 부의장의 임기는 전임자 임기의 남은 기간으로 한다.

제62조(의장·부의장 불신임의 의결)

① 지방의회의 의장이나 부의장이 법령을 위반하거나 정당한 사유 없이 직무를 수행하지 아니하면 지방의회는 불신임을 의결할 수 있다.
② 제1항의 불신임 의결은 재적의원 4분의 1 이상의 발의와 재적의원 과반수의 찬성으로 한다.
③ 제2항의 불신임 의결이 있으면 지방의회의 의장이나 부의장은 그 직에서 해임된다.

제63조(의장 등을 선거할 때의 의장 직무 대행) 제57조제1항, 제60조 또는 제61조제1항에 따른 선거(이하 이 조에서 "의장등의 선거"라 한다)를 실시할 때 의장의 직무를 수행할 사람이 없으면 출석의원 중 최다선의원이, 최다선의원이 2명 이상이면 그 중 연장자가 그 직무를 대행한다. 이 경우 직무를 대행하는 지방의회의원이 정당한 사유 없이 의장등의 선거를 실시할 직무를 이행하지 아니할 때에는 다음 순위의 지방의회의원이 그 직무를 대행한다.

제6절 교섭단체 및 위원회 <개정 2023. 3. 21.>

제63조의2(교섭단체)

① 지방의회에 교섭단체를 둘 수 있다. 이 경우 조례로 정하는 수 이상의 소속의원을 가진 정당은 하나의 교섭단체가 된다.
② 제1항 후단에도 불구하고 다른 교섭단체에 속하지 아니하는 의원 중 조례로 정하는 수 이상의 의원은 따로 교섭단체를 구성할 수 있다.

③ 그 밖에 교섭단체의 구성 및 운영 등에 필요한 사항은 조례로 정한다.
[본조신설 2023. 3. 21.]

제64조(위원회의 설치)

① 지방의회는 조례로 정하는 바에 따라 위원회를 둘 수 있다.
② 위원회의 종류는 다음 각 호와 같다.
 1. 소관 의안(議案)과 청원 등을 심사·처리하는 상임위원회
 2. 특정한 안건을 심사·처리하는 특별위원회
③ 위원회의 위원은 본회의에서 선임한다.

제65조(윤리특별위원회)

① 지방의회의원의 윤리강령과 윤리실천규범 준수 여부 및 징계에 관한 사항을 심사하기 위하여 윤리특별위원회를 둔다.
② 제1항에 따른 윤리특별위원회(이하 "윤리특별위원회"라 한다)는 지방의회의원의 윤리강령과 윤리실천규범 준수 여부 및 지방의회의원의 징계에 관한 사항을 심사하기 전에 제66조에 따른 윤리심사자문위원회의 의견을 들어야 하며 그 의견을 존중하여야 한다.

제66조(윤리심사자문위원회)

① 지방의회의원의 겸직 및 영리행위 등에 관한 지방의회의 의장의 자문과 지방의회의원의 윤리강령과 윤리실천규범 준수 여부 및 징계에 관한 윤리특별위원회의 자문에 응하기 위하여 윤리특별위원회에 윤리심사자문위원회를 둔다.
② 윤리심사자문위원회의 위원은 민간전문가 중에서 지방의회의 의장이 위촉한다.
③ 제1항 및 제2항에서 규정한 사항 외에 윤리심사자문위원회의 구성 및 운영에 필요한 사항은 회의규칙으로 정한다.

제67조(위원회의 권한) 위원회는 그 소관에 속하는 의안과 청원 등 또는 지방의회가 위임한 특정한 안건을 심사한다.

제68조(전문위원)

① 위원회에는 위원장과 위원의 자치입법활동을 지원하기 위하여 지방의회의원이 아닌 전문지식을 가진 위원(이하 "전문위원"이라 한다)을 둔다.
② 전문위원은 위원회에서 의안과 청원 등의 심사, 행정사무감사 및 조사, 그 밖의 소관 사항과 관련하여 검토보고 및 관련 자료의 수집·조사·연구를 한다.
③ 위원회에 두는 전문위원의 직급과 수 등에 관하여 필요한 사항은 대통령령으로 정한다.

제69조(위원회에서의 방청 등)

① 위원회에서 해당 지방의회의원이 아닌 사람은 위원회의 위원장(이하 이 장에서 "위원장"이라 한다)의 허가를 받아 방청할 수 있다.
② 위원장은 질서를 유지하기 위하여 필요할 때에는 방청인의 퇴장을 명할 수 있다.

제70조(위원회의 개회)

① 위원회는 본회의의 의결이 있거나 지방의회의 의장 또는 위원장이 필요하다고 인정할 때, 재적위원 3분의 1 이상이 요구할 때에 개회한다.
② 폐회 중에는 지방자치단체의 장도 지방의회의 의장 또는 위원장에게 이유서를 붙여 위원회 개회를 요구할 수 있다.

제71조(위원회에 관한 조례) 위원회에 관하여 이 법에서 정한 것 외에 필요한 사항은 조례로 정한다.

제7절 회의

제72조(의사정족수)

① 지방의회는 재적의원 3분의 1 이상의 출석으로 개의(開議)한다.
② 회의 참석 인원이 제1항의 정족수에 미치지 못할 때에는 지방의회의 의장은 회의를 중지하거나 산회(散會)를 선포한다.

제73조(의결정족수)

① 회의는 이 법에 특별히 규정된 경우 외에는 재적의원 과반수의 출석과 출석의원 과반수의 찬성으로 의결한다.
② 지방의회의 의장은 의결에서 표결권을 가지며, 찬성과 반대가 같으면 부결된 것으로 본다.

제74조(표결방법)
본회의에서 표결할 때에는 조례 또는 회의규칙으로 정하는 표결방식에 의한 기록표결로 가부(可否)를 결정한다. 다만, 다음 각 호의 어느 하나에 해당하는 경우에는 무기명투표로 표결한다.
 1. 제57조에 따른 의장·부의장 선거
 2. 제60조에 따른 임시의장 선출
 3. 제62조에 따른 의장·부의장 불신임 의결
 4. 제92조에 따른 자격상실 의결
 5. 제100조에 따른 징계 의결
 6. 제32조, 제120조 또는 제121조, 제192조에 따른 재의 요구에 관한 의결
 7. 그 밖에 지방의회에서 하는 각종 선거 및 인사에 관한 사항

제75조(회의의 공개 등)

① 지방의회의 회의는 공개한다. 다만, 지방의회의원 3명 이상이 발의하고 출석의원 3분의 2 이상이 찬성한 경우 또는 지방의회의 의장이 사회의 안녕질서 유지를 위하여 필요하다고 인정하는 경우에는 공개하지 아니할 수 있다.
② 지방의회의 의장은 공개된 회의의 방청 허가를 받은 장애인에게 정당한 편의를 제공하여야 한다.

제76조(의안의 발의)

① 지방의회에서 의결할 의안은 지방자치단체의 장이나 조례로 정하는 수 이상의 지방의회의원의 찬성으로 발의한다.
② 위원회는 그 직무에 속하는 사항에 관하여 의안을 제출할 수 있다.
③ 제1항 및 제2항의 의안은 그 안을 갖추어 지방의회의 의장에게 제출하여야 한다.
④ 제1항에 따라 지방의회의원이 조례안을 발의하는 경우에는 발의 의원과 찬성 의원을 구분하되, 해당 조례안의 제명의 부제로 발의 의원의 성명을 기재하여야 한다. 다만, 발의 의원이 2명 이상인 경우에는 대표발의 의원 1명을 명시하여야 한다.
⑤ 지방의회의원이 발의한 제정조례안 또는 전부개정조례안 중 지방의회에서 의결된 조례안을 공표하거나 홍보하는 경우에는 해당 조례안의 부제를 함께 표기할 수 있다.

제77조(조례안 예고)

① 지방의회는 심사대상인 조례안에 대하여 5일 이상의 기간을 정하여 그 취지, 주요 내용, 전문을 공보나 인터넷 홈페이지 등에 게재하는 방법으로 예고할 수 있다.
② 조례안 예고의 방법, 절차, 그 밖에 필요한 사항은 회의규칙으로 정한다.

제78조(의안에 대한 비용추계 자료 등의 제출)

① 지방자치단체의 장이 예산상 또는 기금상의 조치가 필요한 의안을 제출할 경우에는 그 의안의 시행에 필요할 것으로 예상되는 비용에 대한 추계서와 그에 따른 재원조달방안에 관한 자료를 의안에 첨부하여야 한다. <개정 2021. 10. 19.>
② 제1항에 따른 비용의 추계 및 재원조달방안에 관한 자료의 작성 및 제출절차 등에 관하여 필요한 사항은 해당 지방자치단체의 조례로 정한다.

제79조(회기계속의 원칙) 지방의회에 제출된 의안은 회기 중에 의결되지 못한 것 때문에 폐기되지 아니한다. 다만, 지방의회의원의 임기가 끝나는 경우에는 그러하지 아니하다.

제80조(일사부재의의 원칙) 지방의회에서 부결된 의안은 같은 회기 중에 다시 발의하거나 제출할 수 없다.

제81조(위원회에서 폐기된 의안)

① 위원회에서 본회의에 부칠 필요가 없다고 결정된 의안은 본회의에 부칠 수 없다. 다만, 위원회의 결정이 본회의에 보고된 날부터 폐회나 휴회 중의 기간을 제외한 7일 이내에 지방의회의 의장이나 재적의원 3분의 1 이상이 요구하면 그 의안을 본회의에 부쳐야 한다.
② 제1항 단서의 요구가 없으면 그 의안은 폐기된다.

제82조(의장이나 의원의 제척) 지방의회의 의장이나 지방의회의원은 본인·배우자·직계존비속(直系尊卑屬) 또는 형제자매와 직접 이해관계가 있는 안건에 관하여는 그 의사에 참여할 수 없다. 다만, 의회의 동의가 있으면 의회에 출석하여 발언할 수 있다.

제83조(회의규칙) 지방의회는 회의 운영에 관하여 이 법에서 정한 것 외에 필요한 사항을 회의규칙으로 정한다.

제84조(회의록)

① 지방의회는 회의록을 작성하고 회의의 진행내용 및 결과와 출석의원의 성명을 적어야 한다.
② 회의록에는 지방의회의 의장과 지방의회에서 선출한 지방의회의원 2명 이상이 서명하여야 한다.
③ 지방의회의 의장은 회의록 사본을 첨부하여 회의 결과를 그 지방자치단체의 장에게 알려야 한다.
④ 지방의회의 의장은 회의록을 지방의회의원에게 배부하고, 주민에게 공개한다. 다만, 비밀로 할 필요가 있다고 지방의회의 의장이 인정하거나 지방의회에서 의결한 사항은 공개하지 아니한다.

제8절 청원

제85조(청원서의 제출)

① 지방의회에 청원을 하려는 자는 지방의회의원의 소개를 받아 청원서를 제출하여야 한다.
② 청원서에는 청원자의 성명(법인인 경우에는 그 명칭과 대표자의 성명을 말한다) 및 주소를 적고 서명·날인하여야 한다.

제86조(청원의 불수리) 재판에 간섭하거나 법령에 위배되는 내용의 청원은 수리하지 아니한다.

제87조(청원의 심사·처리)

① 지방의회의 의장은 청원서를 접수하면 소관 위원회나 본회의에 회부하여 심사를 하게 한다.
② 청원을 소개한 지방의회의원은 소관 위원회나 본회의가 요구하면 청원의 취지를 설명하여야 한다.
③ 위원회가 청원을 심사하여 본회의에 부칠 필요가 없다고 결정하면 그 처리 결과를 지방의회의 의장에게 보고하고, 지방의회의 의장은 청원한 자에게 알려야 한다.

제88조(청원의 이송과 처리보고)

① 지방의회가 채택한 청원으로서 그 지방자치단체의 장이 처리하는 것이 타당하다고 인정되는 청원은 의견서를 첨부하여 지방자치단체의 장에게 이송한다.
② 지방자치단체의 장은 제1항의 청원을 처리하고 그 처리결과를 지체 없이 지방의회에 보고하여야 한다.

제9절 의원의 사직·퇴직과 자격심사

제89조(의원의 사직)
지방의회는 그 의결로 소속 지방의회의원의 사직을 허가할 수 있다. 다만, 폐회 중에는 지방의회의 의장이 허가할 수 있다.

제90조(의원의 퇴직)
지방의회의원이 다음 각 호의 어느 하나에 해당될 때에는 지방의회의원의 직에서 퇴직한다.
1. 제43조제1항 각 호의 어느 하나에 해당하는 직에 취임할 때
2. 피선거권이 없게 될 때(지방자치단체의 구역변경이나 없어지거나 합한 것 외의 다른 사유로 그 지방자치단체의 구역 밖으로 주민등록을 이전하였을 때를 포함한다)
3. 징계에 따라 제명될 때

제91조(의원의 자격심사)

① 지방의회의원은 다른 의원의 자격에 대하여 이의가 있으면 재적의원 4분의 1 이상의 찬성으로 지방의회의 의장에게 자격심사를 청구할 수 있다.
② 심사 대상인 지방의회의원은 자기의 자격심사에 관한 회의에 출석하여 의견을 진술할 수 있으나, 의결에는 참가할 수 없다.

제92조(자격상실 의결)

① 제91조제1항의 심사 대상인 지방의회의원에 대한 자격상실 의결은 재적의원 3분의 2 이상의 찬성이 있어야 한다.
② 심사 대상인 지방의회의원은 제1항에 따라 자격상실이 확정될 때까지는 그 직을 상실하지 아니한다.

제93조(결원의 통지)
지방의회의 의장은 지방의회의원의 결원이 생겼을 때에는 15일 이내에 그 지방자치단체의 장과 관할 선거관리위원회에 알려야 한다.

제10절 질서

제94조(회의의 질서유지)

① 지방의회의 의장이나 위원장은 지방의회의원이 본회의나 위원회의 회의장에서 이 법이나 회의규칙에 위배되는 발언이나 행위를 하여 회의장의 질서를 어지럽히면 경고 또는 제지를 하거나 발언의 취소를 명할 수 있다.
② 지방의회의 의장이나 위원장은 제1항의 명에 따르지 아니한 지방의회의원이 있으면 그 지방의회의원에 대하여 당일의 회의에서 발언하는 것을 금지하거나 퇴장시킬 수 있다.

③ 지방의회의 의장이나 위원장은 회의장이 소란하여 질서를 유지하기 어려우면 회의를 중지하거나 산회를 선포할 수 있다.

제95조(모욕 등 발언의 금지)

① 지방의회의원은 본회의나 위원회에서 다른 사람을 모욕하거나 다른 사람의 사생활에 대하여 발언해서는 아니 된다.
② 본회의나 위원회에서 모욕을 당한 지방의회의원은 모욕을 한 지방의회의원에 대하여 지방의회에 징계를 요구할 수 있다.

제96조(발언 방해 등의 금지) 지방의회의원은 회의 중에 폭력을 행사하거나 소란한 행위를 하여 다른 사람의 발언을 방해할 수 없으며, 지방의회의 의장이나 위원장의 허가 없이 연단(演壇)이나 단상(壇上)에 올라가서는 아니 된다.

제97조(방청인의 단속)

① 방청인은 의안에 대하여 찬성·반대를 표명하거나 소란한 행위를 하여서는 아니 된다.
② 지방의회의 의장은 회의장의 질서를 방해하는 방청인의 퇴장을 명할 수 있으며, 필요하면 경찰관서에 인도할 수 있다.
③ 지방의회의 의장은 방청석이 소란하면 모든 방청인을 퇴장시킬 수 있다.
④ 제1항부터 제3항까지에서 규정한 사항 외에 방청인 단속에 필요한 사항은 회의규칙으로 정한다.

제11절 징계

제98조(징계의 사유) 지방의회는 지방의회의원이 이 법이나 자치법규에 위배되는 행위를 하면 윤리특별위원회의 심사를 거쳐 의결로써 징계할 수 있다.

제99조(징계의 요구)

① 지방의회의 의장은 제98조에 따른 징계대상 지방의회의원이 있어 징계 요구를 받으면 윤리특별위원회에 회부한다.
② 제95조제1항을 위반한 지방의회의원에 대하여 모욕을 당한 지방의회의원이 징계를 요구하려면 징계사유를 적은 요구서를 지방의회의 의장에게 제출하여야 한다.
③ 지방의회의 의장은 제2항의 징계 요구를 받으면 윤리특별위원회에 회부한다.

제100조(징계의 종류와 의결)

① 징계의 종류는 다음과 같다.
 1. 공개회의에서의 경고
 2. 공개회의에서의 사과
 3. 30일 이내의 출석정지
 4. 제명
② 제1항제4호에 따른 제명 의결에는 재적의원 3분의 2 이상의 찬성이 있어야 한다.

제101조(징계에 관한 회의규칙) 징계에 관하여 이 법에서 정한 사항 외에 필요한 사항은 회의규칙으로 정한다.

제12절 사무기구와 직원

제102조(사무처 등의 설치)

① 시·도의회에는 사무를 처리하기 위하여 조례로 정하는 바에 따라 사무처를 둘 수 있으며, 사무처에는 사무처장과 직원을 둔다.
② 시·군 및 자치구의회에는 사무를 처리하기 위하여 조례로 정하는 바에 따라 사무국이나 사무과를 둘 수 있으며, 사무국·사무과에는 사무국장 또는 사무과장과 직원을 둘 수 있다.
③ 제1항과 제2항에 따른 사무처장·사무국장·사무과장 및 직원(이하 제103조, 제104조 및 제118조에서 "사무직원"이라 한다)은 지방공무원으로 보한다.

제103조(사무직원의 정원과 임면 등)

① 지방의회에 두는 사무직원의 수는 인건비 등 대통령령으로 정하는 기준에 따라 조례로 정한다.
② 지방의회의 의장은 지방의회 사무직원을 지휘·감독하고 법령과 조례·의회규칙으로 정하는 바에 따라 그 임면·교육·훈련·복무·징계 등에 관한 사항을 처리한다.

제104조(사무직원의 직무와 신분보장 등)

① 사무처장·사무국장 또는 사무과장은 지방의회의 의장의 명을 받아 의회의 사무를 처리한다.
② 사무직원의 임용·보수·복무·신분보장·징계 등에 관하여는 이 법에서 정한 것 외에는 「지방공무원법」을 적용한다.

제6장 집행기관

제1절 지방자치단체의 장

제1관 지방자치단체의 장의 직 인수위원회

제105조(지방자치단체의 장의 직 인수위원회)

① 「공직선거법」 제191조에 따른 지방자치단체의 장의 당선인(같은 법 제14조제3항 단서에 따라 당선이 결정된 사람을 포함하며, 이하 이 조에서 "당선인"이라 한다)은 이 법에서 정하는 바에 따라 지방자치단체의 장의 직 인수를 위하여 필요한 권한을 갖는다.
② 당선인을 보좌하여 지방자치단체의 장의 직 인수와 관련된 업무를 담당하기 위하여 당선이 결정된 때부터 해당 지방자치단체에 지방자치단체의 장의 직 인수위원회(이하 이 조에서 "인수위원회"라 한다)를 설치할 수 있다.
③ 인수위원회는 당선인으로 결정된 때부터 지방자치단체의 장의 임기 시작일 이후 20일의 범위에서 존속한다.
④ 인수위원회는 다음 각 호의 업무를 수행한다.
  1. 해당 지방자치단체의 조직·기능 및 예산현황의 파악
  2. 해당 지방자치단체의 정책기조를 설정하기 위한 준비
  3. 그 밖에 지방자치단체의 장의 직 인수에 필요한 사항
⑤ 인수위원회는 위원장 1명 및 부위원장 1명을 포함하여 다음 각 호의 구분에 따른 위원으로 구성한다.
  1. 시·도: 20명 이내
  2. 시·군 및 자치구: 15명 이내
⑥ 위원장·부위원장 및 위원은 명예직으로 하고, 당선인이 임명하거나 위촉한다.
⑦ 「지방공무원법」 제31조 각 호의 어느 하나에 해당하는 사람은 인수위원회의 위원장·부위원장 및 위원이 될 수 없다.

⑧ 인수위원회의 위원장·부위원장 및 위원과 그 직에 있었던 사람은 그 직무와 관련하여 알게 된 비밀을 다른 사람에게 누설하거나 지방자치단체의 장의 직 인수 업무 외의 다른 목적으로 이용할 수 없으며, 직권을 남용해서는 아니 된다.
⑨ 인수위원회의 위원장·부위원장 및 위원과 그 직에 있었던 사람 중 공무원이 아닌 사람은 인수위원회의 업무와 관련하여 「형법」이나 그 밖의 법률에 따른 벌칙을 적용할 때에는 공무원으로 본다.
⑩ 제1항부터 제9항까지에서 규정한 사항 외에 인수위원회의 구성·운영 및 인력·예산 지원 등에 필요한 사항은 해당 지방자치단체의 조례로 정한다.

제2관 지방자치단체의 장의 지위

제106조(지방자치단체의 장) 특별시에 특별시장, 광역시에 광역시장, 특별자치시에 특별자치시장, 도와 특별자치도에 도지사를 두고, 시에 시장, 군에 군수, 자치구에 구청장을 둔다.

제107조(지방자치단체의 장의 선거) 지방자치단체의 장은 주민이 보통·평등·직접·비밀선거로 선출한다.

제108조(지방자치단체의 장의 임기) 지방자치단체의 장의 임기는 4년으로 하며, 3기 내에서만 계속 재임(在任)할 수 있다.

제109조(겸임 등의 제한)

① 지방자치단체의 장은 다음 각 호의 어느 하나에 해당하는 직을 겸임할 수 없다.
  1. 대통령, 국회의원, 헌법재판소 재판관, 각급 선거관리위원회 위원, 지방의회의원
  2. 「국가공무원법」 제2조에 따른 국가공무원과 「지방공무원법」 제2조에 따른 지방공무원
  3. 다른 법령에 따라 공무원의 신분을 가지는 직
  4. 「공공기관의 운영에 관한 법률」 제4조에 따른 공공기관(한국방송공사, 한국교육방송공사 및 한국은행을 포함한다)의 임직원
  5. 농업협동조합, 수산업협동조합, 산림조합, 엽연초생산협동조합, 신용협동조합 및 새마을금고(이들 조합·금고의 중앙회와 연합회를 포함한다)의 임직원
  6. 교원
  7. 「지방공기업법」 제2조에 따른 지방공사와 지방공단의 임직원
  8. 그 밖에 다른 법률에서 겸임할 수 없도록 정하는 직
② 지방자치단체의 장은 재임 중 그 지방자치단체와 영리를 목적으로 하는 거래를 하거나 그 지방자치단체와 관계있는 영리사업에 종사할 수 없다.

제110조(지방자치단체의 폐지·설치·분리·합병과 지방자치단체의 장) 지방자치단체를 폐지하거나 설치하거나 나누거나 합쳐 새로 지방자치단체의 장을 선출하여야 하는 경우에는 그 지방자치단체의 장이 선출될 때까지 시·도지사는 행정안전부장관이, 시장·군수 및 자치구의 구청장은 시·도지사가 각각 그 직무를 대행할 사람을 지정하여야 한다. 다만, 둘 이상의 동격의 지방자치단체를 통폐합하여 새로운 지방자치단체를 설치하는 경우에는 종전의 지방자치단체의 장 중에서 해당 지방자치단체의 장의 직무를 대행할 사람을 지정한다.

제111조(지방자치단체의 장의 사임)

① 지방자치단체의 장은 그 직을 사임하려면 지방의회의 의장에게 미리 사임일을 적은 서면(이하 "사임통지서"라 한다)으로 알려야 한다.
② 지방자치단체의 장은 사임통지서에 적힌 사임일에 사임한다. 다만, 사임통지서에 적힌 사임일까지 지방의회의 의

장에게 사임통지가 되지 아니하면 지방의회의 의장에게 사임통지가 된 날에 사임한다.

제112조(지방자치단체의 장의 퇴직) 지방자치단체의 장이 다음 각 호의 어느 하나에 해당될 때에는 그 직에서 퇴직한다.
1. 지방자치단체의 장이 겸임할 수 없는 직에 취임할 때
2. 피선거권이 없게 될 때. 이 경우 지방자치단체의 구역이 변경되거나 없어지거나 합한 것 외의 다른 사유로 그 지방자치단체의 구역 밖으로 주민등록을 이전하였을 때를 포함한다.
3. 제110조에 따라 지방자치단체의 장의 직을 상실할 때

제113조(지방자치단체의 장의 체포 및 확정판결의 통지)
① 수사기관의 장은 체포되거나 구금된 지방자치단체의 장이 있으면 지체 없이 영장의 사본을 첨부하여 해당 지방자치단체에 알려야 한다. 이 경우 통지를 받은 지방자치단체는 그 사실을 즉시 행정안전부장관에게 보고하여야 하며, 시·군 및 자치구가 행정안전부장관에게 보고할 때에는 시·도지사를 거쳐야 한다.
② 각급 법원장은 지방자치단체의 장이 형사사건으로 공소가 제기되어 판결이 확정되면 지체 없이 해당 지방자치단체에 알려야 한다. 이 경우 통지를 받은 지방자치단체는 그 사실을 즉시 행정안전부장관에게 보고하여야 하며, 시·군 및 자치구가 행정안전부장관에게 보고할 때에는 시·도지사를 거쳐야 한다.

제3관 지방자치단체의 장의 권한

제114조(지방자치단체의 통할대표권) 지방자치단체의 장은 지방자치단체를 대표하고, 그 사무를 총괄한다.

제115조(국가사무의 위임) 시·도와 시·군 및 자치구에서 시행하는 국가사무는 시·도지사와 시장·군수 및 자치구의 구청장에게 위임하여 수행하는 것을 원칙으로 한다. 다만, 법령에 다른 규정이 있는 경우에는 그러하지 아니하다.

제116조(사무의 관리 및 집행권) 지방자치단체의 장은 그 지방자치단체의 사무와 법령에 따라 그 지방자치단체의 장에게 위임된 사무를 관리하고 집행한다.

제117조(사무의 위임 등)
① 지방자치단체의 장은 조례나 규칙으로 정하는 바에 따라 그 권한에 속하는 사무의 일부를 보조기관, 소속 행정기관 또는 하부행정기관에 위임할 수 있다.
② 지방자치단체의 장은 조례나 규칙으로 정하는 바에 따라 그 권한에 속하는 사무의 일부를 관할 지방자치단체나 공공단체 또는 그 기관(사업소·출장소를 포함한다)에 위임하거나 위탁할 수 있다.
③ 지방자치단체의 장은 조례나 규칙으로 정하는 바에 따라 그 권한에 속하는 사무 중 조사·검사·검정·관리업무 등 주민의 권리·의무와 직접 관련되지 아니하는 사무를 법인·단체 또는 그 기관이나 개인에게 위탁할 수 있다.
④ 지방자치단체의 장이 위임받거나 위탁받은 사무의 일부를 제1항부터 제3항까지의 규정에 따라 다시 위임하거나 위탁하려면 미리 그 사무를 위임하거나 위탁한 기관의 장의 승인을 받아야 한다.

제118조(직원에 대한 임면권 등) 지방자치단체의 장은 소속 직원(지방의회의 사무직원은 제외한다)을 지휘·감독하고 법령과 조례·규칙으로 정하는 바에 따라 그 임면·교육훈련·복무·징계 등에 관한 사항을 처리한다.

제119조(사무인계) 지방자치단체의 장이 퇴직할 때에는 소관 사무 일체를 후임자에게 인계하여야 한다.

제4관 지방의회와의 관계

제120조(지방의회의 의결에 대한 재의 요구와 제소)

① 지방자치단체의 장은 지방의회의 의결이 월권이거나 법령에 위반되거나 공익을 현저히 해친다고 인정되면 그 의결사항을 이송받은 날부터 20일 이내에 이유를 붙여 재의를 요구할 수 있다.
② 제1항의 요구에 대하여 재의한 결과 재적의원 과반수의 출석과 출석의원 3분의 2 이상의 찬성으로 전과 같은 의결을 하면 그 의결사항은 확정된다.
③ 지방자치단체의 장은 제2항에 따라 재의결된 사항이 법령에 위반된다고 인정되면 대법원에 소(訴)를 제기할 수 있다. 이 경우에는 제192조제4항을 준용한다.

제121조(예산상 집행 불가능한 의결의 재의 요구)

① 지방자치단체의 장은 지방의회의 의결이 예산상 집행할 수 없는 경비를 포함하고 있다고 인정되면 그 의결사항을 이송받은 날부터 20일 이내에 이유를 붙여 재의를 요구할 수 있다.
② 지방의회가 다음 각 호의 어느 하나에 해당하는 경비를 줄이는 의결을 할 때에도 제1항과 같다.
  1. 법령에 따라 지방자치단체에서 의무적으로 부담하여야 할 경비
  2. 비상재해로 인한 시설의 응급 복구를 위하여 필요한 경비
③ 제1항과 제2항의 경우에는 제120조제2항을 준용한다.

제122조(지방자치단체의 장의 선결처분)

① 지방자치단체의 장은 지방의회가 지방의회의원이 구속되는 등의 사유로 제73조에 따른 의결정족수에 미달될 때와 지방의회의 의결사항 중 주민의 생명과 재산 보호를 위하여 긴급하게 필요한 사항으로서 지방의회를 소집할 시간적 여유가 없거나 지방의회에서 의결이 지체되어 의결되지 아니할 때에는 선결처분(先決處分)을 할 수 있다.
② 제1항에 따른 선결처분은 지체 없이 지방의회에 보고하여 승인을 받아야 한다.
③ 지방의회에서 제2항의 승인을 받지 못하면 그 선결처분은 그때부터 효력을 상실한다.
④ 지방자치단체의 장은 제2항이나 제3항에 관한 사항을 지체 없이 공고하여야 한다.

제2절 보조기관

제123조(부지사 · 부시장 · 부군수 · 부구청장)

① 특별시 · 광역시 및 특별자치시에 부시장, 도와 특별자치도에 부지사, 시에 부시장, 군에 부군수, 자치구에 부구청장을 두며, 그 수는 다음 각 호의 구분과 같다.
  1. 특별시의 부시장의 수: 3명을 넘지 아니하는 범위에서 대통령령으로 정한다.
  2. 광역시와 특별자치시의 부시장 및 도와 특별자치도의 부지사의 수: 2명(인구 800만 이상의 광역시나 도는 3명)을 넘지 아니하는 범위에서 대통령령으로 정한다.
  3. 시의 부시장, 군의 부군수 및 자치구의 부구청장의 수: 1명으로 한다.
② 특별시 · 광역시 및 특별자치시의 부시장, 도와 특별자치도의 부지사는 대통령령으로 정하는 바에 따라 정무직 또는 일반직 국가공무원으로 보한다. 다만, 제1항제1호 및 제2호에 따라 특별시 · 광역시 및 특별자치시의 부시장, 도와 특별자치도의 부지사를 2명이나 3명 두는 경우에 1명은 대통령령으로 정하는 바에 따라 정무직 · 일반직 또는 별정직 지방공무원으로 보하되, 정무직과 별정직 지방공무원으로 보할 때의 자격기준은 해당 지방자치단체의 조례로 정한다.
③ 제2항의 정무직 또는 일반직 국가공무원으로 보하는 부시장 · 부지사는 시 · 도지사의 제청으로 행정안전부장관

을 거쳐 대통령이 임명한다. 이 경우 제청된 사람에게 법적 결격사유가 없으면 시·도지사가 제청한 날부터 30일 이내에 임명절차를 마쳐야 한다.
④ 시의 부시장, 군의 부군수, 자치구의 부구청장은 일반직 지방공무원으로 보하되, 그 직급은 대통령령으로 정하며 시장·군수·구청장이 임명한다.
⑤ 시·도의 부시장과 부지사, 시의 부시장·부군수·부구청장은 해당 지방자치단체의 장을 보좌하여 사무를 총괄하고, 소속 직원을 지휘·감독한다.
⑥ 제1항제1호 및 제2호에 따라 시·도의 부시장과 부지사를 2명이나 3명 두는 경우에 그 사무 분장은 대통령령으로 정한다. 이 경우 부시장·부지사를 3명 두는 시·도에서는 그중 1명에게 특정지역의 사무를 담당하게 할 수 있다.

제124조(지방자치단체의 장의 권한대행 등)

① 지방자치단체의 장이 다음 각 호의 어느 하나에 해당되면 부지사·부시장·부군수·부구청장(이하 이 조에서 "부단체장"이라 한다)이 그 권한을 대행한다.
 1. 궐위된 경우
 2. 공소 제기된 후 구금상태에 있는 경우
 3. 「의료법」에 따른 의료기관에 60일 이상 계속하여 입원한 경우
② 지방자치단체의 장이 그 직을 가지고 그 지방자치단체의 장 선거에 입후보하면 예비후보자 또는 후보자로 등록한 날부터 선거일까지 부단체장이 그 지방자치단체의 장의 권한을 대행한다.
③ 지방자치단체의 장이 출장·휴가 등 일시적 사유로 직무를 수행할 수 없으면 부단체장이 그 직무를 대리한다.
④ 제1항부터 제3항까지의 경우에 부지사나 부시장이 2명 이상인 시·도에서는 대통령령으로 정하는 순서에 따라 그 권한을 대행하거나 직무를 대리한다.
⑤ 제1항부터 제3항까지의 규정에 따라 권한을 대행하거나 직무를 대리할 부단체장이 부득이한 사유로 직무를 수행할 수 없으면 그 지방자치단체의 규칙에 정해진 직제 순서에 따른 공무원이 그 권한을 대행하거나 직무를 대리한다.

제125조(행정기구와 공무원)

① 지방자치단체는 그 사무를 분장하기 위하여 필요한 행정기구와 지방공무원을 둔다.
② 제1항에 따른 행정기구의 설치와 지방공무원의 정원은 인건비 등 대통령령으로 정하는 기준에 따라 그 지방자치단체의 조례로 정한다.
③ 행정안전부장관은 지방자치단체의 행정기구와 지방공무원의 정원이 적절하게 운영되고 다른 지방자치단체와의 균형이 유지되도록 하기 위하여 필요한 사항을 권고할 수 있다.
④ 지방공무원의 임용과 시험·자격·보수·복무·신분보장·징계·교육·훈련 등에 관한 사항은 따로 법률로 정한다.
⑤ 지방자치단체에는 제1항에도 불구하고 법률로 정하는 바에 따라 국가공무원을 둘 수 있다.
⑥ 제5항에 규정된 국가공무원의 경우 「국가공무원법」 제32조제1항부터 제3항까지의 규정에도 불구하고 5급 이상의 국가공무원이나 고위공무원단에 속하는 공무원은 해당 지방자치단체의 장의 제청으로 소속 장관을 거쳐 대통령이 임명하고, 6급 이하의 국가공무원은 그 지방자치단체의 장의 제청으로 소속 장관이 임명한다.

제3절 소속 행정기관

제126조(직속기관) 지방자치단체는 소관 사무의 범위에서 필요하면 대통령령이나 대통령령으로 정하는 범위에서 그 지방자치단체의 조례로 자치경찰기관(제주특별자치도만 해당한다), 소방기관, 교육훈련기관, 보건진료기관, 시험

연구기관 및 중소기업지도기관 등을 직속기관으로 설치할 수 있다.

제127조(사업소) 지방자치단체는 특정 업무를 효율적으로 수행하기 위하여 필요하면 대통령령으로 정하는 범위에서 그 지방자치단체의 조례로 사업소를 설치할 수 있다.

제128조(출장소) 지방자치단체는 외진 곳의 주민의 편의와 특정지역의 개발 촉진을 위하여 필요하면 대통령령으로 정하는 범위에서 그 지방자치단체의 조례로 출장소를 설치할 수 있다.

제129조(합의제행정기관)

① 지방자치단체는 소관 사무의 일부를 독립하여 수행할 필요가 있으면 법령이나 그 지방자치단체의 조례로 정하는 바에 따라 합의제행정기관을 설치할 수 있다.
② 제1항의 합의제행정기관의 설치·운영에 필요한 사항은 대통령령이나 그 지방자치단체의 조례로 정한다.

제130조(자문기관의 설치 등)

① 지방자치단체는 소관 사무의 범위에서 법령이나 그 지방자치단체의 조례로 정하는 바에 따라 자문기관(소관 사무에 대한 자문에 응하거나 협의, 심의 등을 목적으로 하는 심의회, 위원회 등을 말한다. 이하 같다)을 설치·운영할 수 있다.
② 자문기관은 법령이나 조례에 규정된 기능과 권한을 넘어서 주민의 권리를 제한하거나 의무를 부과하는 내용으로 자문 또는 심의 등을 하여서는 아니 된다.
③ 자문기관의 설치 요건·절차, 구성 및 운영 등에 관한 사항은 대통령령으로 정한다. 다만, 다른 법령에서 지방자치단체에 둘 수 있는 자문기관의 설치 요건·절차, 구성 및 운영 등을 따로 정한 경우에는 그 법령에서 정하는 바에 따른다.
④ 지방자치단체는 자문기관 운영의 효율성 향상을 위하여 해당 지방자치단체에 설치된 다른 자문기관과 성격·기능이 중복되는 자문기관을 설치·운영해서는 아니 되며, 지방자치단체의 조례로 정하는 바에 따라 성격과 기능이 유사한 다른 자문기관의 기능을 포함하여 운영할 수 있다.
⑤ 지방자치단체의 장은 자문기관 운영의 효율성 향상을 위한 자문기관 정비계획 및 조치 결과 등을 종합하여 작성한 자문기관 운영현황을 매년 해당 지방의회에 보고하여야 한다.

제4절 하부행정기관

제131조(하부행정기관의 장) 자치구가 아닌 구에 구청장, 읍에 읍장, 면에 면장, 동에 동장을 둔다. 이 경우 면·동은 행정면·행정동을 말한다.

제132조(하부행정기관의 장의 임명)

① 자치구가 아닌 구의 구청장은 일반직 지방공무원으로 보하되, 시장이 임명한다.
② 읍장·면장·동장은 일반직 지방공무원으로 보하되, 시장·군수 또는 자치구의 구청장이 임명한다.

제133조(하부행정기관의 장의 직무권한) 자치구가 아닌 구의 구청장은 시장, 읍장·면장은 시장이나 군수, 동장은 시장(구가 없는 시의 시장을 말한다)이나 구청장(자치구의 구청장을 포함한다)의 지휘·감독을 받아 소관 국가사무와 지방자치단체의 사무를 맡아 처리하고 소속 직원을 지휘·감독한다.

제134조(하부행정기구) 지방자치단체는 조례로 정하는 바에 따라 자치구가 아닌 구와 읍·면·동에 소관 행정사무를 분장하기 위하여 필요한 행정기구를 둘 수 있다. 이 경우 면·동은 행정면·행정동을 말한다.

제5절 교육·과학 및 체육에 관한 기관

제135조(교육·과학 및 체육에 관한 기관)

① 지방자치단체의 교육·과학 및 체육에 관한 사무를 분장하기 위하여 별도의 기관을 둔다.
② 제1항에 따른 기관의 조직과 운영에 필요한 사항은 따로 법률로 정한다.

제7장 재무

제1절 재정 운영의 기본원칙

제136조(지방재정의 조정) 국가와 지방자치단체는 지역 간 재정불균형을 해소하기 위하여 국가와 지방자치단체 간, 지방자치단체 상호 간에 적절한 재정 조정을 하도록 노력하여야 한다.

제137조(건전재정의 운영)

① 지방자치단체는 그 재정을 수지균형의 원칙에 따라 건전하게 운영하여야 한다.
② 국가는 지방재정의 자주성과 건전한 운영을 장려하여야 하며, 국가의 부담을 지방자치단체에 넘겨서는 아니 된다.
③ 국가는 다음 각 호의 어느 하나에 해당하는 기관의 신설·확장·이전·운영과 관련된 비용을 지방자치단체에 부담시켜서는 아니 된다.
  1. 「정부조직법」과 다른 법률에 따라 설치된 국가행정기관 및 그 소속 기관
  2. 「공공기관의 운영에 관한 법률」 제4조에 따른 공공기관
  3. 국가가 출자·출연한 기관(재단법인, 사단법인 등을 포함한다)
  4. 국가가 설립·조성·관리하는 시설 또는 단지 등을 지원하기 위하여 설치된 기관(재단법인, 사단법인 등을 포함한다)
④ 국가는 제3항 각 호의 기관을 신설하거나 확장하거나 이전하는 위치를 선정할 경우 지방자치단체의 재정적 부담을 입지 선정의 조건으로 하거나 입지 적합성의 선정항목으로 이용해서는 아니 된다.

제138조(국가시책의 구현)

① 지방자치단체는 국가시책을 달성하기 위하여 노력하여야 한다.
② 제1항에 따라 국가시책을 달성하기 위하여 필요한 경비의 국고보조율과 지방비부담률은 법령으로 정한다.

제139조(지방채무 및 지방채권의 관리)

① 지방자치단체의 장이나 지방자치단체조합은 따로 법률로 정하는 바에 따라 지방채를 발행할 수 있다.
② 지방자치단체의 장은 따로 법률로 정하는 바에 따라 지방자치단체의 채무부담의 원인이 될 계약의 체결이나 그 밖의 행위를 할 수 있다.
③ 지방자치단체의 장은 공익을 위하여 필요하다고 인정하면 미리 지방의회의 의결을 받아 보증채무부담행위를 할 수 있다.
④ 지방자치단체는 조례나 계약에 의하지 아니하고는 채무의 이행을 지체할 수 없다.
⑤ 지방자치단체는 법령이나 조례의 규정에 따르거나 지방의회의 의결을 받지 아니하고는 채권에 관하여 채무를 면제하거나 그 효력을 변경할 수 없다.

제2절 예산과 결산

제140조(회계연도) 지방자치단체의 회계연도는 매년 1월 1일에 시작하여 그 해 12월 31일에 끝난다.

제141조(회계의 구분)

① 지방자치단체의 회계는 일반회계와 특별회계로 구분한다.
② 특별회계는 법률이나 지방자치단체의 조례로 설치할 수 있다.

제142조(예산의 편성 및 의결)

① 지방자치단체의 장은 회계연도마다 예산안을 편성하여 시·도는 회계연도 시작 50일 전까지, 시·군 및 자치구는 회계연도 시작 40일 전까지 지방의회에 제출하여야 한다.
② 시·도의회는 제1항의 예산안을 회계연도 시작 15일 전까지, 시·군 및 자치구의회는 회계연도 시작 10일 전까지 의결하여야 한다.
③ 지방의회는 지방자치단체의 장의 동의 없이 지출예산 각 항의 금액을 증가시키거나 새로운 비용항목을 설치할 수 없다.
④ 지방자치단체의 장은 제1항의 예산안을 제출한 후 부득이한 사유로 그 내용의 일부를 수정하려면 수정예산안을 작성하여 지방의회에 다시 제출할 수 있다.

제143조(계속비) 지방자치단체의 장은 한 회계연도를 넘어 계속하여 경비를 지출할 필요가 있으면 그 총액과 연도별 금액을 정하여 계속비로서 지방의회의 의결을 받아야 한다.

제144조(예비비)

① 지방자치단체는 예측할 수 없는 예산 외의 지출이나 예산초과지출에 충당하기 위하여 세입·세출예산에 예비비를 계상하여야 한다.
② 예비비의 지출은 다음 해 지방의회의 승인을 받아야 한다.

제145조(추가경정예산)

① 지방자치단체의 장은 예산을 변경할 필요가 있으면 추가경정예산안을 편성하여 지방의회의 의결을 받아야 한다.
② 제1항의 경우에는 제142조제3항 및 제4항을 준용한다.

제146조(예산이 성립하지 아니할 때의 예산 집행) 지방의회에서 새로운 회계연도가 시작될 때까지 예산안이 의결되지 못하면 지방자치단체의 장은 지방의회에서 예산안이 의결될 때까지 다음 각 호의 목적을 위한 경비를 전년도 예산에 준하여 집행할 수 있다.
  1. 법령이나 조례에 따라 설치된 기관이나 시설의 유지·운영
  2. 법령상 또는 조례상 지출의무의 이행
  3. 이미 예산으로 승인된 사업의 계속

제147조(지방자치단체를 신설할 때의 예산)

① 지방자치단체를 폐지하거나 설치하거나 나누거나 합쳐 새로운 지방자치단체가 설치된 경우에는 지체 없이 그 지방자치단체의 예산을 편성하여야 한다.
② 제1항의 경우에 해당 지방자치단체의 장은 예산이 성립될 때까지 필요한 경상적 수입과 지출을 할 수 있다. 이 경우 수입과 지출은 새로 성립될 예산에 포함시켜야 한다.

제148조(재정부담이 따르는 조례 제정 등) 지방의회는 새로운 재정부담이 따르는 조례나 안건을 의결하려면 미리

지방자치단체의 장의 의견을 들어야 한다.

제149조(예산의 이송·고시 등)

① 지방의회의 의장은 예산안이 의결되면 그날부터 3일 이내에 지방자치단체의 장에게 이송하여야 한다.
② 지방자치단체의 장은 제1항에 따라 예산을 이송받으면 지체 없이 시·도에서는 행정안전부장관에게, 시·군 및 자치구에서는 시·도지사에게 각각 보고하고, 그 내용을 고시하여야 한다. 다만, 제121조에 따른 재의 요구를 할 때에는 그러하지 아니하다.

제150조(결산)

① 지방자치단체의 장은 출납 폐쇄 후 80일 이내에 결산서와 증명서류를 작성하고 지방의회가 선임한 검사위원의 검사의견서를 첨부하여 다음 해 지방의회의 승인을 받아야 한다. 결산의 심사 결과 위법하거나 부당한 사항이 있는 경우에 지방의회는 본회의 의결 후 지방자치단체 또는 해당 기관에 변상 및 징계 조치 등 그 시정을 요구하고, 지방자치단체 또는 해당 기관은 시정 요구를 받은 사항을 지체 없이 처리하여 그 결과를 지방의회에 보고하여야 한다.
② 지방자치단체의 장은 제1항에 따른 승인을 받으면 그날부터 5일 이내에 시·도에서는 행정안전부장관에게, 시·군 및 자치구에서는 시·도지사에게 각각 보고하고, 그 내용을 고시하여야 한다.
③ 제1항에 따른 검사위원의 선임과 운영에 필요한 사항은 대통령령으로 정한다.

제151조(지방자치단체가 없어졌을 때의 결산)

① 지방자치단체를 폐지하거나 설치하거나 나누거나 합쳐 없어진 지방자치단체의 수입과 지출은 없어진 날로 마감하되, 그 지방자치단체의 장이었던 사람이 결산하여야 한다.
② 제1항의 결산은 제150조제1항에 따라 사무를 인수한 지방자치단체의 의회의 승인을 받아야 한다.

제3절 수입과 지출

제152조(지방세) 지방자치단체는 법률로 정하는 바에 따라 지방세를 부과·징수할 수 있다.

제153조(사용료) 지방자치단체는 공공시설의 이용 또는 재산의 사용에 대하여 사용료를 징수할 수 있다.

제154조(수수료)

① 지방자치단체는 그 지방자치단체의 사무가 특정인을 위한 것이면 그 사무에 대하여 수수료를 징수할 수 있다.
② 지방자치단체는 국가나 다른 지방자치단체의 위임사무가 특정인을 위한 것이면 그 사무에 대하여 수수료를 징수할 수 있다.
③ 제2항에 따른 수수료는 그 지방자치단체의 수입으로 한다. 다만, 법령에 달리 정해진 경우에는 그러하지 아니하다.

제155조(분담금) 지방자치단체는 그 재산 또는 공공시설의 설치로 주민의 일부가 특히 이익을 받으면 이익을 받는 자로부터 그 이익의 범위에서 분담금을 징수할 수 있다.

제156조(사용료의 징수조례 등)

① 사용료·수수료 또는 분담금의 징수에 관한 사항은 조례로 정한다. 다만, 국가가 지방자치단체나 그 기관에 위임한 사무와 자치사무의 수수료 중 전국적으로 통일할 필요가 있는 수수료는 다른 법령의 규정에도 불구하고 대통령령으로 정하는 표준금액으로 징수하되, 지방자치단체가 다른 금액으로 징수하려는 경우에는 표준금액의 50퍼

센트 범위에서 조례로 가감 조정하여 징수할 수 있다.
② 사기나 그 밖의 부정한 방법으로 사용료·수수료 또는 분담금의 징수를 면한 자에게는 그 징수를 면한 금액의 5배 이내의 과태료를, 공공시설을 부정사용한 자에게는 50만원 이하의 과태료를 부과하는 규정을 조례로 정할 수 있다.
③ 제2항에 따른 과태료의 부과·징수, 재판 및 집행 등의 절차에 관한 사항은 「질서위반행위규제법」에 따른다.

제157조(사용료 등의 부과·징수, 이의신청)

① 사용료·수수료 또는 분담금은 공평한 방법으로 부과하거나 징수하여야 한다.
② 사용료·수수료 또는 분담금의 부과나 징수에 대하여 이의가 있는 자는 그 처분을 통지받은 날부터 90일 이내에 그 지방자치단체의 장에게 이의신청할 수 있다.
③ 지방자치단체의 장은 제2항의 이의신청을 받은 날부터 60일 이내에 결정을 하여 알려야 한다.
④ 사용료·수수료 또는 분담금의 부과나 징수에 대하여 행정소송을 제기하려면 제3항에 따른 결정을 통지받은 날부터 90일 이내에 처분청을 당사자로 하여 소를 제기하여야 한다.
⑤ 제3항에 따른 결정기간에 결정의 통지를 받지 못하면 제4항에도 불구하고 그 결정기간이 지난 날부터 90일 이내에 소를 제기할 수 있다.
⑥ 제2항과 제3항에 따른 이의신청의 방법과 절차 등에 관하여는 「지방세기본법」 제90조와 제94조부터 제100조까지의 규정을 준용한다.
⑦ 지방자치단체의 장은 사용료·수수료 또는 분담금을 내야 할 자가 납부기한까지 그 사용료·수수료 또는 분담금을 내지 아니하면 지방세 체납처분의 예에 따라 징수할 수 있다.

제158조(경비의 지출) 지방자치단체는 자치사무 수행에 필요한 경비와 위임된 사무에 필요한 경비를 지출할 의무를 진다. 다만, 국가사무나 지방자치단체사무를 위임할 때에는 사무를 위임한 국가나 지방자치단체에서 그 경비를 부담하여야 한다.

제4절 재산 및 공공시설

제159조(재산과 기금의 설치)

① 지방자치단체는 행정목적을 달성하기 위한 경우나 공익상 필요한 경우에는 재산(현금 외의 모든 재산적 가치가 있는 물건과 권리를 말한다)을 보유하거나 특정한 자금을 운용하기 위한 기금을 설치할 수 있다.
② 제1항의 재산의 보유, 기금의 설치·운용에 필요한 사항은 조례로 정한다.

제160조(재산의 관리와 처분) 지방자치단체의 재산은 법령이나 조례에 따르지 아니하고는 교환·양여(讓與)·대여하거나 출자 수단 또는 지급 수단으로 사용할 수 없다.

제161조(공공시설)

① 지방자치단체는 주민의 복지를 증진하기 위하여 공공시설을 설치할 수 있다.
② 제1항의 공공시설의 설치와 관리에 관하여 다른 법령에 규정이 없으면 조례로 정한다.
③ 제1항의 공공시설은 관계 지방자치단체의 동의를 받아 그 지방자치단체의 구역 밖에 설치할 수 있다.

제5절 보칙

제162조(지방재정 운영에 관한 법률의 제정) 지방자치단체의 재정에 관하여 이 법에서 정한 것 외에 필요한 사항은 따로 법률로 정한다.

제163조(지방공기업의 설치·운영)

① 지방자치단체는 주민의 복리증진과 사업의 효율적 수행을 위하여 지방공기업을 설치·운영할 수 있다.
② 지방공기업의 설치·운영에 필요한 사항은 따로 법률로 정한다.

제8장 지방자치단체 상호 간의 관계

제1절 지방자치단체 간의 협력과 분쟁조정

제164조(지방자치단체 상호 간의 협력)

① 지방자치단체는 다른 지방자치단체로부터 사무의 공동처리에 관한 요청이나 사무처리에 관한 협의·조정·승인 또는 지원의 요청을 받으면 법령의 범위에서 협력하여야 한다.
② 관계 중앙행정기관의 장은 지방자치단체 간의 협력 활성화를 위하여 필요한 지원을 할 수 있다.

제165조(지방자치단체 상호 간의 분쟁조정)

① 지방자치단체 상호 간 또는 지방자치단체의 장 상호 간에 사무를 처리할 때 의견이 달라 다툼(이하 "분쟁"이라 한다)이 생기면 다른 법률에 특별한 규정이 없으면 행정안전부장관이나 시·도지사가 당사자의 신청을 받아 조정할 수 있다. 다만, 그 분쟁이 공익을 현저히 해쳐 조속한 조정이 필요하다고 인정되면 당사자의 신청이 없어도 직권으로 조정할 수 있다.
② 제1항 단서에 따라 행정안전부장관이나 시·도지사가 분쟁을 조정하는 경우에는 그 취지를 미리 당사자에게 알려야 한다.
③ 행정안전부장관이나 시·도지사가 제1항의 분쟁을 조정하려는 경우에는 관계 중앙행정기관의 장과의 협의를 거쳐 제166조에 따른 지방자치단체중앙분쟁조정위원회나 지방자치단체지방분쟁조정위원회의 의결에 따라 조정을 결정하여야 한다.
④ 행정안전부장관이나 시·도지사는 제3항에 따라 조정을 결정하면 서면으로 지체 없이 관계 지방자치단체의 장에게 통보하여야 하며, 통보를 받은 지방자치단체의 장은 그 조정 결정 사항을 이행하여야 한다.
⑤ 제3항에 따른 조정 결정 사항 중 예산이 필요한 사항에 대해서는 관계 지방자치단체는 필요한 예산을 우선적으로 편성하여야 한다. 이 경우 연차적으로 추진하여야 할 사항은 연도별 추진계획을 행정안전부장관이나 시·도지사에게 보고하여야 한다.
⑥ 행정안전부장관이나 시·도지사는 제3항의 조정 결정에 따른 시설의 설치 또는 서비스의 제공으로 이익을 얻거나 그 원인을 일으켰다고 인정되는 지방자치단체에 대해서는 그 시설비나 운영비 등의 전부나 일부를 행정안전부장관이 정하는 기준에 따라 부담하게 할 수 있다.
⑦ 행정안전부장관이나 시·도지사는 제4항부터 제6항까지의 규정에 따른 조정 결정 사항이 성실히 이행되지 아니하면 그 지방자치단체에 대하여 제189조를 준용하여 이행하게 할 수 있다.

제166조(지방자치단체중앙분쟁조정위원회 등의 설치와 구성 등)

① 제165조제1항에 따른 분쟁의 조정과 제173조제1항에 따른 협의사항의 조정에 필요한 사항을 심의·의결하기 위하여 행정안전부에 지방자치단체중앙분쟁조정위원회(이하 "중앙분쟁조정위원회"라 한다)를, 시·도에 지방자치

단체지방분쟁조정위원회(이하 "지방분쟁조정위원회"라 한다)를 둔다.
② 중앙분쟁조정위원회는 다음 각 호의 분쟁을 심의·의결한다.
  1. 시·도 간 또는 그 장 간의 분쟁
  2. 시·도를 달리하는 시·군 및 자치구 간 또는 그 장 간의 분쟁
  3. 시·도와 시·군 및 자치구 간 또는 그 장 간의 분쟁
  4. 시·도와 지방자치단체조합 간 또는 그 장 간의 분쟁
  5. 시·도를 달리하는 시·군 및 자치구와 지방자치단체조합 간 또는 그 장 간의 분쟁
  6. 시·도를 달리하는 지방자치단체조합 간 또는 그 장 간의 분쟁
③ 지방분쟁조정위원회는 제2항 각 호에 해당하지 아니하는 지방자치단체·지방자치단체조합 간 또는 그 장 간의 분쟁을 심의·의결한다.
④ 중앙분쟁조정위원회와 지방분쟁조정위원회(이하 "분쟁조정위원회"라 한다)는 각각 위원장 1명을 포함하여 11명 이내의 위원으로 구성한다.
⑤ 중앙분쟁조정위원회의 위원장과 위원 중 5명은 다음 각 호의 사람 중에서 행정안전부장관의 제청으로 대통령이 임명하거나 위촉하고, 대통령령으로 정하는 중앙행정기관 소속 공무원은 당연직위원이 된다.
  1. 대학에서 부교수 이상으로 3년 이상 재직 중이거나 재직한 사람
  2. 판사·검사 또는 변호사의 직에 6년 이상 재직 중이거나 재직한 사람
  3. 그 밖에 지방자치사무에 관한 학식과 경험이 풍부한 사람
⑥ 지방분쟁조정위원회의 위원장과 위원 중 5명은 제5항 각 호의 사람 중에서 시·도지사가 임명하거나 위촉하고, 조례로 정하는 해당 지방자치단체 소속 공무원은 당연직위원이 된다.
⑦ 공무원이 아닌 위원장 및 위원의 임기는 3년으로 하며, 연임할 수 있다. 다만, 보궐위원의 임기는 전임자 임기의 남은 기간으로 한다.

제167조(분쟁조정위원회의 운영 등)

① 분쟁조정위원회는 위원장을 포함한 위원 7명 이상의 출석으로 개의하고, 출석위원 3분의 2 이상의 찬성으로 의결한다.
② 분쟁조정위원회의 위원장은 분쟁의 조정과 관련하여 필요하다고 인정하면 관계 공무원, 지방자치단체조합의 직원 또는 관계 전문가를 출석시켜 의견을 듣거나 관계 기관이나 단체에 대하여 자료 및 의견 제출 등을 요구할 수 있다. 이 경우 분쟁의 당사자에게는 의견을 진술할 기회를 주어야 한다.
③ 이 법에서 정한 사항 외에 분쟁조정위원회의 구성과 운영 등에 필요한 사항은 대통령령으로 정한다.

제168조(사무의 위탁)

① 지방자치단체나 그 장은 소관 사무의 일부를 다른 지방자치단체나 그 장에게 위탁하여 처리하게 할 수 있다.
② 지방자치단체나 그 장은 제1항에 따라 사무를 위탁하려면 관계 지방자치단체와의 협의에 따라 규약을 정하여 고시하여야 한다.
③ 제2항의 사무위탁에 관한 규약에는 다음 각 호의 사항이 포함되어야 한다.
  1. 사무를 위탁하는 지방자치단체와 사무를 위탁받는 지방자치단체
  2. 위탁사무의 내용과 범위
  3. 위탁사무의 관리와 처리방법
  4. 위탁사무의 관리와 처리에 드는 경비의 부담과 지출방법
  5. 그 밖에 사무위탁에 필요한 사항
④ 지방자치단체나 그 장은 사무위탁을 변경하거나 해지하려면 관계 지방자치단체나 그 장과 협의하여 그 사실을 고

시하여야 한다.
⑤ 사무가 위탁된 경우 위탁된 사무의 관리와 처리에 관한 조례나 규칙은 규약에 다르게 정해진 경우 외에는 사무를 위탁받은 지방자치단체에 대해서도 적용한다.

제2절 행정협의회

제169조(행정협의회의 구성)

① 지방자치단체는 2개 이상의 지방자치단체에 관련된 사무의 일부를 공동으로 처리하기 위하여 관계 지방자치단체 간의 행정협의회(이하 "협의회"라 한다)를 구성할 수 있다. 이 경우 지방자치단체의 장은 시·도가 구성원이면 행정안전부장관과 관계 중앙행정기관의 장에게, 시·군 또는 자치구가 구성원이면 시·도지사에게 이를 보고하여야 한다.
② 지방자치단체는 협의회를 구성하려면 관계 지방자치단체 간의 협의에 따라 규약을 정하여 관계 지방의회에 각각 보고한 다음 고시하여야 한다.
③ 행정안전부장관이나 시·도지사는 공익상 필요하면 관계 지방자치단체에 대하여 협의회를 구성하도록 권고할 수 있다.

제170조(협의회의 조직)

① 협의회는 회장과 위원으로 구성한다.
② 회장과 위원은 규약으로 정하는 바에 따라 관계 지방자치단체의 직원 중에서 선임한다.
③ 회장은 협의회를 대표하며 회의를 소집하고 협의회의 사무를 총괄한다.

제171조(협의회의 규약) 협의회의 규약에는 다음 각 호의 사항이 포함되어야 한다.
 1. 협의회의 명칭
 2. 협의회를 구성하는 지방자치단체
 3. 협의회가 처리하는 사무
 4. 협의회의 조직과 회장 및 위원의 선임방법
 5. 협의회의 운영과 사무처리에 필요한 경비의 부담이나 지출방법
 6. 그 밖에 협의회의 구성과 운영에 필요한 사항

제172조(협의회의 자료제출 요구 등) 협의회는 사무를 처리하기 위하여 필요하다고 인정하면 관계 지방자치단체의 장에게 자료 제출, 의견 제시, 그 밖에 필요한 협조를 요구할 수 있다.

제173조(협의사항의 조정)

① 협의회에서 합의가 이루어지지 아니한 사항에 대하여 관계 지방자치단체의 장이 조정을 요청하면 시·도 간의 협의사항에 대해서는 행정안전부장관이, 시·군 및 자치구 간의 협의사항에 대해서는 시·도지사가 조정할 수 있다. 다만, 관계되는 시·군 및 자치구가 2개 이상의 시·도에 걸쳐 있는 경우에는 행정안전부장관이 조정할 수 있다.
② 행정안전부장관이나 시·도지사가 제1항에 따라 조정을 하려면 관계 중앙행정기관의 장과의 협의를 거쳐 분쟁조정위원회의 의결에 따라 조정하여야 한다.

제174조(협의회의 협의 및 사무처리의 효력)

① 협의회를 구성한 관계 지방자치단체는 협의회가 결정한 사항이 있으면 그 결정에 따라 사무를 처리하여야 한다.
② 제173조제1항에 따라 행정안전부장관이나 시·도지사가 조정한 사항에 관하여는 제165조제3항부터 제6항까지의

규정을 준용한다.
③ 협의회가 관계 지방자치단체나 그 장의 명의로 한 사무의 처리는 관계 지방자치단체나 그 장이 한 것으로 본다.

제175조(협의회의 규약변경 및 폐지) 지방자치단체가 협의회의 규약을 변경하거나 협의회를 없애려는 경우에는 제169조제1항 및 제2항을 준용한다.

제3절 지방자치단체조합

제176조(지방자치단체조합의 설립)

① 2개 이상의 지방자치단체가 하나 또는 둘 이상의 사무를 공동으로 처리할 필요가 있을 때에는 규약을 정하여 지방의회의 의결을 거쳐 시·도는 행정안전부장관의 승인, 시·군 및 자치구는 시·도지사의 승인을 받아 지방자치단체조합을 설립할 수 있다. 다만, 지방자치단체조합의 구성원인 시·군 및 자치구가 2개 이상의 시·도에 걸쳐 있는 지방자치단체조합은 행정안전부장관의 승인을 받아야 한다.
② 지방자치단체조합은 법인으로 한다.

제177조(지방자치단체조합의 조직)

① 지방자치단체조합에는 지방자치단체조합회의와 지방자치단체조합장 및 사무직원을 둔다.
② 지방자치단체조합회의의 위원과 지방자치단체조합장 및 사무직원은 지방자치단체조합규약으로 정하는 바에 따라 선임한다.
③ 관계 지방의회의원과 관계 지방자치단체의 장은 제43조제1항과 제109조제1항에도 불구하고 지방자치단체조합회의의 위원이나 지방자치단체조합장을 겸할 수 있다.

제178조(지방자치단체조합회의와 지방자치단체조합장의 권한)

① 지방자치단체조합회의는 지방자치단체조합의 규약으로 정하는 바에 따라 지방자치단체조합의 중요 사무를 심의·의결한다.
② 지방자치단체조합회의는 지방자치단체조합이 제공하는 서비스에 대한 사용료·수수료 또는 분담금을 제156조제1항에 따른 조례로 정한 범위에서 정할 수 있다.
③ 지방자치단체조합장은 지방자치단체조합을 대표하며 지방자치단체조합의 사무를 총괄한다.

제179조(지방자치단체조합의 규약) 지방자치단체조합의 규약에는 다음 각 호의 사항이 포함되어야 한다.
 1. 지방자치단체조합의 명칭
 2. 지방자치단체조합을 구성하는 지방자치단체
 3. 사무소의 위치
 4. 지방자치단체조합의 사무
 5. 지방자치단체조합회의의 조직과 위원의 선임방법
 6. 집행기관의 조직과 선임방법
 7. 지방자치단체조합의 운영 및 사무처리에 필요한 경비의 부담과 지출방법
 8. 그 밖에 지방자치단체조합의 구성과 운영에 관한 사항

제180조(지방자치단체조합의 지도·감독)

① 시·도가 구성원인 지방자치단체조합은 행정안전부장관, 시·군 및 자치구가 구성원인 지방자치단체조합은 1차로 시·도지사, 2차로 행정안전부장관의 지도·감독을 받는다. 다만, 지방자치단체조합의 구성원인 시·군 및 자

치구가 2개 이상의 시·도에 걸쳐 있는 지방자치단체조합은 행정안전부장관의 지도·감독을 받는다.
② 행정안전부장관은 공익상 필요하면 지방자치단체조합의 설립이나 해산 또는 규약 변경을 명할 수 있다.

제181조(지방자치단체조합의 규약 변경 및 해산)

① 지방자치단체조합의 규약을 변경하거나 지방자치단체조합을 해산하려는 경우에는 제176조제1항을 준용한다.
② 지방자치단체조합을 해산한 경우에 그 재산의 처분은 관계 지방자치단체의 협의에 따른다.

제4절 지방자치단체의 장 등의 협의체

제182조(지방자치단체의 장 등의 협의체)

① 지방자치단체의 장이나 지방의회의 의장은 상호 간의 교류와 협력을 증진하고, 공동의 문제를 협의하기 위하여 다음 각 호의 구분에 따라 각각 전국적 협의체를 설립할 수 있다.
  1. 시·도지사
  2. 시·도의회의 의장
  3. 시장·군수 및 자치구의 구청장
  4. 시·군 및 자치구의회의 의장
② 제1항 각 호의 전국적 협의체는 그들 모두가 참가하는 지방자치단체 연합체를 설립할 수 있다.
③ 제1항에 따른 협의체나 제2항에 따른 연합체를 설립하였을 때에는 그 협의체·연합체의 대표자는 지체 없이 행정안전부장관에게 신고하여야 한다.
④ 제1항에 따른 협의체나 제2항에 따른 연합체는 지방자치에 직접적인 영향을 미치는 법령 등에 관한 의견을 행정안전부장관에게 제출할 수 있으며, 행정안전부장관은 제출된 의견을 관계 중앙행정기관의 장에게 통보하여야 한다.
⑤ 관계 중앙행정기관의 장은 제4항에 따라 통보된 내용에 대하여 통보를 받은 날부터 2개월 이내에 타당성을 검토하여 행정안전부장관에게 결과를 통보하여야 하고, 행정안전부장관은 통보받은 검토 결과를 해당 협의체나 연합체에 지체 없이 통보하여야 한다. 이 경우 관계 중앙행정기관의 장은 검토 결과 타당성이 없다고 인정하면 구체적인 사유 및 내용을 밝혀 통보하여야 하며, 타당하다고 인정하면 관계 법령에 그 내용이 반영될 수 있도록 적극 협력하여야 한다.
⑥ 제1항에 따른 협의체나 제2항에 따른 연합체는 지방자치와 관련된 법률의 제정·개정 또는 폐지가 필요하다고 인정하는 경우에는 국회에 서면으로 의견을 제출할 수 있다.
⑦ 제1항에 따른 협의체나 제2항에 따른 연합체의 설립신고와 운영, 그 밖에 필요한 사항은 대통령령으로 정한다.

제9장 국가와 지방자치단체 간의 관계

제183조(국가와 지방자치단체의 협력 의무)
국가와 지방자치단체는 주민에 대한 균형적인 공공서비스 제공과 지역 간 균형발전을 위하여 협력하여야 한다.

제184조(지방자치단체의 사무에 대한 지도와 지원)

① 중앙행정기관의 장이나 시·도지사는 지방자치단체의 사무에 관하여 조언 또는 권고하거나 지도할 수 있으며, 이를 위하여 필요하면 지방자치단체에 자료 제출을 요구할 수 있다.
② 국가나 시·도는 지방자치단체가 그 지방자치단체의 사무를 처리하는 데 필요하다고 인정하면 재정지원이나 기술지원을 할 수 있다.

③ 지방자치단체의 장은 제1항의 조언·권고 또는 지도와 관련하여 중앙행정기관의 장이나 시·도지사에게 의견을 제출할 수 있다.

제185조(국가사무나 시·도 사무 처리의 지도·감독)

① 지방자치단체나 그 장이 위임받아 처리하는 국가사무에 관하여 시·도에서는 주무부장관, 시·군 및 자치구에서는 1차로 시·도지사, 2차로 주무부장관의 지도·감독을 받는다.
② 시·군 및 자치구나 그 장이 위임받아 처리하는 시·도의 사무에 관하여는 시·도지사의 지도·감독을 받는다.

제186조(중앙지방협력회의의 설치)

① 국가와 지방자치단체 간의 협력을 도모하고 지방자치 발전과 지역 간 균형발전에 관련되는 중요 정책을 심의하기 위하여 중앙지방협력회의를 둔다.
② 제1항에 따른 중앙지방협력회의의 구성과 운영에 관한 사항은 따로 법률로 정한다.

제187조(중앙행정기관과 지방자치단체 간 협의·조정)

① 중앙행정기관의 장과 지방자치단체의 장이 사무를 처리할 때 의견을 달리하는 경우 이를 협의·조정하기 위하여 국무총리 소속으로 행정협의조정위원회를 둔다.
② 행정협의조정위원회는 위원장 1명을 포함하여 13명 이내의 위원으로 구성한다.
③ 행정협의조정위원회의 위원은 다음 각 호의 사람이 되고, 위원장은 제3호의 위촉위원 중에서 국무총리가 위촉한다.
 1. 기획재정부장관, 행정안전부장관, 국무조정실장 및 법제처장
 2. 안건과 관련된 중앙행정기관의 장과 시·도지사 중 위원장이 지명하는 사람
 3. 그 밖에 지방자치에 관한 학식과 경험이 풍부한 사람 중에서 국무총리가 위촉하는 사람 4명
④ 제1항부터 제3항까지에서 규정한 사항 외에 행정협의조정위원회의 구성과 운영 등에 필요한 사항은 대통령령으로 정한다.

제188조(위법·부당한 명령이나 처분의 시정)

① 지방자치단체의 사무에 관한 지방자치단체의 장(제103조제2항에 따른 사무의 경우에는 지방의회의 의장을 말한다. 이하 이 조에서 같다)의 명령이나 처분이 법령에 위반되거나 현저히 부당하여 공익을 해친다고 인정되면 시·도에 대해서는 주무부장관이, 시·군 및 자치구에 대해서는 시·도지사가 기간을 정하여 서면으로 시정할 것을 명하고, 그 기간에 이행하지 아니하면 이를 취소하거나 정지할 수 있다.
② 주무부장관은 지방자치단체의 사무에 관한 시장·군수 및 자치구의 구청장의 명령이나 처분이 법령에 위반되거나 현저히 부당하여 공익을 해침에도 불구하고 시·도지사가 제1항에 따른 시정명령을 하지 아니하면 시·도지사에게 기간을 정하여 시정명령을 하도록 명할 수 있다.
③ 주무부장관은 시·도지사가 제2항에 따른 기간에 시정명령을 하지 아니하면 제2항에 따른 기간이 지난 날부터 7일 이내에 직접 시장·군수 및 자치구의 구청장에게 기간을 정하여 서면으로 시정할 것을 명하고, 그 기간에 이행하지 아니하면 주무부장관이 시장·군수 및 자치구의 구청장의 명령이나 처분을 취소하거나 정지할 수 있다.
④ 주무부장관은 시·도지사가 시장·군수 및 자치구의 구청장에게 제1항에 따라 시정명령을 하였으나 이를 이행하지 아니한 데 따른 취소·정지를 하지 아니하는 경우에는 시·도지사에게 기간을 정하여 시장·군수 및 자치구의 구청장의 명령이나 처분을 취소하거나 정지할 것을 명하고, 그 기간에 이행하지 아니하면 주무부장관이 이를 직접 취소하거나 정지할 수 있다.
⑤ 제1항부터 제4항까지의 규정에 따른 자치사무에 관한 명령이나 처분에 대한 주무부장관 또는 시·도지사의 시정

명령, 취소 또는 정지는 법령을 위반한 것에 한정한다.
⑥ 지방자치단체의 장은 제1항, 제3항 또는 제4항에 따른 자치사무에 관한 명령이나 처분의 취소 또는 정지에 대하여 이의가 있으면 그 취소처분 또는 정지처분을 통보받은 날부터 15일 이내에 대법원에 소를 제기할 수 있다.

제189조(지방자치단체의 장에 대한 직무이행명령)

① 지방자치단체의 장이 법령에 따라 그 의무에 속하는 국가위임사무나 시·도위임사무의 관리와 집행을 명백히 게을리하고 있다고 인정되면 시·도에 대해서는 주무부장관이, 시·군 및 자치구에 대해서는 시·도지사가 기간을 정하여 서면으로 이행할 사항을 명령할 수 있다.
② 주무부장관이나 시·도지사는 해당 지방자치단체의 장이 제1항의 기간에 이행명령을 이행하지 아니하면 그 지방자치단체의 비용부담으로 대집행 또는 행정상·재정상 필요한 조치(이하 이 조에서 "대집행등"이라 한다)를 할 수 있다. 이 경우 행정대집행에 관하여는 「행정대집행법」을 준용한다.
③ 주무부장관은 시장·군수 및 자치구의 구청장이 법령에 따라 그 의무에 속하는 국가위임사무의 관리와 집행을 명백히 게을리하고 있다고 인정됨에도 불구하고 시·도지사가 제1항에 따른 이행명령을 하지 아니하는 경우 시·도지사에게 기간을 정하여 이행명령을 하도록 명할 수 있다.
④ 주무부장관은 시·도지사가 제3항에 따른 기간에 이행명령을 하지 아니하면 제3항에 따른 기간이 지난 날부터 7일 이내에 직접 시장·군수 및 자치구의 구청장에게 기간을 정하여 이행명령을 하고, 그 기간에 이행하지 아니하면 주무부장관이 직접 대집행등을 할 수 있다.
⑤ 주무부장관은 시·도지사가 시장·군수 및 자치구의 구청장에게 제1항에 따라 이행명령을 하였으나 이를 이행하지 아니한 데 따른 대집행등을 하지 아니하는 경우에는 시·도지사에게 기간을 정하여 대집행등을 하도록 명하고, 그 기간에 대집행등을 하지 아니하면 주무부장관이 직접 대집행등을 할 수 있다.
⑥ 지방자치단체의 장은 제1항 또는 제4항에 따른 이행명령에 이의가 있으면 이행명령서를 접수한 날부터 15일 이내에 대법원에 소를 제기할 수 있다. 이 경우 지방자치단체의 장은 이행명령의 집행을 정지하게 하는 집행정지결정을 신청할 수 있다.

제190조(지방자치단체의 자치사무에 대한 감사)

① 행정안전부장관이나 시·도지사는 지방자치단체의 자치사무에 관하여 보고를 받거나 서류·장부 또는 회계를 감사할 수 있다. 이 경우 감사는 법령 위반사항에 대해서만 한다.
② 행정안전부장관 또는 시·도지사는 제1항에 따라 감사를 하기 전에 해당 사무의 처리가 법령에 위반되는지 등을 확인하여야 한다.

제191조(지방자치단체에 대한 감사 절차 등)

① 주무부장관, 행정안전부장관 또는 시·도지사는 이미 감사원 감사 등이 실시된 사안에 대해서는 새로운 사실이 발견되거나 중요한 사항이 누락된 경우 등 대통령령으로 정하는 경우를 제외하고는 감사 대상에서 제외하고 종전의 감사 결과를 활용하여야 한다.
② 주무부장관과 행정안전부장관은 다음 각 호의 어느 하나에 해당하는 감사를 하려고 할 때에는 지방자치단체의 수감부담을 줄이고 감사의 효율성을 높이기 위하여 같은 기간 동안 함께 감사를 할 수 있다.
 1. 제185조에 따른 주무부장관의 위임사무 감사
 2. 제190조에 따른 행정안전부장관의 자치사무 감사
③ 제185조, 제190조 및 이 조 제2항에 따른 감사의 절차·방법 등에 관하여 필요한 사항은 대통령령으로 정한다.

제192조(지방의회 의결의 재의와 제소)

① 지방의회의 의결이 법령에 위반되거나 공익을 현저히 해친다고 판단되면 시·도에 대해서는 주무부장관이, 시·군 및 자치구에 대해서는 시·도지사가 해당 지방자치단체의 장에게 재의를 요구하게 할 수 있고, 재의 요구 지시를 받은 지방자치단체의 장은 의결사항을 이송받은 날부터 20일 이내에 지방의회에 이유를 붙여 재의를 요구하여야 한다.

② 시·군 및 자치구의회의 의결이 법령에 위반된다고 판단됨에도 불구하고 시·도지사가 제1항에 따라 재의를 요구하게 하지 아니한 경우 주무부장관이 직접 시장·군수 및 자치구의 구청장에게 재의를 요구하게 할 수 있고, 재의 요구 지시를 받은 시장·군수 및 자치구의 구청장은 의결사항을 이송받은 날부터 20일 이내에 지방의회에 이유를 붙여 재의를 요구하여야 한다.

③ 제1항 또는 제2항의 요구에 대하여 재의한 결과 재적의원 과반수의 출석과 출석의원 3분의 2 이상의 찬성으로 전과 같은 의결을 하면 그 의결사항은 확정된다.

④ 지방자치단체의 장은 제3항에 따라 재의결된 사항이 법령에 위반된다고 판단되면 재의결된 날부터 20일 이내에 대법원에 소를 제기할 수 있다. 이 경우 필요하다고 인정되면 그 의결의 집행을 정지하게 하는 집행정지결정을 신청할 수 있다.

⑤ 주무부장관이나 시·도지사는 재의결된 사항이 법령에 위반된다고 판단됨에도 불구하고 해당 지방자치단체의 장이 소를 제기하지 아니하면 시·도에 대해서는 주무부장관이, 시·군 및 자치구에 대해서는 시·도지사(제2항에 따라 주무부장관이 직접 재의 요구 지시를 한 경우에는 주무부장관을 말한다. 이하 이 조에서 같다)가 그 지방자치단체의 장에게 제소를 지시하거나 직접 제소 및 집행정지결정을 신청할 수 있다.

⑥ 제5항에 따른 제소의 지시는 제4항의 기간이 지난 날부터 7일 이내에 하고, 해당 지방자치단체의 장은 제소 지시를 받은 날부터 7일 이내에 제소하여야 한다.

⑦ 주무부장관이나 시·도지사는 제6항의 기간이 지난 날부터 7일 이내에 제5항에 따른 직접 제소 및 집행정지결정을 신청할 수 있다.

⑧ 제1항 또는 제2항에 따라 지방의회의 의결이 법령에 위반된다고 판단되어 주무부장관이나 시·도지사로부터 재의 요구 지시를 받은 해당 지방자치단체의 장이 재의를 요구하지 아니하는 경우(법령에 위반되는 지방의회의 의결사항이 조례안인 경우로서 재의 요구 지시를 받기 전에 그 조례안을 공포한 경우를 포함한다)에는 주무부장관이나 시·도지사는 제1항 또는 제2항에 따른 기간이 지난 날부터 7일 이내에 대법원에 직접 제소 및 집행정지 결정을 신청할 수 있다.

⑨ 제1항 또는 제2항에 따른 지방의회의 의결이나 제3항에 따라 재의결된 사항이 둘 이상의 부처와 관련되거나 주무부장관이 불분명하면 행정안전부장관이 재의 요구 또는 제소를 지시하거나 직접 제소 및 집행정지 결정을 신청할 수 있다.

제10장 국제교류·협력

제193조(지방자치단체의 역할) 지방자치단체는 국가의 외교·통상 정책과 배치되지 아니하는 범위에서 국제교류·협력, 통상·투자유치를 위하여 외국의 지방자치단체, 민간기관, 국제기구(국제연합과 그 산하기구·전문기구를 포함한 정부 간 기구, 지방자치단체 간 기구를 포함한 준정부 간 기구, 국제 비정부기구 등을 포함한다. 이하 같다)와 협력을 추진할 수 있다.

제194조(지방자치단체의 국제기구 지원) 지방자치단체는 국제기구 설립·유치 또는 활동 지원을 위하여 국제기구에 공무원을 파견하거나 운영비용 등 필요한 비용을 보조할 수 있다.

제195조(해외사무소 설치·운영)

① 지방자치단체는 국제교류·협력 등의 업무를 원활히 수행하기 위하여 필요한 곳에 단독 또는 지방자치단체 간 협력을 통해 공동으로 해외사무소를 설치할 수 있다.
② 지방자치단체는 해외사무소가 효율적으로 운영될 수 있도록 노력해야 한다.

제11장 서울특별시 및 대도시 등과 세종특별자치시 및 제주특별자치도의 행정특례

제196조(자치구의 재원) 특별시장이나 광역시장은 「지방재정법」에서 정하는 바에 따라 해당 지방자치단체의 관할 구역의 자치구 상호 간의 재원을 조정하여야 한다.

제197조(특례의 인정)

① 서울특별시의 지위·조직 및 운영에 대해서는 수도로서의 특수성을 고려하여 법률로 정하는 바에 따라 특례를 둘 수 있다.
② 세종특별자치시와 제주특별자치도의 지위·조직 및 행정·재정 등의 운영에 대해서는 행정체제의 특수성을 고려하여 법률로 정하는 바에 따라 특례를 둘 수 있다.

제198조(대도시 등에 대한 특례 인정)

① 서울특별시·광역시 및 특별자치시를 제외한 인구 50만 이상 대도시의 행정, 재정 운영 및 국가의 지도·감독에 대해서는 그 특성을 고려하여 관계 법률로 정하는 바에 따라 특례를 둘 수 있다.
② 제1항에도 불구하고 서울특별시·광역시 및 특별자치시를 제외한 다음 각 호의 어느 하나에 해당하는 대도시 및 시·군·구의 행정, 재정 운영 및 국가의 지도·감독에 대해서는 그 특성을 고려하여 관계 법률로 정하는 바에 따라 추가로 특례를 둘 수 있다. <개정 2023. 6. 9.>
 1. 인구 100만 이상 대도시(이하 "특례시"라 한다)
 2. 실질적인 행정수요, 지역균형발전 및 지방소멸위기 등을 고려하여 대통령령으로 정하는 기준과 절차에 따라 행정안전부장관이 지정하는 시·군·구
③ 제1항에 따른 인구 50만 이상 대도시와 제2항제1호에 따른 특례시의 인구 인정기준은 대통령령으로 정한다.

제12장 특별지방자치단체

제1절 설치

제199조(설치)

① 2개 이상의 지방자치단체가 공동으로 특정한 목적을 위하여 광역적으로 사무를 처리할 필요가 있을 때에는 특별지방자치단체를 설치할 수 있다. 이 경우 특별지방자치단체를 구성하는 지방자치단체(이하 "구성 지방자치단체"라 한다)는 상호 협의에 따른 규약을 정하여 구성 지방자치단체의 지방의회 의결을 거쳐 행정안전부장관의 승인을 받아야 한다.
② 행정안전부장관은 제1항 후단에 따라 규약에 대하여 승인하는 경우 관계 중앙행정기관의 장 또는 시·도지사에게 그 사실을 알려야 한다.
③ 특별지방자치단체는 법인으로 한다.
④ 특별지방자치단체를 설치하기 위하여 국가 또는 시·도 사무의 위임이 필요할 때에는 구성 지방자치단체의 장이 관계 중앙행정기관의 장 또는 시·도지사에게 그 사무의 위임을 요청할 수 있다.

⑤ 행정안전부장관이 국가 또는 시·도 사무의 위임이 포함된 규약에 대하여 승인할 때에는 사전에 관계 중앙행정기관의 장 또는 시·도지사와 협의하여야 한다.
⑥ 구성 지방자치단체의 장이 제1항 후단에 따라 행정안전부장관의 승인을 받았을 때에는 규약의 내용을 지체 없이 고시하여야 한다. 이 경우 구성 지방자치단체의 장이 시장·군수 및 자치구의 구청장일 때에는 그 승인사항을 시·도지사에게 알려야 한다.

제200조(설치 권고 등) 행정안전부장관은 공익상 필요하다고 인정할 때에는 관계 지방자치단체에 대하여 특별지방자치단체의 설치, 해산 또는 규약 변경을 권고할 수 있다. 이 경우 행정안전부장관의 권고가 국가 또는 시·도 사무의 위임을 포함하고 있을 때에는 사전에 관계 중앙행정기관의 장 또는 시·도지사와 협의하여야 한다.

제201조(구역) 특별지방자치단체의 구역은 구성 지방자치단체의 구역을 합한 것으로 한다. 다만, 특별지방자치단체의 사무가 구성 지방자치단체 구역의 일부에만 관계되는 등 특별한 사정이 있을 때에는 해당 지방자치단체 구역의 일부만을 구역으로 할 수 있다.

제2절 규약과 기관 구성

제202조(규약 등)

① 특별지방자치단체의 규약에는 법령의 범위에서 다음 각 호의 사항이 포함되어야 한다.
 1. 특별지방자치단체의 목적
 2. 특별지방자치단체의 명칭
 3. 구성 지방자치단체
 4. 특별지방자치단체의 관할 구역
 5. 특별지방자치단체의 사무소의 위치
 6. 특별지방자치단체의 사무
 7. 특별지방자치단체의 사무처리를 위한 기본계획에 포함되어야 할 사항
 8. 특별지방자치단체의 지방의회의 조직, 운영 및 의원의 선임방법
 9. 특별지방자치단체의 집행기관의 조직, 운영 및 장의 선임방법
 10. 특별지방자치단체의 운영 및 사무처리에 필요한 경비의 부담 및 지출방법
 11. 특별지방자치단체의 사무처리 개시일
 12. 그 밖에 특별지방자치단체의 구성 및 운영에 필요한 사항
② 구성 지방자치단체의 장은 제1항의 규약을 변경하려는 경우에는 구성 지방자치단체의 지방의회 의결을 거쳐 행정안전부장관의 승인을 받아야 한다. 이 경우 국가 또는 시·도 사무의 위임에 관하여는 제199조제4항 및 제5항을 준용한다.
③ 구성 지방자치단체의 장은 제2항에 따라 행정안전부장관의 승인을 받았을 때에는 지체 없이 그 사실을 고시하여야 한다. 이 경우 구성 지방자치단체의 장이 시장·군수 및 자치구의 구청장일 때에는 그 승인사항을 시·도지사에게 알려야 한다.

제203조(기본계획 등)

① 특별지방자치단체의 장은 소관 사무를 처리하기 위한 기본계획(이하 "기본계획"이라 한다)을 수립하여 특별지방자치단체 의회의 의결을 받아야 한다. 기본계획을 변경하는 경우에도 또한 같다.
② 특별지방자치단체는 기본계획에 따라 사무를 처리하여야 한다.
③ 특별지방자치단체의 장은 구성 지방자치단체의 사무처리가 기본계획의 시행에 지장을 주거나 지장을 줄 우려가

있을 때에는 특별지방자치단체의 의회 의결을 거쳐 구성 지방자치단체의 장에게 필요한 조치를 요청할 수 있다.

제204조(의회의 조직 등)

① 특별지방자치단체의 의회는 규약으로 정하는 바에 따라 구성 지방자치단체의 의회 의원으로 구성한다.
② 제1항의 지방의회의원은 제43조제1항에도 불구하고 특별지방자치단체의 의회 의원을 겸할 수 있다.
③ 특별지방자치단체의 의회가 의결하여야 할 안건 중 대통령령으로 정하는 중요한 사항에 대해서는 특별지방자치단체의 장에게 미리 통지하고, 특별지방자치단체의 장은 그 내용을 구성 지방자치단체의 장에게 통지하여야 한다. 그 의결의 결과에 대해서도 또한 같다.

제205조(집행기관의 조직 등)

① 특별지방자치단체의 장은 규약으로 정하는 바에 따라 특별지방자치단체의 의회에서 선출한다.
② 구성 지방자치단체의 장은 제109조에도 불구하고 특별지방자치단체의 장을 겸할 수 있다.
③ 특별지방자치단체의 의회 및 집행기관의 직원은 규약으로 정하는 바에 따라 특별지방자치단체 소속인 지방공무원과 구성 지방자치단체의 지방공무원 중에서 파견된 사람으로 구성한다.

제3절 운영

제206조(경비의 부담)

① 특별지방자치단체의 운영 및 사무처리에 필요한 경비는 구성 지방자치단체의 인구, 사무처리의 수혜범위 등을 고려하여 규약으로 정하는 바에 따라 구성 지방자치단체가 분담한다.
② 구성 지방자치단체는 제1항의 경비에 대하여 특별회계를 설치하여 운영하여야 한다.
③ 국가 또는 시·도가 사무를 위임하는 경우에는 사무를 위임한 국가 또는 시·도가 그 사무를 수행하는 데 필요한 경비를 부담하여야 한다. <개정 2023. 9. 14.>

제207조(사무처리상황 등의 통지)
특별지방자치단체의 장은 대통령령으로 정하는 바에 따라 사무처리 상황 등을 구성 지방자치단체의 장 및 행정안전부장관(시·군 및 자치구만으로 구성하는 경우에는 시·도지사를 포함한다)에게 통지하여야 한다.

제208조(가입 및 탈퇴)

① 특별지방자치단체에 가입하거나 특별지방자치단체에서 탈퇴하려는 지방자치단체의 장은 해당 지방의회의 의결을 거쳐 특별지방자치단체의 장에게 가입 또는 탈퇴를 신청하여야 한다.
② 제1항에 따른 가입 또는 탈퇴의 신청을 받은 특별지방자치단체의 장은 특별지방자치단체 의회의 동의를 받아 신청의 수용 여부를 결정하되, 특별한 사유가 없으면 가입하거나 탈퇴하려는 지방자치단체의 의견을 존중하여야 한다.
③ 제2항에 따른 가입 및 탈퇴에 관하여는 제199조를 준용한다.

제209조(해산)

① 구성 지방자치단체는 특별지방자치단체가 그 설치 목적을 달성하는 등 해산의 사유가 있을 때에는 해당 지방의회의 의결을 거쳐 행정안전부장관의 승인을 받아 특별지방자치단체를 해산하여야 한다.
② 구성 지방자치단체는 제1항에 따라 특별지방자치단체를 해산할 경우에는 상호 협의에 따라 그 재산을 처분하고 사무와 직원의 재배치를 하여야 하며, 국가 또는 시·도 사무를 위임받았을 때에는 관계 중앙행정기관의 장 또는 시·도지사와 협의하여야 한다. 다만, 협의가 성립하지 아니할 때에는 당사자의 신청을 받아 행정안전부장관이 조정할 수 있다.

제210조(지방자치단체에 관한 규정의 준용) 시·도, 시·도와 시·군 및 자치구 또는 2개 이상의 시·도에 걸쳐 있는 시·군 및 자치구로 구성되는 특별지방자치단체는 시·도에 관한 규정을, 시·군 및 자치구로 구성하는 특별지방자치단체는 시·군 및 자치구에 관한 규정을 준용한다. 다만, 제3조, 제1장제2절, 제11조부터 제14조까지, 제17조제3항, 제25조, 제4장, 제38조, 제39조, 제40조제1항제1호 및 제2호, 같은 조 제3항, 제41조, 제6장제1절제1관, 제106조부터 제108조까지, 제110조, 제112조제2호 후단, 같은 조 제3호, 제123조, 제124조, 제6장제3절(제130조는 제외한다)부터 제5절까지, 제152조, 제166조, 제167조 및 제8장제2절부터 제4절까지, 제11장에 관하여는 그러하지 아니하다.

제211조(다른 법률과의 관계)

① 다른 법률에서 지방자치단체 또는 지방자치단체의 장을 인용하고 있는 경우에는 제202조제1항에 따른 규약으로 정하는 사무를 처리하기 위한 범위에서는 특별지방자치단체 또는 특별지방자치단체의 장을 인용한 것으로 본다.
② 다른 법률에서 시·도 또는 시·도지사를 인용하고 있는 경우에는 제202조제1항에 따른 규약으로 정하는 사무를 처리하기 위한 범위에서는 시·도, 시·도와 시·군 및 자치구 또는 2개 이상의 시·도에 걸쳐 있는 시·군 및 자치구로 구성하는 특별지방자치단체 또는 특별지방자치단체의 장을 인용한 것으로 본다.
③ 다른 법률에서 시·군 및 자치구 또는 시장·군수 및 자치구의 구청장을 인용하고 있는 경우에는 제202조제1항에 따른 규약으로 정하는 사무를 처리하기 위한 범위에서는 동일한 시·도 관할 구역의 시·군 및 자치구로 구성하는 특별지방자치단체 또는 특별지방자치단체의 장을 인용한 것으로 본다.

부칙 <제19951호, 2024. 1. 9.> (문화유산의 보존 및 활용에 관한 법률)

제1조(시행일) 이 법은 2024년 5월 17일부터 시행한다.

제2조 생략

제3조(다른 법률의 개정) 법률 제19590호 지방자치법 일부개정법률 일부를 다음과 같이 개정한다.

제13조제2항제5호다목을 다음과 같이 한다.

    다. 시·도유산의 지정·등록·보존 및 관리

지방재정법

[시행 2024. 5. 17.] [법률 제19591호, 2023. 8. 8., 타법개정]

제1장 총칙

제1조(목적) 이 법은 지방자치단체의 재정에 관한 기본원칙을 정함으로써 지방재정의 건전하고 투명한 운용과 자율성을 보장함을 목적으로 한다. <개정 2016. 5. 29.>

제2조(정의) 이 법에서 사용하는 용어의 뜻은 다음과 같다.
 1. "지방재정"이란 지방자치단체의 수입·지출 활동과 지방자치단체의 자산 및 부채를 관리·처분하는 모든 활동을 말한다.
 2. "세입"(歲入)이란 한 회계연도의 모든 수입을 말한다.
 3. "세출"(歲出)이란 한 회계연도의 모든 지출을 말한다.
 4. "채권"이란 금전의 지급을 목적으로 하는 지방자치단체의 권리를 말한다.
 5. "채무"란 금전의 지급을 목적으로 하는 지방자치단체의 의무를 말한다.
 [전문개정 2011. 8. 4.]

제3조(지방재정 운용의 기본원칙)

① 지방자치단체는 주민의 복리 증진을 위하여 그 재정을 건전하고 효율적으로 운용하여야 하며, 국가의 정책에 반하거나 국가 또는 다른 지방자치단체의 재정에 부당한 영향을 미치게 하여서는 아니 된다.
② 지방자치단체는 예산이 여성과 남성에게 미치는 효과를 평가하고, 그 결과를 지방자치단체의 예산에 반영하기 위하여 노력하여야 한다.
 [전문개정 2011. 8. 4.]

제4조(지방재정제도의 연구·개발 등) 행정안전부장관은 이 법의 목적을 달성하기 위하여 다음 각 호의 사항을 연구·개발하여 시행하여야 한다. <개정 2013. 3. 23., 2014. 5. 28., 2014. 11. 19., 2017. 7. 26.>
 1. 지방재정 조정제도와 지방세제도 간의 조화로운 발전방안
 2. 합리적·효율적인 예산 편성·관리 기법 및 지방재정 운용 상황의 측정기법
 3. 지방재정의 건전성 확보를 위한 방안
 4. 지방재정 운용의 자율성 보장을 위한 제도 개선 방안
 5. 지방재정 운용의 효율성·투명성 증대를 위한 전산정보처리장치의 개발·보급 방안
 6. 국가의 실효성 있는 지방재정 지원 방안
 7. 성인지 예산·결산 등 지방재정의 성인지적 운용 및 분석 방안
 8. 그 밖에 지방재정 발전을 위하여 필요한 사항
 [전문개정 2011. 8. 4.]

제5조(성과 중심의 지방재정 운용)

① 지방자치단체의 장은 재정활동의 성과관리체계를 구축하여야 한다.
② 지방자치단체의 장은 행정안전부령으로 정하는 바에 따라 예산의 성과계획서 및 성과보고서를 작성하여야 한다. <개정 2014. 11. 19., 2017. 7. 26.>
③ 지방자치단체의 장은 대통령령으로 정하는 바에 따라 주요 재정사업을 평가하고 그 결과를 재정운용에 반영할 수

있다.
④ 성과 중심의 지방재정 운용을 위하여 필요한 그 밖의 사항은 행정안전부령으로 정한다. <개정 2014. 11. 19., 2017. 7. 26.>
[전문개정 2014. 5. 28.]

제6조(회계연도)

① 지방자치단체의 회계연도는 매년 1월 1일에 시작하여 12월 31일에 끝난다.
② 삭제 <2016. 5. 29.>
[전문개정 2011. 8. 4.]

제7조(회계연도 독립의 원칙)

① 각 회계연도의 경비는 해당 연도의 세입으로 충당하여야 한다.
② 삭제 <2014. 5. 28.>
③ 삭제 <2014. 5. 28.>
[전문개정 2011. 8. 4.]

제8조 삭제 <2016. 5. 29.>

제9조(회계의 구분)

① 지방자치단체의 회계는 일반회계와 특별회계로 구분한다.
② 특별회계는 「지방공기업법」에 따른 지방직영기업이나 그 밖의 특정사업을 운영할 때 또는 특정자금이나 특정세입·세출로서 일반세입·세출과 구분하여 회계처리할 필요가 있을 때에만 법률이나 조례로 설치할 수 있다. 다만, 목적세에 따른 세입·세출은 다른 법률에 특별한 규정이 있는 경우를 제외하고는 특별회계를 설치·운용하여야 한다. <개정 2014. 5. 28.>
③ 지방자치단체가 특별회계를 설치하려면 5년 이내의 범위에서 특별회계의 존속기한을 해당 조례에 명시하여야 한다. 다만, 법률에 따라 의무적으로 설치·운용되는 특별회계는 그러하지 아니하다. <신설 2014. 5. 28.>
④ 지방자치단체의 장은 특별회계를 신설하거나 그 존속기한을 연장하려면 해당 조례안을 입법예고하기 전에 제33조제9항에 따른 지방재정계획심의위원회의 심의를 거쳐야 한다. 다만, 법률에 따라 의무적으로 설치·운용되는 특별회계는 그러하지 아니하다. <신설 2014. 5. 28.>
[전문개정 2011. 8. 4.]

제9조의2(회계·기금 간 여유재원의 예수·예탁)

① 지방자치단체의 장은 재정의 효율적 운용을 위하여 필요한 경우에는 다른 법률 또는 조례에도 불구하고 회계 및 기금의 목적 수행에 지장을 초래하지 아니하는 범위에서 회계와 기금 간, 회계 상호 간 그리고 기금 상호 간에 여유재원 또는 기금 예치금을 예탁하거나 예수하여 통합적으로 활용할 수 있다. 이 경우 그 내용을 예산 또는 기금운용계획에 반영하여야 한다.
② 제1항에 따른 여유재원의 예탁 및 예수와 기금 예치금의 예탁 및 예수는 「지방자치단체 기금관리기본법」 제16조에 따른 통합재정안정화기금의 통합 계정으로 운용하여야 한다.
[본조신설 2020. 6. 9.]

제10조(교육·과학 및 체육 등에 관한 사항의 적용) 이 법(제59조는 제외한다)에서 교육·과학 및 체육에 관한 사항 또는 교육비 특별회계에 관하여는 "지방자치단체의 장"이나 "시·도지사"는 "교육감"으로, "행정안전부장관"은

"교육부장관"으로, "행정안전부"는 "교육부"로, "지방재정"은 "지방교육재정"으로, "행정안전부령"은 "교육부령"으로 각각 본다. <개정 2013. 3. 23., 2014. 5. 28., 2014. 11. 19., 2017. 7. 26.>

[전문개정 2011. 8. 4.]

제11조(지방채의 발행)

① 지방자치단체의 장은 다음 각 호를 위한 자금 조달에 필요할 때에는 지방채를 발행할 수 있다. 다만, 제5호 및 제6호는 교육감이 발행하는 경우에 한한다. <개정 2014. 5. 28., 2015. 5. 13.>
  1. 공유재산의 조성 등 소관 재정투자사업과 그에 직접적으로 수반되는 경비의 충당
  2. 재해예방 및 복구사업
  3. 천재지변으로 발생한 예측할 수 없었던 세입결함의 보전
  4. 지방채의 차환
  5. 「지방교육재정교부금법」 제9조제3항에 따른 교부금 차액의 보전
  6. 명예퇴직(「교육공무원법」 제36조 및 「사립학교법」 제60조의3에 따른 명예퇴직을 말한다. 이하 같다) 신청자가 직전 3개 연도 평균 명예퇴직자의 100분의 120을 초과하는 경우 추가로 발생하는 명예퇴직 비용의 충당

② 지방자치단체의 장은 제1항에 따라 지방채를 발행하려면 재정 상황 및 채무 규모 등을 고려하여 대통령령으로 정하는 지방채 발행 한도액의 범위에서 지방의회의 의결을 얻어야 한다. 다만, 지방채 발행 한도액 범위더라도 외채를 발행하는 경우에는 지방의회의 의결을 거치기 전에 행정안전부장관의 승인을 받아야 한다. <개정 2013. 3. 23., 2014. 11. 19., 2017. 7. 26.>

③ 지방자치단체의 장은 제2항에도 불구하고 대통령령으로 정하는 바에 따라 행정안전부장관과 협의한 경우에는 그 협의한 범위에서 지방의회의 의결을 얻어 제2항에 따른 지방채 발행 한도액의 범위를 초과하여 지방채를 발행할 수 있다. 다만, 재정책임성 강화를 위하여 재정위험수준, 재정 상황 및 채무 규모 등을 고려하여 대통령령으로 정하는 범위를 초과하는 지방채를 발행하는 경우에는 행정안전부장관의 승인을 받은 후 지방의회의 의결을 받아야 한다. <개정 2013. 3. 23., 2014. 5. 28., 2014. 11. 19., 2017. 7. 26., 2020. 1. 29.>

④ 「지방자치법」 제176조에 따른 지방자치단체조합(이하 "조합"이라 한다)의 장은 그 조합의 투자사업과 긴급한 재난복구 등을 위한 경비를 조달할 필요가 있을 때 또는 투자사업이나 재난복구사업을 지원할 목적으로 지방자치단체에 대부할 필요가 있을 때에는 지방채를 발행할 수 있다. 이 경우 행정안전부장관의 승인을 받은 범위에서 조합의 구성원인 각 지방자치단체 지방의회의 의결을 얻어야 한다. <개정 2013. 3. 23., 2014. 5. 28., 2014. 11. 19., 2017. 7. 26., 2021. 1. 12.>

⑤ 제4항에 따라 발행한 지방채에 대하여는 조합과 그 구성원인 지방자치단체가 그 상환과 이자의 지급에 관하여 연대책임을 진다.

[전문개정 2011. 8. 4.]

[법률 제13283호(2015. 5. 13.) 제11조제1항의 개정규정은 같은 법 부칙 제2조의 규정에 의하여 2017년 12월 31일까지 유효함]

제11조의2(지방채 발행의 제한) 지방채는 이 법과 다음 각 호의 법률에 의하지 아니하고는 발행할 수 없다. <개정 2016. 3. 29., 2016. 5. 29., 2017. 12. 26.>
  1. 「2011대구세계육상선수권대회, 2013충주세계조정선수권대회, 2014인천아시아경기대회, 2014인천장애인아시아경기대회 및 2015광주하계유니버시아드대회 지원법」
  2. 「2015경북문경세계군인체육대회 지원법」
  3. 「2018 평창 동계올림픽대회 및 동계패럴림픽대회 지원 등에 관한 특별법」
  4. 「혁신도시 조성 및 발전에 관한 특별법」
  5. 「국제경기대회 지원법」

6. 「국토의 계획 및 이용에 관한 법률」
7. 「기업도시개발 특별법」
8. 「도시철도법」
9. 「도청이전을 위한 도시건설 및 지원에 관한 특별법」
10. 「공항시설법」
11. 「신항만건설 촉진법」
12. 「어촌특화발전 지원 특별법」
13. 「역세권의 개발 및 이용에 관한 법률」
14. 「재해위험 개선사업 및 이주대책에 관한 특별법」
15. 「제주특별자치도 설치 및 국제자유도시 조성을 위한 특별법」
16. 「지방공기업법」
17. 「지방자치단체 기금관리기본법」
18. 「중소기업진흥에 관한 법률」
19. 「택지개발촉진법」
20. 「폐광지역 개발 지원에 관한 특별법」
21. 「포뮬러원 국제자동차경주대회 지원법」
[본조신설 2014. 5. 28.]

제12조(지방채 발행의 절차)

① 제11조에 따른 지방채의 발행, 원금의 상환, 이자의 지급, 증권에 관한 사무절차 및 사무 취급기관은 대통령령으로 정한다.

② 제11조제1항 및 제4항에 따른 지방채 중 증권 발행의 방법에 의한 지방채(이하 "지방채증권"이라 한다)의 발행에 관하여는 「상법」 제479조, 제484조, 제485조 및 제487조를 준용한다. 이 경우 「상법」의 규정 중 "사채"는 "지방채증권"으로, "사채권자"는 "지방채권자"로, "채권"은 "증권"으로 보고, 제479조 중 "기명사채"는 "기명지방채증권"으로, "사채원부"는 "지방채증권원부"로, "회사"는 "지방자치단체"로 본다.

[전문개정 2011. 8. 4.]

제13조(보증채무부담행위 등)

① 「지방자치법」 제139조제3항에 따라 채무의 이행에 대한 지방자치단체의 보증을 받으려는 자는 대통령령으로 정하는 바에 따라 사업의 내용과 보증을 받으려는 채무의 범위(이하 "주채무"라 한다) 등을 명시하여 지방자치단체의 장에게 미리 채무보증 신청을 하여야 한다. <개정 2021. 1. 12.>

② 제1항에 따른 채무보증 신청을 받은 지방자치단체의 장은 지방자치단체가 그 주채무를 보증할 필요가 있다고 인정하면 지방의회의 의결을 얻어 대통령령으로 정하는 바에 따라 그 주채무의 이행을 지방자치단체가 보증한다는 뜻을 신청인에게 서면으로 알려야 한다.

③ 채권자나 채무자는 사업의 내용 또는 보증받은 내용을 변경하려면 지방자치단체의 장의 승인을 받아야 한다. 이 경우 지방자치단체의 장은 그 변경사항이 주채무의 범위 등 그 계약의 중요 부분에 관한 것일 때에는 미리 지방의회의 의결을 얻어야 한다.

④ 지방자치단체의 장은 보증채무의 관리에 관한 사항과 「지방자치법」 제47조제1항제8호에 따른 예산 외의 의무부담에 관한 사항을 매년 세입·세출결산과 함께 지방의회에 보고하여야 한다. <개정 2014. 5. 28., 2021. 1. 12.>

[전문개정 2011. 8. 4.]
[제목개정 2014. 5. 28.]

제14조 삭제 <2020. 6. 9.>

제15조 삭제 <2016. 5. 29.>

제16조 삭제 <2016. 5. 29.>

제17조(기부 또는 보조의 제한)

① 지방자치단체는 그 소관에 속하는 사무와 관련하여 다음 각 호의 어느 하나에 해당하는 경우와 공공기관에 지출하는 경우에만 개인 또는 법인·단체에 기부·보조, 그 밖의 공금 지출을 할 수 있다. 다만, 제4호에 따른 지출은 해당 사업에의 지출근거가 조례에 직접 규정되어 있는 경우로 한정한다. <개정 2014. 5. 28.>
  1. 법률에 규정이 있는 경우
  2. 국고 보조 재원(財源)에 의한 것으로서 국가가 지정한 경우
  3. 용도가 지정된 기부금의 경우
  4. 보조금을 지출하지 아니하면 사업을 수행할 수 없는 경우로서 지방자치단체가 권장하는 사업을 위하여 필요하다고 인정되는 경우
② 제1항 각 호 외의 부분 본문에서 "공공기관"이란 해당 지방자치단체의 소관에 속하는 사무와 관련하여 지방자치단체가 권장하는 사업을 하는 다음 각 호의 어느 하나에 해당하는 기관을 말한다. <개정 2014. 5. 28.>
  1. 그 목적과 설립이 법령 또는 법령의 근거에 따라 그 지방자치단체의 조례에 정하여진 기관
  2. 지방자치단체를 회원으로 하는 공익법인
③ 삭제 <2013. 7. 16.>
  [전문개정 2011. 8. 4.]
  [제목개정 2014. 5. 28.]

제17조의2 삭제 <2014. 5. 28.>

제18조(출자 또는 출연의 제한)

① 지방자치단체는 법령에 근거가 있는 경우에만 출자를 할 수 있다. <개정 2014. 5. 28.>
② 지방자치단체는 법령에 근거가 있는 경우와 제17조제2항의 공공기관에 대하여 조례에 근거가 있는 경우에만 출연을 할 수 있다. <신설 2014. 5. 28.>
③ 지방자치단체가 출자 또는 출연을 하려면 미리 해당 지방의회의 의결을 얻어야 한다. <개정 2014. 5. 28.>
  [전문개정 2011. 8. 4.]
  [제목개정 2014. 5. 28.]

제19조(지방재정 운용에 대한 자문)

① 행정안전부장관은 지방재정 운용 업무를 효과적으로 수행하기 위하여 필요한 경우 분야별 자문기구를 둘 수 있다. <개정 2013. 3. 23., 2014. 11. 19., 2017. 7. 26.>
② 제1항에 따른 자문기구의 구성 및 운영 등에 필요한 사항은 대통령령으로 정한다.
  [전문개정 2011. 8. 4.]

제2장 경비의 부담

제20조(자치사무에 관한 경비) 지방자치단체의 관할구역 자치사무에 필요한 경비는 그 지방자치단체가 전액을 부담한다.

[전문개정 2011. 8. 4.]

제21조(부담금과 교부금)

① 지방자치단체나 그 기관이 법령에 따라 처리하여야 할 사무로서 국가와 지방자치단체 간에 이해관계가 있는 경우에는 원활한 사무처리를 위하여 국가에서 부담하지 아니하면 아니 되는 경비는 국가가 그 전부 또는 일부를 부담한다.
② 국가가 스스로 하여야 할 사무를 지방자치단체나 그 기관에 위임하여 수행하는 경우 그 경비는 국가가 전부를 그 지방자치단체에 교부하여야 한다.
[전문개정 2011. 8. 4.]

제22조(경비 부담의 비율 등)

① 제21조제1항에 따라 국가와 지방자치단체가 부담할 경비 중 지방자치단체가 부담할 경비의 종목 및 부담 비율에 관하여는 대통령령으로 정한다.
② 지방자치단체의 장은 제1항에 따른 지방비 부담액을 다른 사업보다 우선하여 그 회계연도의 예산에 계상하여야 한다.
[전문개정 2011. 8. 4.]

제23조(보조금의 교부)

① 국가는 정책상 필요하다고 인정할 때 또는 지방자치단체의 재정 사정상 특히 필요하다고 인정할 때에는 예산의 범위에서 지방자치단체에 보조금을 교부할 수 있다.
② 특별시·광역시·특별자치시·도·특별자치도(이하 "시·도"라 한다)는 정책상 필요하다고 인정할 때 또는 시·군 및 자치구의 재정 사정상 특히 필요하다고 인정할 때에는 예산의 범위에서 시·군 및 자치구에 보조금을 교부할 수 있다. <개정 2014. 5. 28.>
③ 제1항 및 제2항에 따라 지방자치단체에 보조금을 교부할 때에는 법령이나 조례에서 정하는 경우와 국가 정책상 부득이한 경우 외에는 재원 부담 지시를 할 수 없다.
[전문개정 2011. 8. 4.]

제24조(국고보조금의 신청 등) 지방자치단체의 장이 「보조금 관리에 관한 법률」에 따라 중앙관서(「국가재정법」 제6조제2항에 따른 중앙관서를 말한다. 이하 같다)의 장에게 보조금의 예산 계상을 신청하였을 때에는 그 내용을 해당 회계연도의 전년도 4월 30일까지 행정안전부장관에게 보고하여야 한다. 이 경우 시장·군수 및 자치구의 구청장은 특별시장·광역시장·특별자치시장·도지사 및 특별자치도지사(이하 "시·도지사"라 한다)를 거쳐 행정안전부장관에게 보고하여야 한다. <개정 2013. 3. 23., 2014. 5. 28., 2014. 11. 19., 2015. 5. 13., 2017. 7. 26.>
[전문개정 2011. 8. 4.]
[제목개정 2014. 5. 28.]

제25조(지방자치단체의 부담을 수반하는 법령안) 중앙관서의 장은 그 소관 사무로서 지방자치단체의 경비부담을 수반하는 사무에 관한 법령을 제정하거나 개정하려면 미리 행정안전부장관의 의견을 들어야 한다. <개정 2013. 3. 23., 2014. 5. 28., 2014. 11. 19., 2017. 7. 26.>
[전문개정 2011. 8. 4.]

제26조(지방자치단체의 부담을 수반하는 경비) 중앙관서의 장은 그 소관에 속하는 세입·세출 및 국고채무 부담행위의 요구안 중 지방자치단체의 부담을 수반하는 사항에 대하여는 「국가재정법」 제31조에 따른 서류 또는 같은 법 제51조제2항에 따른 명세서를 기획재정부장관에게 제출하기 전에 행정안전부장관과 협의하여야 한다. <개정 2013. 3.

23., 2014. 5. 28., 2014. 11. 19., 2017. 7. 26.>

[전문개정 2011. 8. 4.]

제27조(지방자치단체의 부담을 수반하는 국고 보조) 중앙관서의 장은 그 소관에 속하는 세출예산 중에서 지방자치단체의 재정적 부담을 수반하는 보조금 등을 지방자치단체에 교부하기로 결정·통지하였을 때에는 즉시 기획재정부장관과 행정안전부장관에게 통지하여야 한다. 다만, 보조금 등의 교부결정에 있어서 제26조에 따라 행정안전부장관과 협의를 거치지 아니한 부분에 대하여는 그 교부결정을 통지하기 전에 미리 행정안전부장관과 협의하여야 한다. <개정 2013. 3. 23., 2014. 5. 28., 2014. 11. 19., 2017. 7. 26.>

[전문개정 2011. 8. 4.]

제27조의2(지방재정관리위원회)

① 지방자치단체의 재정부담 및 재정위기관리에 관한 다음 각 호의 사항을 심의하기 위하여 행정안전부장관 소속으로 지방재정관리위원회(이하 "위원회"라 한다)를 둔다. <개정 2023. 8. 16.>
 1. 지방자치단체의 재정부담에 관한 다음 각 목의 사항
  가. 제26조에 따라 지방자치단체의 재정부담을 수반하는 사항 중 주요 경비에 관한 사항
  나. 국가와 지방자치단체 간 세목 조정 사항 중 지방재정상 부담이 되는 중요 사항
  다. 국고보조사업 중 국가와 지방자치단체 간, 시·도와 시·군·자치구 간 재원분담 비율 조정에 관한 사항
  라. 지방자치단체의 재원분담과 관련된 법령 또는 정책 입안 사항 중 행정안전부장관이 필요하다고 인정하여 부의하는 사항
  마. 지방세 특례 및 세율 조정 등 지방세 수입에 중대한 영향을 미치는 지방세 관계 법령의 제정·개정·폐지에 관한 사항 중 행정안전부장관이 필요하다고 인정하여 부의하는 사항
  바. 그 밖에 지방자치단체의 재정부담에 관한 사항으로 행정안전부장관이 필요하다고 인정하여 부의하는 사항
 2. 지방자치단체의 재정위기관리에 관한 다음 각 목의 사항
  가. 제55조제3항에 따른 재정진단에 관한 사항
  나. 제55조의2제1항 및 제2항에 따른 재정위기단체 또는 재정주의단체의 지정 및 지정 해제에 관한 사항
  다. 제55조의3제8항에 따른 재정건전화계획의 수립 및 이행 권고에 관한 사항
  라. 제60조의3에 따른 긴급재정관리단체의 지정 및 지정 해제에 관한 사항
  마. 제60조의4에 따른 긴급재정관리인의 선임에 관한 사항
  바. 제60조의5에 따른 긴급재정관리계획의 승인 및 변경승인에 관한 사항
  사. 제60조의6제4항에 따른 긴급재정관리계획의 이행상황 평가 및 권고에 관한 사항
  아. 그 밖에 지방자치단체의 재정위기관리에 관한 사항으로 행정안전부장관이 필요하다고 인정하여 부의하는 사항
② 위원회는 위원장·부위원장을 포함하여 15명 이내의 위원으로 구성하되, 성별을 고려하여야 한다. <개정 2013. 7. 16., 2023. 8. 16.>
③ 위원회의 위원장은 행정안전부장관이 되고, 부위원장은 행정안전부차관과 민간위원으로 하되, 민간위원인 부위원장은 위원회에서 호선하여 선정한다. <신설 2013. 7. 16., 2014. 11. 19., 2017. 7. 26., 2023. 8. 16.>
④ 위원회의 위원은 다음 각 호의 사람이 된다. <신설 2013. 7. 16., 2014. 5. 28., 2014. 11. 19., 2017. 3. 21., 2017. 7. 26., 2023. 8. 16.>
 1. 기획재정부, 국무조정실 등 대통령령으로 정하는 관계 중앙관서의 차관·차장 또는 이에 준하는 직위에 재직 중인 공무원
 2. 전국시도지사협의회·전국시장군수구청장협의회·전국시도의회의장협의회·전국시군구의회의장협의회에서

추천하는 각 1명. 이 경우 전국시도지사협의회 및 전국시장군수구청장협의회는 해당 협의회에 소속된 지방자치단체의 장 중에서 1명을 각각 추천하여야 한다.
3. 그 밖에 지방재정에 대한 학식과 전문지식이 있는 사람으로서 행정안전부장관이 위촉하는 사람

⑤ 위원회의 회의는 연 1회 이상 개최하고, 위원장이 소집한다. 다만, 다음 각 호의 경우에는 추가로 개최할 수 있다. <신설 2013. 7. 16.>
1. 위원장이 필요하다고 인정하는 때
2. 지방자치단체협의회의 소집요구가 있는 때

⑥ 행정안전부장관은 위원회에서 의결한 사항을 각 중앙관서의 장 및 지방자치단체의 장에게 즉시 통보하여야 하고, 중앙관서의 장 및 지방자치단체의 장은 소관 사무의 수행에 이를 반영하여야 한다. 다만, 중앙관서의 장 및 지방자치단체의 장이 불가피한 사유로 의결한 사항을 반영하지 못하는 경우에는 그 내용을 행정안전부장관에게 통보하여야 하고, 행정안전부장관은 이를 위원회에 보고하여야 한다. <신설 2015. 12. 29., 2017. 7. 26.>

⑦ 위원회를 효율적으로 운영하고 위원회의 심의사항을 전문적으로 검토하기 위하여 위원회에 분과위원회를 둘 수 있다. <신설 2013. 7. 16., 2014. 11. 19., 2015. 12. 29., 2017. 7. 26., 2023. 8. 16.>

⑧ 그 밖에 위원회 및 분과위원회의 구성과 운영 등에 필요한 사항은 대통령령으로 정한다. <개정 2013. 7. 16., 2015. 12. 29., 2023. 8. 16.>

[본조신설 2011. 8. 4.]
[제목개정 2023. 8. 16.]

제27조의3(국고보조사업에 대한 예산편성)

① 국고보조금에 의한 사업 중 지방자치단체의 재정적 부담을 수반하는 경우 지방자치단체의 예산편성은 제26조 및 「보조금 관리에 관한 법률」 제7조에 따라 중앙관서의 장과 행정안전부장관이 협의한 보조사업계획에 의한다. <개정 2013. 3. 23., 2014. 5. 28., 2014. 11. 19., 2017. 7. 26.>

② 행정안전부장관은 제1항에 따른 보조사업계획을 해당 회계연도의 전년도 10월 15일까지 각 부처 및 지방자치단체의 장에게 통보한다. <개정 2013. 3. 23., 2014. 11. 19., 2017. 7. 26.>

[본조신설 2011. 8. 4.]

제27조의4(국고보조금의 관리)

① 중앙관서의 장은 지방자치단체에 지원한 국고보조금의 교부실적과 해당 지방자치단체의 보조금 집행실적을 대통령령으로 정하는 기한까지 행정안전부장관에게 통보하여야 한다. <개정 2014. 5. 28., 2014. 11. 19., 2017. 7. 26.>

② 행정안전부장관은 제1항에 따라 통보된 결과를 공표하여야 하고, 공표의 방법 및 내용 등에 필요한 사항은 대통령령으로 정한다. <개정 2014. 11. 19., 2017. 7. 26.>

③ 중앙관서의 장은 「보조금 관리에 관한 법률」 제25조에 따른 보조사업 수행 상황 점검 결과 중 지방자치단체에서 수행한 보조사업의 점검 결과를 다음 연도 3월말까지 행정안전부장관에게 제출하여야 한다. <신설 2015. 12. 29., 2017. 7. 26.>

④ 행정안전부장관은 제3항에 따라 제출된 결과를 통합하여 공개하여야 한다. <신설 2015. 12. 29., 2017. 7. 26.>

[본조신설 2013. 7. 16.]

제27조의5(국고보조사업의 이력관리)

① 행정안전부장관은 지방자치단체 국고보조사업의 신청 및 수행 상황을 점검하고 사업별로 이력을 관리하여야 한다. <개정 2014. 11. 19., 2017. 7. 26.>

② 지방자치단체의 장 및 중앙관서의 장은 제24조, 제27조의4 및 「보조금의 관리에 관한 법률」 제12조제2항에 따

라 행정안전부장관에게 보고 또는 통보를 할 때에는 지방자치단체 국고보조사업의 효율적인 관리를 위하여 행정안전부장관이 정하는 분류체계에 따라 제96조의2제1항에 따른 정보시스템을 통해서 하여야 한다. <개정 2014. 11. 19., 2017. 7. 26.>
③ 행정안전부장관은 지방자치단체 국고보조사업의 원활한 관리를 위하여 관계 중앙관서의 장과 협의하여 관련 정보시스템 간 정보공유체계를 구축하여야 한다. <개정 2014. 11. 19., 2017. 7. 26.>
[본조신설 2014. 5. 28.]

제27조의6(지방재정영향평가)

① 지방자치단체의 장은 대규모의 재정적 부담을 수반하는 국내·국제경기대회, 축제·행사, 공모사업 등의 유치를 신청하거나 응모를 하려면 미리 해당 지방자치단체의 재정에 미칠 영향을 평가하고 그 평가결과를 토대로 제37조의3에 따른 지방재정투자심사위원회의 심사를 거쳐야 한다. 이 경우 평가대상은 「지방자치법」 제2조에 규정된 지방자치단체의 종류, 사업의 유형과 성격, 재정부담의 규모 등을 고려하여 대통령령으로 정한다. <개정 2023. 4. 11.>
② 중앙관서의 장은 제25조 또는 제26조에 따라 의견을 듣거나 협의할 때에 대규모 지방재정 부담을 수반하는 사항에 대해서는 대통령령으로 정하는 바에 따라 지방재정에 미치는 영향을 평가한 결과(이하 제3항에서 "지방재정영향평가서"라 한다)를 행정안전부장관에게 제출하여야 한다. 이 경우 평가대상은 지방재정 부담의 소요기간, 소요금액 등을 고려하여 대통령령으로 정한다. <개정 2014. 11. 19., 2017. 7. 26.>
③ 중앙관서의 장은 제2항에 따른 지방재정영향평가서를 다음 각 호의 시기에 따라 기획재정부장관에게도 제출하여야 한다. <개정 2014. 11. 19., 2017. 7. 26.>
 1. 제25조에 따라 행정안전부장관의 의견을 들을 때에는 지방재정영향평가서를 행정안전부장관에게 제출할 때
 2. 제26조에 따라 행정안전부장관과 협의할 때에는 기획재정부장관에게 같은 조에 따른 서류 또는 명세서를 제출할 때
[본조신설 2014. 5. 28.]

제27조의7(국고보조사무의 지방이양에 따른 사무 수행) 국고보조사무가 지방자치단체에 이양된 경우 중앙관서의 장은 해당 사무 수행에 대하여 지방자치단체 재정운용의 자율성을 해치거나 지방재정에 부당한 영향을 미치는 조치를 하여서는 아니 된다.
[본조신설 2014. 5. 28.]

제27조의8(국고보조사업 집행 관리 등)

① 행정안전부장관은 지방자치단체에서 수행하는 국고보조사업에 대하여 지방자치단체 및 관계 중앙관서의 장에게 자료의 제출을 요구할 수 있다. 이 경우 요청을 받은 기관은 이에 따라야 한다. <개정 2017. 7. 26.>
② 행정안전부장관과 관계 중앙관서의 장은 국고보조사업의 효율적인 관리를 위하여 필요하다고 인정하는 경우 지방자치단체에서 수행하는 국고보조사업의 수행 상황을 조사하고 점검할 수 있다. <개정 2017. 7. 26.>
[본조신설 2015. 12. 29.]

제28조(시·도의 사무위임에 수반하는 경비 부담) 시·도나 시·도지사가 시·군 및 자치구 또는 시장·군수·자치구의 구청장에게 그 사무를 집행하게 할 때에는 시·도는 그 사무 집행에 드는 경비를 부담하여야 한다.
[전문개정 2011. 8. 4.]

제28조의2(지방세 감면의 제한 등)

① 행정안전부장관은 대통령령으로 정하는 해당 연도의 지방세 징수결산액과 지방세 비과세·감면액을 합한 금액에서 지방세 비과세·감면액이 차지하는 비율이 대통령령으로 정하는 비율 이하가 되도록 노력하여야 한다. <개정 2013. 3. 23., 2014. 11. 19., 2017. 7. 26.>

② 중앙관서의 장은 그 소관 사무로서 새로운 지방세 감면을 요청할 때에는 그 감면액을 보충하기 위한 대책으로 다음 각 호의 어느 하나에 해당하는 사항을 「지방세특례제한법」 제181조제2항에 따른 지방세 감면건의서에 포함하여 행정안전부장관에게 제출하여야 한다. <개정 2013. 3. 23., 2014. 5. 28., 2014. 11. 19., 2015. 12. 29., 2017. 7. 26.>
1. 기존 지방세 감면의 축소 또는 폐지
2. 국고보조사업의 국고 부담비율 상향조정
3. 지방자치단체 예산지원 등 그 밖에 지방재정 보전을 위하여 필요한 사항
[본조신설 2011. 8. 4.]

제29조(시·군 조정교부금)

① 시·도지사(특별시장은 제외한다. 이하 이 조에서 같다)는 다음 각 호의 금액의 27퍼센트(인구 50만 이상의 시와 자치구가 아닌 구가 설치되어 있는 시의 경우에는 47퍼센트)에 해당하는 금액을 관할 시·군 간의 재정력 격차를 조정하기 위한 조정교부금의 재원으로 확보하여야 한다. <개정 2014. 5. 28., 2019. 12. 31., 2021. 12. 7.>
1. 시·군에서 징수하는 광역시세·도세(화력발전·원자력발전에 대한 지역자원시설세, 소방분 지역자원시설세 및 지방교육세는 제외한다)의 총액
2. 해당 시·도(특별시는 제외한다. 이하 이 조에서 같다)의 지방소비세액(「지방세법」 제71조제3항제3호가목 및 같은 항 제4호가목에 따라 시·도에 배분되는 금액은 해당 지방소비세액에서 제외한다)을 전년도 말의 해당 시·도의 인구로 나눈 금액에 전년도 말의 시·군의 인구를 곱한 금액
② 시·도지사는 제1항에 따른 조정교부금의 재원을 인구, 징수실적(지방소비세는 제외한다), 해당 시·군의 재정사정, 그 밖에 대통령령으로 정하는 기준에 따라 해당 시·도의 관할구역의 시·군에 배분한다. <개정 2014. 5. 28.>
③ 시·도지사는 화력발전·원자력발전에 대한 각각의 지역자원시설세를 다음 각 호의 구분에 따라 관할 시·군에 각각 배분하여야 한다. 이 경우 제2호에 따른 금액은 같은 호에 따른 시·군 및 제29조의2제2항제2호에 따른 자치구에 균등 배분한다. <개정 2024. 2. 20.>
1. 화력발전·원자력발전에 대한 지역자원시설세의 100분의 65에 해당하는 금액(「지방세징수법」 제17조제2항에 따른 징수교부금을 교부한 경우에는 그 금액을 뺀 금액을 말한다): 화력발전소·원자력발전소가 있는 시·군
2. 원자력발전에 대한 지역자원시설세의 100분의 20의 범위에서 조례로 정하는 비율에 해당하는 금액: 「원자력시설 등의 방호 및 방사능 방재 대책법」 제2조제1항제9호에 따른 방사선비상계획구역의 전부 또는 일부를 관할하는 시·군(해당 원자력발전소가 있는 시·군은 제외한다)
④ 시·도지사는 「지방세법」 제43조제2호의 장외발매소(같은 법 같은 조 제1호의 경륜등의 사업장과 함께 있는 장외발매소는 제외한다)에서 발매한 같은 법 제42조에 따른 승자투표권, 승마투표권 등(이하 "승자투표권등"이라 한다)에 대하여 시·군에서 징수한 레저세의 100분의 20에 해당하는 금액을 그 장외발매소가 있는 시·군에 각각 배분하여야 한다. <신설 2021. 12. 28.>
[전문개정 2011. 8. 4.]
[제목개정 2014. 5. 28.]
[법률 제18546호(2021. 12. 7.) 제29조제1항제2호의 개정규정은 같은 법 부칙 제2조의 규정에 의하여 2026년 12월 31일까지 유효함]

제29조의2(자치구 조정교부금)

① 특별시장 및 광역시장은 대통령령으로 정하는 보통세 수입의 일정액을 조정교부금으로 확보하여 조례로 정하는 바에 따라 해당 지방자치단체 관할구역의 자치구 간 재정력 격차를 조정하여야 한다. <개정 2021. 12. 28.>

② 특별시장 및 광역시장은 화력발전·원자력발전에 대한 각각의 지역자원시설세를 다음 각 호의 구분에 따라 관할 자치구에 각각 배분하여야 한다. 이 경우 제2호에 따른 금액은 같은 호에 따른 자치구 및 제29조제3항제2호에 따른 시·군에 균등 배분한다. <신설 2024. 2. 20.>

1. 화력발전·원자력발전에 대한 지역자원시설세의 100분의 65에 해당하는 금액(「지방세징수법」 제17조제2항에 따른 징수교부금을 교부한 경우에는 그 금액을 뺀 금액을 말한다): 화력발전소·원자력발전소가 있는 자치구
2. 원자력발전에 대한 지역자원시설세의 100분의 20의 범위에서 조례로 정하는 비율에 해당하는 금액: 「원자력시설 등의 방호 및 방사능 방재 대책법」 제2조제1항제9호에 따른 방사선비상계획구역의 전부 또는 일부를 관할하는 자치구(해당 원자력발전소가 있는 자치구는 제외한다)

③ 특별시장 및 광역시장은 「지방세법」 제43조제2호의 장외발매소(같은 법 같은 조 제1호의 경륜등의 사업장과 함께 있는 장외발매소는 제외한다)에서 발매한 승자투표권등에 대하여 자치구에서 징수한 레저세의 100분의 20에 해당하는 금액을 그 장외발매소가 있는 자치구에 각각 배분하여야 한다. <신설 2021. 12. 28., 2024. 2. 20.>

[본조신설 2014. 5. 28.]

제29조의3(조정교부금의 종류와 용도) 제29조 및 제29조의2에 따른 조정교부금은 일반적 재정수요에 충당하기 위한 일반조정교부금과 특정한 재정수요에 충당하기 위한 특별조정교부금으로 구분하여 운영하되, 특별조정교부금은 민간에 지원하는 보조사업의 재원으로 사용할 수 없다. <개정 2015. 12. 29.>

[본조신설 2014. 5. 28.]

제29조의4(조정교부금 세부명세 등의 공개) 시·도지사(특별자치시장 및 제주특별자치도지사는 제외한다)는 제29조 및 제29조의2에 따라 산정된 일반조정교부금의 세부명세와 특별조정교부금 교부사업에 관한 정보를 매년 해당 시·도(특별자치시 및 제주특별자치도는 제외한다) 홈페이지 등에 공개하여야 한다. <개정 2023. 4. 11.>

[본조신설 2015. 12. 29.]
[제목개정 2023. 4. 11.]

제30조 삭제 <2014. 5. 28.>

제31조(국가의 공공시설에 관한 사용료)

① 지방자치단체나 그 지방자치단체의 장이 관리하는 국가의 공공시설 중 지방자치단체가 그 관리에 드는 경비를 부담하는 공공시설에 대하여는 법령에 특별한 규정이 있는 경우를 제외하고는 그 지방자치단체나 지방자치단체의 장은 조례나 규칙으로 정하는 바에 따라 그 공공시설의 사용료를 징수할 수 있다.
② 제1항에 따라 징수한 사용료는 그 지방자치단체의 수입으로 한다.

[전문개정 2011. 8. 4.]

제32조(사무 위임에 따른 과태료 등 수입의 귀속) 지방자치단체가 국가나 다른 지방자치단체의 위임사무에 대하여 법령에서 정하는 바에 따라 과태료 또는 과징금을 부과·징수한 경우 그 수입은 사무위임을 받은 지방자치단체의 수입으로 한다. 다만, 다른 법령에 특별한 규정이 있거나 「비송사건절차법」에서 정하는 바에 따라 부과·징수한 과태료의 경우에는 그러하지 아니하다.

[전문개정 2011. 8. 4.]

제3장 예산

제33조(중기지방재정계획의 수립 등)

① 지방자치단체의 장은 지방재정을 계획성 있게 운용하기 위하여 매년 다음 회계연도부터 5회계연도 이상의 기간에 대한 중기지방재정계획을 수립하여 예산안과 함께 지방의회에 제출하고, 회계연도 개시 30일 전까지 행정안전부장관에게 제출하여야 한다. <개정 2014. 5. 28., 2014. 11. 19., 2017. 7. 26.>

② 지방자치단체의 장은 제1항에 따른 중기지방재정계획(이하 "중기지방재정계획"이라 한다)을 수립할 때에는 행정안전부장관이 정하는 계획수립 절차 등에 따라 그 중기지방재정계획이 관계 법령에 따른 국가계획 및 지역계획과 연계되도록 하여야 한다. <개정 2013. 3. 23., 2014. 5. 28., 2014. 11. 19., 2017. 7. 26.>

③ 중기지방재정계획에는 다음 각 호의 사항이 포함되어야 한다. <신설 2014. 5. 28.>
 1. 재정운용의 기본방향과 목표
 2. 중장기 재정여건과 재정규모전망
 3. 관련 국가계획 및 지역계획 중 해당 사항
 4. 분야별 재원배분계획
 5. 예산과 기금별 운용방향
 6. 의무지출(법령 등에 따라 지출과 지출규모가 결정되는 지출 및 이자지출을 말하며 그 구체적인 범위는 대통령령으로 정한다. 이하 같다)의 증가율 및 산출내역과 재량지출(의무지출 외의 지출을 말한다. 이하 같다)의 증가율에 대한 분야별 전망과 근거 및 관리계획
 7. 제59조에 따른 지역통합재정통계의 전망과 근거
 8. 통합재정수지[일반회계, 특별회계 및 기금을 통합한 재정통계로서 순(純) 수입에서 순 지출을 뺀 금액을 말한다] 전망과 관리방안
 9. 투자심사와 지방채 발행 대상사업
 10. 그 밖에 대통령령으로 정하는 사항

④ 행정안전부장관은 매년 중기지방재정계획의 수립에 필요한 다음 각 호의 사항이 포함된 지침을 지방자치단체에 통보할 수 있다. <신설 2014. 5. 28., 2014. 11. 19., 2017. 7. 26.>
 1. 국가의 재정운용방향
 2. 관련 국가계획 및 지역계획
 3. 중기지방재정계획의 수립에 필요한 그 밖의 정보
 4. 중기지방재정계획 수립의 기준

⑤ 행정안전부장관은 관계 중앙관서의 장에게 제4항에 따른 지침의 작성에 필요한 정보를 제공하도록 요청할 수 있다. 이 경우 요청을 받은 관계 중앙관서의 장은 이에 협조하여야 한다. <신설 2014. 5. 28., 2014. 11. 19., 2017. 7. 26.>

⑥ 행정안전부장관은 제1항에 따른 각 지방자치단체의 중기지방재정계획을 기초로 매년 종합적인 중기지방재정계획을 수립하고, 국무회의에 보고하여야 한다. 이 경우 행정안전부장관은 지방자치단체의 의견을 최대한 반영하도록 노력하여야 한다. <개정 2013. 3. 23., 2013. 7. 16., 2014. 5. 28., 2014. 11. 19., 2017. 7. 26.>

⑦ 행정안전부장관은 제6항에 따라 종합적인 중기지방재정계획을 수립할 때에는 「국가재정법」에 따른 국가재정운용계획과의 연계성을 높일 수 있도록 관계 중앙관서의 장과 협의하여야 한다. <신설 2014. 5. 28., 2014. 11. 19., 2017. 7. 26.>

⑧ 중기지방재정계획을 변경하는 경우에는 제1항·제2항·제6항 및 제7항을 준용한다. <개정 2014. 5. 28.>

⑨ 중기지방재정계획의 수립에 관한 지방자치단체의 장의 자문에 응하도록 하기 위하여 각 지방자치단체에 지방재정계획심의위원회를 둔다. <개정 2014. 5. 28.>

⑩ 제9항에 따른 지방재정계획심의위원회의 구성 및 운영 등에 필요한 사항은 해당 지방자치단체의 조례로 정한다. <개정 2014. 5. 28.>
⑪ 지방자치단체의 장은 중기지방재정계획에 반영되지 아니한 사업에 대해서는 제37조에 따른 투자심사나 지방채 발행의 대상으로 해서는 아니 된다. 다만, 중기지방재정계획을 수립할 때에 반영하지 못할 불가피한 사유가 있는 경우는 예외로 한다. <신설 2014. 5. 28.>
[전문개정 2011. 8. 4.]

제34조(예산총계주의의 원칙)

① 한 회계연도의 모든 수입을 세입으로 하고 모든 지출을 세출로 한다.
② 세입과 세출은 모두 예산에 편입하여야 한다.
③ 지방자치단체가 현물로 출자하는 경우와 「지방자치단체 기금관리기본법」제2조에 따른 기금을 운용하는 경우 또는 그 밖에 대통령령으로 정하는 사유로 보관할 의무가 있는 현금이나 유가증권이 있는 경우에는 제2항에도 불구하고 이를 세입·세출예산 외로 처리할 수 있다. <개정 2017. 10. 24.>
[전문개정 2011. 8. 4.]

제35조(세출의 재원) 지방자치단체의 세출은 지방채 외의 세입을 그 재원으로 하여야 한다. 다만, 부득이한 경우에는 제11조에 따른 지방채로 충당할 수 있다.
[전문개정 2011. 8. 4.]

제36조(예산의 편성)

① 지방자치단체는 법령 및 조례로 정하는 범위에서 합리적인 기준에 따라 그 경비를 산정하여 예산에 계상하여야 한다.
② 지방자치단체는 모든 자료에 의하여 엄정하게 그 재원을 포착하고 경제 현실에 맞도록 그 수입을 산정하여 예산에 계상하여야 한다.
③ 지방자치단체는 세입·세출의 항목이 구체적으로 명시되도록 예산을 계상하여야 한다. <신설 2014. 5. 28.>
④ 지방자치단체의 장이 예산을 편성할 때에는 제33조에 따른 중기지방재정계획과 제37조에 따른 투자심사 결과를 기초로 하여야 한다. <개정 2014. 5. 28.>
[전문개정 2011. 8. 4.]

제36조의2(성인지 예산서의 작성·제출)

① 지방자치단체의 장은 예산이 여성과 남성에게 미칠 영향을 미리 분석한 보고서[이하 "성인지 예산서"(性認知 豫算書)라 한다]를 작성하여야 한다.
② 「지방자치법」 제142조에 따른 예산안에는 성인지 예산서가 첨부되어야 한다. <개정 2021. 1. 12.>
③ 그 밖에 성인지 예산서의 작성에 관한 구체적인 사항은 대통령령으로 정한다.
[본조신설 2011. 3. 8.]

제37조(투자심사)

① 지방자치단체의 장은 다음 각 호의 사항에 대해서는 미리 그 필요성과 타당성에 대한 심사(이하 "투자심사"라 한다)를 직접 하거나 행정안전부장관 또는 시·도지사에게 의뢰하여 투자심사를 받아야 한다. <개정 2021. 1. 12., 2023. 4. 11.>
 1. 재정투자사업에 관한 예산안 편성
 2. 다음 각 목의 사항에 대한 지방의회 의결의 요청

가. 채무부담행위
　　나. 보증채무부담행위
　　다. 「지방자치법」 제47조제1항제8호에 따른 예산 외의 의무부담
② 제1항에 따른 투자심사 실시 주체별 투자심사 대상 사업의 범위는 지방자치단체의 종류, 총사업비, 사업의 유형 및 성격 등을 고려하여 대통령령으로 정한다. <개정 2023. 4. 11.>
③ 제1항에도 불구하고 다음 각 호의 사업은 투자심사 대상에서 제외한다. <개정 2023. 4. 11., 2023. 8. 8.>
　1. 재해복구 등 원상복구를 목적으로 하는 사업
　2. 「국가유산수리 등에 관한 법률」 제2조제1호의 국가유산수리 사업
　3. 「지방공기업법」 제49조에 따른 지방공사 및 같은 법 제76조에 따른 지방공단 설립 사업
　4. 「지역보건법」 제10조에 따른 보건소 및 「소방기본법」 제3조제1항에 따른 소방기관의 건축 사업
　5. 그 밖에 재난예방·안전 사업, 다른 법률에 따라 투자심사와 유사한 심사를 거친 사업 등 대통령령으로 정하는 사업
④ 제1항에 따른 투자심사 결과는 적정, 조건부 추진, 재검토 및 부적정으로 구분한다. <개정 2023. 4. 11.>
⑤ 지방자치단체의 장은 투자심사 결과가 재검토 또는 부적정인 경우에는 예산을 편성하여서는 아니 된다. <신설 2023. 4. 11.>
⑥ 투자심사의 기준 및 절차, 투자심사의 사후평가 등 투자심사에 관하여 그 밖에 필요한 사항은 행정안전부령으로 정한다. <신설 2023. 4. 11.>
　[전문개정 2014. 5. 28.]

제37조의2(타당성조사)

① 지방자치단체의 장은 제37조제1항에 따른 투자심사 대상 중에서 총사업비 500억원 이상인 신규사업(같은 항 제2호 각 목에 따른 부담의 대상인 사업을 포함한다. 이하 같다)에 대해서는 투자심사를 하거나 받기 전에 행정안전부장관이 정하여 고시하는 전문기관에 의뢰하여 그 사업의 타당성을 객관적 기준에 따라 검증하는 조사(이하 "타당성조사"라 한다)를 실시하여야 한다. 다만, 다음 각 호의 어느 하나에 해당하는 경우에는 타당성조사를 받은 것으로 본다.
　1. 「국가재정법」 제38조제1항에 따른 예비타당성조사를 실시한 경우
　2. 「국가재정법」 제38조제5항에 따른 사업계획 적정성 검토를 받은 경우
　3. 「공공기관의 운영에 관한 법률」 제40조제3항 각 호 외의 부분 본문에 따른 예비타당성조사를 실시한 경우
　4. 「사회기반시설에 대한 민간투자법」 제9조제1항에 따라 제안된 사업으로서 해당 사업에 대한 제안내용을 다음 각 목의 어느 하나에 해당하는 기관에서 대통령령으로 정하는 바에 따라 검토 및 적격성 조사를 실시한 경우
　　가. 「사회기반시설에 대한 민간투자법」 제23조제1항에 따른 공공투자관리센터
　　나. 「국가재정법」 제38조제1항의 예비타당성조사를 수행하기 위하여 같은 법 제8조의2제1항에 따라 지정된 전문기관
　5. 그 밖에 제1호부터 제4호까지에 따른 조사 또는 검토와 유사한 절차를 이미 거친 경우로서 대통령령으로 정하는 경우
② 지방자치단체의 장은 타당성조사를 위한 계약을 행정안전부장관에게 위탁하여 체결할 수 있다.
③ 타당성조사의 절차·방법과 비용의 납부절차 등 필요한 사항은 행정안전부령으로 정한다.
　[본조신설 2023. 4. 11.]
　[종전 제37조의2는 제37조의3으로 이동 <2023. 4. 11.>]

제37조의3(지방재정투자심사위원회)

① 투자심사에 관한 지방자치단체의 장의 자문에 응하기 위하여 지방자치단체의 장 소속으로 지방재정투자심사위원회를 둔다. 다만, 지방재정투자심사위원회의 기능을 담당하기에 적합한 다른 위원회가 있고 그 위원회의 위원이 지방재정 또는 투자심사에 관한 학식이나 전문성을 갖춘 경우에는 조례로 정하는 바에 따라 그 위원회가 지방재정투자심사위원회의 기능을 대신할 수 있다.

② 제1항에 따른 지방재정투자심사위원회는 위원장 1명을 포함한 15명 이내의 위원으로 구성하되, 성별을 고려하여야 한다. <개정 2021. 1. 12.>

③ 제2항에 따른 위원은 민간위원(「고등교육법」에 따른 국공립학교의 교원을 포함한다)과 공무원(「지방공무원법」 제2조제2항제1호의 일반직공무원을 의미한다)으로 임명 또는 위촉하되, 공무원인 위원이 전체의 4분의 1을 초과하여서는 아니 된다. <신설 2021. 1. 12.>

④ 위원장은 민간위원 중에서 호선한다. <신설 2021. 1. 12.>

⑤ 민간위원의 임기는 3년 이내에서 조례로 정하며, 한 차례만 연임할 수 있다. <신설 2021. 1. 12.>

⑥ 위원은 다음 각 호의 어느 하나에 해당하는 경우 해당 심의 대상 안건의 심의에서 제척된다. <신설 2021. 1. 12.>
 1. 위원 또는 위원과 친족관계에 있는 자가 해당 심의 대상 안건에 관하여 이해관계가 있는 경우
 2. 위원이 속한 기관이 해당 심의 대상 안건과 관련하여 용역·자문을 수행하는 등 이해관계가 있는 경우

⑦ 지방재정투자심사위원회 심의 대상 안건의 당사자는 위원에게 공정한 심의를 기대하기 어려운 사정이 있는 경우 지방재정투자심사위원회에 기피 신청을 할 수 있고, 지방재정투자심사위원회는 의결로 이를 결정한다. 이 경우 기피 신청의 대상인 위원은 그 의결에 참여하지 못한다. <신설 2021. 1. 12.>

⑧ 위원은 제6항 각 호에 따른 제척 사유에 해당하는 경우 스스로 해당 심의 대상 안건의 심의를 회피하여야 한다. <신설 2021. 1. 12.>

[본조신설 2014. 5. 28.]
[제37조의2에서 이동, 종전 제37조의3은 제37조의4로 이동 <2023. 4. 11.>]

제37조의4(주요 사업의 공개) 지방자치단체의 장은 투자심사를 하거나 받는 사업 또는 지방채를 발행하여 시행하는 사업에 대해서는 대통령령으로 정하는 바에 따라 투자심사 결과, 추진상황 및 그 밖에 대통령령으로 정하는 사항을 공개하여야 한다. <개정 2023. 4. 11.>

[본조신설 2014. 5. 28.]
[제37조의3에서 이동 <2023. 4. 11.>]

제38조(지방자치단체 재정운용 업무편람 등)

① 행정안전부장관은 국가 및 지방 재정의 운용 여건, 지방재정제도의 개요 등 지방자치단체의 재정운용에 필요한 정보로 구성된 회계연도별 지방자치단체 재정운용 업무편람을 작성하여 지방자치단체에 보급할 수 있다. <개정 2013. 3. 23., 2014. 11. 19., 2017. 7. 26.>

② 지방재정의 건전한 운용과 지방자치단체 간 재정운용의 균형을 확보하기 위하여 필요한 회계연도별 지방자치단체 예산편성기준은 행정안전부령으로 정한다. <개정 2013. 3. 23., 2014. 11. 19., 2017. 7. 26.>

③ 행정안전부장관은 지방자치단체의 건전한 재정지출에 필요한 기준을 정하여 지방자치단체에 통보할 수 있다. <신설 2014. 5. 28., 2014. 11. 19., 2017. 7. 26.>

[전문개정 2011. 8. 4.]

제39조(지방예산 편성 등 예산과정의 주민 참여)

① 지방자치단체의 장은 대통령령으로 정하는 바에 따라 지방예산 편성 등 예산과정(「지방자치법」 제47조에 따른 지방의회의 의결사항은 제외한다. 이하 이 조에서 같다)에 주민이 참여할 수 있는 제도(이하 이 조에서 "주민참여예산제도"라 한다)를 마련하여 시행하여야 한다. <개정 2015. 5. 13., 2018. 3. 27., 2021. 1. 12.>
② 지방예산 편성 등 예산과정의 주민 참여와 관련되는 다음 각 호의 사항을 심의하기 위하여 지방자치단체의 장 소속으로 주민참여예산위원회 등 주민참여예산기구(이하 "주민참여예산기구"라 한다)를 둘 수 있다. <신설 2018. 3. 27.>
  1. 주민참여예산제도의 운영에 관한 사항
  2. 제3항에 따라 지방의회에 제출하는 예산안에 첨부하여야 하는 의견서의 내용에 관한 사항
  3. 그 밖에 지방자치단체의 장이 주민참여예산제도의 운영에 필요하다고 인정하는 사항
③ 지방자치단체의 장은 주민참여예산제도를 통하여 수렴한 주민의 의견서를 지방의회에 제출하는 예산안에 첨부하여야 한다. <개정 2014. 5. 28., 2018. 3. 27.>
④ 행정안전부장관은 지방자치단체의 재정적·지역적 여건 등을 고려하여 대통령령으로 정하는 바에 따라 지방자치단체별 주민참여예산제도의 운영에 대하여 평가를 실시할 수 있다. <신설 2015. 5. 13., 2017. 7. 26., 2018. 3. 27.>
⑤ 주민참여예산기구의 구성·운영과 그 밖에 필요한 사항은 해당 지방자치단체의 조례로 정한다. <신설 2018. 3. 27.>
[전문개정 2011. 8. 4.]
[제목개정 2018. 3. 27.]

제40조(예산의 내용)

① 예산은 예산총칙, 세입·세출예산, 계속비, 채무부담행위 및 명시이월비(明示移越費)를 총칭한다.
② 예산총칙에는 세입·세출예산, 계속비, 채무부담행위 및 명시이월비에 관한 총괄적 규정과 지방채 및 일시차입금의 한도액, 그 밖에 예산 집행에 필요한 사항을 정하여야 한다.
[전문개정 2011. 8. 4.]

제41조(예산의 과목 구분)

① 지방자치단체의 세입예산은 그 내용의 성질과 기능을 고려하여 장(章)·관(款)·항(項)으로 구분한다.
② 지방자치단체의 세출예산은 그 내용의 기능별·사업별 또는 성질별로 주요항목 및 세부항목으로 구분한다. 이 경우 주요항목은 분야·부문·정책사업으로 구분하고, 세부항목은 단위사업·세부사업·목으로 구분한다.
③ 제1항 및 제2항에 따른 각 과목의 구분과 설정 등 지방자치단체의 예산 과목 운용에 필요한 사항은 대통령령으로 정한다.
[전문개정 2011. 8. 4.]

제42조(계속비 등)

① 지방자치단체의 장은 공사나 제조, 그 밖의 사업으로서 그 완성에 수년을 요하는 것은 필요한 경비의 총액과 연도별 금액에 대하여 지방의회의 의결을 얻어 계속비로서 여러 해에 걸쳐 지출할 수 있다.
② 제1항에 따라 계속비로 지출할 수 있는 연한(年限)은 그 회계연도부터 5년 이내로 한다. 다만, 필요하다고 인정될 때에는 지방의회의 의결을 거쳐 다시 그 연한을 연장할 수 있다.
③ 지방자치단체는 완성하기까지 여러 해가 걸리는 공사 중 다음 각 호의 어느 하나에 해당하는 사업의 예산은 특별한 사유가 없으면 계속비로 편성하여야 한다. <개정 2014. 5. 28.>

1. 시급하게 추진하여야 하는 사업으로서 「재난 및 안전관리 기본법」 제3조제1호의 재난(이하 "재난"이라 한다) 복구사업
2. 중단 없이 이행하여야 하는 사업

[전문개정 2011. 8. 4.]

제43조(예비비)

① 지방자치단체는 예측할 수 없는 예산 외의 지출 또는 예산 초과 지출에 충당하기 위하여 일반회계와 교육비특별회계의 경우에는 각 예산 총액의 100분의 1 이내의 금액을 예비비로 예산에 계상하여야 하고, 그 밖의 특별회계의 경우에는 각 예산 총액의 100분의 1 이내의 금액을 예비비로 예산에 계상할 수 있다. <개정 2020. 6. 9.>
② 제1항에도 불구하고 재해·재난 관련 목적 예비비는 별도로 예산에 계상할 수 있다. <신설 2014. 5. 28.>
③ 지방자치단체의 장은 지방의회의 예산안 심의 결과 폐지되거나 감액된 지출항목에 대해서는 예비비를 사용할 수 없다. <신설 2014. 5. 28.>
④ 지방자치단체의 장은 예비비로 사용한 금액의 명세서를 「지방자치법」 제150조제1항에 따라 지방의회의 승인을 받아야 한다. <신설 2014. 5. 28., 2021. 1. 12.>

[전문개정 2011. 8. 4.]

제44조(채무부담행위)

① 지방자치단체의 장은 다음 각 호의 어느 하나에 해당하는 것을 제외하고는 지방자치단체에 채무부담의 원인이 될 계약의 체결이나 그 밖의 행위를 할 때에는 미리 예산으로 지방의회의 의결을 얻어야 한다. 이 경우 제11조제2항에 따른 지방채 발행 한도액 산정 시에는 채무부담행위에 의한 채무가 포함되어야 한다.
1. 법령이나 조례에 따른 것
2. 세출예산·명시이월비 또는 계속비 총액 범위의 것
② 지방자치단체의 장은 제1항에도 불구하고 지방의회를 소집할 시간적 여유가 없을 때에는 재난 복구를 위하여 시급히 추진할 필요가 있는 사업으로서 지방자치단체의 채무부담의 원인이 될 계약 중 총사업비가 10억원 이하의 범위에서 조례로 정하는 금액 이하인 계약을 지방의회의 의결을 거치지 아니하고 체결할 수 있다.
③ 지방자치단체의 장은 제2항에 따라 지방의회의 의결을 거치지 아니하고 계약을 체결하였을 때에는 즉시 지방의회에 보고하여야 한다.
④ 제1항부터 제3항까지의 규정에 따라 채무부담이 되는 행위를 하였을 때에는 늦어도 다음다음 회계연도 세출예산에 반드시 계상하여야 하며, 그 밖의 회계연도 세출예산에는 계상할 수 없다. <개정 2014. 5. 28.>
⑤ 제1항부터 제3항까지의 규정에 따른 채무부담행위의 경우에는 해당 회계연도와 다음 회계연도에 걸쳐 지출하여야 할 지출원인행위를 할 수 있다.

[전문개정 2011. 8. 4.]

제44조의2(예산안의 첨부서류)

① 예산안에는 다음 각 호의 서류가 첨부되어야 한다. 다만, 수정예산안 또는 추가경정예산안을 제출하는 경우에는 그 일부 또는 전부를 생략할 수 있다.
1. 재정운용상황개요서
2. 세입·세출예산 사업별 설명서
3. 계속비사업에 대한 설명서, 지출상황 및 투자계획
4. 채무부담행위에 대한 설명서, 지출상황 및 전망금액
5. 「지방세특례제한법」 제5조에 따른 지방세지출보고서(추정액 기준)

6. 제59조에 따른 지역통합재정통계 보고서(예산액 기준)
7. 성인지 예산서
8. 성과계획서
9. 예산정원표 및 편성기준 단가
10. 명시이월 명세서
11. 중기지방재정계획서
12. 공유재산 관련 서류
13. 회계와 기금 간의 이전 관련 서류
14. 그 밖에 대통령령으로 정하는 서류

② 제1항제1호에 따른 재정운용상황개요서에는 다음 각 호의 사항이 포함되어야 한다. <개정 2014. 11. 19., 2017. 7. 26.>
1. 행정안전부령으로 정하는 재정지표
2. 통합부채[「지방공기업법」에 따른 지방공기업(이하 "지방공기업"이라 한다) 및 「지방자치단체 출자·출연 기관의 운영에 관한 법률」에 따른 출자기관·출연기관(이하 "지방자치단체 출자·출연기관"이라 한다)의 부채를 포함한 부채를 말한다. 이하 같다]
3. 우발부채(보증·협약 등에 따라 지방자치단체의 부채로 바뀔 가능성이 있는 것을 말한다. 이하 같다)
4. 의무지출과 재량지출의 비중
5. 재정운용 관련 감사원 등의 감사결과
6. 지방교부세 감액사항
7. 재정분석 및 재정진단 내용
8. 지방세지출현황
9. 그 밖에 대통령령으로 정하는 사항

③ 제1항제6호에 따른 지역통합재정통계 보고서는 예산안을 지방의회에 제출한 후 10일 이내에 제출할 수 있다.
[본조신설 2014. 5. 28.]

제45조(추가경정예산의 편성 등) 지방자치단체의 장은 이미 성립된 예산을 변경할 필요가 있을 때에는 추가경정예산(追加更正豫算)을 편성할 수 있다. 다만, 다음 각 호의 경비는 추가경정예산의 성립 전에 사용할 수 있으며, 이는 같은 회계연도의 차기 추가경정예산에 계상하여야 한다.
1. 시·도의 경우 국가로부터, 시·군 및 자치구의 경우 국가 또는 시·도로부터 그 용도가 지정되고 소요 전액이 교부된 경비
2. 시·도의 경우 국가로부터, 시·군 및 자치구의 경우 국가 또는 시·도로부터 재난구호 및 복구와 관련하여 복구계획이 확정·통보된 경우 그 소요 경비

[전문개정 2011. 8. 4.]

제46조(예산 불성립 시의 예산 집행)
① 지방의회에서 부득이한 사유로 회계연도가 시작될 때까지 예산안이 의결되지 못하였을 때에는 지방자치단체의 장은 「지방자치법」 제146조에 따라 예산을 집행하여야 한다. <개정 2021. 1. 12.>
② 제1항에 따라 집행된 예산은 해당 회계연도의 예산이 성립되면 그 성립된 예산에 의하여 집행된 것으로 본다.

[전문개정 2011. 8. 4.]

제47조(예산의 목적 외 사용금지) 지방자치단체의 장은 세출예산에서 정한 목적 외의 용도로 경비를 사용할 수 없다.
[전문개정 2020. 6. 9.]

제47조의2(예산의 이용·이체)

① 지방자치단체의 장은 세출예산에서 정한 각 정책사업 간에 서로 이용할 수 없다. 다만, 예산 집행에 필요하여 미리 예산으로서 지방의회의 의결을 거쳤을 때에는 이용할 수 있다.
② 지방자치단체의 장은 지방자치단체의 기구·직제 또는 정원에 관한 법령이나 조례의 제정·개정 또는 폐지로 인하여 관계 기관 사이에 직무권한이나 그 밖의 사항이 변동되었을 때에는 그 예산을 상호 이체(移替)할 수 있다. 이 경우 지방자치단체의 장은 분기별로 분기만료일이 속하는 달의 다음 달 말일까지 그 내역을 지방의회에 제출하여야 한다.
[본조신설 2020. 6. 9.]

제48조(예산 절약에 따른 성과금의 지급 등)

① 지방자치단체의 장은 예산의 집행 방법이나 제도의 개선 등으로 예산이 절약되거나 수입이 늘어난 경우에는 절약한 예산 또는 늘어난 수입의 일부를 이에 기여한 자에게 성과금으로 지급하거나 다른 사업에 사용할 수 있다.
② 지방자치단체의 장은 제1항에 따른 성과금을 지급하거나 다른 사업에 사용하려면 예산성과금 심사위원회의 심사를 거쳐야 한다.
③ 제1항에 따른 성과금의 지급과 다른 사업에의 사용, 제2항에 따른 예산성과금 심사위원회의 구성 및 운영 등에 필요한 사항은 대통령령으로 정한다.
[전문개정 2011. 8. 4.]

제48조의2(예산·기금의 불법지출·낭비에 대한 주민감시)

① 지방자치단체의 예산 또는 기금을 집행하는 자, 재정지원을 받는 자, 지방자치단체의 장 또는 기금관리주체(법령 또는 조례에 따라 기금을 관리·운영하는 자를 말한다. 다만, 「국가재정법」 제9조제4항에 따른 기금관리주체는 제외한다. 이하 같다)와 계약 또는 그 밖의 거래를 하는 자가 법령을 위반함으로써 지방자치단체에 손해를 가하였음이 명백한 때에는 누구든지 집행에 책임이 있는 지방자치단체의 장 또는 기금관리주체에게 불법지출에 대한 증거를 제출하고 시정을 요구할 수 있다. <개정 2021. 12. 21.>
② 지방자치단체의 예산절약 또는 수입증대와 관련한 의견이 있는 자는 해당 지방자치단체의 장 또는 기금관리주체에게 그 의견을 제안할 수 있다.
③ 제1항 및 제2항에 따라 시정요구 또는 제안을 받은 지방자치단체의 장 또는 기금관리주체는 대통령령으로 정하는 바에 따라 그 처리결과를 행정안전부장관에게 제출하고 시정요구 또는 제안을 한 자에게 통지하여야 한다. <개정 2013. 3. 23., 2014. 11. 19., 2017. 7. 26.>
④ 지방자치단체의 장 또는 기금관리주체는 제1항의 시정요구에 대한 처리결과에 따라 수입이 증대되거나 지출이 절약된 때에는 시정요구를 한 자에게 제48조에 따른 성과금을 지급할 수 있다.
[본조신설 2011. 3. 8.]

제49조(예산의 전용)

① 지방자치단체의 장은 대통령령으로 정하는 바에 따라 각 정책사업 내의 예산액 범위에서 각 단위사업 또는 목의 금액을 전용(轉用)할 수 있다.
② 제1항에도 불구하고 지방자치단체의 장은 다음 각 호의 어느 하나에 해당하는 경우에는 전용할 수 없다. <신설 2020. 6. 9.>
  1. 예산에 계상되지 아니한 사업을 추진하는 경우
  2. 지방의회가 의결한 취지와 다르게 사업 예산을 집행하는 경우
  3. 그 밖에 대통령령으로 정하는 경우

③ 지방자치단체의 장이 제1항에 따라 전용을 한 경우에는 분기별로 분기만료일이 속하는 달의 다음 달 말일까지 그 전용 내역을 지방의회에 제출하여야 한다. <신설 2020. 6. 9.>
④ 제1항에 따라 전용한 경비의 금액은 세입·세출결산서에 명시하고, 그 이유를 적어야 한다. <개정 2020. 6. 9.>
　[전문개정 2011. 8. 4.]

제50조(세출예산의 이월)

① 세출예산 중 경비의 성질상 그 회계연도에 그 지출을 마치지 못할 것으로 예상되어 명시이월비로서 세입·세출예산에 그 취지를 분명하게 밝혀 미리 지방의회의 의결을 얻은 금액은 다음 회계연도에 이월하여 사용할 수 있다.
② 세출예산 중 다음 각 호의 어느 하나에 해당하는 경비의 금액은 사고이월비(事故移越費)로서 다음 회계연도에 이월하여 사용할 수 있다.
　1. 회계연도 내에 지출원인행위를 하고 불가피한 사유로 회계연도 내에 지출하지 못한 경비와 지출하지 아니한 그 부대 경비
　2. 지출원인행위를 위하여 입찰공고를 한 경비 중 입찰공고 후 지출원인행위를 할 때까지 오랜 기간이 걸리는 경우로서 대통령령으로 정하는 경비
　3. 공익·공공 사업의 시행에 필요한 손실보상비로서 대통령령으로 정하는 경비
　4. 경상적 성격의 경비로서 대통령령으로 정하는 경비
③ 계속비의 회계연도별 필요경비 중 해당 회계연도에 지출하지 못한 금액은 그 계속비의 사업완성 연도까지 차례로 이월하여 사용할 수 있다.
④ 제1항부터 제3항까지의 규정에 따라 예산을 이월할 때에는 그 이월하는 과목별 금액은 이월 예산으로 배정된 것으로 본다.
　[전문개정 2011. 8. 4.]

제4장 결산

제51조 삭제 <2016. 5. 29.>

제51조의2 삭제 <2016. 5. 29.>

제52조 삭제 <2016. 5. 29.>

제53조 삭제 <2016. 5. 29.>

제53조의2 삭제 <2016. 5. 29.>

제5장 재정분석 및 공개

제53조의3 삭제 <2016. 5. 29.>

제54조(재정 운용에 관한 보고 등) 지방자치단체의 장은 대통령령으로 정하는 바에 따라 예산, 결산, 출자, 통합부채, 우발부채, 그 밖의 재정 상황에 관한 재정보고서를 행정안전부장관에게 제출하여야 한다. 이 경우 시·군 및 자치구는 시·도지사를 거쳐 행정안전부장관에게 제출하여야 한다. <개정 2013. 3. 23., 2014. 5. 28., 2014. 11. 19., 2017. 7. 26.>
　[전문개정 2011. 8. 4.]

제55조(재정분석 및 재정진단 등)

① 행정안전부장관은 대통령령으로 정하는 바에 따라 제54조에 따른 재정보고서의 내용을 분석하여야 한다. <개정 2013. 3. 23., 2014. 11. 19., 2017. 7. 26.>
② 행정안전부장관은 지방자치단체의 재정 상황 중 채무 등 대통령령으로 정하는 사항에 대하여 대통령령으로 정하는 바에 따라 재정위험 수준을 점검하여야 한다. <개정 2018. 3. 27.>
③ 행정안전부장관은 다음 각 호의 어느 하나에 해당하는 지방자치단체에 대하여 위원회의 심의를 거쳐 대통령령으로 정하는 바에 따라 재정진단을 실시할 수 있다. <개정 2018. 3. 27., 2023. 8. 16.>
  1. 제1항에 따른 재정분석 결과 재정의 건전성과 효율성 등이 현저히 떨어지는 지방자치단체
  2. 제2항에 따른 점검 결과 재정위험 수준이 대통령령으로 정하는 기준을 초과하는 지방자치단체
④ 행정안전부장관은 제1항 및 제3항에 따른 재정분석 결과와 재정진단 결과를 공개할 수 있다. <개정 2018. 3. 27.>
⑤ 행정안전부장관은 제1항 및 제3항에 따른 재정분석 결과와 재정진단 결과의 중요 사항에 대해서는 매년 재정분석과 재정진단을 실시한 후 3개월 이내에 국회 소관 상임위원회 및 국무회의에 보고하여야 한다. <신설 2018. 3. 27.>
⑥ 행정안전부장관은 제1항 및 제3항에 따른 재정분석과 재정진단의 객관성과 전문성을 확보하기 위하여 대통령령으로 정하는 전문기관에 그 분석과 진단을 위탁할 수 있다. <신설 2014. 5. 28., 2014. 11. 19., 2017. 7. 26., 2018. 3. 27.>
[전문개정 2011. 8. 4.]

제55조의2(재정위기단체와 재정주의단체의 지정 및 해제)

① 행정안전부장관은 제55조제1항에 따른 재정분석 결과와 같은 조 제3항에 따른 재정진단 결과 등을 토대로 위원회의 심의를 거쳐 다음 각 호의 구분에 따라 해당 지방자치단체를 재정위기단체 또는 재정주의단체(財政注意團體)로 지정할 수 있다. <개정 2018. 3. 27., 2023. 8. 16.>
  1. 재정위기단체: 재정위험 수준이 심각하다고 판단되는 지방자치단체
  2. 재정주의단체: 재정위험 수준이 심각한 수준에 해당되지 아니하나 지방자치단체 재정의 건전성 또는 효율성 등이 현저하게 떨어졌다고 판단되는 지방자치단체
② 행정안전부장관은 제1항에 따라 지정된 재정위기단체 또는 재정주의단체의 지정사유가 해소된 경우에는 위원회의 심의를 거쳐 그 지정을 해제할 수 있다. <신설 2014. 5. 28., 2014. 11. 19., 2017. 7. 26., 2018. 3. 27., 2023. 8. 16.>
③ 제1항 및 제2항에 따른 재정위기단체 또는 재정주의단체의 지정 및 지정 해제의 기준·절차, 그 밖에 재정위기단체 또는 재정주의단체의 지정 및 지정 해제에 필요한 사항은 대통령령으로 정한다. <개정 2018. 3. 27.>
[본조신설 2011. 3. 8.]
[제목개정 2018. 3. 27.]

제55조의3(재정위기단체 등의 의무 등)

① 제55조의2제1항제1호에 따른 재정위기단체로 지정된 지방자치단체의 장(이하 "재정위기단체의 장"이라 한다)은 대통령령으로 정하는 바에 따라 재정건전화계획을 수립하여 행정안전부장관의 승인을 받아야 한다. 이 경우 시장·군수 및 자치구의 구청장은 시·도지사를 경유하여야 한다. <개정 2013. 3. 23., 2014. 11. 19., 2017. 7. 26., 2018. 3. 27.>
② 재정위기단체의 장은 제1항에 따른 재정건전화계획에 대하여 지방의회의 의결을 얻어야 한다.
③ 재정위기단체의 장이 예산을 편성할 때에는 제2항에 따른 재정건전화계획을 기초로 하여야 한다.
④ 재정위기단체의 장은 재정건전화계획의 이행상황을 지방의회 및 행정안전부장관에게 보고하여야 한다. 이 경우 시장·군수 및 자치구의 구청장은 시·도지사를 경유하여야 한다. <개정 2013. 3. 23., 2014. 11. 19., 2017. 7. 26.>
⑤ 행정안전부장관은 재정위기단체의 재정건전화계획 수립 및 이행상황에 대하여 필요한 사항을 권고하거나 지도할

수 있다. <개정 2013. 3. 23., 2014. 11. 19., 2017. 7. 26.>
⑥ 재정위기단체의 장은 특별한 사유가 없는 한 제5항의 권고 또는 지도에 따라야 한다.
⑦ 재정위기단체의 장은 재정건전화계획 및 이행상황을 매년 2회 이상 주민에게 공개하여야 한다.
⑧ 행정안전부장관은 제55조의2제1항제2호에 따른 재정주의단체로 지정된 지방자치단체에 대하여 위원회의 심의를 거쳐 제1항에 따른 재정건전화계획의 수립 및 이행을 권고하거나 재정건전화에 필요한 사항을 지도할 수 있다. <신설 2018. 3. 27., 2023. 8. 16.>

[본조신설 2011. 3. 8.]
[제목개정 2018. 3. 27.]

제55조의4(재정위기단체의 지방채 발행 제한 등)

① 재정위기단체의 장은 제11조부터 제13조까지, 제44조 및 「지방회계법」 제24조에도 불구하고 행정안전부장관의 승인과 지방의회의 의결을 얻은 재정건전화계획에 의하지 아니하고는 지방채의 발행, 채무의 보증, 일시차입, 채무부담행위를 할 수 없다. <개정 2013. 3. 23., 2014. 11. 19., 2016. 5. 29., 2017. 7. 26.>
② 재정위기단체의 장은 제37조에도 불구하고 행정안전부장관의 승인과 지방의회의 의결을 얻은 재정건전화계획에 의하지 아니하고는 대통령령으로 정하는 규모 이상의 재정투자사업에 관한 예산을 편성할 수 없다. <개정 2013. 3. 23., 2014. 5. 28., 2014. 11. 19., 2017. 7. 26.>

[본조신설 2011. 3. 8.]

제55조의5(재정건전화 이행 부진 지방자치단체에 대한 불이익 부여)

① 행정안전부장관은 재정위기단체의 재정건전화계획 수립 및 이행 결과가 현저히 부진하다고 판단하는 경우에는 교부세를 감액하거나 그 밖의 재정상의 불이익을 부여할 수 있다. <개정 2013. 3. 23., 2014. 11. 19., 2017. 7. 26.>
② 행정안전부장관은 제1항의 목적을 달성하기 위하여 필요한 경우에는 관계 중앙관서의 장 및 시·도지사에게 필요한 조치 등을 취하도록 협조를 요청할 수 있다. <개정 2013. 3. 23., 2014. 5. 28., 2014. 11. 19., 2017. 7. 26.>
③ 제2항에 따라 협조를 요청받은 관계 중앙관서의 장 및 시·도지사는 특별한 사유가 없는 한 협조하여야 한다. <개정 2014. 5. 28.>

[본조신설 2011. 3. 8.]

제56조 삭제 <2023. 8. 16.>

제57조(지방재정분석 결과에 따른 조치 등)

행정안전부장관은 제55조제1항에 따른 재정분석 결과 재정의 건전성과 효율성 등이 우수한 지방자치단체에 대하여 「지방교부세법」 제9조에 따른 특별교부세를 별도로 교부할 수 있다. <개정 2013. 3. 23., 2014. 11. 19., 2017. 7. 26., 2018. 3. 27.>

[전문개정 2011. 8. 4.]
[제목개정 2018. 3. 27.]

제58조(지방재정에 대한 특별지원 등)

행정안전부장관은 현저하게 낙후된 지역의 개발이나 각종 재난으로 인하여 특별한 재정수요가 있다고 판단되는 지방자치단체 또는 전국에 걸쳐 시행하는 국가시책사업과 밀접한 이해관계가 있는 지방자치단체에 대하여 따로 재정지원계획을 수립하여 시행할 수 있다. <개정 2008. 2. 29., 2013. 3. 23., 2014. 11. 19., 2017. 7. 26.>

제59조(지역통합재정통계의 작성)

① 지방자치단체의 장은 회계연도마다 예산서와 결산서를 기준으로 다음 각 호의 상황을 종합적으로 나타내는 통계(이하 "지역통합재정통계"라 한다)를 작성하여야 한다. 다만, 시·도지사는 교육비특별회계에 관하여는 제2항과 제3항에 따라 교육감이 제출한 자료를 토대로 교육감과 협의하여 작성하여야 한다.
  1. 일반회계, 특별회계(교육비특별회계를 포함한다) 및 기금
  2. 지방공기업의 재정상황
  3. 지방자치단체 출자·출연기관의 재정상황
② 지방자치단체의 장은 제1항에 따라 작성한 지역통합재정통계를 행정안전부장관에게 제출하여야 하며, 시·도지사는 교육부장관에게도 제출하여야 한다. <개정 2014. 11. 19., 2017. 7. 26.>
③ 지방자치단체의 장 및 교육감은 지역통합재정통계의 작성에 필요한 정보를 관계 기관에 요청할 수 있다. 이 경우 요청을 받은 기관은 이에 따라야 한다.
④ 지역통합재정통계 작성의 방법, 기준, 절차 등은 교육부장관과 행정안전부장관이 협의하여 정한다. <개정 2014. 11. 19., 2017. 7. 26.>
[전문개정 2014. 5. 28.]

제60조(지방재정 운용상황의 공시 등)

① 지방자치단체의 장은 예산 또는 결산의 확정 또는 승인 후 2개월 이내에 예산서와 결산서를 기준으로 다음 각 호의 사항을 주민에게 공시하여야 한다. <개정 2016. 5. 29., 2018. 3. 27., 2020. 1. 29.>
  1. 세입·세출예산의 운용상황(성과계획서와 성과보고서를 포함한다)
  2. 재무제표
  3. 채권관리 현황
  4. 기금운용 현황
  5. 공유재산의 증감 및 현재액
  6. 지역통합재정통계
  7. 지방공기업 및 지방자치단체 출자·출연기관의 경영정보
  8. 중기지방재정계획
  9. 제36조의2 및 「지방회계법」 제18조에 따른 성인지 예산서 및 성인지 결산서
  10. 제38조에 따른 예산편성기준별 운영 상황
  10의2. 제39조에 따른 주민참여예산제도의 운영현황 및 주민의견서
  11. 제44조의2제1항제1호에 따른 재정운용상황개요서
  12. 제55조의3제1항에 따라 수립한 재정건전화계획 및 이행현황
  13. 제87조의3에 따른 재정건전성관리계획 및 이행현황
  14. 투자심사사업, 지방채 발행사업, 민간자본 유치사업, 보증채무사업의 현황
  15. 지방보조금 관련 다음 각 목의 현황
    가. 교부현황
    나. 성과평가 결과
    다. 지방보조금으로 취득한 중요재산의 변동사항
    라. 교부결정의 취소 등 중요 처분내용
  16. 그 밖에 대통령령으로 정하는 재정 운용에 관한 중요 사항
② 제1항 각 호의 사항은 주민이 이해하기 쉽도록 행정안전부장관이 정하는 바에 따라 작성하여야 하며, 불가피한 사

유가 있는 경우를 제외하고는 항상 보거나 자료를 내려 받을 수 있도록 인터넷 홈페이지 등을 통하여 공시하여야 한다. <개정 2014. 11. 19., 2017. 7. 26.>

③ 제1항에 따른 공시 내용의 적정성 등을 심의하기 위하여 지방자치단체의 장 소속으로 지방재정공시심의위원회를 둔다. 다만, 지방재정공시심의위원회의 기능을 담당하기에 적합한 다른 위원회가 있는 경우에는 조례로 정하는 바에 따라 그 위원회가 지방재정공시심의위원회의 기능을 대신할 수 있다. <개정 2022. 11. 15.>

④ 지방재정공시심의위원회의 구성, 위원의 임기 및 제척·기피·회피 등에 관하여는 제37조의3제2항부터 제8항까지를 준용한다. 이 경우 "지방재정투자심사위원회"는 "지방재정공시심의위원회"로 본다. <신설 2022. 11. 15., 2023. 4. 11.>

⑤ 제3항 및 제4항에서 규정한 사항 외에 지방재정공시심의위원회의 구성·운영에 필요한 사항은 해당 지방자치단체의 조례로 정한다. <신설 2022. 11. 15.>

⑥ 지방자치단체의 장은 제1항에 따라 공시한 내용을 공시한 날부터 5일 이내에 지방의회와 시·군·자치구의 경우는 시·도지사에게, 시·도는 행정안전부장관에게 보고하여야 한다. 이 경우 시·도지사는 관할 시·군·자치구의 내용을 포함하여 보고하여야 한다. <개정 2014. 11. 19., 2017. 7. 26., 2022. 11. 15.>

⑦ 지방자치단체의 장은 제1항에 따른 공시와는 별도로 해당 지방자치단체의 세입·세출예산 운용상황을 특별한 사유가 없으면 매일 주민에게 공개하여야 한다. 이 경우 주민이 인터넷 홈페이지를 통하여 세입·세출예산 운용상황을 세부사업별로 조회할 수 있도록 하여야 한다. <신설 2015. 5. 13., 2022. 11. 15.>

⑧ 제1항, 제2항, 제6항 및 제7항에서 규정한 사항 외에 공시 및 공개에 필요한 사항은 대통령령으로 정한다. <개정 2015. 5. 13., 2022. 11. 15.>

[전문개정 2014. 5. 28.]
[제목개정 2015. 5. 13.]

제60조의2(통합공시)

① 행정안전부장관은 제60조제6항에 따라 보고받은 내용을 분석·평가하고, 그 결과를 토대로 필요한 항목에 대해서는 지방자치단체별로 구분하여 공시하되, 지방자치단체 간 비교공시를 할 수 있다. <개정 2014. 11. 19., 2017. 7. 26., 2022. 11. 15.>

② 행정안전부장관은 제60조제6항에 따라 보고받은 공시 내용이 잘못되었거나 적절하지 아니하게 작성된 경우에는 해당 지방자치단체의 장에게 수정공시를 하도록 요청할 수 있다. 이 경우 해당 지방자치단체의 장은 그 요청에 따라 수정공시를 하여야 하며, 해당 지방자치단체의 장이 수정공시를 하지 아니하는 경우에는 행정안전부장관이 직접 공시할 수 있다. <개정 2014. 11. 19., 2017. 7. 26., 2022. 11. 15.>

[본조신설 2014. 5. 28.]

제5장의2 긴급재정관리 <신설 2015. 12. 29.>

제60조의3(긴급재정관리단체의 지정 및 해제)

① 행정안전부장관은 지방자치단체가 다음 각 호의 어느 하나에 해당하여 자력으로 그 재정위기상황을 극복하기 어렵다고 판단되는 경우에는 해당 지방자치단체를 긴급재정관리단체로 지정할 수 있다. 이 경우 행정안전부장관은 긴급재정관리단체로 지정하려는 지방자치단체의 장과 지방의회의 의견을 미리 들어야 한다. <개정 2017. 7. 26.>

1. 제55조의2에 따라 재정위기단체로 지정된 지방자치단체가 제55조의3에 따른 재정건전화계획을 3년간 이행하였음에도 불구하고 재정위기단체로 지정된 때부터 3년이 지난 날 또는 그 이후의 지방자치단체의 재정위험 수준이 재정위기단체로 지정된 때보다 대통령령으로 정하는 수준 이하로 악화된 경우
2. 소속 공무원의 인건비를 30일 이상 지급하지 못한 경우

3. 상환일이 도래한 채무의 원금 또는 이자에 대한 상환을 60일 이상 이행하지 못한 경우
② 지방자치단체의 장은 해당 지방자치단체가 제1항 각 호의 어느 하나에 해당되거나 그에 준하는 재정위기에 직면하여 긴급재정관리가 필요하다고 판단하는 경우에는 지방의회의 의견을 들은 후 행정안전부장관에게 제1항에 따른 긴급재정관리단체의 지정을 신청할 수 있다. <개정 2017. 7. 26.>
③ 행정안전부장관은 제1항에 따라 긴급재정관리단체를 지정하거나 제2항에 따라 지방자치단체의 장의 신청으로 긴급재정관리단체를 지정하려면 위원회의 심의를 거쳐야 한다. <개정 2017. 7. 26., 2023. 8. 16.>
④ 제1항 또는 제2항에 따라 긴급재정관리단체로 지정된 지방자치단체(이하 "긴급재정관리단체"라 한다)의 장은 그 지정사유가 해소된 경우에는 지방의회의 의견을 들은 후 행정안전부장관에게 지정 해제를 신청할 수 있다. <개정 2017. 7. 26.>
⑤ 행정안전부장관은 긴급재정관리단체의 지정사유가 해소된 경우 또는 제4항에 따른 지정 해제의 신청이 있는 경우에는 위원회의 심의를 거쳐 그 지정을 해제할 수 있다. <개정 2017. 7. 26., 2023. 8. 16.>
⑥ 행정안전부장관은 시·도를 제1항 또는 제2항에 따라 긴급재정관리단체로 지정한 경우에는 지정한 날부터 60일 이내에 국무회의에 보고하여야 한다. <개정 2017. 7. 26.>
⑦ 제1항부터 제6항까지에서 규정한 사항 외에 긴급재정관리단체의 지정 및 해제 등에 필요한 사항은 대통령령으로 정한다.
[본조신설 2015. 12. 29.]

제60조의4(긴급재정관리인의 선임 및 파견)

① 행정안전부장관은 국가기관 소속 공무원 또는 재정관리에 관한 업무 지식과 경험이 풍부한 사람을 긴급재정관리인으로 선임하여 긴급재정관리단체에 파견하여야 한다. <개정 2017. 7. 26.>
② 행정안전부장관은 제1항에 따라 긴급재정관리인을 선임하려면 미리 위원회의 심의·의결을 거쳐야 한다. <개정 2017. 7. 26., 2023. 8. 16.>
③ 긴급재정관리인은 다음 각 호의 업무를 수행한다.
 1. 제60조의5에 따른 긴급재정관리계획안의 작성 및 검토
 2. 제60조의6에 따른 긴급재정관리계획의 이행상황에 대한 점검 및 보고·자료제출 요구
 3. 그 밖에 긴급재정관리단체의 재정위기 극복을 위하여 필요한 업무
④ 제1항부터 제3항까지에서 규정한 사항 외에 긴급재정관리인의 선임 방법 및 절차, 긴급재정관리인의 업무 등에 필요한 사항은 대통령령으로 정한다.
[본조신설 2015. 12. 29.]

제60조의5(긴급재정관리계획의 수립)

① 긴급재정관리단체의 장은 다음 각 호의 사항이 포함된 긴급재정관리계획안을 작성하여 긴급재정관리인의 검토를 받아 지방의회의 의결을 거친 후 행정안전부장관의 승인을 받아야 한다. 다만, 긴급재정관리단체의 장은 직접 긴급재정관리계획안을 작성하는 것이 적절하지 아니한 경우로서 대통령령으로 정하는 경우에는 긴급재정관리인으로 하여금 긴급재정관리계획안을 작성하게 하여야 한다. <개정 2017. 7. 26.>
 1. 긴급재정관리단체의 채무 상환 및 감축 계획
 2. 경상비 및 사업비 등의 세출구조조정 계획
 3. 긴급재정관리단체의 수입 증대 계획
 4. 그 밖에 긴급재정관리단체의 재정위기 극복을 위하여 대통령령으로 정하는 사항
② 긴급재정관리단체의 장은 제1항에 따라 행정안전부장관의 승인을 받은 긴급재정관리계획(이하 "긴급재정관리계획"이라 한다)을 지체 없이 지방의회에 보고하여야 한다. <개정 2017. 7. 26.>

③ 긴급재정관리계획을 변경하는 경우에는 제1항 및 제2항을 준용한다.
[본조신설 2015. 12. 29.]

제60조의6(긴급재정관리계획의 이행 등)

① 긴급재정관리단체의 장은 긴급재정관리계획을 성실히 이행하여야 한다.
② 행정안전부장관 또는 긴급재정관리인은 긴급재정관리단체의 긴급재정관리계획의 이행상황을 점검하거나 보고 또는 자료제출을 요구할 수 있다. 이 경우 긴급재정관리단체의 장은 이에 성실히 따라야 한다. <개정 2017. 7. 26.>
③ 긴급재정관리단체의 장은 긴급재정관리인의 직무활동에 필요한 사항을 지원하여야 한다.
④ 행정안전부장관은 제1항부터 제3항까지의 규정에 따른 이행 등에 대하여 평가를 실시할 수 있으며, 평가 결과에 따라 필요한 사항을 권고할 수 있다. <개정 2017. 7. 26.>
⑤ 긴급재정관리단체의 장은 제4항에 따른 권고를 받은 경우에는 신속하게 조치하고 그 결과를 행정안전부장관에게 통보하여야 한다. <개정 2017. 7. 26.>
⑥ 긴급재정관리단체의 장은 긴급재정관리계획 및 그 이행상황과 행정안전부장관의 이행평가 결과를 매년 2회 이상 주민에게 공개하여야 한다. <개정 2017. 7. 26.>
⑦ 긴급재정관리계획의 이행이 부진한 긴급재정관리단체에 대한 불이익 부여에 대해서는 제55조의5를 준용한다. 이 경우 "재정위기단체"는 "긴급재정관리단체"로, "재정건전화계획"은 "긴급재정관리계획"으로 본다.
[본조신설 2015. 12. 29.]

제60조의7(긴급재정관리단체의 예산안 편성 등)

① 긴급재정관리단체의 장은 예산안을 편성하는 경우에는 긴급재정관리계획에 따라야 한다.
② 긴급재정관리단체의 장은 이미 성립된 예산을 긴급재정관리계획에 따라 변경하여야 하는 경우에는 제60조의5제1항에 따라 행정안전부장관이 긴급재정관리계획을 승인하여 통보한 날부터 60일 이내에 긴급재정관리계획에 따라 추가경정예산안을 편성하여 지방의회에 제출하여야 한다. <개정 2017. 7. 26.>
③ 긴급재정관리단체의 장은 제1항 또는 제2항에 따라 예산안을 편성하여 지방의회에 제출하기 전에 예산안이 긴급재정관리계획에 적합한지 여부에 대하여 긴급재정관리인의 검토를 받아야 한다.
④ 긴급재정관리단체의 장은 제1항부터 제3항까지의 규정에 따라 작성된 예산안을 행정안전부장관에게 제출하여야 한다. <개정 2017. 7. 26.>
⑤ 지방의회는 제2항에 따라 긴급재정관리단체의 장이 제출한 추가경정예산안에 대하여 제출한 날부터 15일 이내에 의결하여야 한다.
[본조신설 2015. 12. 29.]

제60조의8(긴급재정관리단체의 지방채 발행 등의 제한 등)

① 긴급재정관리단체의 장은 제11조, 제11조의2, 제12조, 제13조, 제44조 및 「지방회계법」 제24조에도 불구하고 긴급재정관리계획에 따르지 아니하고는 지방채의 발행, 채무의 보증, 일시차입, 채무부담행위를 할 수 없다. <개정 2016. 5. 29.>
② 긴급재정관리단체의 장은 제37조에도 불구하고 긴급재정관리계획에 따르지 아니하고는 대통령령으로 정하는 규모 이상의 재정투자사업에 관한 예산을 편성할 수 없다.
[본조신설 2015. 12. 29.]

제60조의9(국가 등의 지원)

① 국가는 긴급재정관리단체가 긴급재정관리계획을 추진하는 데 필요한 행정적·재정적 사항을 지원할 수 있다.

② 긴급재정관리단체가 아닌 지방자치단체는 공무원 파견 등 긴급재정관리단체가 긴급재정관리계획을 추진하는 데 필요한 사항을 지원할 수 있다.

[본조신설 2015. 12. 29.]

제6장 수입

제61조 삭제 <2016. 5. 29.>

제62조 삭제 <2016. 5. 29.>

제63조 삭제 <2016. 5. 29.>

제64조 삭제 <2016. 5. 29.>

제65조 삭제 <2016. 5. 29.>

제66조 삭제 <2016. 5. 29.>

제7장 지출

제67조 삭제 <2016. 5. 29.>

제68조 삭제 <2016. 5. 29.>

제69조 삭제 <2016. 5. 29.>

제70조 삭제 <2016. 5. 29.>

제71조 삭제 <2016. 5. 29.>

제72조 삭제 <2016. 5. 29.>

제73조 삭제 <2016. 5. 29.>

제74조 삭제 <2014. 5. 28.>

제75조 삭제 <2016. 5. 29.>

제76조 삭제 <2016. 5. 29.>

제8장 현금과 유가증권

제77조 삭제 <2016. 5. 29.>

제78조 삭제 <2016. 5. 29.>

제79조 삭제 <2016. 5. 29.>

제80조 삭제 <2016. 5. 29.>

제81조 삭제 <2016. 5. 29.>

제9장 시효

제82조(금전채권과 채무의 소멸시효)

① 금전의 지급을 목적으로 하는 지방자치단체의 권리는 시효에 관하여 다른 법률에 특별한 규정이 있는 경우를 제외하고는 5년간 행사하지 아니하면 소멸시효가 완성한다.
② 금전의 지급을 목적으로 하는 지방자치단체에 대한 권리도 제1항과 같다.
[전문개정 2011. 8. 4.]

제83조(소멸시효의 중단과 정지)

① 금전의 지급을 목적으로 하는 지방자치단체의 권리에 관하여는 다른 법률에 특별한 규정이 있는 경우를 제외하고는 「민법」 중 소멸시효의 중단과 정지에 관한 규정을 준용한다.
② 금전의 지급을 목적으로 하는 지방자치단체에 대한 권리도 제1항과 같다.
[전문개정 2011. 8. 4.]

제84조(납입 고지의 효력)
법령이나 조례에 따라 지방자치단체가 하는 납입 고지는 시효 중단의 효력이 있다.
[전문개정 2011. 8. 4.]

제10장 채권의 관리 <개정 2014. 5. 28.>

제85조(채권의 관리와 그 사무의 위임)

① 지방자치단체의 장은 대통령령으로 정하는 바에 따라 그 소관의 채권을 관리하되, 소속 공무원에게 위임하여 관리하게 할 수 있다. <개정 2014. 5. 28.>
② 제1항에 따라 위임받은 공무원을 "채권관리관"이라 한다. <개정 2014. 5. 28.>
③ 채권관리관은 현금 수납의 직무를 겸할 수 없다. 다만, 정원이 지나치게 적어 동일인이 그 직무를 겸하여야 할 부득이한 사유가 있는 경우에는 그러하지 아니하다. <개정 2014. 5. 28.>
[전문개정 2011. 8. 4.]
[제목개정 2014. 5. 28.]

제86조(채권의 보전)
지방자치단체는 법령이나 조례에 따르지 아니하고는 채권의 전부 또는 일부를 면제하거나 그 지방자치단체에 불리하게 효력을 변경할 수 없다.
[전문개정 2011. 8. 4.]

제87조(관리의 방법 등)

① 채권 관리에 관한 사무는 채권의 발생 원인이나 채권의 내용에 따라 지방자치단체의 이익에 가장 부합하도록 처리하여야 한다.
② 지방자치단체의 장은 그 소관에 속하는 채권이 생겼을 때에는 지체 없이 채무자, 채권금액 및 이행기한, 그 밖에 관련되는 모든 사실을 확인하여 장부에 적고, 관리를 철저히 하여야 한다.
③ 삭제 <2014. 5. 28.>
④ 관리 대상이 되는 채권의 범위, 채권의 보전 및 그 밖에 채권 관리에 필요한 사항은 대통령령으로 정한다. <개정 2014. 5. 28.>
[전문개정 2011. 8. 4.]

제10장의2 부채의 관리 <신설 2014. 5. 28.>

제87조의2(부채의 관리)

① 지방자치단체의 장은 대통령령으로 정하는 바에 따라 그 소관의 채무, 그 밖의 부채를 관리하되, 소속 공무원에게 위임하여 관리하게 할 수 있다.
② 제1항에 따라 위임받은 공무원을 "부채관리관"이라 한다.
③ 부채관리관은 현금 출납의 직무를 겸할 수 없다. 다만, 정원이 지나치게 적어 동일인이 그 직무를 겸하여야 할 부득이한 사유가 있는 경우에는 그러하지 아니하다.
④ 지방자치단체의 장은 이 법에 따라 채무를 계산하거나 관리할 때 어떠한 이유에서도 그 전부나 일부를 지방자치단체의 채무에서 제외하여서는 아니 된다.
⑤ 부채관리의 방법 등에 관하여는 제87조를 준용한다. 이 경우 "채권"은 "부채"로 본다.
   [본조신설 2014. 5. 28.]
   [종전 제87조의2는 제87조의3으로 이동 <2014. 5. 28.>]

제87조의3(지방재정건전성의 관리)

① 지방자치단체의 장은 행정안전부장관이 정하는 바에 따라 매년 다음 각 호의 사항이 포함된 재정건전성관리계획을 수립하여 시행하여야 한다. <개정 2014. 11. 19., 2017. 7. 26.>
  1. 전전년도 및 전년도 통합부채와 우발부채의 변동 상황
  2. 해당 회계연도의 통합부채와 우발부채의 추정액
  3. 해당 회계연도부터 5회계연도 이상의 기간에 대한 통합부채와 우발부채의 변동 전망과 근거 및 관리계획
  4. 그 밖에 대통령령으로 정하는 사항
② 행정안전부장관은 지방재정건전성 관리제도의 운영에 있어서 특별한 사유가 없으면 통합부채와 우발부채를 모두 고려하여야 한다. <개정 2014. 11. 19., 2017. 7. 26.>
③ 행정안전부장관은 통합부채, 우발부채의 체계적 관리에 필요한 사항을 지방자치단체에 통보하여야 한다. <개정 2014. 11. 19., 2017. 7. 26.>
   [전문개정 2014. 5. 28.]
   [제87조의2에서 이동 <2014. 5. 28.>]

제11장 복권

제88조(복권기금으로부터의 전입금의 배분) 지방자치단체는 「지방자치법」 제169조에 따른 행정협의회를 구성하여 「복권 및 복권기금법」 제23조제1항에 따라 배분되는 복권수익금의 지방자치단체별 배분 비율을 정하고 이를 행정안전부장관의 승인을 받아 같은 법 제13조에 따른 복권위원회에 통보하여야 한다. <개정 2013. 3. 23., 2014. 11. 19., 2017. 7. 26., 2021. 1. 12.>
   [전문개정 2011. 8. 4.]

제12장 회계관계공무원

제89조 삭제 <2016. 5. 29.>

제90조 삭제 <2016. 5. 29.>

제91조 삭제 <2016. 5. 29.>

제92조 삭제 <2016. 5. 29.>

제93조 삭제 <2016. 5. 29.>

제94조 삭제 <2016. 5. 29.>

제95조 삭제 <2016. 5. 29.>

제13장 보칙

제96조 삭제 <2016. 5. 29.>

제96조의2(지방재정정보화)

① 지방자치단체의 장은 대통령령으로 정하는 사유가 없으면 지방재정에 관한 업무 전반을 행정안전부장관이 정하는 정보시스템을 통하여 처리하여야 한다. <개정 2014. 11. 19., 2017. 7. 26.>
② 행정안전부장관은 지방재정 운용상황 공개와 제60조의2에 따른 통합공시 등에 필요한 정보시스템을 개발·운영하여야 한다. 이 경우 지방공기업 및 지방자치단체 출자·출연기관의 경영상황을 포함할 수 있다. <개정 2014. 11. 19., 2017. 7. 26.>
③ 행정안전부장관은 제2항에 따른 사무를 수행하기 위하여 필요한 정보를 관계 기관에 요청할 수 있다. 이 경우 요청을 받은 기관은 이에 따라야 한다. <개정 2014. 11. 19., 2017. 7. 26.>
 [본조신설 2014. 5. 28.]

제96조의3(지방재정 관계 공무원에 대한 교육) 행정안전부장관 및 지방자치단체의 장은 지방재정의 건전하고 효율적인 운용을 위하여 대통령령으로 정하는 바에 따라 지방재정 관계 공무원에 대한 교육을 실시할 수 있다. <개정 2014. 11. 19., 2016. 5. 29., 2017. 7. 26.>
 [본조신설 2014. 5. 28.]

제14장 벌칙 <신설 2014. 5. 28.>

제97조 삭제 <2021. 1. 12.>

제98조 삭제 <2021. 1. 12.>

부칙 <제20316호, 2024. 2. 20.>

제1조(시행일) 이 법은 2024년 4월 1일부터 시행한다.

제2조(지역자원시설세 조정교부금에 관한 적용례) 제29조제3항 및 제29조의2제2항의 개정규정은 이 법 시행 이후 납세의무가 성립하는 지역자원시설세분부터 적용한다.

대한민국헌법

[시행 1988. 2. 25.] [헌법 제10호, 1987. 10. 29., 전부개정]

제3장 국회

제59조 조세의 종목과 세율은 법률로 정한다.

제8장 지방자치

제117조

① 지방자치단체는 주민의 복리에 관한 사무를 처리하고 재산을 관리하며, 법령의 범위 안에서 자치에 관한 규정을 제정할 수 있다.
② 지방자치단체의 종류는 법률로 정한다.

제118조

① 지방자치단체에 의회를 둔다.
② 지방의회의 조직·권한·의원선거와 지방자치단체의 장의 선임방법 기타 지방자치단체의 조직과 운영에 관한 사항은 법률로 정한다.

지방자치분권 및 지역균형발전에 관한 특별법 (약칭: 지방분권균형발전법)

[시행 2023. 7. 10.] [법률 제19514호, 2023. 7. 4., 타법개정]

제2장 지방시대 종합계획 등

제6조(지방시대 종합계획의 수립)

① 제62조에 따른 지방시대위원회(이하 "지방시대위원회"라 한다)는 지방자치분권 및 지역균형발전을 효과적으로 추진하기 위하여 관계 중앙행정기관의 장과 협의하고 지방자치단체의 의견을 수렴한 후 5년을 단위로 하는 지방시대 종합계획(이하 "지방시대 종합계획"이라 한다)을 수립한다.
② 지방시대위원회는 지방시대 종합계획을 수립할 때에는 제7조제1항에 따른 시·도 지방시대 계획과 제8조제1항에 따른 부문별 계획 및 제9조제1항에 따른 초광역권발전계획(해당 계획이 수립된 경우로 한정한다)을 반영하여야 한다.
③ 지방시대 종합계획에는 다음 각 호의 사항이 포함되어야 한다.
  1. 지방자치분권 및 지역균형발전의 기본방향 및 추진목표

2. 제3장에 따른 지역균형발전시책 및 지방자치분권 과제의 추진 등에 관한 사항
  3. 제5장에 따른 지역균형발전특별회계의 운용에 관한 사항
  4. 그 밖에 지방자치분권 및 지역균형발전을 위하여 필요한 사항
④ 지방시대 종합계획은 「국가재정법」제7조에 따른 국가재정운용계획, 「국토기본법」제6조에 따른 국토계획, 「저출산·고령사회기본법」제20조에 따른 저출산·고령사회기본계획 및 「기후위기 대응을 위한 탄소중립·녹색성장 기본법」제10조에 따른 국가 탄소중립 녹색성장 기본계획과 연계되어야 한다.
⑤ 지방시대 종합계획은 국무회의의 심의를 거쳐 대통령의 승인을 받아야 한다. 수립된 지방시대 종합계획을 변경(대통령령으로 정하는 경미한 사항을 변경하는 경우는 제외한다)할 때에도 또한 같다.
⑥ 지방시대위원회는 수립된 지방시대 종합계획을 국회에 보고하여야 한다. 수립된 지방시대 종합계획을 변경(대통령령으로 정하는 경미한 사항을 변경하는 경우는 제외한다)할 때에도 또한 같다.
⑦ 제1항부터 제6항까지에서 규정한 사항 외에 지방시대 종합계획 수립절차 등에 관하여 필요한 사항은 대통령령으로 정한다.

제4장 지방시대위원회 등

제62조(지방시대위원회의 설치 및 존속기한)

① 지방자치분권 및 지역균형발전을 추진하기 위하여 대통령 소속으로 지방시대위원회를 둔다.
② 지방시대위원회는 이 법 시행일부터 5년간 존속한다.

제63조(기능) 지방시대위원회는 다음 각 호의 사항을 심의·의결한다.
 1. 지방자치분권 및 지역균형발전의 기본방향과 관련 정책의 조정에 관한 사항
 2. 지방자치분권 및 지역균형발전에 관한 국정과제의 총괄·조정·점검 및 지원에 관한 사항
 3. 제2장에 따른 지방시대 종합계획과 시·도 계획 및 시·도 시행계획, 부문별 계획 및 부문별 시행계획, 초광역권발전계획 및 초광역권발전시행계획에 관한 사항
 4. 제3장에 따른 지역균형발전시책 및 사업, 지방자치분권 과제 등의 추진·조사·분석·평가·조정에 관한 사항
 5. 제23조에 따른 기회발전특구의 지정 및 지원에 관한 사항
 6. 공공기관 등의 지방이전, 혁신도시 활성화 및 신설 공공기관의 입지 결정에 관한 사항
 7. 지역혁신융복합단지의 지정·육성에 관한 사항
 8. 지역발전투자협약의 체결 및 운영에 관한 사항
 9. 제33조에 따라 지방자치단체에 이양하는 권한 및 사무의 원활한 처리에 필요한 인력 및 재정 소요 등에 관한 사항
 10. 지방자치단체 통합을 위한 기준·통합방안·조정에 관한 사항
 11. 제5장에 따른 지역균형발전특별회계의 운용에 관한 사항
 12. 제72조제3항에 따라 중앙행정기관의 장에게 제출하는 의견에 관한 사항
 13. 다른 법률에서 지방시대위원회의 심의를 거치도록 한 사항
 14. 그 밖에 지방자치분권 및 지역균형발전과 관련하여 필요한 사항으로서 위원장이 회의에 부치는 사항

제64조(지방시대위원회의 구성·운영)

① 지방시대위원회는 위원장 및 부위원장 각 1명을 포함하여 39명 이내의 위원으로 구성하며, 위원은 당연직위원과 위촉위원으로 구분한다.
② 당연직위원은 기획재정부장관, 교육부장관, 과학기술정보통신부장관, 행정안전부장관, 문화체육관광부장관, 농림축산식품부장관, 산업통상자원부장관, 보건복지부장관, 환경부장관, 고용노동부장관, 국토교통부장관, 해양수산

부장관, 중소벤처기업부장관, 국무조정실장 및 「지방자치법」 제182조제1항제1호부터 제4호까지에 따른 협의체의 대표자로 한다.
③ 지방시대위원회는 업무 수행을 위하여 필요하다고 인정하는 경우에는 다음 각 호의 사람을 회의에 참석하도록 요청할 수 있다.
 1. 여성가족부장관
 2. 법제처장
 3. 대통령비서실의 지방자치분권 또는 지역균형발전 등 관련 업무를 보좌하는 정무직 비서관
 4. 그 밖에 해당 안건과 관련하여 회의에 참석할 필요가 있다고 위원장이 인정하는 중앙행정기관의 장
④ 위촉위원은 지방자치분권과 지역균형발전에 관한 학식과 경험이 풍부하고 국민의 신망이 두터운 사람 중에서 국회의장이 추천하는 4명과 대통령이 위촉하는 17명 이내로 성별을 고려하여 구성한다. 이 경우 위촉위원의 과반수는 위촉일 현재 1년 이상 수도권이 아닌 지역에 주소를 둔 사람이어야 한다.
⑤ 위원장 및 부위원장은 위촉위원 중에서 대통령이 위촉한다.
⑥ 위촉위원의 임기는 2년으로 한다. 다만, 위원의 사임 등으로 인하여 새로 위촉된 위원의 임기는 전임위원 임기의 남은 기간으로 한다.
⑦ 위촉위원은 제6항에도 불구하고 제62조제2항에 따라 지방시대위원회의 존속기한이 만료된 때에 해촉된 것으로 본다.
⑧ 지방시대위원회에 간사 1명을 두며, 간사는 제68조에 따른 지방시대기획단의 단장으로 한다.
⑨ 지방시대위원회의 업무를 효율적으로 심의하기 위하여 지방시대위원회에 분과위원회를 둘 수 있다.
⑩ 지방시대위원회의 심의사항을 분야별로 사전에 연구·검토하기 위하여 지방시대위원회에 전문위원회를 둘 수 있다.
⑪ 지방시대위원회는 그 업무를 수행하기 위하여 필요하면 관계 행정기관 소속의 공무원 및 관계 기관·법인·단체 등에 임직원의 파견 또는 겸임을 요청할 수 있으며, 관련 분야의 전문가를 「국가공무원법」 제26조의5에 따른 임기제공무원으로 둘 수 있다.
⑫ 제1항부터 제11항까지에서 규정한 사항 외에 지방시대위원회의 회의, 분과위원회 및 전문위원회의 구성과 운영 등 지방시대위원회의 구성 및 운영에 필요한 사항은 대통령령으로 정한다.

중앙지방협력회의의 구성 및 운영에 관한 법률 (약칭: 중앙지방협력회의법)

[시행 2022. 1. 13.] [법률 제18297호, 2021. 7. 13., 제정]

제1조(목적) 이 법은 「지방자치법」 제186조에 따른 중앙지방협력회의의 구성과 운영 등에 필요한 사항을 정함으로써 국가와 지방자치단체의 대등하고 협력적인 관계를 바탕으로 지방자치 발전과 지역 간 균형발전 정책의 효과를 제고하는 것을 목적으로 한다.

제2조(중앙지방협력회의의 기능) 중앙지방협력회의(이하 "협력회의"라 한다)는 다음 각 호의 사항을 심의한다.
 1. 국가와 지방자치단체 간 협력에 관한 사항
 2. 국가와 지방자치단체의 권한, 사무 및 재원의 배분에 관한 사항

3. 지역 간 균형발전에 관한 사항
4. 지방자치단체의 재정 및 세제에 영향을 미치는 국가 정책에 관한 사항
5. 그 밖에 지방자치 발전에 관한 사항

제3조(구성 및 운영)

① 협력회의는 대통령, 국무총리, 기획재정부장관, 교육부장관, 행정안전부장관, 국무조정실장, 법제처장, 특별시장·광역시장·특별자치시장·도지사·특별자치도지사(이하 "시·도지사"라 한다), 「지방자치법」 제182조제1항제2호부터 제4호까지의 규정에 따른 전국적 협의체의 대표자 및 그 밖에 대통령령으로 정하는 사람으로 구성한다.
② 협력회의의 의장(이하 "의장"이라 한다)은 대통령이 된다.
③ 협력회의의 부의장(이하 "부의장"이라 한다)은 국무총리와 「지방자치법」 제182조제1항제1호에 따라 설립된 시·도지사 협의체의 대표자(이하 "시·도지사협의회장"이라 한다)가 공동으로 된다.
④ 의장은 협력회의를 소집하고 이를 주재한다.
⑤ 부의장은 의장에게 회의의 소집을 요청할 수 있으며, 의장이 협력회의에 출석하지 못하는 경우에는 국무총리, 시·도지사협의회장의 순으로 그 직무를 대행한다.
⑥ 제1항에 따른 협력회의의 구성원은 협력회의에 심의할 안건을 제출할 수 있다.
⑦ 의장은 제6항에 따라 제출된 안건의 심의를 위하여 필요한 경우에는 안건과 관련된 중앙행정기관의 장, 지방자치단체의 장, 관계 공무원 또는 해당 분야의 민간전문가를 협력회의에 참석하게 하여 의견을 들을 수 있다.
⑧ 제1항부터 제7항까지에서 규정한 사항 외에 협력회의의 개최 및 운영에 필요한 사항은 대통령령으로 정한다.

서울특별시 행정특례에 관한 법률 (약칭: 서울시법)

[시행 2022. 1. 13.] [법률 제17893호, 2021. 1. 12., 타법개정]

제1조(목적) 이 법은 「지방자치법」 제197조에 따라 서울특별시의 지위·조직 및 운영에 관한 특례를 규정함을 목적으로 한다. <개정 2021. 1. 12.>
  [전문개정 2011. 5. 30.]

제2조(지위) 서울특별시는 정부의 직할로 두되, 이 법에서 정하는 범위에서 수도로서의 특수한 지위를 가진다.
  [전문개정 2011. 5. 30.]

제4조(일반행정 운영상의 특례)

① 행정안전부장관이 「지방재정법」 제11조에 따라 서울특별시의 지방채 발행의 승인 여부를 결정하려는 경우에는 국무총리에게 보고하여야 한다. <개정 2011. 5. 30., 2013. 3. 23., 2014. 11. 19., 2017. 7. 26.>
② 행정안전부장관은 「지방자치법」 제190조에 따라 서울특별시의 자치사무에 관한 감사를 하려는 경우에는 국무총리의 조정을 거쳐야 한다. <개정 2011. 5. 30., 2013. 3. 23., 2014. 11. 19., 2017. 7. 26., 2021. 1. 12.>

③ 삭제 <1994. 12. 20.>

④ 삭제 <1995. 12. 6.>

⑤ 서울특별시 소속 국가공무원의 임용 등에 관한 「국가공무원법」 제32조제1항부터 제3항까지, 제78조제1항·제4항 및 제82조에 따른 소속 장관 또는 중앙행정기관의 장의 권한 중 대통령령으로 정하는 사항은 서울특별시장이 행사하며, 이와 관련된 행정소송의 피고는 같은 법 제16조에도 불구하고 서울특별시장이 된다. <개정 2011. 5. 30.>

⑥ 삭제 <1994. 12. 20.>

⑦ 서울특별시 소속 공무원 등에 대한 서훈(敍勳)의 추천은 「상훈법」 제5조제1항에도 불구하고 서울특별시장이 한다. <개정 2011. 5. 30.>

⑧ 삭제 <1994. 12. 20.>

[제목개정 2011. 5. 30.]

제5조(수도권 광역행정 운영상의 특례)

① 수도권 지역에서 서울특별시와 관련된 도로·교통·환경 등에 관한 계획을 수립하고 그 집행을 할 때 관계 중앙행정기관의 장과 서울특별시장의 의견이 다른 경우에는 다른 법률에 특별한 규정이 없으면 국무총리가 이를 조정한다.

② 제1항의 조정에 필요한 사항은 대통령령으로 정한다.

[전문개정 2011. 5. 30.]

제주특별자치도 설치 및 국제자유도시 조성을 위한 특별법
(약칭: 제주특별법)

[시행 2024. 7. 24.] [법률 제20115호, 2024. 1. 23., 타법개정]

제1조(목적)
이 법은 종전의 제주도의 지역적·역사적·인문적 특성을 살리고 자율과 책임, 창의성과 다양성을 바탕으로 고도의 자치권이 보장되는 제주특별자치도를 설치하여 실질적인 지방분권을 보장하고, 행정규제의 폭넓은 완화와 국제적 기준의 적용 및 환경자원의 관리 등을 통하여 경제와 환경이 조화를 이루는 환경친화적인 국제자유도시를 조성함으로써 도민의 복리증진과 국가발전에 이바지함을 목적으로 한다. <개정 2019. 12. 10.>

제6조(다른 법률과의 관계)

① 이 법은 제주자치도의 조직·운영, 중앙행정기관의 권한 이양 및 규제완화 등에 관하여 다른 법률에 우선하여 적용한다. 다만, 다른 법률에 제주자치도에 관하여 특별한 규정이 있는 경우에는 그러하지 아니하다.

② 이 법에서 중앙행정기관의 장 등의 권한을 제주특별자치도지사의 권한으로 한 경우(이양되는 권한과 관련된 의무·원칙·기준 및 절차 등을 포함한다. 이하 같다) 제주특별자치도지사의 권한은 해당 법령에서 정한 중앙행정기관의 장 등의 권한으로 보아 해당 법령을 적용한다. 중앙행정기관의 장 등에 해당하는 사항을 제주특별자치도지사에 해당하는 것으로 한 경우에도 또한 같다.

제2편 제주특별자치도의 설치·운영

제1장 제주특별자치도의 설치

제1절 제주특별자치도의 설치

제7조(제주특별자치도의 설치 등)

① 정부의 직할로 제주특별자치도를 설치한다.
② 제주특별자치도의 관할구역은 종전의 제주도의 관할구역으로 한다.
③ 제주특별자치도는 이 법에서 정하는 범위에서 특수한 지위를 가진다.

제8조(지방의회 및 집행기관 구성의 특례)

① 「지방자치법」의 지방의회와 집행기관에 관한 규정에도 불구하고 따로 법률로 정하는 바에 따라 제주자치도의 지방의회와 집행기관의 구성을 달리할 수 있다.
② 제1항에 따라 지방의회와 집행기관의 구성을 달리하려는 경우에는 「주민투표법」에 따른 주민투표를 거쳐야 한다. <개정 2024. 1. 30.>
③ 삭제 <2024. 1. 30.>

제2절 행정시 및 읍·면·동의 설치

제10조(행정시의 폐지·설치·분리·합병 등)

① 제주자치도는 「지방자치법」 제2조제1항 및 제3조제2항에도 불구하고 그 관할구역에 지방자치단체인 시와 군을 두지 아니한다.
② 제주자치도의 관할구역에 지방자치단체가 아닌 시(이하 "행정시"라 한다)를 둔다.
③ 다른 법령에서 시를 인용하는 경우 해당 법령에 특별한 규정이 없으면 행정시는 포함되지 아니한다.
④ 행정시의 폐지·설치·분리·합병, 명칭 및 구역은 도조례로 정한다. 이 경우 도지사는 그 결과를 행정안전부장관에게 보고하여야 한다. <개정 2017. 7. 26.>
⑤ 행정시의 사무소 소재지는 도조례로 정하되, 도의회 재적의원 과반수의 찬성을 받아야 한다.

제11조(행정시장)

① 행정시에 시장을 둔다.
② 행정시의 시장(이하 "행정시장"이라 한다)은 일반직 지방공무원으로 보하되, 도지사가 임명한다. 다만, 제12조제1항에 따라 행정시장으로 예고한 사람을 임명할 경우에는 정무직 지방공무원으로 임명한다.
③ 제2항 단서에 따라 임명된 행정시장의 임기는 2년으로 하며, 연임할 수 있다.
④ 행정시장으로 임명할 사람을 예고하지 아니하거나 행정시장으로 예고되거나 임명된 사람의 사망, 사퇴, 퇴직 또는 임기 만료 등으로 새로 행정시장을 임명하는 것이 필요한 경우에는 일반직 지방공무원으로 임명하되, 「지방공무원법」 제29조의4에 따라 개방형직위로 운영한다.
⑤ 행정시장은 도지사의 지휘·감독을 받아 소관 국가사무와 지방자치단체의 사무를 맡아 처리하고 소속직원을 지휘·감독한다.
⑥ 다른 법령에서 시장을 인용하는 경우 해당 법령에 특별한 규정이 없으면 행정시장은 포함되지 아니한다.

제14조(행정시의 부시장)

① 행정시에 부시장을 둔다.
② 행정시의 부시장은 일반직 지방공무원으로 임명하되, 도지사가 임명한다.
③ 행정시의 부시장은 행정시장을 보좌하여 사무를 총괄하고, 소속직원을 지휘·감독한다.

제2장 제주특별자치도 지원위원회의 설치 및 권한 이양 등

제1절 제주특별자치도 지원위원회의 설치

제17조(제주특별자치도 지원위원회의 설치 등)

① 제주자치도가 이 법의 목적을 달성할 수 있도록 제주자치도의 성과목표와 평가 및 국제자유도시의 조성에 관한 다음 각 호의 사항을 심의하기 위하여 국무총리 소속으로 제주특별자치도 지원위원회(이하 "지원위원회"라 한다)를 둔다.
 1. 제주자치도의 조직·운영에 관한 기본계획의 수립 및 시행에 관한 사항
 2. 제주자치도의 행정 및 재정자주권 제고와 제4조제3항에 따른 행정적·재정적 우대 부여 방안 마련에 관한 사항
 3. 제5조제3항에 따른 협약 체결과 그 평가결과의 활용에 관한 사항
 4. 제19조에 따라 제출된 법률안 의견의 검토 등에 관한 사항
 5. 제20조에 따른 중앙행정기관 권한의 단계적 이양에 관한 사항
 6. 특별지방행정기관의 이관과 그에 따른 조치에 관한 사항
 7. 제주첨단과학기술단지의 지정·해제 및 개발에 관한 사항
 8. 제166조에 따른 제주국제자유도시 개발센터(이하 "개발센터"라 한다)의 사업추진과 발전방안, 개발센터와 지방자치단체 간 업무조정 등에 관한 사항
 9. 제주자치도의 행정규제자유화의 추진에 관한 사항
 10. 외국교육기관 및 외국의료기관의 유치와 설립 지원에 관한 사항
 11. 국제적 교육환경 조성에 관한 사항
 12. 제주자치도의 경관 관리에 관한 사항
 13. 제1호부터 제12호까지의 사항과 관련하여 도지사와 관계 중앙행정기관의 장과의 협의·조정에 관한 사항
 14. 그 밖에 지원위원회의 위원장 또는 도지사가 필요하다고 인정하여 회의에 부치는 사항
② 지원위원회는 위원장 1명을 포함한 30명 이내의 위원으로 구성한다.
③ 지원위원회 위원장은 국무총리가 되고, 위원은 관계 중앙행정기관의 장 또는 학식과 경험이 풍부한 사람 중에서 국무총리가 임명하거나 위촉한다.
④ 지원위원회에서 심의할 안건을 검토하고 지원위원회로부터 위임받은 사항을 처리하기 위하여 실무위원회를 둔다.
⑤ 제4항에 따른 실무위원회는 위원장 1명을 포함한 25명 이내의 위원으로 구성하되, 위원장은 국무조정실장이 된다.
⑥ 제1항제3호에 따른 협약 체결과 그 평가결과의 활용에 관한 세부적인 사항은 지원위원회의 심의를 마친 후 지원위원회의 위원장이 정한다.
⑦ 제1항부터 제6항까지에서 규정한 사항 외에 지원위원회와 실무위원회의 구성 및 운영 등에 필요한 사항은 대통령령으로 정한다.

제3절 특별지방행정기관의 사무의 이관

제23조(이관기준 등)

① 제주자치도를 관할하는 「정부조직법」 제3조에 따른 특별지방행정기관(이하 "특별지방행정기관"이라 한다)의 소관 사무를 제주자치도로 이양·위임 또는 위탁(이하 "이관"이라 한다)을 할 때에는 다음 각 호의 사무를 우선적으로 이관하여야 한다.
  1. 해당 사무가 주민의 편의를 위한 것이고 현지에서 수행하여야 하는 사무일 것
  2. 지역경제발전 또는 지역주민의 삶의 질에 영향을 미치는 사무일 것
② 제1항에 따라 특별지방행정기관의 사무를 이관할 때에는 다음 각 호의 원칙에 따라야 한다.
  1. 제주자치도의 행정상·재정상 여건 및 능력을 고려할 것
  2. 특별지방행정기관의 이관에 대한 제주자치도의 입장을 고려할 것
  3. 이관사무와 관련되는 모든 사무를 동시 이관할 것

제24조(우선 이양대상사무)
종전의 제주도에 설치되어 있는 특별지방행정기관으로서 다음 각 호의 사무를 수행하는 특별지방행정기관에 대한 중앙행정기관의 권한은 제주자치도로 이양하여야 한다. 이 경우 관계 중앙행정기관의 장은 그 권한의 이양에 필요한 조치를 하여야 한다. <개정 2019. 8. 27., 2019. 12. 10.>
  1. 국토관리: 제274조제4항, 제394조제2항, 제412조제2항·제3항, 제413조제2항 및 제418조제2항에 따른 사무
  2. 중소기업(시험·분석에 관한 사항은 제외한다): 제301조에 따른 사무
  3. 해양수산(해상안전에 관한 사항은 제외한다): 제289조제1항(「양식산업발전법」 제61조제1항에 관한 사항으로 한정한다), 제290조제1항, 제294조제4항, 제364조제9항, 제368조제2항, 제419조제1항·제2항, 제437조제1항(「연안관리법」 제24조제1항 본문, 같은 조 제2항 단서, 같은 조 제3항, 같은 조 제4항제1호, 제25조, 제27조, 제28조제3항, 제35조, 제36조 및 제39조에 관한 사항으로 한정한다), 제438조제2항·제3항, 제439조제3항, 제440조제1항·제2항 및 제441조에 따른 사무
  4. 보훈(국가유공자 등의 상이등급의 판정 등 보훈심사에 관한 사항은 제외한다): 제341조부터 제349조까지의 규정에 따른 사무
  5. 환경: 제367조제1항 전단, 제371조제2항, 제372조제1항(「하수도법」 제25조제2항에 관한 사항으로 한정한다), 제375조제1항 단서 및 제394조제3항에 따른 사무
  6. 노동(「근로기준법」 제101조제1항에 따른 근로감독관에 관한 사항은 제외한다): 제395조부터 제405조까지의 규정에 따른 사무

제27조(특별지방행정기관의 설치 금지)

① 제주자치도에 특별지방행정기관을 새로 설치할 수 없다.
② 중앙행정기관의 장은 제1항에도 불구하고 중앙행정기관의 소관 사무를 수행하는 것이 필요한 경우에는 도지사와 협의하여 특별지방행정기관을 둘 수 있다.
③ 제2항에 따라 도지사가 중앙행정기관의 장과 협의할 때에는 미리 도의회의 동의를 받아야 한다.

제3장 주민참여의 확대

제1절 「지방자치법」상 주민권리에 관한 특례

제28조(주민투표에 관한 특례)

① 도지사는 「주민투표법」 제7조제2항제3호 및 제3호의2에도 불구하고 도조례로 정하는 예산 이상이 필요한 대규

모 투자사업은 주민투표에 부칠 수 있다. <개정 2022. 4. 26.>
② 「주민투표법」 제9조제2항에도 불구하고 주민투표청구권자 총수의 50분의 1 이상 5분의 1 이하의 범위에서 도조례로 정하는 수 이상의 서명으로 주민투표의 실시를 청구할 수 있다.

제2절 주민소환에 관한 특례

제30조(도교육감에 대한 주민소환투표사무 관리)

① 도교육감에 대한 주민소환투표사무는 제74조에 따라 도교육감의 선거구선거사무를 수행하는 선거관리위원회가 관리한다.
② 제1항에 따라 해당 선거관리위원회가 주민소환투표의 사무를 관리할 때에는 「공직선거법」 제13조제3항부터 제6항까지의 규정을 준용한다. 이 경우 "선거관리"는 "주민소환투표관리"로, "선거"는 "주민소환투표"로, "선거사무" 및 "선거구선거사무"는 각각 "주민소환투표사무"로 본다.

제31조(주민소환투표의 대상 및 청구에 관한 특례)

① 「지방교육자치에 관한 법률」 제24조의2제3항에 따라 준용되는 「주민소환에 관한 법률」 제7조제1항에 따른 주민소환투표청구권자(이하 "주민소환투표청구권자"라 한다)는 같은 항에도 불구하고 도교육감에 대하여 주민소환투표청구권자 총수의 100분의 10 이상의 서명으로 그 소환사유를 서면에 구체적으로 적어 제30조에 따라 주민소환투표사무를 관리하는 선거관리위원회(이하 "관할선거관리위원회"라 한다)에 주민소환투표의 실시를 청구할 수 있다.
② 제1항에 따라 도교육감에 대한 주민소환투표를 청구할 때에는 행정시가 3개 이상인 경우에는 행정시 총수의 2분의 1 이상의 행정시에서 각각 주민소환투표청구권자 총수의 100분의 1 이상의 서명을 받아야 한다. 다만, 행정시가 2개인 경우에는 각각의 행정시에서 주민소환투표청구권자 총수의 100분의 1 이상의 서명을 받아야 한다.
③ 「주민소환에 관한 법률」 제7조제2항에도 불구하고 도지사에 대한 주민소환투표를 청구할 때에 행정시별 서명 요건은 제2항의 도교육감에 대한 행정시별 서명 요건을 따른다.
④ 「주민소환에 관한 법률」 제7조제3항에도 불구하고 제주자치도의회의원(비례대표제주자치도의회의원은 제외하며, 이하 이 절에서 "도의회의원"이라 한다)에 대한 주민소환투표를 청구할 때에는 해당 도의회의원 선거구의 읍·면·동 전체의 수가 3개 이상인 경우에는 읍·면·동 총수의 2분의 1 이상의 읍·면·동에서 각각 주민소환투표청구권자 총수의 100분의 1 이상의 서명을 받아야 한다. 다만, 해당 도의회의원 선거구의 읍·면·동 전체의 수가 2개인 경우에는 각각 주민소환투표청구권자 총수의 100분의 1 이상의 서명을 받아야 한다.

제4장 도의회의 기능 강화

제1절 도의회의 의원정수와 선거구

제36조(도의회의원의 정수에 관한 특례)

① 제주특별자치도의회의원(이하 "도의회의원"이라 한다)의 정수(제64조에 따른 교육의원 5명을 포함한다)는 「공직선거법」 제22조제1항·제3항 및 제4항에도 불구하고 45명 이내에서 제38조에 따른 도의회의원 선거구 획정위원회가 정하는 바에 따라 도조례로 정한다. <개정 2018. 3. 9., 2022. 4. 20.>
② 도의회의 비례대표의원정수는 「공직선거법」 제22조제4항에도 불구하고 제1항에 따른 의원정수(제64조에 따른 교육의원은 제외한다)의 100분의 20 이상으로 하고, 제38조에 따른 도의회의원 선거구 획정위원회가 정하는 바에 따라 도조례로 정한다. 이 경우 소수점 이하의 수는 0으로 본다.

제7장 자치경찰

제2절 자치경찰의 조직과 사무

제88조(자치경찰기구의 설치)

① 제90조에 따른 자치경찰사무를 처리하기 위하여 「국가경찰과 자치경찰의 조직 및 운영에 관한 법률」 제18조에 따라 설치되는 제주특별자치도자치경찰위원회(이하 "자치경찰위원회"라 한다) 소속으로 자치경찰단을 둔다. <개정 2020. 12. 29.>
② 자치경찰단의 조직과 자치경찰공무원의 정원 등에 관한 사항은 도조례로 정한다.

제8장 자치재정

제123조(세율 조정에 관한 특례)

① 다음 각 호의 제주자치도세의 세율은 「지방세법」에 따른 세율(표준세율과 중과기준세율을 포함한다. 이하 같다)에도 불구하고 도조례로 정하는 바에 따라 해당 세목 세율의 100분의 100 범위에서 가감 조정할 수 있다. 다만, 제6호에 따라 도조례로 지역자원시설세의 세율을 가감 조정하였을 때에는 「지방세법」 제146조제3항제2호에 따른 화재위험 건축물에 대해서는 그 가감 조정된 세율의 100분의 200으로 하고, 같은 법 제146조제3항제2호의2에 따른 대형 화재위험 건축물에 대해서는 그 가감 조정된 세율의 100분의 300으로 한다. <개정 2019. 12. 31., 2020. 12. 29., 2023. 7. 11.>

1. 「지방세법」 제11조부터 제15조까지의 규정에 따른 취득세의 세율
2. 「지방세법」 제28조제1항제1호에 따른 부동산 등기에 대한 등록면허세의 세율
3. 「지방세법」 제81조제1항제1호에 따른 세율
4. 「지방세법」 제111조 및 제112조에 따른 재산세의 세율
5. 「지방세법」 제127조에 따른 자동차세의 세율
6. 「지방세법」 제146조제1항 및 같은 조 제3항제1호에 따른 지역자원시설세의 세율
7. 「지방세법」 제151조(같은 조 제1항제3호에 따른 표준세율은 제외한다)에 따른 지방교육세의 세율

② 종합합산과세대상과 별도합산과세대상 토지에 대한 재산세의 세율은 「지방세법」 제113조제1항제1호 및 제2호에도 불구하고 다음 각 호의 구분에 따른다.

1. 종합합산과세대상: 납세의무자가 소유하고 있는 행정시별 동지역(동지역으로 보는 것이 부적합하다고 도조례로 정하는 지역은 제외한다. 이하 이 조에서 같다)에 있는 종합합산과세대상이 되는 토지의 가액을 모두 합한 금액을 각각 과세표준액으로, 행정시별 읍·면지역(동지역에 있는 지역으로서 동지역에 적용하는 것이 부적합하다고 도조례로 정하는 지역을 포함한다. 이하 이 조에서 같다)에 있는 종합합산과세대상이 되는 토지의 가액을 모두 합한 금액을 각각 과세표준액으로 하여 제1항제4호에 따라 도조례로 정하는 재산세의 세율을 적용한다.
2. 별도합산과세대상: 납세의무자가 소유하는 행정시별 동지역에 있는 별도합산과세대상이 되는 토지의 가액을 모두 합한 금액을 각각 과세표준액으로, 행정시별 읍·면지역에 있는 별도합산과세대상이 되는 토지의 가액을 모두 합한 금액을 각각 과세표준액으로 하여 제1항제4호에 따라 도조례로 정하는 재산세의 세율을 적용한다.

③ 레저세의 세율은 「지방세법」 제42조에도 불구하고 도조례로 정하는 바에 따라 같은 조 제2항에 따른 레저세 세율의 100분의 100 범위에서 가감 조정할 수 있다.
④ 면허에 대한 등록면허세의 세율은 「지방세법」 제34조에도 불구하고 행정시의 동지역에는 같은 조 제1항에 따른 그 밖의 시에 대한 면허에 대한 등록면허세의 세율을 적용하고, 행정시의 읍·면지역에는 같은 조 제1항에 따른 군에 대한 면허에 대한 등록면허세의 세율을 적용한다. 이 경우 도조례로 정하는 바에 따라 그 등록면허세 세율의

100분의 100 범위에서 가감 조정할 수 있다.

⑤ 「지방세법」 제81조제1항 및 제84조의3제1항에도 불구하고 주민세 사업소분(「지방세법」 제81조제1항제2호에 따라 부과되는 세액으로 한정한다. 이하 이 항에서 같다)과 주민세 종업원분의 세율 상한은 다음 각 호의 구분에 따른 세율로 하되, 같은 법 제81조제1항제2호 단서에 따른 오염물질 배출 사업소의 세율은 제1호에 따른 세율 이하에서 도조례로 정한 세율의 100분의 200(사업소 연면적 1제곱미터당 500원 미만인 경우에는 500원)으로 한다. <개정 2020. 12. 29.>
  1. 주민세 사업소분: 사업소 연면적 1제곱미터당 500원
  2. 주민세 종업원분: 종업원 급여총액의 100분의 1

제124조(지방교부세에 관한 특례) 「지방교부세법」 제6조제1항에도 불구하고 행정안전부장관은 제주자치도에 같은 법에 따른 보통교부세 총액의 100분의 3을 보통교부세로 교부한다. <개정 2017. 7. 26.>

제126조(지방채 등의 발행 특례) 도지사는 제주자치도의 발전과 관계가 있는 사업을 위하여 필요하면 「지방재정법」 제11조에도 불구하고 도의회의 의결을 마친 후 외채 발행과 지방채 발행 한도액의 범위를 초과한 지방채 발행을 할 수 있다. 이 경우 「지방재정법」 제11조제2항에서 대통령령으로 정하는 지방채 발행 한도액을 초과하여 지방채를 발행하려면 도의회 재적의원 과반수가 출석하고 출석의원 3분의 2 이상의 찬성을 받아야 한다.

제9장 감사위원회

제131조(감사위원회의 설치 및 직무 등)

① 「지방자치법」 제190조(「지방교육자치에 관한 법률」 제3조에 따라 준용되는 경우를 포함한다) 및 「지방공무원법」 제81조에도 불구하고 제주특별자치도와 그 소속기관 등 도조례로 정하는 기관(이하 "감사대상기관"이라 한다) 및 그 기관에 속한 사람의 모든 업무와 활동 등을 조사·점검·확인·분석·검증하고 이 법 제135조에 따라 그 결과를 처리하는 사무(이하 "자치감사"라 한다)를 수행하기 위하여 도지사 소속으로 감사위원회(이하 "감사위원회"라 한다)를 둔다. <개정 2021. 1. 12.>
② 감사위원회는 감사위원회의 위원장(이하 "감사위원장"이라 한다) 1명을 포함한 7명 이내의 감사위원으로 성별을 고려하여 구성한다.
③ 감사위원은 도조례로 정하는 자격을 갖춘 사람 중에서 도지사가 임명하거나 위촉하되, 감사위원 중 3명은 도의회가 추천한 사람을, 1명은 도교육감이 추천한 사람을 임명·위촉한다. <개정 2023. 7. 11.>
④ 도지사, 도의회 및 도교육감은 감사위원을 선정 또는 추천하려는 경우에는 감사위원 선정·추천위원회의 심의를 거쳐야 한다. <신설 2023. 7. 11.>
⑤ 감사위원장은 도의회의 동의를 받아 도지사가 임명한다. <신설 2023. 7. 11.>
⑥ 제주자치도 소속 공무원이 아닌 감사위원의 임기는 3년으로 한다. <개정 2023. 7. 11.>
⑦ 자치감사의 구체적인 방법과 범위, 자치감사 활동의 기준 등 자치감사에 필요한 세부적인 사항은 감사위원회의 의결을 마친 후 감사위원장이 정한다. <개정 2023. 7. 11.>
⑧ 감사위원회는 직무상 독립된 지위를 가지고, 조직·인사 및 감사활동에 필요한 예산의 편성에서 독립성이 최대한 존중되어야 한다. <개정 2023. 7. 11.>
⑨ 제1항부터 제8항까지에서 규정한 사항 외에 감사위원회와 제4항에 따른 감사위원 선정·추천위원회의 구성·운영 등에 필요한 사항은 도조례로 정한다. <개정 2023. 7. 11.>

제3편 국제자유도시의 개발 및 기반 조성

제1장 국제자유도시의 개발에 관한 계획

제1절 개발에 관한 계획의 수립

제140조(종합계획의 수립)

① 도지사는 다음 각 호의 사항을 포함하는 국제자유도시의 개발에 관한 종합계획(이하 "종합계획"이라 한다)을 수립한다. <개정 2019. 12. 10., 2023. 7. 11.>
  1. 제주자치도의 장기적인 발전 방향 및 제주자치도를 환경친화적인 국제자유도시로 개발하기 위한 기본시책에 관한 사항
  1의2. 인구정책에 관한 사항
  2. 세계평화의 섬 지정 등 국제교류·협력의 증진에 관한 사항
  3. 관광산업 육성 및 관광자원의 이용·개발 및 보전에 관한 사항
  4. 교육의 진흥 및 인재육성에 관한 사항
  5. 의료·보건 및 사회복지에 관한 사항
  6. 농업·임업·축산업·수산업의 진흥에 관한 사항
  7. 첨단지식산업, 물류산업, 금융산업 등 지역산업의 진흥에 관한 사항
  8. 토지·물과 그 밖의 천연자원의 이용·개발 및 보전에 관한 사항
  9. 해양의 이용·개발 및 보전에 관한 사항
  10. 자연환경의 보전 및 오염방지에 관한 사항
  11. 지역사회의 개발 및 생활환경 개선에 관한 사항
  12. 향토문화의 보존과 문화예술의 진흥에 관한 사항
  13. 외국인의 생활편의 증진에 관한 사항
  14. 도로·항만·정보통신 등 사회간접자본시설에 관한 사항
  15. 수자원·전력과 그 밖의 에너지 개발에 관한 사항
  16. 지역정보화의 기반구축과 진흥에 관한 사항
  17. 개발사업(종합계획에 따라 시행되는 개발사업을 말한다. 이하 같다) 등에 필요한 투자재원의 조달과 연도별 투자계획의 수립에 관한 사항
  17의2. 종합계획 추진체계의 구축에 관한 사항
  17의3. 도민의 복리증진에 관한 사항
  18. 그 밖에 도지사가 필요하다고 인정하는 사항
② 도지사는 종합계획을 수립하고자 할 때에는 공청회를 개최하여야 하며, 제144조에 따른 제주국제자유도시 종합계획 심의회의 심의를 마쳐야 한다.
③ 종합계획은 다른 법령에 따른 개발계획에 우선한다. 다만, 군사에 관한 사항은 그러하지 아니하다.
④ 종합계획의 수립절차 및 방법은 대통령령으로 정한다.

세종특별자치시 설치 등에 관한 특별법 (약칭: 세종시법)

[시행 2023. 12. 26.] [법률 제19834호, 2023. 12. 26., 일부개정]

제1조(목적)

이 법은 행정중심복합도시인 세종특별자치시를 설치함으로써 수도권의 과도한 집중에 따른 부작용을 시정하고 지역개발 및 국가 균형발전과 국가경쟁력 강화에 이바지함을 목적으로 한다.

제6조(설치 등)

① 정부의 직할(直轄)로 세종특별자치시를 설치한다.
② 세종특별자치시의 관할구역에는 「지방자치법」 제2조제1항제2호의 지방자치단체를 두지 아니한다.
③ 「지방자치법」 제3조제3항에도 불구하고 세종특별자치시의 관할구역에 도시의 형태를 갖춘 지역에는 동을 두고, 그 밖의 지역에는 읍·면을 둔다.
④ 「지방자치법」의 읍·면·동에 관한 규정은 세종특별자치시에 두는 읍·면·동에 대하여도 적용한다.

제9조(세종특별자치시지원위원회의 설치)

① 세종특별자치시가 지역발전과 국토균형발전에 기여할 수 있도록 다음 각 호의 사항을 심의하기 위하여 국무총리 소속으로 세종특별자치시지원위원회(이하 "지원위원회"라 한다)를 둔다.
  1. 세종특별자치시의 중장기적 발전방안에 관한 사항
  2. 세종특별자치시의 행정·재정 자주권 제고 및 사무처리 지원에 관한 사항
  3. 공주시와 청원군 등 세종특별자치시에 관할구역의 일부가 편입되는 해당 지방자치단체에 대한 행정적·재정적 지원과 공동화 방지 지원 대책에 관한 사항
  4. 제4조제2항에 따른 협약체결 및 그 평가결과 활용에 관한 사항
  5. 그 밖에 지원위원회의 위원장 또는 시장이 필요하다고 인정하여 지원위원회에 부의하는 사항
② 지원위원회는 위원장 1명을 포함하여 25명 이상 30명 이하의 위원으로 구성한다.
③ 지원위원회의 위원장은 국무총리가 되며, 위원은 관계 중앙행정기관의 장, 관계 지방자치단체의 장 및 도시개발과 지방자치에 관한 학식과 경험이 풍부한 사람 중에서 국무총리가 임명하거나 위촉한다.
④ 지원위원회에서 심의할 안건에 대하여 검토하고 지원위원회로부터 위임받은 사항을 처리하기 위하여 실무위원회를 둔다.
⑤ 지원위원회의 사무를 처리하고 지원하기 위하여 실무지원단을 설치할 수 있다.
⑥ 이 법에서 규정한 사항 외에 지원위원회 및 실무위원회의 구성과 운영, 실무지원단의 설치와 운영 등에 필요한 사항은 대통령령으로 정한다.

제13조(세종특별자치시에 대한 특별지원)

① 중앙행정기관의 장은 세종특별자치시에 대하여 그 관할구역 안의 도시계획 등 각종 지역개발을 위하여 행정상·재정상의 특별한 지원을 할 수 있다.
② 중앙행정기관의 장은 각종 시책사업을 시행하는 경우에는 세종특별자치시를 우선적으로 지원할 수 있다

제14조(재정 특례)

① 시장은 「지방세기본법」 제8조제1항 및 제3항에도 불구하고 광역시세 및 구세 세목을 세종특별자치시세의 세목으

로 부과·징수한다.

② 「지방교부세법」 제6조제1항에도 불구하고 행정안전부장관은 제6조에 따른 행정체계의 특수성을 고려하여 2026년까지 세종특별자치시에 교부하는 보통교부세는 대통령령으로 정하는 바에 따라 매년 같은 법 제7조에 따른 기준재정수요액과 같은 법 제8조에 따른 기준재정수입액의 차액과 그 차액의 100분의 25 이내의 금액을 더한 규모로 산정되도록 기준재정수요액을 보정할 수 있다. <개정 2014. 11. 19., 2017. 7. 26., 2020. 10. 20., 2023. 12. 26.>

③ 「지방교육재정교부금법」 제5조제1항에도 불구하고 교육부장관은 세종특별자치시 설치 후 최초 도래하는 회계연도부터 2026년까지 세종특별자치시에 교부하는 보통교부금은 대통령령으로 정하는 바에 따라 매년 같은 법 제6조에 따른 기준재정수요액과 같은 법 제7조에 따른 기준재정수입액의 차액과 그 차액의 100분의 25 이내의 금액을 더한 규모로 산정되도록 기준재정수요액을 보정할 수 있다. <개정 2020. 10. 20., 2023. 12. 26.>

④ 「지방교육재정교부금법」 제11조제2항제2호에도 불구하고 시장은 담배소비세의 100분의 45에 해당하는 금액을 교육비특별회계로 전출하지 아니할 수 있다.

⑤ 「지방교육재정교부금법」 제11조제2항제3호에도 불구하고 시장이 교육비특별회계로 전출하여야 하는 전출금은 세종특별자치시세 총액(「지방세기본법」 제8조제2항제2호에 따른 목적세, 「지방세법」 제71조제3항제3호가목 및 같은 항 제4호가목에 따라 특별자치시에 납입되는 지방소비세에 해당하는 금액은 제외한다)의 1천분의 36으로 한다. <개정 2019. 12. 31., 2021. 12. 7.>

[법률 제18543호(2021. 12. 7.) 제14조제5항의 개정규정은 같은 법 부칙 제2조의 규정에 의하여 2026년 12월 31일까지 유효함]

제19조(공직선거 특례)

① 이 법에 따른 시장 및 시의회의원 선거에 관한 사항은 이 법과 「공직선거법」에서 따로 규정한 것을 제외하고는 「공직선거법」에 따른 시·도지사선거와 시·도의회의원선거에 관한 규정을, 세종특별자치시교육감선거에 관한 사항은 이 법과 「지방교육자치에 관한 법률」에서 따로 규정한 것을 제외하고는 「지방교육자치에 관한 법률」에 따른 교육감선거에 관한 규정을 각각 준용한다.

② 지역선거구시의회의원(이하 이 조에서 "지역구시의원"이라 한다)의 정수는 「공직선거법」 제22조제1항 및 제3항에도 불구하고 18명으로 한다. <개정 2018. 3. 9., 2022. 4. 20.>

③ 시의회의 비례대표의원 정수는 「공직선거법」 제22조제4항에도 불구하고 제2항에 따른 지역구시의원 정수의 100분의 10으로 한다. 이 경우 단수는 1로 본다.

④ 시의회의원 지역선거구의 공정한 획정을 위하여 세종특별자치시에 시의회의원선거구획정위원회를 두며, 「공직선거법」 제24조의3에 따른 자치구·시·군의원선거구획정위원회의 규정은 시의회의원선거구획정위원회에 관한 사항에 대하여 준용한다. <개정 2015. 6. 19.>

⑤ 시의회의원 지역선거구는 인구·면적·구역·교통, 그 밖의 조건을 고려하여 획정하되, 시의회의원 지역선거구의 명칭과 관할구역은 「공직선거법」 제26조 및 같은 법 별표 2에도 불구하고 시의회의원선거구획정위원회가 정하는 바에 따라 시조례로 정한다.

⑥ 제5항에 따라 시의회의원 지역선거구를 획정하는 경우 하나의 읍·면·동의 일부를 분할하여 다른 시의회의원 지역선거구에 속하게 할 수 없다.

⑦ 제1항에 따라 「공직선거법」에 따른 시·도지사선거에 관한 규정을 준용(세종특별자치시교육감선거는 「지방교육자치에 관한 법률」에 따라 준용하는 경우를 말한다)하는 경우 다음 각 호에 따른다.

1. 「공직선거법」 제48조제2항에 따른 선거권자의 추천은 300명 이상 500명 이하로 한다.

2. 삭제 <2015. 8. 13.>

3. 「공직선거법」 제61조의2제1항에 따른 정당선거사무소는 세종특별자치시의 관할구역 안에 1개소를 둘 수 있다.

4. 「공직선거법」 제62조제2항에 따라 선거사무소에 둘 수 있는 선거사무원 수는 세종특별자치시의 관할구역 안의 읍·면·동 수의 3배수에 5를 더한 수 이내로 한다.

5. 「공직선거법」 제71조제2항에 따른 지역방송시설에는 세종특별자치시의 관할구역을 방송권역으로 하는 인접한 시·도 안에 있는 방송시설을 포함한다.
6. 삭제 <2015. 8. 13.>

지방공무원법

[시행 2024. 3. 19.] [법률 제20377호, 2024. 3. 19., 일부개정]

제1장 총칙

제1조(목적) 이 법은 지방자치단체의 공무원에게 적용할 인사행정의 근본 기준을 확립하여 지방자치행정의 민주적이며 능률적인 운영을 도모함을 목적으로 한다.
　[전문개정 2008. 12. 31.]

제2조(공무원의 구분)
① 지방자치단체의 공무원(지방자치단체가 경비를 부담하는 지방공무원을 말하며, 이하 "공무원"이라 한다)은 경력직공무원과 특수경력직공무원으로 구분한다.
② "경력직공무원"이란 실적과 자격에 따라 임용되고 그 신분이 보장되며 평생 동안(근무기간을 정하여 임용하는 공무원의 경우에는 그 기간 동안을 말한다) 공무원으로 근무할 것이 예정되는 공무원을 말하며, 그 종류는 다음 각 호와 같다. <개정 2012. 12. 11., 2019. 12. 10.>
　1. 일반직공무원: 기술·연구 또는 행정 일반에 대한 업무를 담당하는 공무원
　2. 특정직공무원: 공립 대학 및 전문대학에 근무하는 교육공무원, 교육감 소속의 교육전문직원 및 자치경찰공무원과 그 밖에 특수 분야의 업무를 담당하는 공무원으로서 다른 법률에서 특정직공무원으로 지정하는 공무원
　3. 삭제 <2012. 12. 11.>
③ "특수경력직공무원"이란 경력직공무원 외의 공무원을 말하며, 그 종류는 다음 각 호와 같다. <개정 2012. 12. 11.>
　1. 정무직공무원
　　가. 선거로 취임하거나 임명할 때 지방의회의 동의가 필요한 공무원
　　나. 고도의 정책결정업무를 담당하거나 이러한 업무를 보조하는 공무원으로서 법령 또는 조례에서 정무직으로 지정하는 공무원
　2. 별정직공무원: 비서관·비서 등 보좌업무 등을 수행하거나 특정한 업무 수행을 위하여 법령에서 별정직으로 지정하는 공무원
　3. 삭제 <2012. 12. 11.>
　4. 삭제 <2011. 5. 23.>
④ 제3항에 따른 별정직공무원의 임용조건, 임용절차, 근무 상한연령, 그 밖에 필요한 사항은 대통령령 또는 조례로 정한다. <개정 2011. 5. 23., 2012. 12. 11.>
　[전문개정 2008. 12. 31.]

제2장 인사기관 <개정 2008. 12. 31.>

제6조(임용권자)

① 지방자치단체의 장[특별시·광역시·특별자치시·도 또는 특별자치도(이하 "시·도"라 한다)의 교육감을 포함한다. 이하 같다] 및 지방의회의 의장[시·도의회의 의장 및 시·군·구(자치구를 말한다. 이하 같다)의회의 의장을 말한다. 이하 같다]은 이 법에서 정하는 바에 따라 그 소속 공무원의 임명·휴직·면직과 징계를 하는 권한(이하 "임용권"이라 한다)을 가진다. <개정 2021. 10. 8.>
② 제1항에 따라 임용권을 가지는 자는 그 권한의 일부를 그 지방자치단체의 조례로 정하는 바에 따라 보조기관, 그 소속 기관의 장이나 지방의회의 사무처장·사무국장·사무과장에게 위임할 수 있다. <개정 2021. 10. 8.>
③ 임용권자(임용권의 위임을 받은 자를 포함한다. 이하 같다)는 대통령령으로 정하는 바에 따라 소속 공무원의 인사기록을 작성·보관하여야 한다.
[전문개정 2008. 12. 31.]

제7조(인사위원회의 설치)

① 지방자치단체에 임용권자(임용권을 위임받은 자는 제외하되, 그중 시의 구청장과 지방자치단체의 장이 필요하다고 인정하는 소속 기관의 장을 포함한다)별로 인사위원회를 두되, 시·도에 특별시장·광역시장·특별자치시장·도지사·특별자치도지사(이하 "시·도지사"라 한다) 또는 교육감 소속으로 인사위원회를 두는 경우에는 필요하면 제1인사위원회와 제2인사위원회를 둘 수 있다. <개정 2021. 10. 8.>
② 인사위원회는 16명 이상 20명 이하의 위원으로 구성한다. 다만, 지방의회의 의장 소속 인사위원회, 임용권을 위임받은 기관에 두는 인사위원회와 해당 지방자치단체의 인구 수, 위원 선정의 어려움 등을 고려하여 대통령령으로 정하는 지방자치단체에 두는 인사위원회는 7명 이상 9명 이하의 위원으로 구성할 수 있다. <개정 2012. 3. 21., 2021. 10. 8.>
③ 제2항에 따라 인사위원회를 구성할 경우에는 제5항 각 호에 따라 위촉되는 위원이 전체 위원의 2분의 1 이상이어야 한다. <신설 2012. 3. 21.>
④ 제1항에 따라 시·도에 복수의 인사위원회를 두는 경우 제1인사위원회의 위원과 제2인사위원회의 위원은 겸직할 수 없다. 다만, 인사를 담당하는 국 또는 이에 상당하는 보조기관의 장의 경우에는 그러하지 아니하다. <신설 2012. 3. 21.>
⑤ 지방자치단체의 장과 지방의회의 의장은 각각 소속 공무원(국가공무원을 포함한다) 및 다음 각 호에 해당하는 사람으로서 인사행정에 관한 학식과 경험이 풍부한 사람 중에서 위원을 임명하거나 위촉하되, 위원의 자격요건에 관하여 필요한 사항은 대통령령으로 정한다. 다만, 시험위원은 시험실시기관의 장이 따로 위촉할 수 있다. <개정 2012. 3. 21., 2021. 10. 8.>
  1. 법관·검사 또는 변호사 자격이 있는 사람
  2. 대학에서 조교수 이상으로 재직하거나 초등학교·중학교·고등학교 교장 또는 교감으로 재직하는 사람
  3. 공무원(국가공무원을 포함한다)으로서 20년 이상 근속하고 퇴직한 사람
  4. 「비영리민간단체 지원법」에 따른 비영리민간단체에서 10년 이상 활동하고 있는 지역단위 조직의 장
  5. 상장법인의 임원 또는 「공공기관의 운영에 관한 법률」 제5조에 따라 지정된 공기업의 지역단위 조직의 장으로 근무하고 있는 사람
⑥ 다음 각 호의 어느 하나에 해당하는 사람은 위원으로 위촉될 수 없다. <개정 2012. 3. 21.>
  1. 제31조 각 호의 어느 하나에 해당하는 사람
  2. 「정당법」에 따른 정당의 당원
  3. 지방의회의원

⑦ 제5항에 따라 위촉되는 위원의 임기는 3년으로 하되, 한 번만 연임할 수 있다. <개정 2012. 3. 21.>
⑧ 지방자치단체는 조례로 정하는 바에 따라 인사위원회의 회의에 참석하는 위원에게 실비보상을 할 수 있다. <개정 2012. 3. 21.>
⑨ 위원은 그 직무에 관하여 알게 된 비밀을 누설하여서는 아니 된다. <개정 2012. 3. 21.>
⑩ 위원 중 공무원이 아닌 위원은 그 직무상 행위와 관련하여 「형법」이나 그 밖의 법률에 따른 벌칙을 적용할 때 공무원으로 본다. <개정 2012. 3. 21.>
⑪ 제1항부터 제10항까지에서 규정한 사항 외에 인사위원회의 구성에 필요한 사항은 대통령령으로 정한다. <신설 2012. 3. 21.>
[전문개정 2008. 12. 31.]

제9조(인사위원회의 기관)

① 인사위원회에 위원장·부위원장 각 1명을 두며, 위원장은 시·도의 국가공무원으로 임명하는 부시장·부지사·부교육감, 시·도의회의 사무처장, 시·군·구의 부시장·부군수·부구청장, 시·군·구의회의 사무국장 또는 사무과장이 되고, 부위원장은 해당 인사위원회에서 호선(互選)한다. 다만, 임용권을 위임받은 기관에 두는 인사위원회의 위원장과 부위원장은 해당 인사위원회에서 호선한다. <개정 2021. 10. 8.>
② 제7조제1항에 따라 시·도에 복수의 인사위원회를 두는 경우 제1인사위원회의 위원장은 제1항 본문에 따르고, 제2인사위원회의 위원장은 부시장·부지사(「지방자치법」 제123조제6항 후단에 따라 특정지역의 사무를 담당하는 부시장·부지사를 말한다) 또는 인사를 담당하는 국장이 된다. <개정 2021. 10. 8.>
③ 위원장은 인사위원회를 대표하며, 인사위원회의 사무를 총괄한다.
④ 부위원장은 위원장을 보좌하며, 위원장이 부득이한 사유로 직무를 수행할 수 없을 때에는 그 직무를 대행한다.
[전문개정 2008. 12. 31.]

제10조(인사위원회의 회의)

① 인사위원회의 회의는 위원장이 필요하다고 인정할 때에 소집하고 위원장은 그 의장이 된다.
② 인사위원회의 회의는 위원장과 위원장이 회의마다 지정(임용권을 위임받은 기관에 두는 인사위원회의 경우에는 그 기관의 장이 지정한다)하는 8명의 위원으로 구성하되, 제7조제5항 각 호에 따라 위촉된 위원이 전체 구성원의 2분의 1 이상이어야 한다. 다만, 제7조제2항 단서에 따라 인사위원회를 7명 이상 9명 이하의 위원으로 구성한 경우 그 인사위원회의 회의는 위원 전원으로 구성한다. <신설 2012. 3. 21.>
③ 인사위원회의 회의는 제2항에 따른 구성원 3분의 2 이상의 출석과 출석위원 과반수의 찬성으로 의결한다. 다만, 대통령령으로 정하는 경미한 사항에 대하여는 서면으로 심의·의결할 수 있다. <개정 2012. 3. 21.>
④ 그 밖에 인사위원회의 운영에 필요한 사항은 대통령령으로 정한다.
[전문개정 2008. 12. 31.]

제13조(소청심사위원회의 설치)

① 지방자치단체의 장 소속 공무원의 징계, 그 밖에 그 의사에 반하는 불리한 처분이나 부작위(不作爲)에 대한 소청을 심사·결정하기 위하여 시·도에 임용권자(시·도의회의 의장 및 임용권을 위임받은 자는 제외한다)별로 지방소청심사위원회 및 교육소청심사위원회(이하 "심사위원회"라 한다)를 둔다.
② 지방의회의 의장 소속 공무원의 징계, 그 밖에 그 의사에 반하는 불리한 처분이나 부작위에 대한 소청은 제1항에 따른 지방소청심사위원회에서 심사·결정한다.
[전문개정 2021. 10. 8.]

제7장 신분보장

제60조(신분보장의 원칙) 공무원은 형의 선고·징계 또는 이 법에서 정하는 사유가 아니면 본인의 의사에 반하여 휴직·강임 또는 면직을 당하지 아니한다. 다만, 1급 공무원은 그러하지 아니하다.
  [전문개정 2008. 12. 31.]

제62조(직권면직)

① 임용권자는 공무원이 다음 각 호의 어느 하나에 해당할 때에는 직권으로 면직시킬 수 있다. <개정 2012. 12. 11., 2016. 5. 29.>
  1. 다음 각 목의 어느 하나에 해당하는 경우로서 직위가 없어지거나 과원이 된 때
    가. 지방자치단체를 폐지하거나 설치하거나 나누거나 합친 경우
    나. 직제와 정원이 개정되거나 폐지된 경우
    다. 예산이 감소된 경우
  2. 휴직기간이 끝나거나 휴직사유가 소멸된 후에도 직무에 복귀하지 아니하거나 직무를 감당할 수 없을 때
  3. 전직시험에서 3회 이상 불합격한 사람으로서 직무수행 능력이 부족하다고 인정될 때
  4. 병역판정검사·입영 또는 소집 명령을 받고 정당한 이유 없이 이를 기피하거나 군복무를 위하여 휴직 중인 사람이 군복무 중 군무(軍務)를 이탈하였을 때
  5. 제65조의3제3항에 따라 대기명령을 받은 사람이 그 기간 중 능력 또는 근무성적의 향상을 기대하기 어렵다고 인정될 때
  6. 해당 직급·직위에서 직무를 수행하는 데 필요한 자격증의 효력이 없어지거나 면허가 취소되어 담당 직무를 수행할 수 없게 되었을 때
② 임용권자는 제1항에 따라 면직시킬 경우에는 미리 인사위원회의 의견을 들어야 한다. 다만, 제1항제5호에 따라 면직시킬 경우에는 해당 인사위원회의 동의를 받아야 하며, 시장·군수·구청장 소속 5급 이상 공무원은 시·도지사 소속 인사위원회의 동의를 받아야 하고, 시·군·구의회의 의장 소속 5급 이상 공무원은 시·도의회의 의장 소속 인사위원회의 동의를 받아야 한다. <개정 2021. 10. 8.>
③ 임용권자는 제1항제1호에 따라 소속 공무원을 면직시킬 때에는 임용형태, 업무실적, 직무수행능력, 징계처분 사실 등을 고려하여 면직 기준을 정하여야 한다.
④ 제3항의 면직 기준을 정하거나 제1항제1호에 따라 면직 대상자를 결정할 때에는 미리 해당 인사위원회의 의결을 거쳐야 한다.
⑤ 제1항제2호에 따른 직권면직일은 휴직기간이 끝난 날 또는 휴직사유가 소멸한 날로 한다.
  [전문개정 2008. 12. 31.]

제63조(휴직)

① 공무원이 다음 각 호의 어느 하나에 해당하면 임용권자는 본인의 의사에도 불구하고 휴직을 명하여야 한다.
  1. 신체·정신상의 장애로 장기요양이 필요할 때
  2. 「병역법」에 따른 병역의무를 마치기 위하여 징집되거나 소집되었을 때
  3. 천재지변 또는 전시·사변이나 그 밖의 사유로 생사(生死) 또는 소재(所在)가 불명확하게 되었을 때
  4. 「공무원의 노동조합 설립 및 운영 등에 관한 법률」 제7조에 따라 노동조합 전임자로 종사하게 되었을 때
  5. 그 밖에 법률에 따른 의무를 수행하기 위하여 직무를 이탈하게 되었을 때
② 공무원이 다음 각 호의 어느 하나에 해당하는 사유로 휴직을 원하면 임용권자는 휴직을 명할 수 있다. 다만, 제4호의 경우에는 대통령령으로 정하는 특별한 사정이 없으면 휴직을 명하여야 한다. <개정 2011. 5. 23., 2013. 3. 23., 2013. 8. 6., 2014. 11. 19., 2015. 5. 18., 2015. 12. 29., 2017. 7. 26., 2021. 6. 8.>

1. 국제기구·외국기관, 국내외의 대학·연구기관, 다른 국가기관 또는 대통령령으로 정하는 민간기업, 그 밖의 기관에 임시로 채용될 때
2. 해외유학을 하게 되었을 때
3. 교육부장관 또는 행정안전부장관이 지정하는 연구기관이나 교육기관 등에서 연수하게 되었을 때
4. 만 8세 이하 또는 초등학교 2학년 이하의 자녀를 양육하기 위하여 필요하거나 여성공무원이 임신 또는 출산하게 되었을 때
5. 조부모, 부모(배우자의 부모를 포함한다), 배우자, 자녀 또는 손자녀를 부양하거나 돌보기 위하여 필요한 경우. 다만, 조부모나 손자녀의 돌봄을 위하여 휴직할 수 있는 경우는 본인 외에 돌볼 사람이 없는 등 대통령령으로 정하는 요건을 갖춘 경우로 한정한다.
6. 외국에서 근무·유학 또는 연수하게 되는 배우자를 동반할 때
7. 대통령령으로 정하는 기간 동안 재직한 공무원이 직무 관련 연구과제 수행 또는 자기개발을 위하여 학습·연구 등을 하게 된 때

③ 임기제공무원에 대하여는 제1항제1호·제2호 및 제2항제4호에 한정하여 제1항 및 제2항을 적용한다. <신설 2012. 12. 11., 2020. 1. 29.>
④ 임용권자는 제2항제4호에 따른 휴직을 이유로 불리한 처우를 하여서는 아니 된다.
⑤ 제1항부터 제4항까지의 규정에 따른 휴직제도 운영에 필요한 사항은 대통령령으로 정한다. <개정 2012. 12. 11.>
 [전문개정 2008. 12. 31.]

지방공무원 임용령

[시행 2023. 6. 13.] [대통령령 제33531호, 2023. 6. 13., 일부개정]

제1장 총칙

제3조(공무원의 직급구분 등)

① 1급부터 9급까지의 계급으로 구분하는 일반직공무원의 직군·직렬·직류 및 직급의 명칭은 별표 1과 같다. 다만, 지방자치단체는 효율적인 인력 활용을 위해 필요하다고 인정하는 경우에는 인사 여건을 고려하여 조례로 정하는 바에 따라 별표 1에 따른 직류 외의 직류를 신설할 수 있다. <개정 2019. 6. 18.>
② 법 제4조제2항에 따라 제1항에 따른 계급 구분이나 직군 및 직렬의 분류를 적용하지 아니할 수 있는 일반직공무원의 직군·직렬·직류·직급 및 직위의 명칭과 임용 등에 관하여는 이 영에서 정하는 것을 제외하고는 따로 대통령령으로 정한다. <개정 2013. 11. 20.>
③ 삭제 <2013. 11. 20.>
 [전문개정 2009. 2. 6.]

제8조의4(다면평가 실시 및 활용)

① 임용권자는 소속 공무원에 대한 능력개발 등을 위하여 해당 공무원의 상급 또는 상위 공무원, 동료, 하급 또는 하위 공무원 및 민원인 등에 의한 다면평가를 실시할 수 있다. 이 경우 다면평가의 결과(총점 및 분야별 평가점수에 한정한다)는 해당 공무원에게 공개할 수 있다.
② 임용권자는 제1항에 따른 다면평가의 방법 및 절차 등에 관한 구체적인 사항을 직무의 특성 등을 고려하여 설계·운영하여야 한다.
③ 제1항에 따른 다면평가의 평가자 집단은 다면평가 대상 공무원의 실적·능력 등을 잘 아는 업무 관련자로 구성하되, 소속 공무원의 인적 구성을 고려하여 공정하게 대표되도록 구성하여야 한다.
④ 제1항부터 제3항까지의 규정에 따른 평가의 방법, 절차 및 평가결과의 활용 등에 관한 구체적인 사항은 규칙으로 정한다.
[본조신설 2010. 4. 7.]

지방교육자치에 관한 법률 (약칭: 교육자치법)

[시행 2023. 10. 19.] [법률 제19343호, 2023. 4. 18., 일부개정]

제1장 총칙

제1조(목적) 이 법은 교육의 자주성 및 전문성과 지방교육의 특수성을 살리기 위하여 지방자치단체의 교육·과학·기술·체육 그 밖의 학예에 관한 사무를 관장하는 기관의 설치와 그 조직 및 운영 등에 관한 사항을 규정함으로써 지방교육의 발전에 이바지함을 목적으로 한다.

제2조(교육·학예사무의 관장) 지방자치단체의 교육·과학·기술·체육 그 밖의 학예(이하 "교육·학예"라 한다)에 관한 사무는 특별시·광역시 및 도(이하 "시·도"라 한다)의 사무로 한다.

제3장 교육감

제1절 지위와 권한 등

제18조(교육감)

① 시·도의 교육·학예에 관한 사무의 집행기관으로 시·도에 교육감을 둔다.
② 교육감은 교육·학예에 관한 소관 사무로 인한 소송이나 재산의 등기 등에 대하여 해당 시·도를 대표한다. <개정 2021. 3. 23.>

제21조(교육감의 임기) 교육감의 임기는 4년으로 하며, 교육감의 계속 재임은 3기에 한정한다. <개정 2021. 3. 23.>

제24조의2(교육감의 소환)

① 주민은 교육감을 소환할 권리를 가진다.
② 교육감에 대한 주민소환투표사무는 제44조에 따른 선거관리위원회가 관리한다.
③ 교육감의 주민소환에 관하여는 이 법에서 규정한 사항을 제외하고는 그 성질에 반하지 아니하는 범위에서 「주민소환에 관한 법률」의 시·도지사에 관한 규정을 준용한다. 다만, 이 법에서 「공직선거법」을 준용할 때 「주민소환에 관한 법률」에서 준용하는 「공직선거법」의 해당 규정과 다르게 정하고 있는 경우에는 이 법에서 준용하는 「공직선거법」의 해당 규정을 인용한 것으로 본다.
[본조신설 2010. 2. 26.]

제2절 보조기관 및 소속교육기관

제30조(보조기관)

① 교육감 소속하에 국가공무원으로 보하는 부교육감 1인(인구 800만명 이상이고 학생 150만명 이상인 시·도는 2인)을 두되, 대통령령으로 정하는 바에 따라 「국가공무원법」 제2조의2의 규정에 따른 고위공무원단에 속하는 일반직공무원 또는 장학관으로 보한다. <개정 2020. 12. 22., 2021. 3. 23.>
② 부교육감은 해당 시·도의 교육감이 추천한 사람을 교육부장관의 제청으로 국무총리를 거쳐 대통령이 임명한다. <개정 2008. 2. 29., 2013. 3. 23., 2021. 3. 23.>
③ 부교육감은 교육감을 보좌하여 사무를 처리한다.
④ 제1항의 규정에 따라 부교육감 2인을 두는 경우에 그 사무 분장에 관한 사항은 대통령령으로 정한다. 이 경우 그중 1인으로 하여금 특정 지역의 사무를 담당하게 할 수 있다.
⑤ 교육감 소속하에 보조기관을 두되, 그 설치·운영 등에 관하여 필요한 사항은 대통령령으로 정한 범위 안에서 조례로 정한다. <개정 2021. 3. 23.>
⑥ 교육감은 제5항의 규정에 따른 보조기관의 설치·운영에 있어서 합리화를 도모하고 다른 시·도와의 균형을 유지하여야 한다.

제3절 하급교육행정기관

제34조(하급교육행정기관의 설치 등)

① 시·도의 교육·학예에 관한 사무를 분장하기 위하여 1개 또는 2개 이상의 시·군 및 자치구를 관할구역으로 하는 하급교육행정기관으로서 교육지원청을 둔다. <개정 2013. 12. 30.>
② 교육지원청의 관할구역과 명칭은 대통령령으로 정한다. <개정 2013. 12. 30.>
③ 교육지원청에 교육장을 두되 장학관으로 보하고, 그 임용에 관하여 필요한 사항은 대통령령으로 정한다. <개정 2013. 12. 30.>
④ 교육지원청의 조직과 운영 등에 관하여 필요한 사항은 대통령령으로 정한다. <개정 2013. 12. 30.>
[제목개정 2013. 12. 30.]

제6장 교육감선거 <신설 2010. 2. 26.>

제43조(선출) 교육감은 주민의 보통·평등·직접·비밀선거에 따라 선출한다.
[본조신설 2010. 2. 26.]

제44조(선거구선거관리)

① 교육감선거에 관한 사무 중 선거구선거사무를 수행할 선거관리위원회(이하 "선거구선거관리위원회"라 한다)는 「선거관리위원회법」에 따른 시·도선거관리위원회로 한다.
② 교육감선거의 선거구선거관리 등에 관하여는 「공직선거법」 제13조제2항부터 제6항까지의 규정을 준용한다.
　[본조신설 2010. 2. 26.]

제45조(선거구) 교육감은 시·도를 단위로 하여 선출한다.
　[본조신설 2010. 2. 26.]

제46조(정당의 선거관여행위 금지 등)

① 정당은 교육감선거에 후보자를 추천할 수 없다.
② 정당의 대표자·간부(「정당법」 제12조부터 제14조까지의 규정에 따라 등록된 대표자·간부를 말한다) 및 유급사무직원은 특정 후보자(후보자가 되려는 사람을 포함한다. 이하 이 조에서 같다)를 지지·반대하는 등 선거에 영향을 미치게 하기 위하여 선거에 관여하는 행위(이하 이 항에서 "선거관여행위"라 한다)를 할 수 없으며, 그 밖의 당원은 소속 정당의 명칭을 밝히거나 추정할 수 있는 방법으로 선거관여행위를 할 수 없다.
③ 후보자는 특정 정당을 지지·반대하거나 특정 정당으로부터 지지·추천받고 있음을 표방(당원경력의 표시를 포함한다)하여서는 아니 된다.
　[본조신설 2010. 2. 26.]

제47조(공무원 등의 입후보)

① 「공직선거법」 제53조제1항 각 호의 어느 하나에 해당하는 사람 중 후보자가 되려는 사람은 선거일 전 90일(제49조제1항에서 준용되는 「공직선거법」 제35조제4항의 보궐선거등의 경우에는 후보자등록신청 전을 말한다)까지 그 직을 그만두어야 한다. 다만, 교육감선거에서 해당 지방자치단체의 교육감이 그 직을 가지고 입후보하는 경우에는 그러하지 아니하다. <개정 2016. 12. 13.>
② 제1항을 적용하는 경우 그 소속 기관·단체의 장 또는 소속 위원회에 사직원이 접수된 때에 그 직을 그만둔 것으로 본다.
　[본조신설 2010. 2. 26.]

국가경찰과 자치경찰의 조직 및 운영에 관한 법률 (약칭: 경찰법)

[시행 2023. 2. 16.] [법률 제19023호, 2022. 11. 15., 일부개정]

제1장 총칙

제1조(목적) 이 법은 경찰의 민주적인 관리·운영과 효율적인 임무수행을 위하여 경찰의 기본조직 및 직무 범위와 그 밖에 필요한 사항을 규정함을 목적으로 한다.

제4조(경찰의 사무)

① 경찰의 사무는 다음 각 호와 같이 구분한다.
 1. 국가경찰사무: 제3조에서 정한 경찰의 임무를 수행하기 위한 사무. 다만, 제2호의 자치경찰사무는 제외한다.
 2. 자치경찰사무: 제3조에서 정한 경찰의 임무 범위에서 관할 지역의 생활안전·교통·경비·수사 등에 관한 다음 각 목의 사무
 가. 지역 내 주민의 생활안전 활동에 관한 사무
  1) 생활안전을 위한 순찰 및 시설의 운영
  2) 주민참여 방범활동의 지원 및 지도
  3) 안전사고 및 재해·재난 시 긴급구조지원
  4) 아동·청소년·노인·여성·장애인 등 사회적 보호가 필요한 사람에 대한 보호 업무 및 가정폭력·학교폭력·성폭력 등의 예방
  5) 주민의 일상생활과 관련된 사회질서의 유지 및 그 위반행위의 지도·단속. 다만, 지방자치단체 등 다른 행정청의 사무는 제외한다.
  6) 그 밖에 지역주민의 생활안전에 관한 사무
 나. 지역 내 교통활동에 관한 사무
  1) 교통법규 위반에 대한 지도·단속
  2) 교통안전시설 및 무인 교통단속용 장비의 심의·설치·관리
  3) 교통안전에 대한 교육 및 홍보
  4) 주민참여 지역 교통활동의 지원 및 지도
  5) 통행 허가, 어린이 통학버스의 신고, 긴급자동차의 지정 신청 등 각종 허가 및 신고에 관한 사무
  6) 그 밖에 지역 내의 교통안전 및 소통에 관한 사무
 다. 지역 내 다중운집 행사 관련 혼잡 교통 및 안전 관리
 라. 다음의 어느 하나에 해당하는 수사사무
  1) 학교폭력 등 소년범죄
  2) 가정폭력, 아동학대 범죄
  3) 교통사고 및 교통 관련 범죄
  4) 「형법」 제245조에 따른 공연음란 및 「성폭력범죄의 처벌 등에 관한 특례법」 제12조에 따른 성적 목적을 위한 다중이용장소 침입행위에 관한 범죄
  5) 경범죄 및 기초질서 관련 범죄
  6) 가출인 및 「실종아동등의 보호 및 지원에 관한 법률」 제2조제2호에 따른 실종아동등 관련 수색 및 범죄
② 제1항제2호가목부터 다목까지의 자치경찰사무에 관한 구체적인 사항 및 범위 등은 대통령령으로 정하는 기준에 따라 시·도조례로 정한다.

③ 제1항제2호라목의 자치경찰사무에 관한 구체적인 사항 및 범위 등은 대통령령으로 정한다.

제4장 시·도자치경찰위원회

제18조(시·도자치경찰위원회의 설치)

① 자치경찰사무를 관장하게 하기 위하여 특별시장·광역시장·특별자치시장·도지사·특별자치도지사(이하 "시·도지사"라 한다) 소속으로 시·도자치경찰위원회를 둔다. 다만, 제13조 후단에 따라 시·도에 2개의 시·도경찰청을 두는 경우 시·도지사 소속으로 2개의 시·도자치경찰위원회를 둘 수 있다. <개정 2021. 3. 30.>
② 시·도자치경찰위원회는 합의제 행정기관으로서 그 권한에 속하는 업무를 독립적으로 수행한다.
③ 제1항 단서에 따라 2개의 시·도자치경찰위원회를 두는 경우 해당 시·도자치경찰위원회의 명칭, 관할구역, 사무분장, 그 밖에 필요한 사항은 대통령령으로 정한다. <신설 2021. 3. 30.>

제19조(시·도자치경찰위원회의 구성)

① 시·도자치경찰위원회는 위원장 1명을 포함한 7명의 위원으로 구성하되, 위원장과 1명의 위원은 상임으로 하고, 5명의 위원은 비상임으로 한다.
② 위원은 특정 성(性)이 10분의 6을 초과하지 아니하도록 노력하여야 한다.
③ 위원 중 1명은 인권문제에 관하여 전문적인 지식과 경험이 있는 사람이 임명될 수 있도록 노력하여야 한다.

제20조(시·도자치경찰위원회 위원의 임명 및 결격사유)

① 시·도자치경찰위원회 위원은 다음 각 호의 사람을 시·도지사가 임명한다.
 1. 시·도의회가 추천하는 2명
 2. 국가경찰위원회가 추천하는 1명
 3. 해당 시·도 교육감이 추천하는 1명
 4. 시·도자치경찰위원회 위원추천위원회가 추천하는 2명
 5. 시·도지사가 지명하는 1명
② 시·도자치경찰위원회 위원은 다음 각 호의 어느 하나에 해당하는 자격을 갖추어야 한다.
 1. 판사·검사·변호사 또는 경찰의 직에 5년 이상 있었던 사람
 2. 변호사 자격이 있는 사람으로서 국가기관등에서 법률에 관한 사무에 5년 이상 종사한 경력이 있는 사람
 3. 대학이나 공인된 연구기관에서 법률학·행정학 또는 경찰학 분야의 조교수 이상의 직이나 이에 상당하는 직에 5년 이상 있었던 사람
 4. 그 밖에 관할 지역주민 중에서 지방자치행정 또는 경찰행정 등의 분야에 경험이 풍부하고 학식과 덕망을 갖춘 사람
③ 시·도자치경찰위원회 위원장은 위원 중에서 시·도지사가 임명하고, 상임위원은 시·도자치경찰위원회의 의결을 거쳐 위원 중에서 위원장의 제청으로 시·도지사가 임명한다. 이 경우 위원장과 상임위원은 지방자치단체의 공무원으로 한다.
④ 위원은 정치적 중립을 지켜야 하며, 권한을 남용하여서는 아니 된다.
⑤ 공무원이 아닌 위원에 대해서는 「지방공무원법」 제52조 및 제57조를 준용한다.
⑥ 공무원이 아닌 위원은 그 소관 사무와 관련하여 형법이나 그 밖의 법률에 따른 벌칙을 적용할 때에는 공무원으로 본다.
⑦ 다음 각 호의 어느 하나에 해당하는 사람은 위원이 될 수 없다. 위원이 각 호의 어느 하나에 해당한 경우에는 당연퇴직한다.

1. 정당의 당원이거나 당적을 이탈한 날부터 3년이 지나지 아니한 사람
  2. 선거에 의하여 취임하는 공직에 있거나 그 공직에서 퇴직한 날부터 3년이 지나지 아니한 사람
  3. 경찰, 검찰, 국가정보원 직원 또는 군인의 직에 있거나 그 직에서 퇴직한 날부터 3년이 지나지 아니한 사람
  4. 국가 및 지방자치단체의 공무원(국립 또는 공립대학의 조교수 이상의 직에 있는 사람은 제외한다. 이하 이 조에서 같다)이거나 공무원이었던 사람으로서 퇴직한 날부터 3년이 지나지 아니한 사람. 다만, 제20조제3항 후단에 따라 위원장과 상임위원이 지방자치단체의 공무원이 된 경우에는 당연퇴직하지 아니한다.
  5. 「지방공무원법」 제31조 각 호의 어느 하나에 해당하는 사람. 다만, 「지방공무원법」 제31조제2호 및 제5호에 해당하는 경우에는 같은 법 제61조제1호 단서에 따른다.
⑧ 그 밖에 위원의 임명방법 등에 관하여 필요한 사항은 대통령령으로 정하는 기준에 따라 시·도조례로 정한다.

제23조(시·도자치경찰위원회 위원의 임기 및 신분보장)

① 시·도자치경찰위원회 위원장과 위원의 임기는 3년으로 하며, 연임할 수 없다.
② 보궐위원의 임기는 전임자 임기의 남은 기간으로 하되, 전임자의 남은 임기가 1년 미만인 경우 그 보궐위원은 제1항에도 불구하고 한 차례만 연임할 수 있다.
③ 위원은 중대한 신체상 또는 정신상의 장애로 직무를 수행할 수 없게 된 경우를 제외하고는 그 의사에 반하여 면직되지 아니한다.

제24조(시·도자치경찰위원회의 소관 사무)

① 시·도자치경찰위원회의 소관 사무는 다음 각 호로 한다.
 1. 자치경찰사무에 관한 목표의 수립 및 평가
 2. 자치경찰사무에 관한 인사, 예산, 장비, 통신 등에 관한 주요정책 및 그 운영지원
 3. 자치경찰사무 담당 공무원의 임용, 평가 및 인사위원회 운영
 4. 자치경찰사무 담당 공무원의 부패 방지와 청렴도 향상에 관한 주요 정책 및 인권침해 또는 권한남용 소지가 있는 규칙, 제도, 정책, 관행 등의 개선
 5. 제2조에 따른 시책 수립
 6. 제28조제2항에 따른 시·도경찰청장의 임용과 관련한 경찰청장과의 협의, 제30조제4항에 따른 평가 및 결과 통보
 7. 자치경찰사무 감사 및 감사의뢰
 8. 자치경찰사무 담당 공무원의 주요 비위사건에 대한 감찰요구
 9. 자치경찰사무 담당 공무원에 대한 징계요구
 10. 자치경찰사무 담당 공무원의 고충심사 및 사기진작
 11. 자치경찰사무와 관련된 중요사건·사고 및 현안의 점검
 12. 자치경찰사무에 관한 규칙의 제정·개정 또는 폐지
 13. 지방행정과 치안행정의 업무조정과 그 밖에 필요한 협의·조정
 14. 제32조에 따른 비상사태 등 전국적 치안유지를 위한 경찰청장의 지휘·명령에 관한 사무
 15. 국가경찰사무·자치경찰사무의 협력·조정과 관련하여 경찰청장과 협의
 16. 국가경찰위원회에 대한 심의·조정 요청
 17. 그 밖에 시·도지사, 시·도경찰청장이 중요하다고 인정하여 시·도자치경찰위원회의 회의에 부친 사항에 대한 심의·의결
② 시·도자치경찰위원회의 업무와 관련하여 시·도지사는 정치적 목적이나 개인적 이익을 위해 관여하여서는 아니 된다.

제5장 시·도경찰청 및 경찰서 등

제31조(직제) 시·도경찰청 및 경찰서의 명칭, 위치, 관할구역, 하부조직, 공무원의 정원, 그 밖에 필요한 사항은 「정부조직법」 제2조제4항 및 제5항을 준용하여 대통령령 또는 행정안전부령으로 정한다.

제8장 보칙

제34조(자치경찰사무에 대한 재정적 지원) 국가는 지방자치단체가 이관받은 사무를 원활히 수행할 수 있도록 인력, 장비 등에 소요되는 비용에 대하여 재정적 지원을 하여야 한다.

감사원법

[시행 2020. 10. 20.] [법률 제17560호, 2020. 10. 20., 일부개정]

제2장 권한 <개정 2009. 1. 30.>

제3절 직무감찰의 범위 <개정 2009. 1. 30.>

제24조(감찰 사항)

① 감사원은 다음 각 호의 사항을 감찰한다.
  1. 「정부조직법」 및 그 밖의 법률에 따라 설치된 행정기관의 사무와 그에 소속한 공무원의 직무
  2. 지방자치단체의 사무와 그에 소속한 지방공무원의 직무
  3. 제22조제1항제3호 및 제23조제7호에 규정된 자의 사무와 그에 소속한 임원 및 감사원의 검사대상이 되는 회계사무와 직접 또는 간접으로 관련이 있는 직원의 직무
  4. 법령에 따라 국가 또는 지방자치단체가 위탁하거나 대행하게 한 사무와 그 밖의 법령에 따라 공무원의 신분을 가지거나 공무원에 준하는 자의 직무
② 제1항제1호의 행정기관에는 군기관과 교육기관을 포함한다. 다만, 군기관에는 소장급 이하의 장교가 지휘하는 전투를 주된 임무로 하는 부대 및 중령급 이하의 장교가 지휘하는 부대는 제외한다.
③ 제1항의 공무원에는 국회·법원 및 헌법재판소에 소속한 공무원은 제외한다.
④ 제1항에 따라 감찰을 하려는 경우 다음 각 호의 어느 하나에 해당하는 사항은 감찰할 수 없다.
  1. 국무총리로부터 국가기밀에 속한다는 소명이 있는 사항
  2. 국방부장관으로부터 군기밀이거나 작전상 지장이 있다는 소명이 있는 사항
  [전문개정 2009. 1. 30.]

지방공기업법

[시행 2024. 2. 17.] [법률 제19634호, 2023. 8. 16., 타법개정]

제1장 총칙 <개정 2011. 8. 4.>

제1조(목적) 이 법은 지방자치단체가 직접 설치·경영하거나, 법인을 설립하여 경영하는 기업의 운영에 필요한 사항을 정하여 그 경영을 합리화함으로써 지방자치의 발전과 주민복리의 증진에 이바지함을 목적으로 한다.

[전문개정 2011. 8. 4.]

제2조(적용 범위)

① 이 법은 다음 각 호의 어느 하나에 해당하는 사업(그에 부대되는 사업을 포함한다. 이하 같다) 중 제5조에 따라 지방자치단체가 직접 설치·경영하는 사업으로서 대통령령으로 정하는 기준 이상의 사업(이하 "지방직영기업"이라 한다)과 제3장 및 제4장에 따라 설립된 지방공사와 지방공단이 경영하는 사업에 대하여 각각 적용한다. <개정 2019. 12. 3., 2021. 10. 19.>
 1. 수도사업(마을상수도사업은 제외한다)
 2. 공업용수도사업
 3. 궤도사업(도시철도사업을 포함한다)
 4. 자동차운송사업
 5. 지방도로사업(유료도로사업만 해당한다)
 6. 하수도사업
 7. 주택사업
 8. 토지개발사업
 9. 주택(대통령령으로 정하는 공공복리시설을 포함한다)·토지 또는 공용·공공용건축물의 관리 등의 수탁
 10. 「도시 및 주거환경정비법」 제2조제2호에 따른 공공재개발사업 및 공공재건축사업

② 지방자치단체는 다음 각 호의 어느 하나에 해당하는 사업 중 경상경비의 50퍼센트 이상을 경상수입으로 충당할 수 있는 사업을 지방직영기업, 지방공사 또는 지방공단이 경영하는 경우에는 조례로 정하는 바에 따라 이 법을 적용할 수 있다.
 1. 민간인의 경영 참여가 어려운 사업으로서 주민복리의 증진에 이바지할 수 있고, 지역경제의 활성화나 지역개발의 촉진에 이바지할 수 있다고 인정되는 사업
 2. 제1항 각 호의 어느 하나에 해당하는 사업 중 같은 항 각 호 외의 부분에 따라 대통령령으로 정하는 기준에 미달하는 사업
 3. 「체육시설의 설치·이용에 관한 법률」에 따른 체육시설업
 4. 「관광진흥법」에 따른 관광사업(여행업 및 카지노업은 제외한다)

③ 지방자치단체의 장은 제1항 각 호의 어느 하나에 해당하는 사업 중 같은 항 각 호 외의 부분에 따라 대통령령으로 정하는 기준에 미달하는 사업에 대하여 대통령령으로 정하는 바에 따라 제22조를 준용할 수 있다.

[전문개정 2011. 8. 4.]

제2장 지방직영기업 <개정 2011. 8. 4.>

제1절 통칙 <개정 2011. 8. 4.>

제5조(지방직영기업의 설치) 지방자치단체는 지방직영기업을 설치·경영하려는 경우에는 그 설치·운영의 기본사항을 조례로 정하여야 한다.
  [전문개정 2011. 8. 4.]

제2절 조직 <개정 2011. 8. 4.>

제7조(관리자)
① 지방자치단체는 지방직영기업의 업무를 관리·집행하게 하기 위하여 사업마다 관리자를 둔다. 다만, 조례로 정하는 바에 따라 성질이 같거나 유사한 둘 이상의 사업에 대하여는 관리자를 1명만 둘 수 있다.
② 관리자는 대통령령으로 정하는 바에 따라 해당 지방자치단체의 공무원으로서 지방직영기업의 경영에 관하여 지식과 경험이 풍부한 사람 중에서 지방자치단체의 장이 임명하며, 임기제로 할 수 있다.
  [전문개정 2011. 8. 4.]

제3절 재무 <개정 2011. 8. 4.>

제13조(특별회계) 지방자치단체는 제2조에 해당하는 사업마다 특별회계를 설치하여야 한다. 다만, 제7조제1항 단서에 따라 둘 이상의 사업에 대하여 관리자를 1명만 두는 경우에는 둘 이상의 사업에 대하여 하나의 특별회계를 둘 수 있다.
  [전문개정 2011. 8. 4.]

제14조(독립채산)
① 지방직영기업의 특별회계에서 해당 기업의 경비는 해당 기업의 수입으로 충당하여야 한다. 다만, 다음 각 호의 어느 하나에 해당하는 지방직영기업의 경비로서 대통령령으로 정하는 경비는 해당 지방자치단체의 일반회계나 다른 특별회계가 부담금이나 그 밖의 방법으로 부담한다.
  1. 경비의 성질상 지방직영기업의 수입으로 충당하는 것이 적당하지 아니한 경비
  2. 지방직영기업의 성질상 그 경영으로 생기는 수입만으로 충당하는 것이 객관적으로 곤란하다고 인정되는 경비
② 지방직영기업의 특별회계는 재해복구 또는 그 밖의 특별한 사유로 인하여 필요한 경우에는 예산에서 정하는 바에 따라 해당 지방자치단체의 일반회계나 다른 특별회계로부터 재정적 지원을 받을 수 있다.
  [전문개정 2011. 8. 4.]

제16조(회계처리의 원칙)
① 지방직영기업의 특별회계는 경영 성과 및 재무 상태를 명확히 하기 위하여 재산의 증감 및 변동(이하 "회계거래"라 한다)을 발생 사실에 따라 회계처리한다.
② 지방직영기업의 회계거래는 대통령령으로 정하는 바에 따라 회계연도 소속을 구분한다.
③ 지방직영기업의 특별회계는 대차대조표 계정인 자산, 부채 및 자본 계정과 손익계산서 계정인 수익 및 비용 계정을 설정하여 회계처리한다.
④ 제3항에 따른 자산, 부채 및 자본에 대하여는 대통령령으로 정하는 바에 따라 내용을 명확히 하여야 한다.
⑤ 지방직영기업의 특별회계는 대통령령으로 정하는 보조 계정을 설정할 수 있다.
  [전문개정 2011. 8. 4.]

제3장 지방공사 <개정 2011. 8. 4.>

제1절 설립 <개정 2011. 8. 4.>

제49조(설립)

① 지방자치단체는 제2조에 따른 사업을 효율적으로 수행하기 위하여 필요한 경우에는 지방공사(이하 "공사"라 한다)를 설립할 수 있다. 이 경우 공사를 설립하기 전에 특별시장, 광역시장, 특별자치시장, 도지사 및 특별자치도지사(이하 "시·도지사"라 한다)는 행정안전부장관과, 시장·군수·구청장(자치구의 구청장을 말한다)은 관할 특별시장·광역시장 및 도지사와 협의하여야 한다. <개정 2013. 6. 4., 2014. 11. 19., 2017. 7. 26.>
② 지방자치단체는 공사를 설립하는 경우 그 설립, 업무 및 운영에 관한 기본적인 사항을 조례로 정하여야 한다.
③ 지방자치단체는 공사를 설립하는 경우 대통령령으로 정하는 바에 따라 주민복리 및 지역경제에 미치는 효과, 사업성 등 지방공기업으로서의 타당성을 미리 검토하고 그 결과를 공개하여야 한다. <개정 2013. 6. 4.>
④ 제3항에 따른 타당성 검토는 전문 인력 및 조사·연구 능력 등 대통령령으로 정하는 요건을 갖춘 전문기관으로서 행정안전부장관이 지정·고시하는 기관에 의뢰하여 실시하여야 한다. <신설 2015. 12. 29., 2017. 7. 26.>
[전문개정 2011. 8. 4.]

제51조(법인격) 공사는 법인으로 한다.
[전문개정 2011. 8. 4.]

제53조(출자)

① 공사의 자본금은 그 전액을 지방자치단체가 현금 또는 현물로 출자한다.
② 제1항에도 불구하고 공사의 운영을 위하여 필요한 경우에는 자본금의 2분의 1을 넘지 아니하는 범위에서 지방자치단체 외의 자(외국인 및 외국법인을 포함한다)로 하여금 공사에 출자하게 할 수 있다. 증자(增資)의 경우에도 또한 같다.
③ 제2항의 경우에는 공사의 자본금은 주식으로 분할하여 발행한다. 이 경우에 발행하는 주식의 종류, 1주의 금액, 주식 발행의 시기, 발행 주식의 총수와 주금(株金)의 납입시기 및 납입방법은 조례로 정한다.
④ 공사가 제2항에 따라 해당 지방자치단체가 설립한 다른 공사로부터 출자를 받거나 제54조에 따라 해당 지방자치단체가 설립한 다른 공사에 출자하는 경우에는 이를 해당 지방자치단체가 출자한 것으로 본다.
[전문개정 2011. 8. 4.]

제4장 지방공단 <개정 2011. 8. 4.>

제76조(설립·운영)

① 지방자치단체는 제2조의 사업을 효율적으로 수행하기 위하여 필요한 경우에는 지방공단(이하 "공단"이라 한다)을 설립할 수 있다.
② 공단의 설립·운영에 관하여는 제49조부터 제52조까지, 제53조제1항, 제56조제1항 및 제3항, 제57조, 제58조, 제58조의2, 제59조부터 제63조까지, 제63조의2부터 제63조의8까지, 제64조, 제64조의2, 제64조의4부터 제64조의6까지, 제65조, 제65조의2, 제66조, 제66조의2, 제68조, 제69조, 제71조, 제71조의2부터 제71조의4까지, 제72조 및 제73조, 제75조의2부터 제75조의4까지의 규정을 준용한다. 이 경우 "공사"는 "공단"으로, "사장"은 "이사장"으로, "사채"는 "공단채"로 본다. <개정 2015. 12. 15., 2019. 12. 3., 2020. 6. 9., 2023. 6. 13.>
[전문개정 2011. 8. 4.]

제5장 보칙 <개정 2011. 8. 4.>

제78조(경영평가 및 지도)

① 행정안전부장관은 제3조에 따른 지방공기업의 경영 기본원칙을 고려하여 대통령령으로 정하는 바에 따라 지방공기업에 대한 경영평가를 하고, 그 결과에 따라 필요한 조치를 하여야 한다. 다만, 행정안전부장관이 필요하다고 인정하는 경우에는 지방자치단체의 장으로 하여금 경영평가를 하게 할 수 있다. <개정 2013. 3. 23., 2013. 6. 4., 2014. 11. 19., 2017. 7. 26.>

② 제1항에 따른 경영평가에는 지방공기업의 경영목표의 달성도, 업무의 능률성, 공익성, 고객서비스 등에 관한 평가가 포함되어야 한다.

③ 행정안전부장관은 제1항에 따른 경영평가를 위하여 필요한 경우 지방공기업에 고객 명부 등 관련 자료의 제출을 요청할 수 있다. 이 경우 요청을 받은 지방공기업은 정당한 사유가 없는 한 이에 따라야 한다. <신설 2013. 6. 4., 2014. 11. 19., 2017. 7. 26.>

④ 행정안전부장관은 대통령령으로 정하는 바에 따라 제1항 및 제2항에 따른 경영평가와는 별도로 사장에 대하여 업무성과 평가를 할 수 있다. 이 경우 공익성이 고려되어야 한다. <개정 2013. 3. 23., 2013. 6. 4., 2014. 11. 19., 2017. 7. 26.>

⑤ 행정안전부장관 또는 시·도지사(특별자치시장 및 특별자치도지사는 제외한다. 이하 이 항에서 같다)는 지방공기업(시·도지사의 경우에는 시·군·자치구의 지방공기업으로 한정한다)의 효율적인 경영을 위하여 필요한 지도, 조언 또는 권고를 할 수 있다. <개정 2013. 3. 23., 2013. 6. 4., 2014. 11. 19., 2017. 7. 26.>

⑥ 행정안전부장관은 지방공기업이 다음 각 호의 어느 하나에 해당하는 경우에는 제1항에 따른 경영평가 결과를 조정하고, 해당 지방공기업에 대한 주의·경고 등의 조치를 하거나 지방자치단체의 장에게 해당 지방공기업의 평가급 조정을 요청할 수 있다. 이 경우 제78조의5에 따른 지방공기업정책위원회의 심의를 거쳐야 한다. <신설 2022. 1. 11.>

1. 제3항에 따른 경영평가에 필요한 자료를 제출하지 아니하거나 거짓으로 작성·제출한 경우
2. 불공정한 인사운영, 비리 등으로 윤리경영을 저해한 경우로서 대통령령으로 정하는 경우

⑦ 제6항에 따른 요청을 받은 지방자치단체의 장은 특별한 사정이 없으면 해당 지방공기업의 평가급을 조정하여야 하고, 필요한 경우 해당 공사의 사장 또는 공단의 이사장에게 관련자에 대한 인사상의 조치 등을 요구할 수 있다. <신설 2022. 1. 11.>

[전문개정 2011. 8. 4.]

지방교부세법

[시행 2022. 1. 13.] [법률 제17893호, 2021. 1. 12., 타법개정]

제1조(목적)

이 법은 지방자치단체의 행정 운영에 필요한 재원(財源)을 교부하여 그 재정을 조정함으로써 지방행정을 건전하게 발전시키도록 함을 목적으로 한다.
　[전문개정 2009. 2. 6.]

제3조(교부세의 종류)

지방교부세(이하 "교부세"라 한다)의 종류는 보통교부세·특별교부세·부동산교부세 및 소방안전교부세로 구분한다. <개정 2014. 12. 23., 2014. 12. 31.>
　[전문개정 2009. 2. 6.]

제4조(교부세의 재원)

① 교부세의 재원은 다음 각 호로 한다. <개정 2014. 12. 23., 2019. 12. 10.>
　1. 해당 연도의 내국세(목적세 및 종합부동산세, 담배에 부과하는 개별소비세 총액의 100분의 45 및 다른 법률에 따라 특별회계의 재원으로 사용되는 세목의 해당 금액은 제외한다. 이하 같다) 총액의 1만분의 1,924에 해당하는 금액
　2. 「종합부동산세법」에 따른 종합부동산세 총액
　3. 「개별소비세법」에 따라 담배에 부과하는 개별소비세 총액의 100분의 45에 해당하는 금액
　4. 제5조제3항에 따라 같은 항 제1호의 차액을 정산한 금액
　5. 제5조제3항에 따라 같은 항 제2호의 차액을 정산한 금액
　6. 제5조제3항에 따라 같은 항 제3호의 차액을 정산한 금액
② 교부세의 종류별 재원은 다음 각 호와 같다. <개정 2014. 1. 1., 2014. 12. 23., 2014. 12. 31.>
　1. 보통교부세: (제1항제1호의 금액 + 제1항제4호의 정산액) × 100분의 97
　2. 특별교부세: (제1항제1호의 금액 + 제1항제4호의 정산액) × 100분의 3
　3. 삭제 <2014. 12. 31.>
　4. 부동산교부세: 제1항제2호의 금액 + 제1항제5호의 정산액
　5. 소방안전교부세: 제1항제3호의 금액 + 제1항제6호의 정산액
　[전문개정 2009. 2. 6.]

제5조(예산 계상)

① 국가는 해마다 이 법에 따른 교부세를 국가예산에 계상하여야 한다. <개정 2014. 1. 1.>
② 추가경정예산에 의하여 교부세의 재원인 국세(國稅)가 늘거나 줄면 교부세도 함께 조절하여야 한다. 다만, 국세가 줄어드는 경우에는 지방재정 여건 등을 고려하여 다음 다음 연도까지 교부세를 조절할 수 있다. <신설 2014. 1. 1.>
③ 다음 각 호의 교부세 차액은 늦어도 다음 다음 연도의 국가예산에 계상하여 정산하여야 한다. <개정 2014. 1. 1., 2014. 12. 23., 2019. 12. 10.>
　1. 내국세 예산액과 그 결산액의 차액으로 인한 교부세의 차액
　2. 종합부동산세 예산액과 그 결산액의 차액으로 인한 교부세의 차액

3. 「개별소비세법」에 따라 담배에 부과되는 개별소비세 총액의 100분의 45에 해당하는 예산액과 그 결산액의 차액으로 인한 교부세의 차액

[전문개정 2009. 2. 6.]

제7조(기준재정수요액)

① 기준재정수요액은 각 측정항목별로 측정단위의 수치를 해당 단위비용에 곱하여 얻은 금액을 합산한 금액으로 한다.
② 측정항목 및 측정단위는 대통령령으로 정하고, 단위비용은 대통령령으로 정하는 기준 이내에서 물가변동 등을 고려하여 행정안전부령으로 정한다. <개정 2013. 3. 23., 2014. 11. 19., 2017. 7. 26.>
③ 제1항과 제2항에 따라 기준재정수요액을 산정할 때에 다음 각 호의 어느 하나에 해당하는 경우에는 단위비용을 조정하거나 기준재정수요액을 보정(補正)하여야 한다.
 1. 대통령령으로 정하는 섬이나 외딴곳의 특수성을 고려할 필요가 있는 경우
 2. 대통령령으로 정하는 낙후지역의 개발 등 지역 간의 균형 잡힌 발전을 촉진하기 위하여 필요한 경우
 3. 단위비용의 획일적 적용 또는 그 밖의 사유로 각 지방자치단체의 기준재정수요액이 매우 불합리하게 책정된 경우

[전문개정 2009. 2. 6.]

제8조(기준재정수입액)

① 기준재정수입액은 기준세율로 산정한 해당 지방자치단체의 보통세 수입액으로 한다.
② 제1항의 기준세율은 「지방세법」에 규정된 표준세율의 100분의 80에 해당하는 세율로 한다.
③ 제1항과 제2항의 기준세율로 산정한 각 지방자치단체의 기준재정수입액이 매우 불합리한 경우에는 이를 보정하여야 한다.

[전문개정 2009. 2. 6.]

제9조(특별교부세의 교부)

① 특별교부세는 다음 각 호의 구분에 따라 교부한다. <개정 2014. 1. 1.>
 1. 기준재정수요액의 산정방법으로는 파악할 수 없는 지역 현안에 대한 특별한 재정수요가 있는 경우: 특별교부세 재원의 100분의 40에 해당하는 금액
 2. 보통교부세의 산정기일 후에 발생한 재난을 복구하거나 재난 및 안전관리를 위한 특별한 재정수요가 생기거나 재정수입이 감소한 경우: 특별교부세 재원의 100분의 50에 해당하는 금액
 3. 국가적 장려사업, 국가와 지방자치단체 간에 시급한 협력이 필요한 사업, 지역 역점시책 또는 지방행정 및 재정운용 실적이 우수한 지방자치단체에 재정 지원 등 특별한 재정수요가 있을 경우: 특별교부세 재원의 100분의 10에 해당하는 금액
② 행정안전부장관은 지방자치단체의 장이 제1항 각 호에 따른 특별교부세의 교부를 신청하는 경우에는 이를 심사하여 특별교부세를 교부한다. 다만, 행정안전부장관이 필요하다고 인정하는 경우에는 신청이 없는 경우에도 일정한 기준을 정하여 특별교부세를 교부할 수 있다. <신설 2011. 3. 7., 2013. 3. 23., 2014. 1. 1., 2014. 11. 19., 2014. 12. 31., 2017. 7. 26.>
③ 삭제 <2017. 7. 26.>
④ 행정안전부장관은 제1항에 따른 특별교부세의 사용에 관하여 조건을 붙이거나 용도를 제한할 수 있다. <신설 2011. 3. 7., 2013. 3. 23., 2014. 1. 1., 2014. 11. 19., 2014. 12. 31., 2017. 7. 26.>
⑤ 지방자치단체의 장은 제4항에 따른 교부조건의 변경이 필요하거나 용도를 변경하여 특별교부세를 사용하고자

하는 때에는 미리 행정안전부장관의 승인을 받아야 한다. <신설 2011. 3. 7., 2013. 3. 23., 2014. 11. 19., 2014. 12. 31., 2017. 7. 26.>

⑥ 행정안전부장관은 제1항에 따른 특별교부세를 교부하는 경우 민간에 지원하는 보조사업에 대하여는 교부할 수 없다. <신설 2014. 1. 1., 2014. 11. 19., 2014. 12. 31., 2017. 7. 26.>

⑦ 제1항제3호에 따른 우수한 지방자치단체의 선정기준 등 특별교부세의 운영에 필요한 사항은 대통령령으로 정한다. <개정 2011. 3. 7., 2014. 1. 1.>

[전문개정 2009. 2. 6.]

제10조(교부 시기) 교부세는 1년을 4기(期)로 나누어 교부한다. 다만, 특별교부세는 예외로 할 수 있다.

[전문개정 2009. 2. 6.]

제11조(부당 교부세의 시정 등)

① 행정안전부장관은 지방자치단체가 교부세 산정에 필요한 자료를 부풀리거나 거짓으로 기재하여 부당하게 교부세를 교부받거나 받으려 하는 경우에는 그 지방자치단체가 정당하게 받을 수 있는 금액을 초과하는 부분을 반환하도록 명하거나 부당하게 받으려 하는 금액을 감액(減額)할 수 있다. <개정 2013. 3. 23., 2014. 11. 19., 2014. 12. 31., 2017. 7. 26.>

② 행정안전부장관은 지방자치단체가 법령을 위반하여 지나치게 많은 경비를 지출하였거나 수입 확보를 위한 징수를 게을리한 경우에는 그 지방자치단체에 교부할 교부세를 감액하거나 이미 교부한 교부세의 일부를 반환하도록 명할 수 있다. 이 경우 감액하거나 반환을 명하는 교부세의 금액은 법령을 위반하여 지출하였거나 징수를 게을리하여 확보하지 못한 금액을 초과할 수 없다. <개정 2013. 3. 23., 2014. 11. 19., 2017. 7. 26.>

③ 행정안전부장관은 지방자치단체의 장이 제9조제4항에 따른 교부조건이나 용도를 위반하여 특별교부세를 사용한 때에는 교부조건이나 용도를 위반하여 사용한 금액의 반환을 명하거나 다음 연도에 교부할 지방교부세에서 이를 감액할 수 있다. <신설 2011. 3. 7., 2013. 3. 23., 2014. 11. 19., 2014. 12. 31., 2017. 7. 26.>

④ 제1항부터 제3항까지의 규정에 따라 교부세를 반환하는 경우에는 대통령령으로 정하는 바에 따라 분할하여 반환할 수 있다. <신설 2014. 12. 31.>

[전문개정 2009. 2. 6.]

보조금 관리에 관한 법률 (약칭: 보조금법)

[시행 2024. 3. 26.] [법률 제20409호, 2024. 3. 26., 타법개정]

제1장 총칙 <개정 2011. 7. 25.>

제1조(목적) 이 법은 보조금 예산의 편성, 교부 신청, 교부 결정 및 사용 등에 관하여 기본적인 사항을 규정함으로써 효율적인 보조금 예산의 편성 및 집행 등 보조금 예산의 적정한 관리를 도모함을 목적으로 한다.
  [전문개정 2011. 7. 25.]

제2장 보조금 예산의 편성 <개정 2011. 7. 25.>

제4조(보조사업을 수행하려는 자의 예산 계상 신청 등)

① 보조사업을 수행하려는 자는 매년 중앙관서의 장에게 보조금의 예산 계상(計上)을 신청하여야 한다.
② 제1항에 따른 신청을 할 때에는 보조사업의 목적과 내용, 보조사업에 드는 경비, 그 밖에 필요한 사항을 적은 신청서와 첨부서류를 제출하여야 한다.
③ 제1항 및 제2항의 경우 보조사업을 수행하려는 자가 시장·군수인 경우에는 그 시장·군수에 대한 보조금은 관할 도지사(광역시의 군인 경우에는 광역시장을 말한다. 이하 같다)가 종합하여 일괄신청할 수 있다.
④ 제1항부터 제3항까지의 규정에 따른 신청에 필요한 신청서 서식, 첨부서류, 제출일 등 필요한 사항은 중앙관서의 장이 정한다. 이 경우 제출일은 해당 회계연도의 전년도 4월 30일 이전으로 하여야 한다. <개정 2014. 1. 1.>
  [전문개정 2011. 7. 25.]

제5조(예산 계상 신청이 없는 보조사업에 대한 예외조치) 국가는 제4조에 따른 보조금의 예산 계상 신청이 없는 보조사업의 경우에도 국가시책 수행상 부득이하여 대통령령으로 정하는 경우에는 필요한 보조금을 예산에 계상할 수 있다.
  [전문개정 2011. 7. 25.]

제6조(중앙관서의 장의 보조금 예산 요구)

① 중앙관서의 장은 보조사업을 수행하려는 자로부터 신청받은 보조금의 명세 및 금액을 조정하여 기획재정부장관에게 보조금 예산을 요구하여야 한다. 이 경우 제5조에 따른 보조사업의 경우에는 보조금의 예산 계상 신청이 없더라도 그 보조금 예산을 요구할 수 있다.
② 제1항의 경우 지방자치단체에 대한 보조사업 중 대부분의 지방자치단체와 관련된 보조사업에 대하여는 지방자치단체별 명세 없이 총액으로 보조금 예산을 요구할 수 있다.
③ 중앙관서의 장이 보조금 예산을 요구할 때 기획재정부장관이 관계 자료를 제출할 것을 요구한 보조사업에 대하여는 보조사업을 수행하려는 자의 예산 계상 신청내용과 중앙관서의 장의 조정내용 및 그 밖에 필요한 자료를 첨부하여 제출하여야 한다.
  [전문개정 2011. 7. 25.]

제9조(보조금의 대상 사업 및 기준보조율 등)

① 보조금이 지급되는 대상 사업, 경비의 종목, 국고 보조율 및 금액은 매년 예산으로 정한다. 다만, 지방자치단체에 대한 보조금의 경우 다음 각 호에 해당하는 사항은 대통령령으로 정한다. <개정 2016. 1. 28.>
  1. 보조금이 지급되는 대상 사업의 범위

2. 보조금의 예산 계상 신청 및 예산 편성 시 보조사업별로 적용하는 기준이 되는 국고 보조율(이하 "기준보조율"이라 한다)

② 국가는 지방자치단체가 수행하는 국고보조사업의 기준보조율을 변경하여 보조금 예산을 편성할 경우에는 사전에 지방자치단체에 통보하여야 한다. <신설 2016. 1. 28.>

[전문개정 2011. 7. 25.]

제10조(차등보조율의 적용)

① 기획재정부장관은 매년 지방자치단체에 대한 보조금 예산을 편성할 때에 필요하다고 인정되는 보조사업에 대하여는 해당 지방자치단체의 재정 사정을 고려하여 기준보조율에서 일정 비율을 더하거나 빼는 차등보조율을 적용할 수 있다. 이 경우 기준보조율에서 일정 비율을 빼는 차등보조율은 「지방교부세법」에 따른 보통교부세를 교부받지 아니하는 지방자치단체에 대하여만 적용할 수 있다.

② 차등보조율의 적용기준은 그 적용대상이 되는 지방자치단체의 재정자주도, 분야별 재정지출지수, 그 밖에 대통령령으로 정하는 사항으로 하며, 각 적용기준의 구체적인 산식은 대통령령으로 정한다.

③ 기획재정부장관은 제2항의 차등보조율의 적용으로 인한 국고보조금의 추가적인 소요예산과 관련된 사항을 국회에 보고하여야 한다.

[전문개정 2011. 7. 25.]

공직선거법

[시행 2024. 3. 8.] [법률 제20370호, 2024. 3. 8., 일부개정]

제1장 총칙

제1조(목적) 이 법은 「대한민국헌법」과 「지방자치법」에 의한 선거가 국민의 자유로운 의사와 민주적인 절차에 의하여 공정히 행하여지도록 하고, 선거와 관련한 부정을 방지함으로써 민주정치의 발전에 기여함을 목적으로 한다. <개정 2005. 8. 4.>

제2장 선거권과 피선거권

제18조(선거권이 없는 자)

① 선거일 현재 다음 각 호의 어느 하나에 해당하는 사람은 선거권이 없다. <개정 2004. 3. 12., 2005. 8. 4., 2015. 8. 13.>

1. 금치산선고를 받은 자
2. 1년 이상의 징역 또는 금고의 형의 선고를 받고 그 집행이 종료되지 아니하거나 그 집행을 받지 아니하기로 확정되지 아니한 사람. 다만, 그 형의 집행유예를 선고받고 유예기간 중에 있는 사람은 제외한다.
3. 선거범, 「정치자금법」 제45조(정치자금부정수수죄) 및 제49조(선거비용관련 위반행위에 관한 벌칙)에 규정된

죄를 범한 자 또는 대통령·국회의원·지방의회의원·지방자치단체의 장으로서 그 재임중의 직무와 관련하여 「형법」(「특정범죄가중처벌 등에 관한 법률」 제2조에 의하여 가중처벌되는 경우를 포함한다) 제129조(수뢰, 사전수뢰) 내지 제132조(알선수뢰)·「특정범죄가중처벌 등에 관한 법률」 제3조(알선수재)에 규정된 죄를 범한 자로서, 100만원이상의 벌금형의 선고를 받고 그 형이 확정된 후 5년 또는 형의 집행유예의 선고를 받고 그 형이 확정된 후 10년을 경과하지 아니하거나 징역형의 선고를 받고 그 집행을 받지 아니하기로 확정된 후 또는 그 형의 집행이 종료되거나 면제된 후 10년을 경과하지 아니한 자(刑이 失效된 者도 포함한다)

4. 법원의 판결 또는 다른 법률에 의하여 선거권이 정지 또는 상실된 자

② 제1항제3호에서 "선거범"이라 함은 제16장 벌칙에 규정된 죄와 「국민투표법」 위반의 죄를 범한 자를 말한다. <개정 2005. 8. 4.>

③ 「형법」 제38조에도 불구하고 제1항제3호에 규정된 죄와 다른 죄의 경합범에 대하여는 이를 분리 선고하고, 선거사무장·선거사무소의 회계책임자(선거사무소의 회계책임자로 선임·신고되지 아니한 사람으로서 후보자와 통모(通謀)하여 해당 후보자의 선거비용으로 지출한 금액이 선거비용제한액의 3분의 1 이상에 해당하는 사람을 포함한다) 또는 후보자(후보자가 되려는 사람을 포함한다)의 직계존비속 및 배우자에게 제263조 및 제265조에 규정된 죄와 이 조 제1항제3호에 규정된 죄의 경합범으로 징역형 또는 300만원 이상의 벌금형을 선고하는 때(선거사무장, 선거사무소의 회계책임자에 대하여는 선임·신고되기 전의 행위로 인한 경우를 포함한다)에는 이를 분리 선고하여야 한다. <개정 2010. 1. 25.>

[제목개정 2015. 8. 13.]

[2015. 8. 13. 법률 제13497호에 의하여 2014. 1. 28. 헌법재판소에서 위헌 및 헌법불합치 결정된 이 조 제1항제2호를 개정함]

제3장 선거구역과 의원정수

제22조(시·도의회의 의원정수)

① 시·도별 지역구시·도의원의 총 정수는 그 관할구역 안의 자치구·시·군(하나의 자치구·시·군이 2 이상의 국회의원지역구로 된 경우에는 국회의원지역구를 말하며, 행정구역의 변경으로 국회의원지역구와 행정구역이 합치되지 아니하게 된 때에는 행정구역을 말한다)수의 2배수로 하되, 인구·행정구역·지세·교통, 그 밖의 조건을 고려하여 100분의 20의 범위에서 조정할 수 있다. 다만, 인구가 5만명 미만인 자치구·시·군의 지역구시·도의원정수는 최소 1명으로 하고, 인구가 5만명 이상인 자치구·시·군의 지역구시·도의원정수는 최소 2명으로 한다. <개정 2014. 2. 13., 2016. 3. 3., 2022. 4. 20.>

② 제1항에도 불구하고 「지방자치법」 제10조제2항에 따라 시와 군을 통합하여 도농복합형태의 시로 한 경우에는 시·군통합후 최초로 실시하는 임기만료에 의한 시·도의회의원선거에 한하여 해당 시를 관할하는 도의회의원의 정수 및 해당 시의 도의회의원의 정수는 통합 전의 수를 고려하여 이를 정한다. <개정 1998. 4. 30., 2005. 8. 4., 2010. 1. 25., 2021. 1. 12.>

③ 제1항 및 제2항의 기준에 의하여 산정된 의원정수가 19명 미만이 되는 광역시 및 도는 그 정수를 19명으로 한다. <개정 1998. 4. 30., 2002. 3. 7., 2010. 1. 25.>

④ 비례대표시·도의원정수는 제1항 내지 제3항의 규정에 의하여 산정된 지역구시·도의원정수의 100분의 10으로 한다. 이 경우 단수는 1로 본다. 다만, 산정된 비례대표시·도의원정수가 3인 미만인 때에는 3인으로 한다. <신설 1995. 4. 1.>

[제목개정 2014. 2. 13.]

[2010. 1. 25. 법률 제9974호에 의하여 2007. 3. 29. 헌법재판소에서 헌법불합치 결정된 이 조를 개정함]

제23조(자치구·시·군의회의 의원정수)

① 시·도별 자치구·시·군의회 의원의 총정수는 별표 3과 같이 하며, 자치구·시·군의회의 의원정수는 당해 시·도의 총정수 범위 내에서 제24조의3의 규정에 따른 당해 시·도의 자치구·시·군의원선거구획정위원회가 자치구·시·군의 인구와 지역대표성을 고려하여 중앙선거관리위원회규칙이 정하는 기준에 따라 정한다. <개정 2015. 6. 19.>
② 자치구·시·군의회의 최소정수는 7인으로 한다.
③ 비례대표자치구·시·군의원정수는 자치구·시·군의원 정수의 100분의 10으로 한다. 이 경우 단수는 1로 본다.
[전문개정 2005. 8. 4.]

제6장 후보자

제53조(공무원 등의 입후보)

① 다음 각 호의 어느 하나에 해당하는 사람으로서 후보자가 되려는 사람은 선거일 전 90일까지 그 직을 그만두어야 한다. 다만, 대통령선거와 국회의원선거에 있어서 국회의원이 그 직을 가지고 입후보하는 경우와 지방의회의원선거와 지방자치단체의 장의 선거에 있어서 당해 지방자치단체의 의회의원이나 장이 그 직을 가지고 입후보하는 경우에는 그러하지 아니하다. <개정 1995. 4. 1., 1995. 12. 30., 1997. 11. 14., 1998. 4. 30., 2000. 2. 16., 2002. 3. 7., 2005. 8. 4., 2010. 1. 25., 2015. 12. 24., 2020. 12. 29.>
 1. 「국가공무원법」 제2조(公務員의 구분)에 규정된 국가공무원과 「지방공무원법」 제2조(公務員의 區分)에 규정된 지방공무원. 다만, 「정당법」 제22조(발기인 및 당원의 자격)제1항제1호 단서의 규정에 의하여 정당의 당원이 될 수 있는 공무원(政務職公務員을 제외한다)은 그러하지 아니하다.
 2. 각급선거관리위원회위원 또는 교육위원회의 교육위원
 3. 다른 법령의 규정에 의하여 공무원의 신분을 가진 자
 4. 「공공기관의 운영에 관한 법률」 제4조제1항제3호에 해당하는 기관 중 정부가 100분의 50 이상의 지분을 가지고 있는 기관(한국은행을 포함한다)의 상근 임원
 5. 「농업협동조합법」·「수산업협동조합법」·「산림조합법」·「엽연초생산협동조합법」에 의하여 설립된 조합의 상근 임원과 이들 조합의 중앙회장
 6. 「지방공기업법」 제2조(適用範圍)에 규정된 지방공사와 지방공단의 상근 임원
 7. 「정당법」 제22조제1항제2호의 규정에 의하여 정당의 당원이 될 수 없는 사립학교교원
 8. 「신문 등의 진흥에 관한 법률」 제2조에 따른 신문 및 인터넷신문,「잡지 등 정기간행물의 진흥에 관한 법률」제2조에 따른 정기간행물,「방송법」제2조에 따른 방송사업을 발행·경영하는 자와 이에 상시 고용되어 편집·제작·취재·집필·보도의 업무에 종사하는 자로서 중앙선거관리위원회규칙으로 정하는 언론인
 9. 특별법에 의하여 설립된 국민운동단체로서 국가 또는 지방자치단체의 출연 또는 보조를 받는 단체(바르게살기운동협의회·새마을운동협의회·한국자유총연맹을 말하며, 시·도조직 및 구·시·군조직을 포함한다)의 대표자
② 제1항 본문에도 불구하고 다음 각 호의 어느 하나에 해당하는 경우에는 선거일 전 30일까지 그 직을 그만두어야 한다. <신설 2010. 1. 25., 2015. 8. 13.>
 1. 비례대표국회의원선거나 비례대표지방의회의원선거에 입후보하는 경우
 2. 보궐선거등에 입후보하는 경우
 3. 국회의원이 지방자치단체의 장의 선거에 입후보하는 경우
 4. 지방의회의원이 다른 지방자치단체의 의회의원이나 장의 선거에 입후보하는 경우
③ 제1항 단서에도 불구하고 비례대표국회의원이 지역구국회의원 보궐선거등에 입후보하는 경우 및 비례대표지방의회의원이 해당 지방자치단체의 지역구지방의회의원 보궐선거등에 입후보하는 경우에는 후보자등록신청 전까지

그 직을 그만두어야 한다. <신설 2010. 1. 25.>
④ 제1항부터 제3항까지의 규정을 적용하는 경우 그 소속기관의 장 또는 소속위원회에 사직원이 접수된 때에 그 직을 그만 둔 것으로 본다. <개정 2010. 1. 25.>
⑤ 제1항 및 제2항에도 불구하고, 지방자치단체의 장은 선거구역이 당해 지방자치단체의 관할구역과 같거나 겹치는 지역구국회의원선거에 입후보하고자 하는 때에는 당해 선거의 선거일전 120일까지 그 직을 그만두어야 한다. 다만, 그 지방자치단체의 장이 임기가 만료된 후에 그 임기만료일부터 90일 후에 실시되는 지역구국회의원선거에 입후보하려는 경우에는 그러하지 아니하다. <개정 2000. 2. 16., 2003. 10. 30., 2010. 1. 25.>
[제목개정 2015. 8. 13.]
[2003. 10. 30. 법률 제6988호에 의하여 2003. 9. 25. 헌법재판소에서 위헌결정된 이 조 제5항을 개정함.]

제12장 당선인

제191조(지방자치단체의 장의 당선인의 결정 · 공고 · 통지)

① 지방자치단체의 장 선거에 있어서는 선거구선거관리위원회가 유효투표의 다수를 얻은 자를 당선인으로 결정하고, 이를 당해 지방의회의장에게 통지하여야 한다. 다만, 최고득표자가 2인 이상인 때에는 연장자를 당선인으로 결정한다.
② 삭제 <2010. 1. 25.>
③ 제187조제4항 및 제188조제2항부터 제6항까지의 규정은 지방자치단체의 장의 당선인의 결정에 이를 준용한다. <개정 2010. 1. 25.>

제15장 선거에 관한 쟁송

제220조(소청에 대한 결정)

① 제219조(選擧訴請)제1항 또는 같은조제2항의 소청을 접수한 중앙선거관리위원회 또는 시 · 도선거관리위원회는 소청을 접수한 날부터 60일 이내에 그 소청에 대한 결정을 하여야 한다.
② 제1항의 결정은 다음 각 호의 사항을 기재한 서면으로 하여야 하며, 결정에 참여한 위원이 기명하고 서명 또는 날인하여야 한다. <개정 2011. 7. 28.>
 1. 사건번호와 사건명
 2. 당사자 · 참가인 및 대리인의 성명과 주소
 3. 주문
 4. 소청의 취지
 5. 이유
 6. 결정한 날짜
③ 중앙선거관리위원회 또는 시 · 도선거관리위원회는 지체없이 제2항의 결정서의 정본을 소청인 · 피소청인 및 참가인에게 송달하여야 하며, 그 결정요지를 공고하여야 한다.
④ 소청의 결정은 소청인에게 제3항의 규정에 의한 송달이 있는 때에 그 효력이 생긴다.
[제목개정 2011. 7. 28.]

주민조례발안에 관한 법률 (약칭: 주민조례발안법)

[시행 2024. 2. 17.] [법률 제19633호, 2023. 8. 16., 일부개정]

제1조(목적)

이 법은 「지방자치법」 제19조에 따른 주민의 조례 제정과 개정·폐지 청구에 필요한 사항을 규정함으로써 주민의 직접참여를 보장하고 지방자치행정의 민주성과 책임성을 제고함을 목적으로 한다.

제2조(주민조례청구권자)

18세 이상의 주민으로서 다음 각 호의 어느 하나에 해당하는 사람(「공직선거법」 제18조에 따른 선거권이 없는 사람은 제외한다. 이하 "청구권자"라 한다)은 해당 지방자치단체의 의회(이하 "지방의회"라 한다)에 조례를 제정하거나 개정 또는 폐지할 것을 청구(이하 "주민조례청구"라 한다)할 수 있다.

1. 해당 지방자치단체의 관할 구역에 주민등록이 되어 있는 사람
2. 「출입국관리법」 제10조에 따른 영주(永住)할 수 있는 체류자격 취득일 후 3년이 지난 외국인으로서 같은 법 제34조에 따라 해당 지방자치단체의 외국인등록대장에 올라 있는 사람

제4조(주민조례청구 제외 대상)

다음 각 호의 사항은 주민조례청구 대상에서 제외한다.
1. 법령을 위반하는 사항
2. 지방세·사용료·수수료·부담금을 부과·징수 또는 감면하는 사항
3. 행정기구를 설치하거나 변경하는 사항
4. 공공시설의 설치를 반대하는 사항

제6조(대표자 증명서 발급 등)

① 청구권자가 주민조례청구를 하려는 경우에는 청구인의 대표자(이하 "대표자"라 한다)를 선정하여야 하며, 선정된 대표자는 다음 각 호의 서류를 첨부하여 지방의회의 의장에게 대표자 증명서 발급을 신청하여야 한다. 이 경우 대표자는 그 발급을 신청할 때 제7조제4항에 따른 전자서명의 요청에 필요한 제3조제2항에 따른 정보시스템(이하 "정보시스템"이라 한다)의 이용을 함께 신청할 수 있다.
1. 주민조례청구의 취지·이유 등을 내용으로 하는 조례의 제정·개정·폐지 청구서(이하 "청구서"라 한다)
2. 조례의 제정안·개정안·폐지안(이하 "주민청구조례안"이라 한다)

② 지방의회의 의장은 제1항에 따른 신청을 받으면 대표자가 청구권자인지를 확인하여 대표자 증명서를 발급하고 그 사실을 공표하여야 한다. 이 경우 제1항 각 호 외의 부분 후단에 따라 정보시스템의 이용 신청을 받은 지방의회의 의장은 다음 각 호의 사항을 함께 공표하고, 정보시스템에 제7조제3항 각 호의 서류를 게시하여야 한다.
1. 전자서명을 할 수 있는 정보시스템의 인터넷 주소
2. 전자서명 방법 및 제9조제3항에 따른 전자서명 취소 방법

제10조(청구인명부의 제출 등)

① 대표자는 청구인명부에 서명(전자서명을 포함한다. 이하 같다)한 청구권자의 수가 제5조제1항에 따른 해당 지방자치단체의 조례로 정하는 청구권자 수 이상이 되면 제8조제1항에 따른 서명요청 기간이 지난 날부터 시·도의 경우에는 10일 이내에, 시·군 및 자치구의 경우에는 5일 이내에 지방의회의 의장에게 청구인명부를 제출하여야

한다. 다만, 전자서명의 경우에는 대표자가 지방의회의 의장에게 정보시스템에 생성된 청구인명부를 직접 활용하도록 요청하여야 한다.

② 지방의회의 의장은 제1항에 따라 청구인명부를 제출받거나 청구인명부의 활용을 요청받은 날부터 5일 이내에 청구인명부의 내용을 공표하여야 하며, 공표한 날부터 10일간 청구인명부나 그 사본을 공개된 장소에 갖추어 두어 열람할 수 있도록 하여야 한다.

③ 제1항 및 제2항에서 규정한 사항 외에 청구인명부의 제출 등에 필요한 사항은 지방자치단체의 조례로 정한다.

제12조(청구의 수리 및 각하)

① 지방의회의 의장은 다음 각 호의 어느 하나에 해당하는 경우로서 제4조, 제5조 및 제10조제1항(제11조제5항에서 준용하는 경우를 포함한다)에 따른 요건에 적합한 경우에는 주민조례청구를 수리하고, 요건에 적합하지 아니한 경우에는 주민조례청구를 각하하여야 한다. 이 경우 수리 또는 각하 사실을 대표자에게 알려야 한다.
  1. 제11조제2항(같은 조 제5항에 따라 준용되는 경우를 포함하며, 이하 같다)에 따른 이의신청이 없는 경우
  2. 제11조제2항에 따라 제기된 모든 이의신청에 대하여 같은 조 제3항(같은 조 제5항에 따라 준용되는 경우를 포함한다)에 따른 결정이 끝난 경우

② 지방의회의 의장은 다음 각 호의 구분에 따른 기간의 범위에서 해당 지방자치단체의 조례로 정하는 기간 이내에 제1항에 따라 주민조례청구를 수리하거나 각하하여야 한다. <신설 2023. 8. 16.>
  1. 제1항제1호에 해당하는 경우: 제10조제2항에 따른 열람기간이 끝난 날(제11조제5항에 따라 준용되는 경우에는 보정된 청구인명부에 대한 열람기간이 끝난 날)부터 3개월 이내
  2. 제1항제2호에 해당하는 경우: 모든 이의신청에 대하여 제11조제3항에 따른 심사·결정이 끝난 날(제11조제5항에 따라 준용되는 경우에는 보정된 청구인명부의 서명에 제기된 모든 이의신청에 대한 심사·결정이 끝난 날)부터 3개월 이내

③ 지방의회의 의장은 제1항에 따라 주민조례청구를 각하하려면 대표자에게 의견을 제출할 기회를 주어야 한다. <개정 2023. 8. 16.>

④ 지방의회의 의장은 「지방자치법」 제76조제1항에도 불구하고 이 조 제1항에 따라 주민조례청구를 수리한 날부터 30일 이내에 지방의회의 의장 명의로 주민청구조례안을 발의하여야 한다. <개정 2023. 8. 16.>

⑤ 제1항부터 제3항까지에서 규정한 사항 외에 주민조례청구의 수리 절차에 관하여 필요한 사항은 지방의회의 회의규칙으로 정한다. <개정 2023. 8. 16.>

주민투표법

[시행 2023. 4. 27.] [법률 제18849호, 2022. 4. 26., 일부개정]

제1장 총칙

제1조(목적)

이 법은 지방자치단체의 주요결정사항에 관한 주민의 직접참여를 보장하기 위하여 「지방자치법」 제18조에 따른 주민투표의 대상·발의자·발의요건·투표절차 등에 관한 사항을 규정함으로써 지방자치행정의 민주성과 책임성을 제고하고 주민복리를 증진함을 목적으로 한다. <개정 2007. 5. 11., 2021. 1. 12.>

제5조(주민투표권)

① 18세 이상의 주민 중 제6조제1항에 따른 투표인명부 작성기준일 현재 다음 각 호의 어느 하나에 해당하는 사람에게는 주민투표권이 있다. 다만, 「공직선거법」 제18조에 따라 선거권이 없는 사람에게는 주민투표권이 없다. <개정 2009. 2. 12., 2016. 5. 29., 2022. 4. 26.>
  1. 그 지방자치단체의 관할 구역에 주민등록이 되어 있는 사람
  2. 출입국관리 관계 법령에 따라 대한민국에 계속 거주할 수 있는 자격(체류자격변경허가 또는 체류기간연장허가를 통하여 계속 거주할 수 있는 경우를 포함한다)을 갖춘 외국인으로서 지방자치단체의 조례로 정한 사람
② 주민투표권자의 연령은 투표일 현재를 기준으로 산정한다. <개정 2009. 2. 12.>
   [2009. 2. 12. 법률 제9468호에 의하여 2007. 6. 28. 헌법재판소에서 헌법불합치 결정된 이 조 제1항을 개정함.]

제2장 주민투표의 대상 및 절차

제7조(주민투표의 대상)

① 주민에게 과도한 부담을 주거나 중대한 영향을 미치는 지방자치단체의 주요결정사항은 주민투표에 부칠 수 있다. <개정 2022. 4. 26.>
② 제1항에도 불구하고 다음 각 호의 어느 하나에 해당하는 사항은 주민투표에 부칠 수 없다. <개정 2016. 5. 29., 2022. 4. 26.>
  1. 법령에 위반되거나 재판중인 사항
  2. 국가 또는 다른 지방자치단체의 권한 또는 사무에 속하는 사항
  3. 지방자치단체가 수행하는 다음 각 목의 어느 하나에 해당하는 사무의 처리에 관한 사항
    가. 예산 편성·의결 및 집행
    나. 회계·계약 및 재산관리
  3의2. 지방세·사용료·수수료·분담금 등 각종 공과금의 부과 또는 감면에 관한 사항
  4. 행정기구의 설치·변경에 관한 사항과 공무원의 인사·정원 등 신분과 보수에 관한 사항
  5. 다른 법률에 의하여 주민대표가 직접 의사결정주체로서 참여할 수 있는 공공시설의 설치에 관한 사항. 다만, 제9조제5항의 규정에 의하여 지방의회가 주민투표의 실시를 청구하는 경우에는 그러하지 아니하다.
  6. 동일한 사항(그 사항과 취지가 동일한 경우를 포함한다)에 대하여 주민투표가 실시된 후 2년이 경과되지 아니한 사항

제8조(국가정책에 관한 주민투표)

① 중앙행정기관의 장은 지방자치단체를 폐지하거나 설치하거나 나누거나 합치는 경우 또는 지방자치단체의 구역을 변경하거나 주요시설을 설치하는 등 국가정책의 수립에 관하여 주민의 의견을 듣기 위하여 필요하다고 인정하는 때에는 주민투표의 실시구역을 정하여 관계 지방자치단체의 장에게 주민투표의 실시를 요구할 수 있다. 이 경우 중앙행정기관의 장은 미리 행정안전부장관과 협의하여야 한다. <개정 2008. 2. 29., 2013. 3. 23., 2014. 11. 19., 2017. 7. 26., 2022. 4. 26.>

② 지방자치단체의 장은 제1항의 규정에 의하여 주민투표의 실시를 요구받은 때에는 지체없이 이를 공표하여야 하며, 공표일부터 30일 이내에 그 지방의회의 의견을 들어야 한다.

③ 제2항의 규정에 의하여 지방의회의 의견을 들은 지방자치단체의 장은 그 결과를 관계 중앙행정기관의 장에게 통지하여야 한다.

④ 제1항의 규정에 의한 주민투표에 관하여는 제7조, 제16조, 제24조제1항·제5항·제6항, 제25조 및 제26조의 규정을 적용하지 아니한다.

제13조(주민투표의 발의)

① 지방자치단체의 장은 다음 각 호의 어느 하나에 해당하는 경우에는 지체없이 그 요지를 공표하고 관할선거관리위원회에 통지하여야 한다. <개정 2016. 5. 29.>
 1. 제8조제3항의 규정에 의하여 관계 중앙행정기관의 장에게 주민투표를 발의하겠다고 통지한 경우
 2. 제9조제2항 또는 제5항의 규정에 의한 주민투표청구가 적법하다고 인정되는 경우
 3. 제9조제6항의 규정에 의한 동의를 얻은 경우

② 지방자치단체의 장은 제1항에 따라 공표한 날부터 7일 이내(제3항에 따라 주민투표의 발의가 금지되는 기간은 산입하지 아니한다)에 투표일과 주민투표안을 공고함으로써 주민투표를 발의한다. 다만, 지방자치단체의 장 또는 지방의회가 주민투표청구의 목적을 수용하는 결정을 한 때에는 주민투표를 발의하지 아니한다. <개정 2022. 4. 26.>

③ 지방자치단체의 관할구역의 전부 또는 일부에 대하여 「공직선거법」의 규정에 의한 선거가 실시되는 때에는 그 선거의 선거일전 60일부터 선거일까지의 기간동안에는 주민투표를 발의할 수 없다. <개정 2016. 5. 29.>

제14조(주민투표의 투표일)

① 주민투표의 투표일은 제13조제2항에 따른 주민투표발의일부터 23일(제3항에 따라 투표일을 정할 수 없는 기간은 산입하지 아니한다) 이후 첫 번째 수요일로 한다. <개정 2016. 5. 29., 2022. 4. 26.>

② 제1항에 따른 투표일이 국민생활과 밀접한 관련이 있는 민속절 또는 공휴일인 때와 투표일 전일이나 그 다음날이 공휴일인 때에는 그 다음주의 수요일로 한다. <신설 2022. 4. 26.>

③ 지방자치단체의 관할구역의 전부 또는 일부에 대하여 「공직선거법」의 규정에 의한 선거가 실시되는 때에는 그 선거의 선거일전 60일부터 선거일까지의 기간은 투표일로 정할 수 없다. <개정 2016. 5. 29., 2022. 4. 26.>

④ 동일한 사항에 대하여 둘 이상의 지방자치단체에서 주민투표를 실시하여야 하는 경우에는 관계 지방자치단체의 장이 협의하여 동시에 주민투표를 실시하여야 한다. 다만, 협의가 이루어지지 아니하는 경우에는 시·도는 행정안전부장관이, 시·군·구는 특별시장·광역시장 또는 도지사가 정하는 바에 따른다. <개정 2022. 4. 26.>

제15조(주민투표의 형식)

주민투표는 특정한 사항에 대하여 찬성 또는 반대의 의사표시를 하거나 두 가지 사항중 하나를 선택하는 형식으로 실시하여야 한다.

제3장 주민투표에 관한 운동

제20조(투표운동의 원칙)

① 이 법에서 "투표운동"이라 함은 주민투표에 부쳐진 사항에 관하여 찬성 또는 반대하게 하거나 주민투표에 부쳐진 두 가지 사항중 하나를 지지하게 하는 행위를 말한다. 다만, 주민투표에 부쳐진 사항에 관한 단순한 의견개진 및 의사표시는 투표운동으로 보지 아니한다.
② 이 법 또는 다른 법률의 규정에 의하여 금지 또는 제한되는 경우를 제외하고는 누구든지 자유롭게 투표운동을 할 수 있다.

제21조(투표운동기간 및 투표운동을 할 수 없는 자)

① 투표운동기간은 주민투표일 전 21일부터 주민투표일 전날까지로 한다. <개정 2022. 4. 26.>
② 다음 각 호의 어느 하나에 해당하는 자는 투표운동을 할 수 없다. <개정 2016. 5. 29., 2022. 4. 26.>
  1. 주민투표권이 없는 자
  2. 공무원(그 지방의회의 의원을 제외한다)
  3. 각급 선거관리위원회의 위원
  4. 방송법에 의한 방송사업(방송채널사용사업은 보도에 관한 전문편성을 행하는 방송채널사용사업에 한한다)을 경영하거나 이에 상시 고용되어 편집·제작·취재·집필 또는 보도의 업무에 종사하는 자
  5. 「신문 등의 진흥에 관한 법률」 제9조에 따라 등록하여야 하는 신문, 인터넷신문 또는 인터넷뉴스서비스와 「잡지 등 정기간행물의 진흥에 관한 법률」 제15조 또는 제16조에 따라 등록 또는 신고하여야 하는 정기간행물(분기별 1회 이하 발행되거나 학보 그 밖에 전문분야에 관한 순수한 학술 및 정보지 등 정치에 관한 보도·논평 그 밖에 여론형성의 목적없이 발행되는 신문, 인터넷신문, 인터넷뉴스서비스 또는 정기간행물은 제외한다)을 발행 또는 경영하거나 이에 상시 고용되어 편집·취재·집필 또는 보도의 업무에 종사하는 자
  6. 통·리·반의 장

제4장 주민투표의 효력 등

제24조(주민투표결과의 확정)

① 주민투표에 부쳐진 사항은 주민투표권자 총수의 4분의 1 이상의 투표와 유효투표수 과반수의 득표로 확정된다. 다만, 다음 각 호의 어느 하나에 해당하는 경우에는 찬성과 반대 양자를 모두 수용하지 아니하거나, 양자택일의 대상이 되는 사항 모두를 선택하지 아니하기로 확정된 것으로 본다. <개정 2016. 5. 29., 2022. 4. 26.>
  1. 전체 투표수가 주민투표권자 총수의 4분의 1에 미달되는 경우
  2. 주민투표에 부쳐진 사항에 관한 유효득표수가 동수인 경우
② 삭제 <2022. 4. 26.>
③ 관할선거관리위원회는 개표가 끝나면 지체 없이 그 결과를 공표한 후 지방자치단체의 장에게 통지하여야 한다. <개정 2022. 4. 26.>
④ 지방자치단체의 장은 제3항의 규정에 의하여 주민투표결과를 통지받은 때에는 지체없이 이를 지방의회에 보고하여야 하며, 제8조의 규정에 의한 국가정책에 관한 주민투표인 때에는 관계 중앙행정기관의 장에게 주민투표결과를 통지하여야 한다.
⑤ 지방자치단체의 장 및 지방의회는 주민투표결과 확정된 내용대로 행정·재정상의 필요한 조치를 하여야 한다.
⑥ 지방자치단체의 장 및 지방의회는 주민투표결과 확정된 사항에 대하여 2년 이내에는 이를 변경하거나 새로운 결정을 할 수 없다. 다만, 제1항 단서의 규정에 의하여 찬성과 반대 양자를 모두 수용하지 아니하거나 양자택일의 대상이 되는 사항 모두를 선택하지 아니하기로 확정된 때에는 그러하지 아니하다.

주민소환에 관한 법률 (약칭: 주민소환법)

[시행 2022. 1. 13.] [법률 제17893호, 2021. 1. 12., 타법개정]

제1장 총칙

제1조(목적)

이 법은 「지방자치법」 제25조에 따른 주민소환의 투표 청구권자·청구요건·절차 및 효력 등에 관하여 규정함으로써 지방자치에 관한 주민의 직접참여를 확대하고 지방행정의 민주성과 책임성을 제고함을 목적으로 한다. <개정 2007. 5. 11., 2021. 1. 12.>

제2장 주민소환투표의 청구 등

제7조(주민소환투표의 청구)

① 전년도 12월 31일 현재 주민등록표 및 외국인등록표에 등록된 제3조제1항제1호 및 제2호에 해당하는 자(이하 "주민소환투표청구권자"라 한다)는 해당 지방자치단체의 장 및 지방의회의원(비례대표선거구시·도의회의원 및 비례대표선거구자치구·시·군의회의원은 제외하며, 이하 "선출직 지방공직자"라 한다)에 대하여 다음 각 호에 해당하는 주민의 서명으로 그 소환사유를 서면에 구체적으로 명시하여 관할선거관리위원회에 주민소환투표의 실시를 청구할 수 있다.
  1. 특별시장·광역시장·도지사(이하 "시·도지사"라 한다) : 당해 지방자치단체의 주민소환투표청구권자 총수의 100분의 10이상
  2. 시장·군수·자치구의 구청장 : 당해 지방자치단체의 주민소환투표청구권자 총수의 100분의 15이상
  3. 지역선거구시·도의회의원(이하 "지역구시·도의원"이라 한다) 및 지역선거구자치구·시·군의회의원(이하 "지역구자치구·시·군의원"이라 한다) : 당해 지방의회의원의 선거구 안의 주민소환투표청구권자 총수의 100분의 20이상
② 제1항의 규정에 의하여 시·도지사에 대한 주민소환투표를 청구함에 있어서 당해 지방자치단체 관할구역 안의 시·군·자치구 전체의 수가 3개 이상인 경우에는 3분의 1이상의 시·군·자치구에서 각각 주민소환투표청구권자 총수의 1만분의 5이상 1천분의 10이하의 범위 안에서 대통령령이 정하는 수 이상의 서명을 받아야 한다. 다만, 당해 지방자치단체 관할구역 안의 시·군·자치구 전체의 수가 2개인 경우에는 각각 주민소환투표청구권자 총수의 100분의 1이상의 서명을 받아야 한다.
③ 제1항의 규정에 의하여 시장·군수·자치구의 구청장 및 지역구지방의회의원(지역구시·도의원과 지역구자치구·시·군의원을 말한다. 이하 같다)에 대한 주민소환투표를 청구함에 있어서 당해 시장·군수·자치구의 구청장 및 당해 지역구지방의회의원 선거구 안의 읍·면·동 전체의 수가 3개 이상인 경우에는 3분의 1이상의 읍·면·동에서 각각 주민소환투표청구권자 총수의 1만분의 5이상 1천분의 10이하의 범위 안에서 대통령령이 정하는 수 이상의 서명을 받아야 한다. 다만, 당해 시장·군수·자치구의 구청장 및 당해 지역구지방의회의원 선거구 안의 읍·면·동 전체의 수가 2개인 경우에는 각각 주민소환투표청구권자 총수의 100분의 1이상의 서명을 받아야 한다.
④ 주민소환투표청구권자 총수는 전년도 12월 31일 현재의 주민등록표 및 외국인등록표에 의하여 산정한다.
⑤ 지방자치단체의 장은 매년 1월 10일까지 제4항의 규정에 의하여 산정한 주민소환투표청구권자 총수를 공표하여야 한다.

제8조(주민소환투표의 청구제한기간) 제7조제1항 내지 제3항의 규정에 불구하고, 다음 각 호의 어느 하나에 해당하는 때에는 주민소환투표의 실시를 청구할 수 없다.
  1. 선출직 지방공직자의 임기개시일부터 1년이 경과하지 아니한 때
  2. 선출직 지방공직자의 임기만료일부터 1년 미만일 때
  3. 해당선출직 지방공직자에 대한 주민소환투표를 실시한 날부터 1년 이내인 때

제4장 주민소환투표의 효력 및 소송 등

제22조(주민소환투표결과의 확정)

① 주민소환은 제3조의 규정에 의한 주민소환투표권자(이하 "주민소환투표권자"라 한다) 총수의 3분의 1이상의 투표와 유효투표 총수 과반수의 찬성으로 확정된다.
② 전체 주민소환투표자의 수가 주민소환투표권자 총수의 3분의 1에 미달하는 때에는 개표를 하지 아니한다.
③ 관할선거관리위원회는 개표가 끝난 때에는 지체 없이 그 결과를 공표한 후 소환청구인대표자, 주민소환투표대상자, 관계중앙행정기관의 장, 당해 지방자치단체의 장(지방자치단체의 장이 주민소환투표대상자인 경우에는 제21조제2항의 규정에 의하여 권한을 대행하는 당해 지방자치단체의 부단체장 등을 말한다) 및 당해 지방의회의 의장(지방의회의원이 주민소환투표대상자인 경우에 한하며, 지방의회의 의장이 주민소환투표대상자인 경우에는 당해 지방의회의 부의장을 말한다)에게 통지하여야 한다. 제2항의 규정에 의하여 개표를 하지 아니한 때에도 또한 같다.

제23조(주민소환투표의 효력)

① 제22조제1항의 규정에 의하여 주민소환이 확정된 때에는 주민소환투표대상자는 그 결과가 공표된 시점부터 그 직을 상실한다.
② 제1항의 규정에 의하여 그 직을 상실한 자는 그로 인하여 실시하는 이 법 또는 「공직선거법」에 의한 해당보궐선거에 후보자로 등록할 수 없다.

제24조(주민소환투표소송 등)

① 주민소환투표의 효력에 관하여 이의가 있는 해당 주민소환투표대상자 또는 주민소환투표권자(주민소환투표권자 총수의 100분의 1이상의 서명을 받아야 한다)는 제22조제3항의 규정에 의하여 주민소환투표결과가 공표된 날부터 14일 이내에 관할선거관리위원회 위원장을 피소청인으로 하여 지역구시·도의원, 지역구자치구·시·군의원 또는 시장·군수·자치구의 구청장을 대상으로 한 주민소환투표에 있어서는 특별시·광역시·도선거관리위원회에, 시·도지사를 대상으로 한 주민소환투표에 있어서는 중앙선거관리위원회에 소청할 수 있다.
② 제1항의 규정에 따른 소청에 대한 결정에 관하여 불복이 있는 소청인은 관할선거관리위원회 위원장을 피고로 하여 그 결정서를 받은 날(결정서를 받지 못한 때에는 「공직선거법」 제220조제1항의 규정에 의한 결정기간이 종료된 날을 말한다)부터 10일 이내에 지역구시·도의원, 지역구자치구·시·군의원 또는 시장·군수·자치구의 구청장을 대상으로 한 주민소환투표에 있어서는 그 선거구를 관할하는 고등법원에, 시·도지사를 대상으로 한 주민소환투표에 있어서는 대법원에 소를 제기할 수 있다.
③ 주민소환투표에 관한 소청 및 소송의 절차에 관하여는 이 법에 규정된 사항을 제외하고는 「공직선거법」 제219조 내지 제229조의 규정 중 지방자치단체의 장 및 지방의회의원에 관한 규정을 준용한다.

최영희행정학
지방자치론

내용문의 영희쌤의 행정학 연구소 cafe.naver.com/sociocyh

온라인 강의 gong.conects.com
 카카오톡 플러스 친구 [gongdangi]
오프라인 강의 공단기고시학원 TEL. 02-812-6521

편저자 최영희
발행일 2024년 6월 3일
발행처 에이치북스
도서문의 서울특별시 동작구 노량진로 14길 9 2층
 TEL. 010-8220-1310

ISBN 979-11-92659-57-2 (13350)
정가 28,000원

본 교재의 독창적인 내용에 대한 무단 전재, 모방은 법률로 금지되어 있습니다.
파본은 교환해 드립니다.

내용문의 영희쌤의 행정학 연구소 cafe.naver.com/sociocyh

온라인 강의 gong.conects.com
카카오톡 플러스 친구 [gongdangi]
오프라인 강의 공단기고시학원 TEL. 02-812-6521

발행처 도서출판 에이치북스
도서문의 서울특별시 동작구 노량진로 14길 9 2층
TEL. 010-8220-1310

본 교재의 독창적인 내용에 대한 무단 전재, 모방은 법률로 금지되어 있습니다.
파본은 교환해 드립니다.

값 28,000원

ISBN 979-11-92659-57-2